Linguagem e cognição

Coleção de Linguística

Coordenadores
Gabriel de Ávila Othero – Universidade Federal do Rio Grande do Sul (UFRGS)
Sérgio de Moura Menuzzi – Universidade Federal do Rio Grande do Sul (UFRGS)

Conselho consultivo
Alina Villalva – Universidade de Lisboa
Carlos Alberto Faraco – Universidade Federal do Paraná (UFPR)
Dante Lucchesi – Universidade Federal Fluminense (UFF)
Leonel Figueiredo de Alencar – Universidade Federal do Ceará (UFC)
Letícia M. Sicuro Correa – Pontifícia Universidade Católica do Rio de Janeiro (PUC-Rio)
Luciani Ester Tenani – Universidade Estadual de São Paulo (Unesp)
Maria Cristina Figueiredo Silva – Universidade Federal do Paraná (UFPR)
Roberta Pires de Oliveira – Universidade Federal de Santa Catarina (UFSC)
Roberto Gomes Camacho – Universidade Estadual de São Paulo (Unesp)
Valdir do Nascimento Flores – Universidade Federal do Rio Grande do Sul (UFRGS)

Dados Internacionais de Catalogação na Publicação (CIP)
(Câmara Brasileira do Livro, SP, Brasil)

Perini, Mário A.
   Linguagem e cognição : esquemas, gramática e os limites da língua / Mário A. Perini. – Petrópolis, RJ : Vozes, 2024. – (Coleção de Linguística)

   Bibliografia.
   ISBN 978-85-326-6661-1

   1. Cognição 2. Linguagem – Estudo e ensino 3. Línguas – Estudo e ensino I. Título. II. Série.

23-178103   CDD-407

Índices para catálogo sistemático:
1. Linguagem : Estudo e ensino 407

Eliane de Freitas Leite – Bibliotecária – CRB 8/8415

MÁRIO A. PERINI

Linguagem e cognição
Esquemas, gramática e os limites da língua

EDITORA VOZES

Petrópolis

© 2024, Editora Vozes Ltda.
Rua Frei Luís, 100
25689-900 Petrópolis, RJ
www.vozes.com.br
Brasil

Todos os direitos reservados. Nenhuma parte desta obra poderá ser reproduzida ou transmitida por qualquer forma e/ou quaisquer meios (eletrônico ou mecânico, incluindo fotocópia e gravação) ou arquivada em qualquer sistema ou banco de dados sem permissão escrita da editora.

CONSELHO EDITORIAL	PRODUÇÃO EDITORIAL
Diretor	Aline L.R. de Barros
Volney J. Berkenbrock	Marcelo Telles
	Mirela de Oliveira
Editores	Otaviano Cunha
Aline dos Santos Carneiro	Rafael de Oliveira
Edrian Josué Pasini	Samuel Rezende
Marilac Loraine Oleniki	Vanessa Luz
Welder Lancieri Marchini	Verônica M. Guedes
Conselheiros	**Conselho de projetos editoriais**
Elói Dionísio Piva	Isabelle Theodora R.S. Martins
Francisco Morás	Luísa Ramos M. Lorenzi
Gilberto Gonçalves Garcia	Natália França
Ludovico Garmus	Priscilla A.F. Alves
Teobaldo Heidemann	
Secretário executivo	
Leonardo A.R.T. dos Santos	

Editoração: Fernando Sergio Olivetti da Rocha
Diagramação: Sheilandre Desenv. Gráfico
Revisão gráfica: Nilton Braz da Rocha
Capa: Editora Vozes

ISBN 978-85-326-6661-1

Este livro foi composto e impresso pela Editora Vozes Ltda.

para Lúcia

Apresentação da coleção

Esta publicação é parte da **Coleção de Linguística** da Vozes, retomada pela editora em 2014, num esforço de dar continuidade à coleção coordenada, até a década de 1980, pelas professoras Yonne Leite, Miriam Lemle e Marta Coelho. Naquele período, a coleção teve um papel importante no estabelecimento definitivo da Linguística como área de pesquisa regular no Brasil e como disciplina fundamental da formação universitária em áreas como as Letras, a Filosofia, a Psicologia e a Antropologia. Para isso, a coleção não se limitou à publicação de autores fundamentais para o desenvolvimento da Linguística, como Chomsky, Langacker e Halliday, ou de linguistas brasileiros já então reconhecidos, como Mattoso Câmara; buscou também veicular obras de estudiosos brasileiros que então surgiam como lideranças intelectuais e que, depois, se tornaram referência para a disciplina no Brasil – como Anthony Naro, Eunice Pontes e Mário Perini. Dessa forma, a **Coleção de Linguística** da Vozes participou ativamente da história da Linguística brasileira, tendo ajudado a formar as gerações de linguistas que ampliaram a disciplina nos anos de 1980 e 1990 – alguns dos quais ainda hoje atuam intensamente na vida acadêmica nacional.

Com a retomada da **Coleção de Linguística** pela Vozes, a editora quer voltar a participar decisivamente das novas etapas de desenvolvimento da disciplina no Brasil. Agora, trata-se de oferecer um veículo de disseminação da informação e do debate em um novo ambiente: a Linguística é hoje uma disciplina estabelecida nas universidades brasileiras; é também um dos setores de pós-graduação que mais crescem no Brasil; finalmente, o próprio quadro geral das universidades e da pesquisa brasileira atingiu uma dimensão muito superior à que se testemunhava nos anos de 1970 a 1990. Dentro desse quadro, a **Coleção de Linguística** da Vozes tem novas missões a cumprir:

- em primeiro lugar, é preciso oferecer aos cursos de graduação em Letras, Filosofia, Psicologia e áreas afins material renovador, que permita aos alunos integrarem-se ao atual patamar de conhecimento da área de Linguística;
- em segundo lugar, é preciso continuar com a tarefa de colocar à disposição do público de língua portuguesa obras decisivas do desenvolvimento, passado e recente, da Linguística;
- finalmente, é preciso oferecer ao setor de pós-graduação em Linguística e ao novo e amplo conjunto de pesquisadores que nele atua um veículo adequado à disseminação de suas contribuições: um veículo sintonizado, de um lado, com o que se produz na área de Linguística no Brasil; e, de outro, que identifique, nessa produção, aquelas contribuições cuja relevância exija uma disseminação e atinja um público mais amplo, para além da comunidade dos especialistas e dos pesquisadores de pós-graduação.

Em suma, com esta **Coleção de Linguística** esperamos publicar títulos relevantes, cuja qualidade venha a contribuir de modo decisivo não apenas para a formação de novas gerações de linguistas brasileiros, mas também para o progresso geral dos estudos das Humanidades neste início de século XXI.

Gabriel de Ávila Othero
Sérgio de Moura Menuzzi
Organizadores

Sumário

Prefácio, 17

Preliminares, 19

1 Introdução, 21
    1.1 Objetivos do livro, 21
    1.2 Interação dos espaços, 23
    1.3 Organização dos espaços na gramática, 25
    1.4 Classificação por traços, 26
    1.5 Importância do componente anomalístico, 28
    1.6 Descrição e teoria, 29
    1.7 Ensinar linguística, 33

2 Esquemas, gramática e o léxico, 35
    2.1 A mensagem e o signo, 35
    2.2 Esquemas, 36
    2.3 Construindo a representação cognitiva (RC), 41
    2.4 Papéis semânticos e RTEs, 42
    2.5 Elaboração, 44
    2.6 Sumário, 46
    2.7 Trilhas hiponímicas, 48
    2.8 Estatuto empírico das elaborações, 50
    2.9 Papéis semânticos e acarretamento, 53

3 Variáveis centrais e periféricas dos esquemas, 55
    3.1 Natureza da oposição, 55
    3.2 Resenha da literatura, 56
    3.3 Testagem experimental, 60
    3.4 Centro e periferia: traços gerais, 63

4 Algumas distinções básicas, 64
   4.1 Classe e função, 64
      4.1.1 Definições, 64
      4.1.2 Classificação por objetivos, 69
   4.2 Palavra e lexema, 70
      4.2.1 Palavra, 70
      4.2.2 Lexema, 71
   4.3 Forma e significado, 74

5 Representação cognitiva e significado literal, 80
   5.1 O que é "significado literal"?, 80
   5.2 Discussão do problema na literatura, 81
   5.3 Do significado literal à representação cognitiva, 87
   5.4 Significado literal e papéis semânticos, 89
   5.5 Uso da introspecção na análise linguística, 90

Relações simbólicas, 97

6 Valência verbal, 99
   6.1 Relações simbólicas: itens e funções, 99
   6.2 Relações simbólicas na sentença: construções, diáteses, valência, 100
   6.3 Alternâncias, 104
   6.4 Critérios de inclusão na diátese, 107
      6.4.1 O que é e o que não é incluído na diátese, 107
      6.4.2 Complementos e adjuntos, 110
   6.5 Valência nominal, 113
   6.6 Complexos esquemáticos, 114
   6.7 Concepção antiga de valência, 115
   6.8 Valência e classificação dos verbos, 118
   6.9 Valência no período composto, 119
   6.10 Papel do auxiliar, 123

7 Fatores lexicogramaticais na atribuição de relações temáticas, 124
   7.1 O princípio da Atribuição Obrigatória, 124
   7.2 Mecanismos de atribuição, 125
      7.2.1 Atribuição valencial, 126
      7.2.2 Regras de protótipo, 127
      7.2.3 Preposições predicadoras, 129
      7.2.4 Construções complexas, 130
      7.2.5 Construções leves, 134

    7.2.6 Papel semântico inerente, 135
    7.2.7 Papel semântico interno ao verbo, 136
  7.3 Sobre o significado das preposições, 138

8 Fatores cognitivos da atribuição de relações temáticas, 141
  8.1 Atribuição por ausência, 141
  8.2 Emparelhamento, 147
  8.3 Paciente privilegiado, 148
  8.4 Filtros cognitivos, 148
  8.5 Resultado do processo de atribuição, 150
  8.6 Uma digressão teórica, 151
  8.7 Sumário, 157

9 Definindo relações temáticas, 159
  9.1 Por que as definições são necessárias, 159
  9.2 Agente, 161
  9.3 Paciente, 163
  9.4 Critérios de definição dos papéis semânticos, 165
  9.5 Distinções discretas e distinções contínuas, 166

10 Definição de alguns papéis semânticos, 169
  10.1 Experienciador(es), 170
    10.1.1 Introdução, 170
    10.1.2 O Experienciador é um Agente?, 172
    10.1.3 O Experienciador.emocional é um Paciente?, 173
  10.2 Espaço e tempo, 174
  10.3 Correferência, 180
  10.4 Causa, 183
    10.4.1 Problemas de definição, 183
    10.4.2 Agente não volitivo, 184

11 Restrição de extensão, 188
  11.1 Qualidade, 188
  11.2 Circunstância, 189
  11.3 Herança, 193
  11.4 À caça do antecedente, 195
  11.5 Restritividade, 200

12 Valência: estudos de casos, 202
  12.1 Gato fugido, 203
  12.2 Viver de lembranças, 205

12.3 Desconfiando de Olavo, 208
12.4 Apanhando da esposa, 209
12.5 Ganhar e perder, 211
12.6 Documentos no processo, 211
12.7 Saber dos negócios, 212
12.8 Participando do lucro, 213
12.9 Rindo de nós, 213
12.10 Falam de você, 214
12.11 Descansando da correria, 215
12.12 Passando dos limites, 216
    12.12.1 Semântica, 216
    12.12.2 Sintaxe, 217
12.13 A Célia precisa de um martelo, 219
12.14 Se aproximando, 220
12.15 Trabalhando de balconistas, 221

13 Alguns fenômenos valenciais curiosos, 222
  13.1 Um cachorro e seu dono, 222
    13.1.1 O problema, 222
    13.1.2 Em busca de uma solução, 223
  13.2 O efeito do realce (*profiling*) na semântica das preposições, 228
    13.2.1 Introdução, 228
    13.2.2 A gramática de *comprar* e *pagar*, 229
    13.2.3 Conteúdo do Móvel, 230
    13.2.4 O realce e o significado das preposições, 231
    13.2.5 Outros casos de realce semanticamente relevante, 232
    13.2.6 Conclusões, 234
  13.3 *Roubar*, *enrolar* e *assustar*, 235

14 Mecanismos de atribuição: como funciona o sistema, 238
  14.1 Um sistema complexo, 238
  14.2 Como funciona o sistema, 239
    14.2.1 Atribuição de relações temáticas, 239
    14.2.2 Acesso global, 241
    14.2.3 Exemplificação, 242
  14.3 Ainda mais complexidade?, 245

15 Tópicos, construções relativas e atribuição temática, 247
  15.1 Tópico discursivo, 247
  15.2 Atribuição temática em sentenças de tópico, 249
  15.3 Atribuição temática em construções relativas, 253

16 Valência em construções de movimento direcionado, 256
　16.1 Movimento direcionado, 256
　16.2 Uma amostra de verbos, 258
　16.3 Codificando a Fonte, 259
　16.4 Codificando a Meta, 261
　16.5 Construções com Fonte e Meta, 263
　16.6 Sobre a classificação dos verbos, 264
　16.7 À procura de regularidades, 267
　　16.7.1 Efeito da codificação de papéis semânticos, 267
　　16.7.2 Matrizes regulares, 267
　　16.7.3 Regularidade na codificação de papéis semânticos, 268
　16.8 Fonte e Meta em ambiente não verbal, 269

17 Guias para a pesquisa em valência verbal, 270
　17.1 Descrevendo as valências verbais, 270
　17.2 Dados, 271
　17.3 Simplificando a diátese, 271
　17.4 Formulação das valências, 274

18 Anomalia, 277
　18.1 Importância do componente anomalístico, 277
　18.2 Generalizações semânticas, 279
　18.3 Expressões idiomáticas, colocações e clichês, 281
　18.4 Conclusão, 283

Sintaxe, 285

19 Sintaxe, 287
　19.1 O que é sintaxe?, 287
　19.2 Sintaxe simples (*simpler syntax*), 288
　19.3 O que é o sujeito?, 290
　　19.3.1 Concordância, 290
　　19.3.2 Relação simbólica entre sujeito e papel semântico, 291
　　19.3.3 Observações sobre a concordância, 297
　19.4 Alguns fenômenos puramente sintáticos, 299
　19.5 Interação dos espaços, 300
　19.6 Um catálogo de formas sintáticas, 302
　19.7 Limites da língua, 304

20 A segmentação como processo cognitivo, 305
   20.1 Sobre o processo de segmentação, 305
   20.2 Caminhos da segmentação em constituintes, 307
   20.3 Constituintes e a recuperação de anáforas, 310
   20.4 Lacunas e a boa formação da RC, 313

21 Objeto, 315
   21.1 Revisitando o sujeito, 315
   21.2 Sujeito e objeto, 317
   21.3 Aposto, 319
   21.4 Objeto indireto, 321
      21.4.1 Construção ditransitiva, 321
      21.4.2 Outros casos, 322
   21.5 A semântica dos clíticos e o objeto direto de *ser*, 323
      21.5.1 O SN não sujeito, 323
      21.5.2 Modos de manifestação da correferência, 324
      21.5.3 Potencial temático dos clíticos, 325
   21.6 Interfaces, 327

22 Valência sintática, 329
   22.1 Sintaxe "pura", 329
   22.2 A face sintática das diáteses, 331
   22.3 Sumário, 333

O sintagma nominal, 335

23 O núcleo do sintagma nominal, 337
   23.1 Núcleo do SN, 337
      23.1.1 Por que precisamos de um núcleo do SN, 337
      23.1.2 Para uma definição do núcleo do SN, 346
   23.2 Sobre a interação de sintaxe e semântica, 349
   23.3 Ambiguidade, 352
   23.4 Sobre a noção de núcleo, 353

24 Outros termos do SN, 355
   24.1 Predeterminante, determinante, quantificador e modificador, 355
   24.2 Modificador pré e pós-nuclear, 358
   24.3 Definição posicional, 362
   24.4 Gênero inerente e gênero regido, 364
   24.5 Pronomes, 366

24.6 Sumário: classes de palavras no SN, 372
24.7 Condições semânticas da ordem dos modificadores, 373
    24.7.1 Classificadores e qualificadores, 373
    24.7.2 Restritividade crescente, 375
24.8 O núcleo de um sintagma preposicionado, 375
24.9 *Nenhum, nada* e *ninguém* e a negação verbal, 377
24.10 Nenhuma dessas, 378

Taxonomia das unidades, 381

25 Funções e classes, 383
    25.1 Distinção, 383
    25.2 Verbos, 385
    25.3 Nominais, 390
    25.4 "Adjetivos" e "advérbios", 393
    25.5 Conjunções e preposições, 394

26 Os dois particípios e a construção passiva, 398
    26.1 O lexema verbal, 398
    26.2 Particípio verbal, 399
    26.3 Particípio nominal, 400
    26.4 A construção passiva, 405
        26.4.1 Na passiva ocorre o particípio nominal, 405
        26.4.2 A passiva e os verbos polissêmicos, 406
        26.4.3 Ordem do intensificador, 409
        26.4.4 Analisando a construção passiva, 409
        26.4.5 O complemento da passiva, 411
    26.5 O particípio nominal em construções não adjetivas, 414
    26.6 Análise dos particípios na literatura, 417
    26.7 Sumário e conclusões, 420
    26.8 Olhando para a frente, 421

27 Protótipos, 423
    27.1 Classes contínuas e discretas, 423
    27.2 Protótipos, 429
        27.2.1 Os protótipos definem classes, 429
        27.2.2 Outros exemplos, 432
    27.3 Protótipos e a valência verbal, 435
    27.4 Protótipos no léxico e na gramática, 437

27.5 Para uma melhor definição de protótipo, 438
    27.5.1 Uso de traços na definição, 438
    27.5.2 Estratégia de pesquisa, 439

Concluindo, 443

28 Sumário, conclusões e perspectivas, 445
    28.1 Interação dos espaços, 445
    28.2 Valência verbal, 446
    28.3 Taxonomia das unidades, 448
    28.4 Definição das relações temáticas, 449

29 Epílogo – Língua e conhecimento do mundo, 451

Referências, 455

Índice, 467

Prefácio

Este livro sumaria resultados já apresentados em trabalhos anteriores, ao mesmo tempo integrando-os em um texto mais abrangente, atualizado e expandido, com o acréscimo de muito material ainda não publicado. Houve também um bom número de reformulações, principalmente em relação aos textos mais antigos em que tratei dos presentes tópicos. Procurei fazer a apresentação de maneira unificada, de maneira a levar o leitor[1] a minhas conclusões através do exame de dados da língua. Em muitos pontos o texto levanta questões e problemas a serem ainda solucionados, e isso faz parte de seus objetivos. A discussão pode levar à identificação de pontos fracos e à sugestão de soluções alternativas; esse é o caminho habitual da pesquisa científica, que se baseia no diálogo e no confronto, abrasivo ou não. Mesmo quando reproduz resultados anteriores, o texto foi revisto, adaptado e frequentemente complementado para levar em conta reflexões e desenvolvimentos mais recentes. Espero que o resultado seja um texto unificado, apresentando fatos da língua e levando a conclusões claras. Faço assim disponível ao leitor brasileiro, em português, as conclusões atingidas até o momento em algumas áreas importantes da análise da língua[2].

---

1. E também a leitora. Não tentarei manter a linguagem bigenérica neste texto: isso já funciona bem mal em inglês, e em português acaba desfigurando a nossa língua. Entenda-se *leitor* como se referindo a seres humanos que leem, apenas.

2. Perini (2008) representa uma versão ainda muito preliminar das ideias apresentadas aqui. Agora, boa parte delas estão disponíveis em inglês (Perini 2015; 2019; 2021) e em alemão (Perini, 2023).

O livro foi planejado para servir como um texto de leitura em cursos de pós-graduação ou turmas adiantadas de graduação; não requer o conhecimento de teorias particulares, exceto um treinamento elementar em linguística e o conhecimento da gramática tradicional. Por outro lado, eu gostaria de atingir um público mais amplo, e também me dirijo a colegas linguistas, principalmente àqueles que se ocupam da descrição de línguas particulares; e igualmente aos professores de Português em todos os níveis. Na exposição tenho o cuidado de definir e explicar cada novo termo usado na argumentação, esclarecendo algumas noções que me parecem maldefinidas na literatura e, quando necessário, introduzindo novos termos. Estes não são muito numerosos, e não devem ser obstáculo para a leitura e compreensão do texto.

Na oportunidade, quero agradecer a algumas das pessoas que, de uma maneira ou de outra, me ajudaram durante a gestação um tanto longa que levou a este livro. Em primeiro lugar, agradeço a Lúcia Fulgêncio, como sempre minha melhor leitora e maior crítica, a quem dedico este livro. Depois, incorporei aqui sugestões e críticas de meus alunos de LIG961 (UFMG), assim como de Gabriel Othero, a quem dirijo igualmente meu muito obrigado. Agradeço ao CNPq por uma bolsa de pesquisa durante a realização da pesquisa e confecção do livro. Finalmente, agradeço ao programa de pós-graduação em ciências da linguagem (PosLin) da UFMG, onde me sinto bem-vindo como colaborador e professor emérito.

Nenhuma das pessoas citadas necessariamente aceita as ideias aqui veiculadas, que são de minha lavra e responsabilidade. Para o que der e vier, lanço-as agora ao exame e crítica da comunidade dos linguistas de língua portuguesa.

Belo Horizonte, agosto de 2023.

Preliminares

1

Introdução

1.1 OBJETIVOS DO LIVRO

Antes de entrar em detalhes, vou definir o quadro geral dentro do qual este livro foi concebido. E acrescento que essa concepção é partilhada por boa parte do trabalho atualmente em curso em linguística; aqui procuro uma síntese parcial, com muitos exemplos tirados de minha pesquisa sobre a estrutura e funcionamento das línguas, com especial atenção ao português brasileiro, mas incluindo exemplos de outras línguas sempre que relevante.

O funcionamento de uma sociedade complexa como a humana depende em muito grande medida da circulação de informação – muito mais do que, por exemplo, entre castores ou abelhas. As abelhas têm a vantagem de uma linguagem inata já previamente incluída no sistema; na falta de um recurso semelhante, os humanos tiveram que inventar outro mecanismo, baseado em um código arbitrário, mais recurso ao conhecimento partilhado entre os usuários do código. O código arbitrário é o que se chama uma língua, como o português, o grego ou o guarani; ele interage com o conhecimento do mundo de modo muito íntimo, ainda não perfeitamente conhecido. Um dos objetivos deste livro é investigar essa interação, assim como os limites entre a língua particular que se usa em determinado momento e o conhecimento do mundo partilhado pelos falantes. Pode-se entender os diversos tópicos abordados nos capítulos seguintes como detalhes do mecanismo construído pela espécie humana a fim de solucionar o problema da comunicação, um processo essencial que se faz difícil em razão da descontinuidade entre as mentes. A maioria das teorias linguísticas deixa de reconhecer a separação entre esses componentes essenciais, ou tenta traçar os limites em pontos inadequados. Por outro lado, alguns linguistas veem o problema com bastante clareza (eu mencionaria, entre outros, Ronald Langacker); mas o fato persiste de que os detalhes ainda precisam ser devidamente investigados.

Este livro contém um conjunto de tópicos, que não tocam todas as áreas da gramática ou do léxico. Ele pode ser usado como uma introdução a uma maneira de pensar sobre fenômenos gramaticais e lexicais, deles eventualmente derivando asserções teóricas. O que *não* é proposto aqui é tomar o caminho inverso, ou seja, começar de uma teoria e deduzir dela a análise dos dados. Definitivamente, é minha opinião que nosso conhecimento atual não é suficientemente elaborado e profundo para basear a construção de teorias abrangentes da linguagem e de seu uso.

O texto está organizado de modo a ser de leitura fácil para pessoas com um treinamento básico em gramática, tal como se adquire (ou deveria) na escola média; e o livro pode servir também como um guia para o trabalho prático de descrição da língua. Consequentemente, há aqui tanta discussão quanto exposição dos tópicos, o que pode dar ao texto um sabor meio exploratório; mas tentar ser mais assertivo nos levaria, acredito, a caminhos perigosos. Considerando-se o presente estágio da ciência linguística, é mais útil ser treinado na observação e sistematização dos dados, assim como em sua descrição, do que aprender análises previamente arrumadas e teorias gerais de aceitação limitada e curta expectativa de vida.

Afirmações teóricas, na medida em que são utilizadas, devem portanto ser cuidadosamente fundamentadas na observação dos fatos da língua. Neste livro boa parte dos dados vem do trabalho realizado nos últimos anos sobre as valências verbais e outros pontos importantes, considerando principalmente a língua portuguesa. A extensão dos resultados a outras línguas depende, é claro, do estudo de cada caso; foram incluídas sugestões relativas ao inglês e outras línguas, mas apenas quando o terreno parecia relativamente seguro.

O texto se concentra em alguns tópicos principais, listados a seguir. Cada um deles é discutido detalhadamente em capítulos posteriores, com exemplificação de apoio.

1.2 INTERAÇÃO DOS ESPAÇOS

O primeiro tópico, que pode ser considerado a linha central de minha pesquisa atual, é a contribuição principal deste livro. Trata-se do reconhecimento de que, na descrição de estruturas linguísticas, cada asserção pode ser classificada como **semântica** (ou seja, cognitiva), **formal** (principalmente morfossintática), ou **simbólica** (isto é, a expressão de uma relação entre as duas anteriores). Esses são os três **espaços** definidos por Langacker[1]; sob diversas designações, essa distinção é normalmente aceita pelos linguistas em geral. Essas ideias estão em circulação há muito tempo, e aqui procuro desenvolvê-las com vários exemplos para mostrar sua utilidade na descrição. Esse posicionamento poderia levar a um compromisso com a chamada "gramática cognitiva", o que creio que faria certo sentido, pois certamente a linguagem é tratada aqui como um fenômeno psicológico, incluindo uma relação simbólica direta entre forma e significado. Mas prefiro não me incluir em nenhuma escola, porque sinto que ainda não estamos preparados para a formulação de teorias abrangentes; eu diria que a gramática cognitiva está no caminho certo, mas ainda está bem longe de chegar ao objetivo visado. Por ora, procuro apenas descrever detalhes de uma língua particular, em sua estrutura e funcionamento.

O funcionamento das estruturas linguísticas para transmitir informações é o resultado da interação de **conhecimento linguístico**, isto é, o

---

1. Langacker (1987; 1991a; 1991b; 2008).

conhecimento de uma língua, e **conhecimento do mundo**. Esse fenômeno será ilustrado com exemplos concretos, que mostram que a interação dos espaços condiciona não apenas a interpretação (ou seja, a produção de significados) mas também em muitos casos a própria forma das frases – por exemplo, a ordem de constituintes, alguns fenômenos de concordância, algumas funções sintáticas como a de "núcleo de um sintagma nominal", a atribuição de relações temáticas como Agente, Paciente etc., a divisão das frases em constituintes e outros fenômenos importantes. O resultado, bastante complexo, é um sistema cuja função é a de relacionar formas sensorialmente perceptíveis (pelo ouvido, pela vista etc.) com significados; esse relacionamento é aliás a função fundamental da linguagem[2].

O conhecimento do mundo não depende da língua que esteja sendo usada; inclui informação como "chutar requer o uso dos pés", "janelas não comem", e "comer envolve dois participantes, o 'comedor' e a 'coisa comida'". Traçar os limites entre esses dois componentes do fenômeno linguístico é uma questão empírica. E podemos acrescentar que o que geralmente se chama o "significado" de uma unidade ou relação é um fato cognitivo, presente nos esquemas ou complexos esquemáticos que correspondem a unidades e relações lexicogramaticais: fica assim estabelecida uma relação entre o espaço formal e as estruturas de conhecimento. Um dos princípios básicos da linguística cognitiva é que a linguagem é "um instrumento que organiza, processa e transmite informação" (Geeraerts, 2006, p. 3). Isso se consegue associando formas e significados por meio de um sistema complexo a que podemos chamar **lexicogramática**.

Esse tipo de interação entre a estrutura da língua e o conhecimento do mundo pode parecer novidade para alguns linguistas, mas é normalmente aceito em áreas relacionadas que tratam da compreensão de sinais perceptíveis pelos sentidos; assim, o processo da leitura é descrito como "menos uma questão de extrair som do texto do que de colocar significado no texto" (Smith, 1978, p. 2). Para nossos objetivos, podemos parafrasear essa

---

[2]. Cf. Saussure (1916, p. 97ss.).

observação dizendo que compreender a fala é tanto uma questão de extrair significado da forma quanto de associar significado à forma.

1.3 ORGANIZAÇÃO DOS ESPAÇOS NA GRAMÁTICA

Os espaços *não* se organizam em componentes ordenados como "sintaxe" e "semântica". Para cada asserção descritiva é possível distinguir se é formal (sintática ou morfológica), cognitiva (isto é, semântica)[3] ou simbólica (relacionando os dois espaços anteriores). Mas esses tipos de asserção se encontram entremeados de maneira bastante livre, o que sugere que os usuários da língua têm acesso global e simultâneo a toda a informação, e fazem uso dela como for conveniente em cada momento de fala. Essa afirmação possivelmente controversa é discutida em detalhe na seção 14.2.2 deste livro, sendo exemplificada em diversos pontos da exposição.

Para esclarecer, menciono um exemplo: o núcleo de um sintagma nominal – por exemplo, *vestido* em *o vestido vermelho* – determina o gênero dos modificadores (daí *o* e *vermelho*, no masculino); no entanto, o próprio núcleo só pode ser determinado através de critérios de significado (devidamente desenvolvidos no capítulo 23). O resultado é que o sintagma nominal, em seu todo, é o resultado da interação de fatores puramente gramaticais, como o gênero de *vermelho*, e fatores de significado, que determinam *vestido* como o núcleo. Como se vê, os espaços se entrelaçam em uma colaboração cujo objetivo é o de gerar a forma e o significado do sintagma. Neste livro darei diversos exemplos de tal colaboração, que impossibilita uma análise com componentes de forma e de significado claramente delimitados[4].

---

3. Os termos "semântico" e "cognitivo" são usados como sinônimos neste livro; sigo aqui a posição de Langacker (1987, p. 5): "A gramática cognitiva [...] identifica significado com conceptualização".
4. Em particular, impossibilita modelos como o gerativo padrão (Chomsky, 1965; Perini, 1976), no qual um componente formal autônomo produz estruturas a serem posteriormente interpretadas em termos de significado.

1.4 CLASSIFICAÇÃO POR TRAÇOS

Uma conclusão importante a que se chega como resultado da tentativa de descrever as propriedades das unidades linguísticas, ou seja, sua classificação, é que

> as unidades linguísticas devem ser classificadas não como categorias taxonômicas compactas e mutuamente exclusivas, mas como feixes de traços, de modo que cada unidade (morfema, palavra ou sintagma) se associa a certo conjunto de traços.

Isso significa, por exemplo, que categorias tradicionais como "adjetivo", "sintagma adverbial" etc. devem ser redefinidos em termos de traços ou propriedades; e a experiência mostra que as classes resultantes dessa redefinição são muito mais numerosas do que a lista tradicional de dez ou doze classes de palavras.

Para dar um exemplo, tome-se a palavra *amigo*: ela tem propriedades da palavra *mesa* – pode ser núcleo de um SN, e semanticamente se refere a um objeto, como vemos em *aquela mesa* e *meu amigo*; mas *amigo* tem também propriedades da palavra *veloz*: pode modificar um núcleo, e semanticamente denota uma qualidade, como em *carro veloz* ou *gesto amigo*. Mas *veloz* não pode ser núcleo de um SN, e *mesa* não pode ser modificador; se chamarmos *veloz* de "adjetivo" e *mesa* de "substantivo", como vamos chamar *amigo*? É fácil ver que essas três palavras não mostram dois comportamentos gramaticais, mas três; portanto, as duas designações tradicionais disponíveis, "adjetivo" e "substantivo", não bastam para elas. No momento, basta observar essa situação; a análise a ser aplicada neste caso, e em outros semelhantes, será exposta nos capítulos 25 a 27.

A classificação por traços condiciona muitas áreas da gramática: categorias tradicionais como "verbo transitivo" ou "verbo de movimento" precisam ser reformuladas em termos das diversas funções que representam. Por exemplo, em vez de nos referirmos a verbos transitivos, precisamos falar de verbos que podem ocorrer na construção transitiva – e também, em muitos casos, em outras construções. A ocorrência em determinada construção é um dos traços distintivos que categorizam os verbos. É claro que isso resulta em uma taxonomia bem mais complexa do que a que se encontra nas gramáticas usuais; mas tem a vantagem de possibilitar uma descrição rigorosa e altamente informativa dos fatos.

O princípio da classificação por traços é uma generalização da maneira como se tem analisado as unidades fonológicas, e que se pratica há muitas décadas; o sistema foi proposto inicialmente pelos linguistas da Escola de Praga, e foi desenvolvido posteriormente por autores como Chomsky e Halle (1968). O mesmo sistema pode, e deve, ser aplicado à classificação das palavras e outras unidades da língua. Na verdade, os gramáticos têm sido lentos em aprender as lições que a fonologia oferece desde a década de 1930, uma situação que acho curiosa. Mesmo quando adotam uma análise em traços, como em vários modelos gerativos, deixam de enfatizar suficientemente a necessidade de que os traços tenham conteúdo cognitivo empiricamente verificável. É o caso, suspeito eu, de traços como [N], [V] e [A] tais como usados no modelo *government and binding* – o que contrasta com a abordagem mais realista dos traços fonológicos encontrada no capítulo 9 de Chomsky e Halle (1968), que trata justamente do "conteúdo intrínseco dos traços".

Por outro lado, a ideia da classificação por traços tem estado presente, ainda que de forma muito obscura e assistemática, no pensamento gramatical dos últimos séculos. Um exemplo interessante é citado por Kemp (1972), referindo-se à gramática inglesa de John Wallis, publicada em 1653:

> [Wallis] mantém a divisão dos nomes (*nomina*) em nome substantivo e nome adjetivo [...] ele leva a divisão substantivo/adjetivo também para outras partes do discurso; os pronomes demonstrativos e relativos são classificados como *nomina adjectiva*, os pronomes pessoais como *nomina substantiva*; as formas em *-ing* (como *burning*) podem ser particípio (adjetivo) ou nome verbal (substantivo) [...]
>
> [Kemp, 1972, p. 34][5]

---

5. Tradução minha, aqui e em todos os textos não originariamente em português.

Vê-se que os termos "substantivo" e "adjetivo" são, no fundo, manejados por Wallis não como classes, mas como traços a serem atribuídos aos diversos itens conforme seu comportamento gramatical: pronomes demonstrativos ocorrem como complemento de um núcleo do SN, ao passo que um pronome pessoal como *eu* sempre ocorre como núcleo.

Mais recentemente, Bloomfield (1933) reconheceu o problema da classificação cruzada, embora demonstre ceticismo quanto à possibilidade de incorporá-la na análise:

> [...] é impossível construir um esquema de partes do discurso que seja totalmente consistente, porque as classes de palavras se sobrepõem e cruzam umas com as outras.
>
> [Bloomfield, 1933, p. 196]

A análise por traços fornece justamente o recurso para construir esse esquema de maneira clara e sistemática, solucionando o problema da sobreposição das "classes".

1.5 IMPORTÂNCIA DO COMPONENTE ANOMALÍSTICO

O estudo dos dados lexicogramaticais mostra que a anomalia – também chamada irregularidade ou idiossincrasia – é um fenômeno muito mais espalhado do que frequentemente se admite. Esse fato significa que aprender e usar uma língua acarreta o manuseio de uma grande quantidade de informação individual, relacionada a um único item lexical ou a pequenas classes.

Uma área em que a anomalia é evidente é a das valências verbais. Sabemos que a gramática tradicional se limita a um pequeno número de classes: intransitivos, transitivos diretos, transitivos indiretos, bitransitivos, de ligação e às vezes mais uma ou duas. Modelos mais recentes reconhecem um número maior de subclasses valenciais de verbos: por exemplo, para o italiano, Salvi e Vanelli (1992, cap. 6). Mas o exame mais cuidadoso de dados em quantidade suficiente leva a um quadro muito mais complexo, não redutível a uma lista de subtipos a serem automaticamente aplicados a cada verbo. O levantamento preliminar dos verbos do português (que está sendo integrado no *Valency dictionary of Brazilian Portuguese verbs*)[6] já revelou a necessidade de mais de cem subclasses. Um exemplo simples é o verbo *comer*, tradicionalmente classificado como "transitivo". No entanto, esse verbo ocorre em pelo menos duas construções, exemplificadas por *as crianças já comeram a pizza* e *as crianças já comeram*, ao contrário de *fazer*, que só ocorre na primeira construção. As gramáticas que reconhecem essa situação procuram dar conta dela através de contorções teóricas que acho incorretas, como será mostrado nos capítulos 6 a 8; ali também ofereço uma solução mais adequada para o problema.

Não é apenas nos verbos que a complexidade está claramente presente. Em vez da lista de dez ou doze tipos diferentes de palavras (substantivos, adjetivos, advérbios, conjunções, pronomes etc.) o que se encontra é um número muito maior de classes, cujo comportamento gramatical só pode ser descrito com precisão se se usar os traços distintivos como visto na seção 1.4; o sistema é desenvolvido nos capítulos 25 a 27 deste livro. O uso de traços permite desenvolver as classes de unidades de maneira mais adequada empiricamente do que se encontra na literatura. A ideia em si não é nova, e aparece ocasionalmente em versões mais ou menos claras. Aqui apresento evidência adicional e elaboro os detalhes do mecanismo com o rigor possível.

1.6 DESCRIÇÃO E TEORIA

Neste livro não procuro desenvolver ou aplicar pontos teóricos a serem adotados *a priori* com uma guia de pesquisa, mas antes relatar conclusões que nasceram gradualmente a partir do exame, sistematização e análise dos dados. Essas conclusões podem ser entendidas como sugestão para a elaboração futura de propostas teóricas; mas em definitivo não chegam a constituir uma teoria unificada, embora todo esforço tenha sido envidado no

---

6. *VDBPV*, atualmente em construção na UFMG.

sentido de manter consistência mútua entre as afirmações feitas. Assumo responsabilidade plena pelas propostas incluídas neste livro; e, para ser justo, explicito que em muitos pontos importantes segui os passos de autores como Langacker (1987; 1991a; 1991b; 2008), Talmy (2000; 2007) e Schlesinger (1995).

Apresento aqui, juntamente com muitas ideias já clássicas, ou desenvolvidas por linguistas nos últimos anos, também resultados de minha pesquisa, que me levaram a adotar uma concepção do uso da língua baseado na interação dos dois espaços, o cognitivo (conhecimento do mundo) e o lexicogramatical (conhecimento da língua)[7]. Neste livro me ocupo das **representações cognitivas (RCs)** de orações simples (ou seja, seu significado literal). As RCs de orações simples são ingredientes essenciais na compreensão de frases isoladas e também no processamento de textos mais estendidos. Mas estes últimos apresentam problemas próprios, e serão ignorados aqui. Considero apenas as áreas tradicionalmente conhecidas como gramática e léxico; e, como em muitos casos é difícil separar esses componentes, será usado em geral o termo **lexicogramática**[8].

O texto enfatiza a necessidade de fundamentar a análise na observação sistemática dos dados. Nossa prioridade é a descrição; a construção de teorias é também importante, mas acredito que é prematura, dado o estado atual de nosso conhecimento da linguagem ou de qualquer língua específica. Procuro apresentar algo do que (quase) todos os linguistas aceitam; mas como a unanimidade tem seus limites, não posso evitar a introdução de ideias que me parecem válidas, mesmo quando não são universalmente aceitas; *aliter non fit liber*, como já observou Marcial[9].

---

7. A ideia desses dois espaços como independentes é na verdade uma simplificação; pois, como já se reconhece há tempo, as línguas têm o hábito de impor suas categorias a certos aspectos de nosso modelo do mundo. Alguns exemplos interessantes são expostos em Deutscher (2010). Aqui preciso ignorar esse problema, pois discuti-lo nos levaria muito longe de nossos objetivos.

8. Designação introduzida por Halliday (1961). Uso o termo apenas por conveniência, sem compromisso de aceitação de teorias particulares.

9. Traduzindo, 'não há outro modo de escrever um livro' (MARCIAL. *Epigramas*, 1, 16).

Na primeira parte do livro (capítulos 1 a 5) apresento um conjunto de noções de importância metodológica, que devem ser mantidas sempre em mente durante o trabalho de descrição. O leitor que não tenha familiaridade com algumas dessas noções poderá voltar a esses capítulos para consulta e avaliação crítica. Convido então o leitor a trazer sua experiência ao trabalho de enriquecer estas notas; só o trabalho efetivo de descrição pode confirmar (ou, se for o caso, refutar) a importância de cada um dos pontos aqui apresentados. Chamo atenção em particular para a fundamentação da taxonomia de unidades, como as valências e as classes de palavras. Há alguns anos venho trabalhando nesses pontos e tentando deixá-los claros e bem fundamentados. O foco principal é em dados do português, com menção a outras línguas quando conveniente. Mas este não é um livro sobre a língua portuguesa; antes, é uma exploração de como a estrutura da língua e o conhecimento do mundo interagem para gerar significados.

Para voltar a um ponto importante: em todas as ciências empíricas a descrição é um pré-requisito à elaboração de teorias; isso é geralmente reconhecido pelos linguistas, em princípio ainda que nem sempre na prática. Assim, diz Chomsky que

> [...] o problema mais crucial para a teoria linguística parece ser abstrair asserções e generalizações de gramáticas particulares descritivamente adequadas e, quando possível, atribuí-las à teoria geral da estrutura linguística.
>
> [Chomsky, 1965, p. 46]

É claro que isso pressupõe a existência dessas gramáticas descritivamente adequadas, e sugere que um dos objetivos principais da tarefa do linguista precisa ser a descrição das línguas. Mas há alguma oposição subterrânea a essa ideia; Langacker se queixa de que

> [...] toda a glória se liga aos princípios gerais e à teoria abstrata; a atenção cuidadosa às minúcias dos dados da língua se deixa para aqueles que não têm a percepção e imaginação para serem bons teóricos.
>
> [Langacker, 1991b, p. 261-262]

e eu concordo com ele que essa atitude é prejudicial ao desenvolvimento de nossa ciência.

Por outro lado, é evidente que a descrição "pura" não é possível: é preciso saber o que procurar dentro da grande massa dos dados linguísticos, e os pressupostos teóricos são o guia básico nessa tarefa. Não se pode simplesmente esperar até que um corpo razoavelmente seguro de asserções teóricas se torne disponível para começar a descrição. Ou seja, construir a descrição depende de orientação teórica, e a orientação teórica depende da descrição. A saída desse dilema é, claramente, trabalhar simultaneamente nas duas frentes, o que pode parecer difícil, mas é necessário considerar que já temos os resultados de séculos de trabalho na teoria, e boa parte deles é basicamente correta. Por exemplo, a tradição estabelece com bastante clareza a classe dos verbos, que precisam figurar em qualquer descrição de uma língua românica, ou indo-europeia em geral; e a classe dos substantivos, ainda que questionável em certos pontos, captura propriedades básicas de certos itens, por exemplo a propriedade de poderem ser usados referencialmente e a de funcionarem como núcleo de um sintagma nominal. Assim, embora as noções tradicionais (ou nem tão tradicionais) precisem ser usadas com cautela, elas muitas vezes mostram coisas a serem buscadas nos dados. Isso faz possível o trabalho nas duas frentes, de modo que a descrição pode progredir.

Finalmente, convém deixar claro que aqui se entende que é necessário tratar da descrição de línguas isoladas, sem comparação com outras línguas; ou seja, tratamos de uma língua de cada vez. Isso não é uma condição de princípio de toda descrição, mas uma conveniência metodológica derivada do atual estado do conhecimento. Acredito que a comparação interlinguística (exceto ocasionais menções à estrutura de outras línguas, com o objetivo de deixar mais clara a exposição) é prematura em muitas áreas: a estrutura de uma língua não tem compromisso necessário com a estrutura de outras línguas, mesmo aparentadas. Isso não exclui a possibilidade e importância da pesquisa comparativa, ou da procura de universais; é antes uma recomendação de cautela, dado o atual estado de nosso conhecimento da estrutura das línguas. Os estudos tipológicos são necessários e interessantes, mas têm pré-requisitos que, em muitas áreas de pesquisa, ainda não foram satisfeitos.

1.7 ENSINAR LINGUÍSTICA

Fechando esta Introdução, vou tratar de um assunto relacionado, que tem a ver com o ensino da linguística. Este frequentemente começa com a apresentação de uma teoria, que deve ser explicada, excluindo-se as outras, e que muitas vezes aparece no título de livros introdutórios, como *Introduction to government and binding theory* (Haegeman's, 1991), *Cognitive grammar* (Taylor, 2002), e meu próprio livro *A gramática gerativa* (Perini, 1976). A exposição das complicações da teoria deixa pouco espaço para o trabalho empírico com dados extensos.

Não há nada errado com aprender teorias, se se deixar claro seu caráter altamente preliminar e tentativo; mas o trabalho com dados não deve ser negligenciado. O principiante nos anos 1960 tinha à mão alguns manuais de laboratório como Gleason (1955), Koutsoudas (1965) e Merrifield *et al.* (1967), que forneciam dados (é verdade, muitas vezes adaptados e simplificados) a serem trabalhados para construir uma análise. O trabalho era em geral dirigido em termos de alguma teoria; mas os mesmos dados poderiam também ser analisados em outros termos, e em todo caso representavam um contato inicial com os fatos das línguas. Os manuais mais recentes, entretanto, tendem a omitir esses problemas, e limitar-se à apresentação e defesa (muito sumária) de alguma teoria especial. Essa situação é inconveniente, se consideramos o atual estado da área e a natureza instável de muitas afirmações teóricas.

O presente livro não é um manual de laboratório, mas é, em parte, uma exibição de exemplos de análise. Como é inevitável, ele pressupõe algumas posições teóricas importantes – em particular, uma orientação cognitiva, que admite que muitos fenômenos tradicionalmente analisados como puramente linguísticos não são parte da estrutura da língua, mas manifestações do conhecimento do mundo. Também pressupõe que tais fatores cognitivos se entremeiam com os gramaticais de maneira muito complexa, o que estabelece como uma tarefa da pesquisa traçar os limites entre a língua e o conhecimento do mundo. Mas há aqui também um esforço no sentido de justificar todas as afirmações contra outras interpretações, de modo que o núcleo da exposição são os argumentos. A ideia básica é apresentar ao leitor o estilo de raciocínio corrente em linguística, e não convertê-lo a alguma posição previamente adotada – o que se faz dirigindo o olhar do leitor para certos ângulos, de modo que possa saber o que procurar ao examinar novos dados.

Isso inclui a identificação de certos traços importantes da língua, algo semelhante às *facies* usadas em geologia, ou os caracteres dos animais em zoologia. O linguista iniciante precisa ter a habilidade de detectar fenômenos tais como a concordância, a valência, a ordem das palavras, a estrutura de constituintes, e pelo menos alguns dos variados aspectos da taxonomia das unidades; e ele pode abordar esses fenômenos munido de algumas expectativas, ainda que cuidadosamente, para não tomar expectativas como análises previamente estabelecidas. A melhor maneira de conseguir isso é, acredito, lidar com exemplos concretos, seja como problemas a serem resolvidos, seja como o estudo e a compreensão de análises propostas por outros linguistas. Essa é uma das funções de várias hipóteses explicadas neste livro, como por exemplo: a análise das classes de palavras como feixes de traços; a distinção entre relações linguísticas como os papéis semânticos e relações cognitivas como aquelas que chamo **relações temáticas elaboradas (RTEs)**; a associação de regras formais e semânticas, sem a definição de componentes separados; e outras hipóteses que chamam atenção para aspectos específicos dos dados.

Ilustrar essas hipóteses é uma das motivações dos exemplos apresentados no livro. E, embora não haja tentativa de integrá-las em uma teoria geral e abrangente, alguma ênfase é colocada no traçado dos limites entre língua e cognição. A discussão contribui para dar uma ideia de até onde se estende a estrutura da língua, e como essas duas ordens de fatores colaboram a fim de construir a representação cognitiva que é o produto final de um ato de fala.

Esquemas, gramática e o léxico

2.1 A MENSAGEM E O SIGNO

Entende-se geralmente que as línguas são o recurso que a espécie humana encontrou para realizar uma tarefa aparentemente impossível: transferir noções, ideias e mensagens de uma mente para outra. Isso se faz em grande parte através da associação de unidades e relações cognitivas com sequências sonoras realizadas foneticamente e portanto acessíveis perceptualmente; cada uma dessas associações se chama um **signo**. O termo vem de Saussure (1916, p. 96ss.), que dá exemplos muito simples de itens lexicais concretos (*cavalo*, *árvore*); mas a noção se estende a associações mais complexas, como a que existe entre as relações temáticas e termos da oração, ou o significado associado a construções sintáticas particulares. Há indicações de que esse sistema não é muito exigente quanto aos meios de chegar a seu objetivo: funciona de maneira oportunística, resultando em um conjunto complexo e heterogêneo de regras, princípios e restrições, tanto gramaticais em sentido estrito quanto baseadas no conhecimento do mundo[1]. Nos próximos capítulos serão dados muitos exemplos de como

---

1. O oportunismo na procura de resultados não se limita à linguagem. Referindo-se à evolução biológica, Hogan (1977) afirma que "a natureza não produz as melhores soluções – ela tenta *qualquer* solução. O único teste aplicado é que [o resultado] seja bom o bastante para sobreviver e se reproduzir". Isso retrata bastante bem o que pode ser observado na linguagem, *mutatis mutandis*.

funciona esse sistema, de modo que o leitor possa avaliar por si mesmo as asserções feitas neste livro.

Vamos portanto lidar com signos o tempo todo. Um signo associa dois níveis de percepção: o nível fonético (que para nós será simplificado como o nível **formal**, representado pela ortografia) e o nível cognitivo. Existe uma longa tradição em linguística no estudo do nível formal, expresso na análise de sons, fonemas, unidades e relações gramaticais; não creio que se possa acrescentar muito a esse conhecimento tradicional. Já a face cognitiva (o significado) é mais problemática, principalmente porque é acessível a percepção de outro tipo, a saber, à introspecção, cujo uso é essencial e é devidamente discutido no capítulo 5. Consequentemente, no presente livro será necessário dar atenção especial à face cognitiva do signo; e para isso é possível basear o estudo no que foi realizado no último meio século por pesquisadores trabalhando em ciência cognitiva, especialmente no que veio a ser chamado "teoria dos **esquemas**".

2.2 ESQUEMAS

Os esquemas representam aspectos do conhecimento do mundo, tais como ficam armazenados em nossa memória; são, no dizer de Rumelhart (1980), os "tijolos da cognição". Os esquemas contêm uma vasta quantidade de informação, e apenas parte dela será de interesse para nós aqui. Os esquemas são definidos como

> [...] os elementos fundamentais dos quais depende todo o processamento da informação. Os esquemas são usados no processo de interpretar dados dos sentidos (tanto linguísticos quanto não linguísticos), na recuperação de informação da memória, na organização de ações, na determinação de objetivos e subobjetivos, na alocação de recursos e, em geral, na orientação do fluxo de processamento no sistema.
>
> [Rumelhart, 1980, p. 33-34]

Os esquemas não são novidade, e têm sido conhecidos pelos linguistas nas últimas décadas; para nossos objetivos, correspondem aos *frames* usados na base de dados Framenet e em parte da literatura. Sendo responsável por representar todo o nosso conhecimento do mundo, a estrutura de esquemas é imensamente complexa. Aqui veremos apenas uma descrição sumária, suficiente para nosso limitado objetivo de descrever o significado de orações individuais, e em particular os fatores envolvidos em sua produção.

Os esquemas também contêm informação gramatical; mas aqui vamos tratar de informação extralinguística, como a denotação de entidades, eventos e estados, assim como as relações entre eles – tudo isso acessível pela introspecção: são aspectos de nosso conhecimento do mundo. Não é possível provar formalmente que ao dizer *o gato saiu* estamos nos referindo a um animal, nem que **o gato transcorreu sem novidades* não faz sentido; no entanto, os usuários da língua todos concordam com esses julgamentos, o que nos autoriza a tomá-los como parte dos dados. Com isso fica possível investigar os detalhes da conexão entre os esquemas e complexos de esquemas com sua representação morfossintática.

Cada esquema contém um conjunto de **semas**, que determinam sua denotação principal, e um conjunto de **variáveis**, que antecipam outros esquemas com que o atual pode se associar ao integrar uma representação cognitiva. Para tomar um exemplo, o esquema MORDER[2] tem semas que descrevem informação geral: trata-se de um "evento", mais especificamente uma "ação"; e também informação particularizada, pois se refere a uma ação realizada com os dentes, não com a língua (que corresponderia a LAMBER). Esses semas particularizados são importantes na construção da representação cognitiva (**RC**) de textos maiores; mas aqui vamos lidar apenas com os semas de natureza mais geral, que são os que podem ter relevância gramatical dentro do domínio da frase.

Além dos semas, o esquema também contém variáveis, que especificam as relações temáticas que ele pode ter com outros esquemas, expressos

---

[2]. Vamos adotar a convenção de notar os esquemas em VERSALETES; fique claro que nesses casos não estamos falando do verbo *morder*, mas do esquema, isto é, o conceito correspondente.

como complementos da frase. MORDER envolve um "mordedor" (o Agente) e um "mordido" (o Paciente), de modo que

> [...] não se pode conceber um ato de [morder] sem fazer algum tipo de referência mental à entidade que produz a [mordida] e à que a sofre [...]
>
> [Langacker, 1991a, p. 286][3]

A observação de Langacker é correta, mas incompleta: uma ação de morder ocorre necessariamente em determinado lugar, em algum momento do tempo e de certa maneira. Mas há algo de especial no Agente ("mordedor") e no Paciente ("mordido"), que faz deles os elementos definitórios do evento de morder. Veremos no capítulo 3 que há evidência experimental em favor dessa proeminência de alguns participantes do esquema, denominados **centrais**, enquanto os outros são **periféricos**. Isso é frequentemente reconhecido, embora de maneira implícita, na literatura; por exemplo, Langacker (1991a) se refere a essas variáveis como "facetas salientes da estrutura semântica [do verbo]", o que supõe que há outras facetas, não tão salientes.

O fenômeno básico na produção do significado das orações é que os esquemas podem ser **evocados** pelos itens lexicais. Cada unidade linguística se associa a um ou mais esquemas, e tem a propriedade de trazê-los à memória imediata ao ser ouvida, desse modo estabelecendo uma relação simbólica (o nosso conhecido **signo**). Vimos que o signo foi definido por Saussure como a associação de um conceito e uma imagem acústica; para nossos objetivos, o conceito pode ser entendido como um esquema. Há complicações, principalmente porque uma imagem acústica pode se associar a diversos esquemas, e há esquemas que se associam com construções (cf. Goldberg, 1995, p. 32ss.). Na presente exposição vamos deixar de lado esses fatos adicionais, mas eles são importantes, e precisam ser eventualmente incorporados em uma análise completa.

---

3. Langacker usa *slap* como exemplo; coloquei *morder* para que o exemplo fique mais idiomático em português (não temos um bom verbo coloquial para *slap*, e preferimos dizer *dar um tapa*).

Para dar um exemplo de como essas associações funcionam para gerar representações cognitivas, digamos que alguém ouve a frase

[1] A garota mordeu o motorista.

Os constituintes dessa frase evocam três esquemas, a saber, GAROTA, MORDER e MOTORISTA. Desses, MORDER é evocado pelo verbo; e vamos supor (seguindo uma ideia tradicional)[4] que o verbo é o ponto inicial do processo. O esquema MORDER contém duas variáveis centrais, o "mordedor" e o "mordido". Cada variável precisa ser vinculada por um esquema, nesta frase respectivamente GAROTA e MOTORISTA; essa vinculação[5] é sujeita a condições de boa formação cognitiva e também, em parte, a regras da língua que relacionam papéis semânticos com funções sintáticas.

Uma dessas regras estabelece que o Agente (aqui, o "mordedor") é prototipicamente codificado como o sujeito da oração; essa regra funciona em português para cerca de 97% de todas as construções, e pode ser notada como[6]

Agente <> SujeitoV

Isso nos autoriza a vincular a variável "mordedor" ao esquema GAROTA, evocado pelo sujeito *a garota*, de maneira que passa a fazer parte de uma representação cognitiva que está em construção.

Até agora, temos a informação de que o evento é MORDER e GAROTA é o "mordedor". Eventualmente o esquema MOTORISTA vinculará o complemento restante da oração, e será entendido como o "mordido". Veremos os

---

4. O fenômeno da valência é geralmente atribuído inteiramente a propriedades do verbo, considerado o eixo central da oração. Isso deverá ser modificado, como veremos no capítulo 8, mas serve para começar.
5. Inglês: *binding*.
6. O 'V' de 'SujeitoV' tem sua razão, que será explicada na seção 6.2. O símbolo '<>' se lê "é prototipicamente codificado como"; veremos detalhes mais adiante no texto.

detalhes desse processo nos capítulos 7 e 8; por ora basta observar como os esquemas se estruturam para construir a representação cognitiva que é veiculada pela frase [1].

Como se vê, o processo segue instruções simbólicas que estipulam os pontos onde a estrutura sintática se associa com esquemas. O resultado, no que nos interessa, é um esquema evocado pelo verbo, com suas variáveis vinculadas por outros esquemas, evocados estes pelos outros termos da oração. O resultado é a **representação cognitiva (RC)** veiculada pela frase. Obviamente, há outros detalhes a serem acrescentados, tais como o *status* de "dado" da garota e do motorista, assim como a referência temporal presente no verbo; podemos deixar esses detalhes de lado por ora. Aqui nosso objetivo é ilustrar a maneira como as unidades e relações linguísticas interagem com os esquemas para produzir a RC que é a mensagem pretendida. Um dos objetivos deste livro é explorar os detalhes desse processo; o sistema que relaciona esquemas e suas agregações com unidades e relações perceptualmente acessíveis é o que se chama uma língua.

Se os esquemas representam conhecimento do mundo, não propriamente significados de palavras, pode-se perguntar se os esquemas são universais. É provável que não, como sugerem alguns exemplos claros: *lemon* e *lime* são duas frutas para o falante de inglês, mas para o falante de português são apenas tipos de *limão*; e o russo *sinij* (синий) 'azul-escuro' e *goluboj* (голубой) 'azul-claro' são ambos reunidos no português *azul*[7]. Isso evidentemente não acarreta que os falantes do português não possam distinguir azul-claro de azul-escuro; mas o fato é que usam a mesma palavra para esses conceitos, e é possível que se trate (em português) do mesmo esquema. Parece haver uma rede muito emaranhada de relações entre palavras e esquemas, ainda a ser estudada em detalhes. Não podemos considerar esse problema aqui; vamos nos contentar com uma aproximação, de

---

7. Para as designações de cores, que variam amplamente de língua para língua, cf. Deutscher (2010).

acordo com a qual os esquemas são mais ou menos os mesmos para todas as pessoas que falam qualquer língua[8].

2.3 CONSTRUINDO A REPRESENTAÇÃO COGNITIVA (RC)

Vimos que uma frase é um signo que relaciona uma cadeia formal com um construto esquemático chamado **representação cognitiva** (RC), que pode ser entendida como o significado literal da frase[9]. Voltemos ao exemplo

[1] A garota mordeu o motorista.

Vamos analisar as relações simbólicas nessa sentença da seguinte maneira: o verbo, *mordeu*, evoca o esquema MORDER, que, como sabemos, tem duas variáveis centrais; a saber, o "mordedor" e o "mordido". Os sintagmas nominais da sentença também evocam outros dois esquemas, GAROTA e MOTORISTA. Cada um deles vai vincular uma das variáveis de MORDER, mas qual é qual?

Uma diferença gramatical é que *a garota* é sujeito, e *o motorista* é objeto[10]. Como podemos usar essa informação, fornecida pela estrutura sintática, para decidir quem mordeu quem? Poderíamos tentar uma regra dizendo que "a pessoa que morde" é sempre representada pelo sujeito? Isso funcionaria para [1], mas causaria problemas porque não se aplicaria a

[2] A garota beijou o motorista.

onde não há "pessoa que morde", e portanto a regra não se aplica aqui. E o mesmo problema apareceria em caso após caso, ao ponto de necessitarmos

---

8. Em Perini (1988) tratei de um caso particular em que uma palavra corresponde a mais de um esquema, presentes mas não reconhecidos em Rumelhart e Ortony (1976).
9. A noção de significado literal é discutida no capítulo 5.
10. Aqui definido simplesmente como um SN não sujeito; cf. explicação no capítulo 21.

de uma nova regra quase que para cada verbo: *morder, beijar, beliscar, chutar, empurrar* etc. Esse problema já foi detectado, e levou a atitudes negativas quanto ao uso de relações temáticas; por exemplo,

> [...] no extremo, cada verbo vai definir um conjunto distinto de papéis participantes que refletem suas propriedades semânticas únicas (por ex., o sujeito de *morder* é um tipo ligeiramente diferente de agente do sujeito de *mastigar*). [...] Como qualquer tipo de sentido comum fornece a base para um esquema possível, e como a esquematização pode ser levada a qualquer limite, não devemos esperar que um inventário fixo e limitado acomode todos os fenômenos em qualquer língua.
>
> [Langacker, 1991a, p. 284]

Essa situação parece impossibilitar a formulação de uma regra para atribuir a relação "mordedor" ao sujeito de [1]; como observa Langacker, precisaríamos praticamente de uma nova regra para cada verbo da língua. Isso é implausível, dado o fato de que as pessoas aprendem essa atribuição facilmente, e a generalizam para novos verbos. Deve haver uma solução melhor; e há, como se verá na próxima seção.

2.4 PAPÉIS SEMÂNTICOS E RTEs

Para avaliar a solução devemos primeiro esclarecer a distinção entre dois tipos de relações temáticas: **papéis semânticos** e **relações temáticas elaboradas (RTEs)**[11]. A relação temática entre o sujeito e o verbo em [1] é tradicionalmente chamada Agente; mas vimos que isso não é suficiente, já que a mesma relação se aplica ao sujeito de [2], onde a relação percebida é diferente. Neste caso particular, o sujeito tem o papel semântico de Agente, mas a RTE é "mordedor".

Os falantes têm acesso intuitivo às RTEs, e se solicitados a descrever a relação provavelmente responderão "mordedor" para o sujeito de [1],

---

11. Essencialmente a mesma distinção se encontra em Schlesinger (1995, p. 4-5). As RTEs receberam diversas designações: Schlesinger as chama de *casos*, e eu mesmo as chamei de *relações semânticas conceptuais* em trabalhos anteriores. Agora prefiro o termo *relações temáticas elaboradas* porque descreve melhor o que elas realmente são.

mas "beijador" para o sujeito de [2]. Já o papel semântico, Agente nos dois casos, não é acessível à intuição direta, sendo antes uma relação abstrata construída pelos linguistas; se alguém diz que nas duas frases o sujeito é o Agente, isso não decorre de sua compreensão das mesmas, mas é antes um reflexo de seu treinamento gramatical.

Isso parece, à primeira vista, um dilema: é preciso representar as relações tais como são acessíveis ao falante, mas também precisamos de formular a regra responsável pela atribuição da relação temática correta em [1], [2] e inúmeras outras orações.

A resposta vem da consideração de que a gramática não é sensível a toda a gama das relações temáticas possíveis (RTEs); ela seleciona parte da informação contida nessas relações. Digamos que se descreva a RTE do sujeito de [1] não como "mordedor", mas de maneira mais esquemática como o "causador imediato de um evento de morder"; e em [2] teremos o "causador imediato de um evento de beijar". Sabemos que a regra gramatical que atribui essas RTEs ao sujeito não as distingue; e nossa hipótese é que a regra se aplica ao "causador imediato de um evento", ou seja, *qualquer* evento. Essa é uma relação mais esquemática, e pode ser chamada de Agente, que é um **papel semântico**. O Agente é pois um hiperônimo das muitas RTEs que agrupa, no sentido de que o "causador imediato de um evento de morder" é uma das maneiras como um Agente pode ser realizado. Em outras palavras, as RTEs observáveis são hipônimos dos papéis semânticos. As RTEs são acessíveis à intuição dos falantes (o que veremos que tem consequências metodológicas importantes), mas as regras da língua se referem aos papéis semânticos, não diretamente às RTEs[12]. É o caso da regra que vimos acima, com a forma **Agente <> SujV**, que deve ser lida como "o Agente é prototipicamente codificado como o sujeito da oração". Desse modo fica resolvido o dilema mencionado por Langacker na citação dada acima.

---

12. Aqui vamos adotar a convenção de grafar os papéis semânticos com maiúscula (Agente) e as RTEs em minúsculas com aspas ("causador imediato de um evento de morder").

2.5 ELABORAÇÃO

Essa separação de níveis nos permite incluir na análise de [1] tanto o papel semântico Agente quanto a RTE "causador imediato de um evento de morder" ou, abreviadamente, "mordedor". A RTE em questão é resultado da **elaboração** do papel semântico Agente no contexto particular que inclui o verbo *morder* (e, portanto, o esquema MORDER). Vamos agora examinar mais de perto esse importante processo.

O processo de elaboração se baseia na relação de hiponímia entre RTEs e papéis semânticos. Uma RTE é frequentemente um hipônimo de algum papel semântico: o papel semântico Agente tem como hipônimos "o causador imediato de um evento de morder", o "causador imediato de um evento de escrever", o "causador imediato de um evento de pular" etc.[13] Como se vê, podemos definir o Agente como simplesmente o "causador imediato de um evento". A cada momento da descrição é preciso decidir do que estamos falando: da produção da representação cognitiva ou de sua análise gramatical? Acontece que ambas são necessárias, mas fornecem respostas diferentes conforme o objetivo estabelecido a cada passo da descrição. Voltando aos nossos exemplos,

[1] A garota mordeu o motorista.

[2] A garota beijou o motorista.

se estamos tratando de análise gramatical, *a garota* tem a mesma função temática em ambas as frases, a saber, o papel semântico Agente. Mas se estivermos descrevendo a construção da representação cognitiva, o esquema correspondente, GAROTA, tem uma RTE diferente em cada caso: respectivamente, ela é a "mordedora" e a "beijadora".

---

13. Digo "frequentemente" porque algumas RTEs não são hipônimas de um papel semântico; na verdade não são relacionadas com nenhum papel semântico. Na seção 8.1 veremos esses casos, sob o rótulo "atribuição por ausência".

O que justifica a reunião dos casos de "causador imediato de um evento" sob o rótulo de Agente é o fato de que algumas regras gramaticais mencionam o Agente; por exemplo, a regra de protótipo que vimos acima. Outro exemplo é a regra que impede o Agente de ser codificado como um objeto (direto). É claro que isso não pode ser formulado em termos de RTEs, sob pena de termos que incluir um número ilimitado de regras na gramática (como observado por Langacker); assim, nenhuma regra gramatical se aplica a RTEs. Por outro lado, as RTEs são metodologicamente importantes, porque são elas as únicas relações temáticas passíveis de testagem direta. Nem todo mundo sabe o que é um Agente, mas todos concordam que em [1] é a garota que pratica a ação de morder o motorista: podemos mesmo gerar uma imagem visual do evento. Se apenas fossem usados papéis semânticos, as afirmações correspondentes não seriam testáveis, o que prejudicaria seriamente o valor empírico da análise.

O fato de que nenhuma regra gramatical menciona as RTEs, mas algumas mencionam papéis semânticos, mostra que há graus específicos de esquematização para cada língua e para certos conjuntos de RTEs, definidos em cada língua como material a ser utilizado na formulação de regras. Cada língua seleciona algumas das distinções possíveis, desprezando outras. Isso é costumeiramente reconhecido em fonologia: embora o inglês, o grego antigo e o hindi todos incluam a diferença fonética entre [t] e [t^h], a mesma não é funcional em inglês, onde a ocorrência de cada um desses sons depende de fatores contextuais; mas é fonologicamente relevante nas outras duas línguas: por isso o hindi pode distinguir as palavras [saat] 'sete' e [saat^h] 'com' usando a distinção fonética em questão. O mesmo ocorre no nível gramatical com as relações temáticas: por exemplo, um manual de náhuatl[14] explica que

>O náhuatl não especifica em sua forma locativa se falamos do lugar onde você está, para o qual está indo, de onde vem, ou por onde passa.
>
>[Launey, 1992, p. 53]

---

14. Língua indígena do México.

enquanto que em português o Lugar, Meta, Fonte e Trajetória se distinguem através de diferentes preposições (*em Maceió, para Maceió, de Maceió, por Maceió*). E o latim faz ainda algumas distinções gramaticais ausentes do português, como entre 'de dentro de' (preposição *ex*) e 'da direção de' (preposição *ab*). É claro que essas relações, quando necessárias, podem ser exprimidas em todas essas línguas; mas em algumas são expressas por circunlocuções ou itens lexicais especiais.

A objeção de Langacker contra o uso de papéis semânticos, portanto, deixa de considerar o fato de que há um critério que limita as possibilidades de esquematização das relações temáticas: conjuntos particulares de RTEs podem ser enfeixados juntos sob rótulos gramaticalmente significativos. A conclusão é que para analisar o fenômeno de maneira completa precisamos de RTEs, mas também de papéis semânticos. Estes são relações linguísticas, parte da estrutura de uma língua, ao passo que as RTEs são relações cognitivas, parte dos esquemas e das representações cognitivas construídas pelos usuários da língua. Cada língua faz sua seleção própria, e uma das tarefas do linguista descritivo é determinar, para a língua em estudo, a lista dos papéis semânticos a serem incluídos na gramática; desse modo é possível fazer a lista completa dos papéis semânticos de uma língua. Cada língua tem uma maneira de expressar "onde X está", mas nem todas codificam essa relação da mesma maneira que "de onde X veio", e assim por diante. Desse ponto de vista as línguas diferem amplamente em alguns detalhes, e nem tanto em outros. Até onde sei, não há grande variação no uso do Agente nas diferentes línguas: mais ou menos as mesmas RTEs tendem a ser reunidas e codificadas da mesma maneira. Mas o mesmo não se aplica às relações locativas, como vimos nos exemplos acima.

2.6 SUMÁRIO

Para resumir: entendido dessa forma, um papel semântico é um conjunto de RTEs que funciona como uma unidade para efeitos da formulação das regras de uma língua; cada língua faz sua própria seleção de tais conjuntos, de modo que os papéis semânticos não são todos universais[15]. As RTEs são necessárias porque podem ser observadas, isto é, são acessíveis por introspecção ao usuário da língua; e, naturalmente, são necessárias porque são componentes das representações cognitivas que os falantes constroem como resultado de sua compreensão das sentenças.

A distinção entre esses dois níveis de relações temáticas é tão necessária quanto a distinção entre fonemas e sons da fala, e por razões idênticas, já que os sons são diretamente observáveis, ao passo que os fonemas são necessários para a descrição da estrutura da língua. O resultado é que os papéis semânticos são parte da estrutura da língua, as RTEs não são: estas são, antes, parte dos esquemas evocados pelas unidades da língua. Tanto os papéis semânticos quanto as RTEs são **relações temáticas**, parte da ponte que liga as estruturas formais às representações cognitivas que formam a compreensão das sentenças.

A relação entre um conjunto de RTEs e o papel semântico que as representa é de hiponímia – ou seja, cada RTE é um dos "tipos" do papel semântico. Por exemplo, a RTE "causador imediato de um evento de correr" é um hipônimo do papel semântico Agente, definido como o "causador imediato de um evento"; e a RTE "em Belo Horizonte" é um hipônimo do papel semântico Lugar. Dizemos então que cada RTE **elabora** o significado de um papel semântico conforme o contexto em que aparece. E um usuário da língua tem meios de reconhecer uma RTE como elaboração de um papel semântico particular, quando for o caso[16]. Se um Agente ocorre em uma sentença com o verbo *correr*, como em

[3] O cachorro correu para o quintal.

será elaborado em termos dos traços do esquema CORRER, que inclui "causador imediato de um evento", e acrescenta "de correr" ao evento denotado.

---

15. Alguns podem ser, claro, e sua identificação é um tópico interessante de pesquisa.
16. Assim como conseguimos identificar "banana" como uma elaboração do conceito de "fruta", com base em nosso conhecimento do mundo.

Note-se, aliás, que se tentarmos incluir o "causador imediato de um evento de morder" em [3] a representação cognitiva resultante será malformada, já que não há meio de integrar tal variável como parte de um evento de correr. Portanto, a seleção de qual RTE inserir na representação cognitiva é sujeita a um filtro de boa formação cognitiva.

2.7 TRILHAS HIPONÍMICAS

Os papéis semânticos e as RTEs precisam ser postos em correlação a fim de codificar ou decodificar as sentenças. Por exemplo, uma pessoa que ouve a sentença

[1] A garota mordeu o motorista.

e identifica *mordeu* como um verbo, evoca um esquema, MORDER, que ela sabe que é associado àquele verbo. Esse esquema tem duas variáveis centrais, a saber, "mordedor" e "mordido"; mas há um problema, qual é qual? A garota pode ter mordido o motorista, ou vice-versa; como pode um ouvinte encontrar as atribuições corretas? E, aliás, como é que o falante codificou essas variáveis, para começar?

Já sabemos que não se pode estabelecer uma conexão direta entre o "mordedor" e a função sintática sujeito. É preciso então investigar a maneira pela qual a linguagem agrupa noções tão variadas como "mordedor", "escritor", "pessoa que belisca" e milhares de outras para codificá-las da mesma maneira. Como sabemos, o português e outras línguas chegaram ao uso da relação de Agente, definida como "causador imediato de um evento"; e a regra em questão seleciona o sujeito como a maneira prototípica de codificar o Agente. Voltando à pessoa que ouve a frase [1]: por seu conhecimento da língua, ela sabe que o sujeito é o Agente. Mas o problema ainda não está solucionado, porque o esquema MORDER não contém um Agente – contém apenas um "mordedor". O Agente é um traço gramatical (um papel semântico), e um esquema contém informação cognitiva, não codificada gramaticalmente. A questão se reduz, portanto, a como relacionar a RTE "mordedor" com o papel semântico Agente; isso feito, o ouvinte pode concluir que o sujeito, sendo o Agente, deve ser o "mordedor". Portanto, a garota é que mordeu o motorista, não o oposto.

O problema fundamental é reconhecer o "mordedor" como uma elaboração do Agente. Já que uma lista exaustiva de todas as elaborações possíveis do Agente não é realizável na prática, a conexão deve ser levada a efeito por outros meios. Aqui precisamos lançar mão de uma hipótese que parece bem-fundamentada:

Uma elaboração de um papel semântico é uma RTE hiponimicamente relacionada com aquele papel semântico.

Ou seja, um "mordedor" é visto como um tipo de Agente: em [1] a garota é a iniciadora imediata do evento de morder, e é portanto o Agente. Essas relações de hiponímia são acessíveis à introspecção, mas sua exatidão não pode ser demonstrada formalmente; aqui não temos remédio senão depender de julgamentos introspectivos, e a única maneira de validá-los é comparar os julgamentos de muitos falantes. Se nossos sujeitos concordam com uma relação desse tipo (que podemos chamar uma **trilha hiponímica**), então temos motivo para aceitá-la como correta. Esse procedimento é usual quando se lida com relações hiponímicas, que são tomadas como suficientemente evidentes, e não requerem definições elaboradas.

A noção de elaboração ajuda a explicar alguns fatos que à primeira vista parecem requerer relações temáticas múltiplas para o mesmo constituinte. Na frase

[3] O cachorro correu para o quintal.

o sujeito é o Agente, já que é o causador imediato do evento; mas é também um "móvel", porque o cachorro se desloca. Teremos que postular uma atribuição complexa, com dois papéis semânticos, em casos como este?[17]

Se admitirmos que os papéis semânticos são elaborados com base em elementos contextuais, isso não é necessário. Em [3] o sujeito recebe o papel de Agente em virtude da regra de protótipo Agente<>SujV[18]; agora essa relação precisa ser elaborada, para responder à pergunta "de que maneira o cachorro causou o evento"? A semântica do verbo deixa claro que foi por se deslocar para o quintal; portanto, o sujeito acaba sendo não apenas o Agente, mas, adicionalmente, a entidade que se desloca (o "móvel").

Isso é paralelo ao que se verifica em

[4] A Magda assou os biscoitos.

[5] A Magda comeu os biscoitos.

onde o Agente é elaborado como a "pessoa que assa" em [4] e a "pessoa que come" em [5]. O sujeito acaba associado com um feixe bastante rico de RTEs, e nem todos os detalhes se devem a regras gramaticais: o sujeito de [4], por exemplo, se refere ao Agente por ação de uma regra, mas é a "pessoa que assa" porque o verbo evoca o esquema ASSAR. O que se percebe são as RTEs, que são o efeito não só de regras da língua, mas também do processo de elaboração.

2.8 ESTATUTO EMPÍRICO DAS ELABORAÇÕES

Diante de derivações como as que são dadas neste capítulo, pode-se perguntar como podem essas relações ser empiricamente testadas. Se não for

---

17. Fiz isso em um livro anterior (Perini, 2015, seção 10.3); agora acredito que tenho uma solução melhor.
18. A explicação do 'V' com o sujeito virá na seção 6.2; por ora basta entender que se trata do sujeito.

possível testar, todo o sistema ficará aberto a objeções sérias, suspeito de ser pouco mais que especulação. A testagem é inevitavelmente baseada em introspecção, mas como veremos isso não impede que possa ser plenamente validada em termos empíricos.

Fatos da introspecção podem ser testados, como se sabe por uma longa tradição em psicolinguística. Aqui podemos recorrer à consulta de vários falantes; unanimidade ou quase unanimidade deve ser considerada boa evidência em favor do ponto em exame. Por exemplo, podemos perguntar aos sujeitos se eles veem alguma diferença entre as situações descritas em

[6] Magda casou com o professor.

[7] O professor casou com Magda.

Se, como é provável, os sujeitos não detectam nenhuma diferença entre as situações, isso pode ser entendido como evidência para a identidade das relações temáticas dos sintagmas nominais nas duas sentenças[19]. Se aplicarmos o mesmo teste às sentenças

[8] Magda viu / chamou / ama o professor.

[9] O professor viu / chamou / ama Magda.

a resposta será certamente que descrevem situações diferentes.

A testagem pode ser dispensada, e geralmente é, em casos muito evidentes; por exemplo, é evidente para qualquer usuário do português que *o menino* em

---

19. É claro que as duas sentenças não são totalmente equivalentes em termos funcionais: por exemplo, uma é uma afirmação sobre Magda, a outra sobre o professor. Mas aqui estamos considerando apenas as relações temáticas. Podemos dizer, alternativamente, que [6] e [7] se acarretam mutuamente – outro julgamento que se faz com base em introspecção.

[10] O menino chutou o gato.

se refere à entidade que causa imediatamente o evento denotado: isso pode ser testado, mas em casos como este a testagem parece supérflua. É o que acontece com muitas relações lógicas tradicionalmente tomadas como dadas, tal como hiponímia e hiperonímia, sinonímia, acarretamento, pressuposição etc. O acesso a essas relações depende crucialmente de introspecção, o que não impede que elas sejam consideradas fatos.

O recurso à introspecção é um processo normal quando tratando de relações hiponímicas (também conhecidas como **herança, subtipos** ou **relações de é-um**). Assim, encontramos no manual do Framenet:

> [...] todas as U[nidades] L[exicais] de um *frame* têm uma semântica que pode ser descrita como um subtipo da semântica do *frame*. [...] Pode-se assim considerar a propriedade de uma UL ser membro de um *frame* como uma relação idêntica à de herança de um *frame*.
> [...] A herança, nossa relação definida mais formalmente, é um correspondente exato de uma relação definida ontologicamente, a saber um subtipo ou "é-um" [...]
>
> [Ruppenhofer et al., 2006, p. 127]

Isto é, essas relações se tomam como suficientemente evidentes, e dispensam definições elaboradas.

A testagem com sujeitos como metodologia é tipicamente usada em semântica experimental. Assim, Hartshorne e Snedeker (2013) estudaram o efeito do viés de causalidade implícita na recuperação da referência de pronomes. Os sujeitos receberam sentenças da forma

[11] Sally frightens Mary because she is a dax.
    'Sally assustou Mary porque ela é um dax.'

onde a palavra sem sentido *dax* é usada para neutralizar o efeito do contexto. Os sujeitos tiveram que responder à pergunta *Quem você acha que é um dax?* e

> [o] participante indicava sua escolha clicando em um dos nomes com o mouse.
>
> [Hartshorne; Snedeker, 2013, p. 8]

Hartshorne e Snedeker usaram 1.365 sujeitos, o que dá a seus resultados um alto grau de confiabilidade. Mas, como se pode ver pelo procedimento, o que o resultado reflete é, em última análise, a introspecção dos sujeitos.

2.9 PAPÉIS SEMÂNTICOS E ACARRETAMENTO

Existe uma proposta de Dowty (1991) que trata do problema de deixar mais claro o estatuto teórico dos papéis semânticos, assim como sua depreensão em casos concretos:

> Do ponto de vista semântico, a noção mais geral de um papel semântico (tipo) é um CONJUNTO DE ACARRETAMENTOS DE UM GRUPO DE PREDICADOS COM RESPEITO A UM DOS ARGUMENTOS DE CADA UM.
>
> [Dowty, 1991, p. 552; ênfase no original]

Esse pode ser um bom ponto de partida para uma definição mais precisa dos papéis semânticos, mas precisa ser melhorado especificando-se *quais* acarretamentos são relevantes para efeitos temáticos. Por exemplo, da sentença

[12] A Cláudia comprou uma bicicleta.

inferimos a informação de que a Cláudia é
   (a) causadora imediata de um evento;
   (b) causadora imediata de um evento de *comprar*;
   (c) humana, e portanto animada (já que não humanos dificilmente fazem compras);
   (d) participante voluntário do evento (já que a ação de comprar depende de uma decisão consciente);
   (e) possuidora de algum dinheiro (cuja quantidade é calibrada de acordo com o objeto que é comprado: uma bicicleta, um apartamento, um iate, um picolé... Mas a Cláudia não pode estar totalmente sem dinheiro).

Toda essa informação é acarretada, em vários graus de segurança, pela verdade de [12]. A definição de Dowty se refere a um conjunto de acarretamentos; mas nem todos os acarretamentos são relevantes para a análise temática. Como já vimos, o estatuto de Agente aqui depende apenas da informação (a). As outras são irrelevantes para efeitos gramaticais; é (a) que é comum a todos os Agentes. Pode-se então dizer que uma língua seleciona *parte* dos acarretamentos possíveis admitidos por um predicado, e realça essa parte como relevante para efeitos de valência, fazendo dela a base do papel semântico. É de esperar que haja alguma variação entre as línguas, e que algumas selecionem acarretamentos diferentes, mas também, sem dúvida, seguindo tendências universais – por exemplo, acho implausível que uma língua selecione (b) ou (e) como a base definicional de um papel semântico. A escolha do acarretamento relevante é, portanto, o resultado de um processo linguístico de seleção, não uma operação lógica tal como a formulação dos próprios acarretamentos. A especificação de qual dos vários acarretamentos possíveis é gramaticalmente relevante é, pois, parte da gramática da língua em questão: a definição do Agente como o "causador imediato de um evento" é parte da estrutura do português. O que se pode salvar da proposta por Dowty é que a definição de um papel semântico é um sema acarretado por ele; mas muitos acarretamentos são irrelevantes para esse fim.

3

Variáveis centrais e periféricas dos esquemas

3.1 NATUREZA DA OPOSIÇÃO

Referi-me acima a variáveis **centrais** do esquema, que contrastam com as variáveis **periféricas**[1]. Esse ponto é importante, já que pode condicionar em parte a atribuição de papéis semânticos e RTEs aos complementos da sentença, e merece um capítulo especial que o explique com algum detalhe.

Sabemos que as variáveis são componentes de um esquema que podem ser vinculadas por outros esquemas, ou por complexos esquemáticos. Assim, o esquema COMER tem as variáveis centrais "comedor" e "coisa comida", ambos expressos na sentença

[1] Tiago comeu a pizza.

Tiago, ou melhor, o esquema correspondente, vincula (ou seja, elabora) uma das variáveis de COMER, o "comedor", e *a pizza* vincula o outro, a "coisa comida". Dessa informação, e de outras[2], resulta uma representação cognitiva.

---

1. Em inglês, respectivamente **core variables** e **peripheral variables**.
2. Tais como o tempo de ocorrência do evento (passado), o estatuto definido, e portanto dado, da pizza etc.

Agora, há outras variáveis que podem se relacionar com esse esquema e receber expressão sintática; pode-se dizer

[2] Tiago rapidamente comeu a pizza ontem na cozinha.

Mas há razões para acreditar que as variáveis não são cognitivamente salientes no mesmo grau. Algumas delas (**centrais**) são parte da definição de COMER – ou, mais precisamente, são ingredientes que estabelecem a distinção do esquema COMER e outros esquemas. As outras (**periféricas**), embora sejam compatíveis com o esquema, não o caracterizam em oposição a outros esquemas que expressam algum tipo de ação. O significado de *comer* tem ingredientes que o caracterizam como verbo de ação, inventado[3] para expressar a relação entre um "comedor" e uma "coisa comida".

A ação de comer precisa se dar no tempo e no espaço, e pode acomodar modificações de modo, companhia etc. Mas nenhuma dessas circunstâncias caracteriza *comer* como um item único; são, em vez, comuns a uma larga variedade de esquemas que denotam ação, evento, estado etc. Voltando à caracterização informal usada acima, o verbo *comer* não foi inventado para expressar o lugar ou o momento em que um evento ocorre, mas para relacionar, de uma maneira específica, um "comedor" e uma "coisa comida".

3.2 RESENHA DA LITERATURA

A distinção entre variáveis centrais e periféricas, ou algo bem semelhante, aparece frequentemente, em geral implícita, na literatura. Por exemplo, a distinção de Bugarski (1968; *apud* Bennett, 1975, p. 2) entre construções estritas (*tight*) e soltas (*loose*), assim como os graus de coesão mencionados por Chomksy (1965) parecem provir da mesma percepção da centralidade das variáveis. A passagem de Chomsky tem a ver primariamente com

---

3. Uso essa metáfora para expressar a função informacional básica desse item lexical.

a coesão sintática, mas ele também menciona relações semânticas quando afirma que na sentença (para dar um análogo que funciona em português)[4] *ele falou sobre o problema sobre o teto*:

> o segundo Sintagma-Preposicional [...] é simplesmente um Advérbio de Lugar que, como um Advérbio de Tempo, não tem nenhuma conexão particular com o Verbo, mas na verdade modifica o Sintagma Verbal inteiro, ou talvez toda a sentença.
>
> [Chomsky, 1965, p. 101]

Podemos mencionar nesse contexto a distinção tradicional entre predicados de um lugar, de dois lugares etc., que só levam em conta relações centrais. Fillmore (1970) diz que a diferença entre KILL 'matar' e DIE 'morrer' é que o primeiro tem dois argumentos e o segundo apenas um. Ele está obviamente considerando apenas relações centrais, porque esses esquemas (e seus verbos correspondentes *kill* e *die*) podem coocorrer com complementos de tempo, lugar, modo etc., que por alguma razão não contam.

Mais um exemplo se encontra em Dik (1980; 1989), que parte de uma ideia semelhante quando distingue o **quadro de predicado nuclear** (*nuclear predicate-frame*), "que define as propriedades semânticas e sintáticas mais importantes [do predicado]" (1980, p. 5). Como se vê, ele ajunta as propriedades sintáticas e semânticas, que aqui preferimos considerar separadamente. Dik (1989) estabelece uma oposição entre o quadro nuclear e os **satélites**, que são "termos que fornecem informação adicional" (*apud* Santana, 2009, p. 112). Isso chega muito perto, se não é idêntico, da dicotomia central-periférico usada aqui.

Pustejovsky (1995) representa a semântica de *lend* 'emprestar' como

lend [...]
CAT = verb
SEM = $R_o\ (\theta_1, \theta_2, \theta_3)$

---

4. A frase original de Chomsky é *he decided on the boat on the train*.

ARGSTR = ARG$_1$ = **np** [+ financial_institution]
ARG$_2$ = **np** [+ money]
ARG$_3$ = **np** [+ human]

[Pustejovsky, 1995, p. 35]

É sintomático que Pustejovsky não inclua tempo e lugar na definição de *lend* 'emprestar', embora um empréstimo sempre ocorra em algum lugar e em algum momento. O que ele faz é selecionar as variáveis com valor definitório para o verbo em questão, desprezando as que expressam circunstâncias mais gerais. Isso depende do esquema (e do verbo) em questão: embora o "lugar" seja periférico para *emprestar*, para o verbo *morar* (como em *eu moro em Minas*) o "lugar" é central, pois esse verbo foi inventado para relacionar uma entidade localizada (em geral um humano) e um lugar.

Jackendoff (1990, p. 45) representa a semântica de *run* 'correr' como um evento formado pelo deslocamento de uma coisa por uma trajetória. Ele não menciona que o evento precisa ocorrer em determinado momento, e pode incluir circunstâncias de causa, motivo e modo. Estes últimos ingredientes semânticos são deixados de fora porque não são parte da caracterização de *correr* – em nossos termos, porque não são elementos centrais do respectivo esquema.

Langacker, falando do verbo *slap* 'esbofetear', afirma que

> não se pode conceptualizar um ato de esbofetear sem fazer algum tipo de referência mental à entidade que pratica o esbofeteamento e a que o recebe [...]

[Langacker, 1991a, p. 286]

Isso equivale a selecionar as duas relações centrais que ocorrem com *slap* 'esbofetear', desprezando as outras.

Culicover e Jackendoff dizem que

> Como parte de seu significado, um verbo especifica certo número de argumentos semânticos – entidades intrinsecamente envolvidas na situação que o verbo denota.

[Culicover; Jackendoff, 2005, p. 173]

Seria o caso de perguntar o que quer dizer "intrinsecamente" nesse contexto.

A mesma distinção entre as variáveis se encontra normalmente nos dicionários. Por exemplo, o dicionário de regências de Borba (1990) dá para *matar* um sujeito agente/causador e um objeto animado, sem mencionar tempo e lugar, elementos essenciais para a ação de matar, mas que não são centrais no esquema.

Algo muito semelhante, talvez idêntico, à distinção entre variáveis centrais e periféricas é a distinção de **elementos centrais** e **periféricos** incluída no Framenet:

> Classificamos os elementos do *frame* em termos de a que ponto eles são centrais para um *frame* particular, distinguindo três níveis: **centrais** [*core*], **periféricos** e **extratemáticos**. [...] Um elemento de *frame* central é um que exemplifica um componente conceptualmente necessário do *frame*, fazendo-o único e diferente dos demais. Por exemplo, no *frame* Vingança [*Revenge*] são elementos centrais o VINGADOR, a PUNIÇÃO, o OFENSOR, a OFENSA e a PARTE OFENDIDA, porque um evento de vingança necessariamente inclui esses participantes. Não se pode imaginar um ato de vingança que não seja precedido por uma ofensa (entendida) ou um que não seja dirigido contra uma pessoa.
>
> [Ruppenhofer *et al.*, 2006, p. 26][5]

Isso certamente tem a ver com a oposição central-periférico. Mas há uma diferença: a explicação em termos de inclusão necessária não basta, porque qualquer vingança tem que ocorrer em algum lugar e momento, e Ruppenhofer *et al.* não incluem essas relações como parte do centro do *frame* REVENGE 'vingança'. Por outro lado, concordo com sua afirmação de que os elementos centrais são o que individualiza os *frames* – isto é, para nós, os esquemas – fazendo-os únicos e diferentes dos demais.

Ruppenhofer *et al.* (p. 26) também afirmam que, "quando um elemento precisa ser especificado formalmente, é central" (*when an element has to be overtly specified, it is core*). Mas este é um critério sintático, e além do mais é governado por fatores informacionais sem importe gramatical; não pode,

---

5. "Frame" neste contexto corresponde aos nossos "esquemas".

a meu ver, ser usado na definição de uma função semântica. Seria significativo descobrir que os elementos centrais sempre são necessariamente realizados formalmente – mas essa descoberta perde o sentido se "central" for *definido* usando as condições de ocorrência na sintaxe. Além disso, a afirmação não parece ser verdadeira: elementos centrais podem ser omitidos em muitos casos (por exemplo, *a menina está lendo*), e há casos em que informação periférica é de realização obrigatória[6].

Talmy (1996, p. 238) aparentemente tem a mesma oposição em mente quando fala de "elementos e inter-relações conceptuais" que podem ser encarados como componentes de um *frame* de evento, em oposição a outros elementos que são "evocados fracamente, ou não evocados". Algo próximo desses elementos "fracamente evocados" se encontra na observação de Hirsch de que

> o conhecimento mais frequentemente necessário é também o mais diretamente disponível e fica, por assim dizer, logo na superfície do esquema. Outras partes do esquema estão "mais no fundo" e levam mais tempo para serem recuperadas.
>
> [Hirsch, 1987, p. 57]

Como se vê, a oposição central-periférica aparece muito frequentemente na literatura, e pode ser considerada clássica. Relaciona-se aparentemente com uma estratégia de cognição que seleciona alguns traços como definitórios, talvez em um sentido funcional: por exemplo, um verbo existe primariamente para dar conta de uma tarefa comunicativa específica.

3.3 TESTAGEM EXPERIMENTAL

Um experimento, relatado em Lima *et al.* (ms), mostrou na prática a existência da distinção entre variáveis centrais e periféricas. Pediu-se a 79 sujeitos (alunos de graduação da UFMG) que produzissem sentenças

---

6. Cf. os exemplos de Bosque (1989) na seção 6.4.2 abaixo. Quanto à terceira categoria de Rupenhofer *et al.*, a dos extratemáticos, ela me parece irrelevante para os objetivos presentes, e por isso não a considero aqui.

usando certos verbos; 80 verbos foram usados no teste. Cada sujeito recebeu 40 verbos e foi solicitado a produzir uma sentença para cada verbo. Alguns resultados problemáticos tiveram que ser excluídos: sentenças que não incluíam o verbo pedido; sentenças na voz passiva; sentenças incluindo orações subordinadas, não incluídas no estudo. Em quatro casos foi preciso distinguir significados radicalmente diferentes do mesmo verbo (por exemplo, *coçar*, que pode se referir à sensação ou à ação de friccionar a pele). O resultado final incluiu um total de pouco mais de 2.400 sentenças, com um total de 74 verbos. Cada sentença foi analisada em termos dos papéis semânticos expressos nos complementos; e para cada verbo (ou significado de um verbo) computou-se a percentagem de complementos com cada papel semântico.

Por exemplo, com *abrir* o Agente e o Paciente ocorreram em 100% das sentenças; Tempo ocorreu apenas em 2,6% (para um total de 38 sentenças com este verbo). Isso foi interpretado como significando que Tempo é periférico na valência de *abrir*. A distribuição total dos papéis encontrada com *abrir* é a seguinte:

abrir
Agente 100% [N: 38]
Paciente 100% [N: 38]
Meta 7,9% [N: 3]
Beneficiário 7,9% [N: 3]
Causa 2,6% [N: 1]
Tempo 2,6% [N: 1]
[Total N: 38 sentenças]

É fácil ver que há uma distinção bem nítida entre um grupo de papéis com ocorrência muito alta (Agente e Paciente) e um grupo marginal. O

Agente e o Paciente integram o esquema de evento evocado por *abrir*, ao passo que os papéis marginais não participam da caracterização do evento. É importante insistir que isso não decorre simplesmente dos acarretamentos do esquema: um evento de abrir necessariamente ocorre em algum momento do tempo, mas o papel Tempo foi expresso em apenas uma sentença. Precisamos de categorias especiais para distinguir esses dois grupos de papéis, e aqui se propõe que esses resultados refletem a oposição entre papéis centrais e periféricos.

O tipo de distribuição encontrado com *abrir* é típico, e ocorre com a maioria dos verbos estudados. Mas cerca de um terço dos verbos mostra um conjunto de papéis intermediários, o que sugere que há ainda outros fatores em jogo; mas mesmo nesses casos a diferença entre papéis com alta percentagem de ocorrência e papéis periféricos é nítida. *Assustar* é um exemplo, com Causa como o papel intermediário:

assustar
Paciente 93,7% [N: 30]
Agente 65,6% [N: 21]
Causa 25% [N: 8]
Modo 9,4% [N: 3]
Tempo 6,2% [N: 2]
Instrumento 6,2% [N: 2]
[Total N: 32 sentenças]

Mesmo aqui, como se vê, há um grupo de papéis de ocorrência particularmente alta: a lacuna entre o Agente (65,6%) e a Causa (25%) é evidente. Para nossos objetivos, é suficiente admitir que os primeiros dois papéis semânticos são centrais e os restantes são periféricos. O experimento mostrou que a oposição entre papéis semânticos centrais e periféricos (ou variáveis no esquema) é psicologicamente real.

3.4 CENTRO E PERIFERIA: TRAÇOS GERAIS

Podemos então concluir que as variáveis de um esquema podem ser analisadas em dois grupos, as centrais e as periféricas. Isso é sustentado por pelo menos três tipos de fatos:

(a) a função semântica básica de um verbo (*comer* relaciona primariamente um Agente e um Paciente – não o lugar ou momento do tempo em que o evento acontece);

(b) a extensão da circunstância para verbos em geral ("tempo" é acarretado por todos os verbos de evento, ao passo que "agente" tem uma distribuição muito mais restrita);

(c) acesso imediato, mostrado pelo experimento relatado em 3.3.

Há um elo potencialmente fraco na primeira dessas razões: o significado de "primariamente", porque alguém pode argumentar que em *Tiago comeu a pizza na cozinha* entende-se que Tiago estava na cozinha naquele momento; por que o Lugar não seria a função primária do verbo *comer*? Eu acho que isso pode ser resolvido estipulando que a relação entre *Tiago* e *a pizza*, mediada pelo verbo *comeu*, é **realçada** (*profiled*) no sentido de Langacker (1991b, p. 12-15; 2008, p. 66), e as outras relações são informacionalmente secundárias[7].

---

7. Voltaremos à importância gramatical do realce na seção 13.2.

4

Algumas distinções básicas

Vamos agora voltar nossa atenção para algumas distinções importantes que devem ser mantidas em mente quando se descreve a estrutura de uma língua.

4.1 CLASSE E FUNÇÃO

4.1.1 Definições

É preciso esclarecer primeiro um ponto básico, a distinção entre **classe** e **função**. A falta de distinção clara entre essas noções levou a muita confusão na gramática tradicional e também em modelos mais recentes. Vamos então examinar essa dicotomia, que é fundamental na análise linguística.

A confusão se manifesta por exemplo na asserção comum de que um elemento que pertence a uma classe "funciona" como membro de outra classe em um contexto dado. Esse tipo de asserção entende que uma forma, como uma palavra, pode pertencer a diversas classes: lemos por exemplo sobre verbos transitivos que funcionam como intransitivos em certas frases, adjetivos em função adverbial etc. Essa é uma das razões que fazem a definição das classes (de palavras, de morfemas, de orações) particularmente difícil. Vou tentar esclarecer esse ponto, e chegaremos à conclusão de que

A FUNÇÃO de uma unidade se define em referência ao contexto em que ela ocorre;
a CLASSE a que uma unidade pertence se define fora de contexto.

Um teste intuitivo muito simples pode ser aplicado fazendo as perguntas
(a) A que **classe** a palavra *Carlos* pertence?
(b) Qual é a **função** sintática (ou semântica) da palavra *Carlos*?

A pergunta (a) não é muito difícil de responder – podemos dizer que *Carlos* é um substantivo. Mas a pergunta (b) não tem resposta possível, até que se forneça um contexto, porque *Carlos* pode ter diversas funções sintáticas e semânticas. Pode ser sujeito, ou objeto, ou o complemento de uma preposição; e semanticamente pode ser Agente, Paciente, Destinatário etc. Uma função descreve a inserção de uma unidade em um ambiente gramatical; *Carlos*, ou mais precisamente o sintagma nominal $[Carlos]_{SN}$, é sujeito (e Agente) em

[1] Carlos telefona todo dia.

mas não em

[2] Eu vejo Carlos todo dia.

Já a classe a que uma unidade pertence é definida por seu **potencial funcional**, ou seja, por aquilo que a unidade *pode* ser: o conjunto das funções que ela pode ocupar. Uma unidade que ocupa, em um contexto particular, determinada função continua capaz de ocupar outras funções em outros contextos. Em [1] *Carlos* é o sujeito, mas a mesma unidade pode ser objeto de outra oração, como em [2]. Assim, se muda o contexto, a função de *Carlos* pode também mudar; mas sua classe é sempre a mesma, porque uma classe é definida por um conjunto de funções, ou seja, pelo potencial funcional da unidade em questão.

Isso acarreta que cada unidade pertence a uma e apenas uma classe. Não podemos falar de uma palavra pertencendo a uma classe em um contexto e a outra em outro contexto; esse é um recurso comum na análise tradicional (e nem tão tradicional), mas é incorreto. Mesmo um grande linguista como Otto Jespersen fez essa confusão:

> Considere-se a forma *round*: é substantivo em [...] "he took his daily round", adjetivo em "a round table", verbo em "he failed to round the lamp-post", advérbio em "come round to-morrow" e preposição em "he walked round the house".
>
> [Jespersen, 1924, p. 61]

O que os exemplos de Jespersen mostram é que *round* pode ter diversas funções sintáticas, não que pode pertencer a diversas classes. A classe a que *round* pertence é definida por um potencial funcional bem amplo, que inclui todas as funções ilustradas na citação[1].

A questão central é que função é uma relação **sintagmática**, ao passo que classe é uma relação **paradigmática**. As unidades são armazenadas na memória conforme sua classe, ou seja, as funções que ela pode desempenhar. Cada unidade necessariamente pertence a uma classe apenas, já que o *conjunto* completo de suas funções é apenas um. E cada unidade ocupa uma função (uma do conjunto de suas funções possíveis) em cada contexto em que aparece. Voltando ao exemplo de Jespersen, em inglês *round* pode ter as funções de **núcleo do sintagma nominal** (*his daily round*), **modificador** (*a round table*), **núcleo do sintagma verbal** (*he failed to round the lamp-post*), e assim por diante. E *round* pertence à classe definida por esse conjunto de funções[2]. Esse item lexical é armazenado na memória, rotulado de acordo com as funções que pode ocupar, de modo que pertencimento a uma classe é parte das instruções de como montar construções; as funções, em vez disso, são parte das próprias construções. Concluímos que não faz sentido afirmar que um item pertence a uma classe em um contexto e a outra em outro contexto.

No entanto, essa ideia fundamental não parece ser amplamente reconhecida. Por exemplo, Camacho *et al.* (2014) oferecem um panorama interessante das várias possibilidades estruturais dos nominais em português, mas

---

1. Alguns autores chegam perto dessa análise, mas em geral não a levam a sua conclusão lógica; por exemplo, Culicover (1999, p. 49), discutindo palavras como *either*, *both* and *neither*, e também Camacho *et al.* (2014), que examinamos abaixo.
2. *Round* pode ser o único item da língua com esse potencial funcional específico.

deixam de apresentar uma definição aceitável de "substantivo" em oposição a "adjetivo". Seguindo uma tendência geral, eles definem essas classes em contexto, o que acabamos de ver que é incorreto; referindo-se a palavras como *amigo*, que em nossa análise são itens com potencial referencial (de referir-se a coisas) e potencial qualificativo, afirmam que

> [alguns substantivos] só permitem a definição categorial a partir das relações estruturais que mantêm na sintagmatização. Por exemplo, um mesmo item lexical pode enquadrar-se na categoria de substantivo ou de adjetivo, determinação depreensível somente a partir das relações estruturais [...]
>
> [Camacho *et al.*, 2014, p. 19]

Essas palavras só são enquadradas em mais de uma classe em virtude de uma noção incorreta de classe gramatical. Camacho *et al.* definem a situação corretamente, mas não tiram a conclusão do que significa "pertencer a uma classe". Esse (pseudo)fenômeno é tradicionalmente chamado "derivação imprópria"[3]. Não se trata de derivação: é apenas uma observação meio confusa do fato de que muitos itens podem ocupar diversas funções: é o caso de *amigo*, que para alguns pode ser um substantivo (*meu amigo*) e também aparece como adjetivo (*um gesto amigo*) como efeito de derivação imprópria. O que temos neste caso é uma palavra com um potencial funcional relativamente complexo; isso ocorre muito frequentemente em português, e é ainda mais frequente em inglês, por causa de construções como *stone bench* 'banco de pedra', onde *stone* 'pedra' ocorre como modificador. Esse fato não significa que esses itens pertençam a mais de uma classe[4].

Uma classe se define mais convenientemente como um conjunto de itens que têm em comum todos (ou a maioria, ou alguns) traços funcionais. E esses traços podem ser gramaticais (sujeito, núcleo do SN) ou cognitivos (Agente, Instrumento); são todos necessários para uma descrição completa

---

3. Recordo meu Professor Sami Sirihal, um linguista excelente entre outras coisas, fazendo o comentário de que os autores são os primeiros a reconhecer a impropriedade dessa análise.
4. De acordo com Camara (1977), haveria um "sufixo zero" nesses casos: uma complicação desnecessária da análise.

do conjunto de possíveis maneiras de inserir a palavra em uma sentença sem causar inaceitabilidade. O resultado, é claro, é uma matriz muito complexa de propriedades, nada como as oito a doze classes da gramática tradicional[5]; consequentemente, uma gramática, para ser prática, terá que lidar com aproximações, selecionando os traços que atendem melhor a seus objetivos descritivos.

Esse fato, sempre presente mas nem sempre reconhecido, acaba levando a posições confusas, como a que define "subcategorização" como

> O fenômeno pelo qual os membros de uma **categoria lexical** única não mostram todos comportamento sintático idêntico.
>
> [Trask, 1992, p. 264; negrito do original]

Podemos comentar que se essas unidades não têm comportamento sintático idêntico, então não pertencem à mesma classe; ou, mais precisamente, não têm todos os mesmos traços distintivos.

Para ter uma ideia melhor da complexidade dos fatos, vamos pegar dois exemplos, *amigo* e *chapéu*. Eles têm alguns traços em comum, entre eles a propriedade de ser núcleo de um SN; assim, *meu amigo* e *meu chapéu* podem ser sujeito:

[3] Meu amigo ficou na sala.

[4] Meu chapéu ficou na sala.

Por outro lado, só *amigo* pode ser modificador, como em

[5] Ela teve um gesto amigo.

Chapéu não pode ocorrer nessa função. Essas duas palavras têm potenciais funcionais diferentes, e portanto não poderiam, estritamente falando,

---

5. A NGB dá dez classes, com muitas subdivisões.

pertencer à mesma classe. Ficam juntas em uma classe de um ponto de vista (poder ocorrer como núcleo de um SN), mas precisam ser separadas segundo outros pontos de vista

4.1.2 Classificação por objetivos

É importante também levar em conta que a classificação das unidades linguísticas invariavelmente depende de objetivos descritivos: as classes existem, mas são subordinadas a conveniências descritivas. Esse princípio básico da classificação é em geral ignorado.

Isso pode ser novidade para alguns gramáticos, mas já foi percebido em outras áreas: Charles Darwin escreveu que "todas as regras de classificação natural são fúteis até que se possa explicar claramente aonde estamos mirando"[6]. Por outro lado, alguns linguistas viram o problema com clareza, como Bosque (1989, p. 24), que conclui que "a melhor resposta às perguntas que solicitam uma relação ou uma lista de unidades costuma ser outra pergunta: segundo que critério deve ser estabelecida a classificação?"[7]

Assim, se estivermos considerando a propriedade sintática de ocorrer como modificador, *amigo* e *chapéu* pertencem a classes distintas; mas se consideramos a propriedade de ocorrência como núcleo de um sintagma nominal, essas palavras ficam juntas, e nisso se opõem por exemplo a *portanto* e *gástrico*. A própria designação de "classe" é portanto um pouco inadequada, embora tenhamos que usá-la para manter o texto legível e facilmente relacionável com a análise tradicional. Para nós basta ter em mente que, enquanto as funções se definem segundo o contexto, as classes se definem segundo objetivos descritivos. Uma consequência inevitável é que não faz muito sentido listar todas as classes de palavras de uma língua, como se encontra nas gramáticas usuais.

---

6. Darwin, internet. Carta a George Waterhouse, 31 de julho de 1843.
7. Bosque, aliás, cita na mesma página uma passagem de Bello (1847), que mostra que este também já havia chegado a uma concepção correta do processo de classificação.

4.2 PALAVRA E LEXEMA

4.2.1 Palavra

Passemos agora a outra distinção importante. Na seção precedente fiz algumas considerações sobre a palavra *amigo*, que como vimos ocorre em

[3] Meu amigo ficou na sala.

[5] Ela fez um gesto amigo.

Mas pode-se argumentar que temos aqui duas palavras distintas, o substantivo *amigo*$_1$ e o adjetivo *amigo*$_2$, como aparece às vezes nos dicionários. Não seria essa a maneira mais conveniente de colocar as coisas? Desse modo poderíamos dizer que *amigo*$_1$ é um substantivo "normal", tal como *chapéu*, escapando da necessidade de postular itens com potencial funcional complexo. Vou argumentar que, ao contrário, é preciso considerar uma **palavra** *amigo*, que evoca mais de um esquema, e também é a expressão formal de mais de um **lexema**[8].

Temos que relembrar que estamos envolvidos na descrição do processo pelo qual o usuário da língua compreende uma sentença. Quando ele ouve [3], e novamente quando ouve [5], a mesma sequência fonética está presente, a saber [ɐ'migʊ]; esse é o ponto de partida da interpretação, e qualquer diferença, como por exemplo entre duas funções distintas, depende de outros tipos de informação, e não da aparência formal da palavra. A sequência [ɐ'migʊ] é diretamente acessível ao falante, enquanto que a diferença entre os propostos *amigo*$_1$ e *amigo*$_2$ não é; aqui o falante terá que fazer uso de informação sintática ou semântica, e isso com base em seu conhecimento gramatical, entre outros. Por exemplo em [3] a sequência [ɐ'migʊ] terá que ser identificada como o nome de uma coisa (uma pessoa, no caso),

---

[8]. Essa posição é pressuposta na citação de Jespersen sobre a palavra (única) *round*, vista na seção 4.1.

porque nesse contexto um qualificativo não pode ocorrer; o resultado é que *amigo* em [3] se refere a uma pessoa, não a uma qualidade como em [5]. Ou seja, essa diferenciação é resultado de processamento de um sinal formal perceptível, com base na estrutura gramatical da língua; e também, muitas vezes, com base em conhecimento do mundo.

É necessário, portanto, que haja uma unidade formal realizada foneticamente, diretamente percebida pelo falante: no nosso caso, [ɐˈmiɡʊ]. Essa forma representa um dos extremos da associação entre som e significado que é o fato básico no funcionamento de uma língua, o que Saussure (1916) chamou **signo**. O outro extremo é um esquema, ou uma estruturação de esquemas, que podemos chamar **significado literal** da sequência[9]. Mas cada um desses níveis precisa, primeiro, ser considerado e definido em seus próprios termos; e distinguir duas palavras *amigo* viola esse princípio, porque cada uma dessas duas palavras se definiria não apenas em termos fonéticos, mas também em termos semânticos e sintáticos. E essa relação entre forma e significado é o objetivo da pesquisa, não um ponto de partida da mesma. Vamos portanto amarrar a noção de **palavra** a uma representação única em termos fonológicos.

4.2.2 Lexema

Agora, se *amigo* é apenas uma palavra, isso não quer dizer que o *insight* tradicional sobre duas unidades esteja completamente errado. Há de fato boas razões para atribuir a palavra *amigo* a pelo menos duas unidades em outro nível de análise. O *amigo* que aparece em [3] está em oposição a uma forma plural, *amigos*, que ocorre em ambientes análogos como *meus amigos ficaram na sala*. Essa oposição é paralela, morfológica, sintática e semanticamente à oposição *gato / gatos*, *livro / livros* etc. Faz portanto sentido agrupar *amigo* e *amigos* em uma unidade maior, que chamaremos **lexema**.

---

9. A noção de "significado literal" é discutida no capítulo 5.

A palavra *amigo* é parte de uma grande classe de lexemas, com as seguintes propriedades: podem ser núcleo de um SN; fazem o plural com o sufixo *-s*; e, semanticamente, são "nomes de coisas".

Essas propriedades não se aplicam ao *amigo* que encontramos em

[5] Ela fez um gesto amigo.

Aqui *amigo* tem plural em *-s*, mas não é o nome de uma coisa; e não é o núcleo do SN. Em vez disso, denota uma qualidade, e é o modificador do núcleo, que é *gesto*. Ou seja, a palavra *amigo* aparece em [5] com funções muito diferentes da mesma palavra em [3]; é a realização de outro lexema.

Em resumo, é preciso distinguir palavras de lexemas, porque as asserções descritivas podem se referir a uns ou a outros; e muito em especial porque as palavras (ou sua realização fonética) são parte dos dados a serem analisados, ao passo que os lexemas são unidades resultantes de teorização. Um lexema pode ser considerado uma classe de palavras, que têm em comum alguns traços gramaticais (não necessariamente todos).

Falamos de lexema quando nos referimos, por exemplo, ao "verbo *gostar*": afirmações gramaticais válidas para esse lexema têm a ver com sua valência, que não varia segundo as palavras constituintes (ou seja, *gosto* e *gostávamos* têm exatamente a mesma valência que *gostei*). Um lexema é um conjunto de palavras relacionadas por flexão; por isso *homem* e *homens* pertencem ao mesmo lexema, assim como *ser, é, sou, eram, sejamos* e *fui* são formas do mesmo verbo. Mas os membros de um lexema só partilham uma parte de seu potencial funcional: *sejamos* não ocorre exatamente nos mesmos ambientes que *sejam* ou *era*. Essa diferença aparece muito claramente em línguas com casos morfológicos, como o latim e o russo. Por exemplo, em latim as palavras *urbs*, *urbem* e *urbis* todas se traduzem como 'cidade' e são membros do mesmo lexema, mas não ocorrem nas mesmas funções: só *urbs* pode ser sujeito, só *urbem* pode vir depois da preposição *ad*, e *urbis* tem uma distribuição semelhante à de um qualificativo: *urbis templa* 'os templos da cidade', paralelo a *pulchra templa* 'os belos templos'.

Mas esse lexema se relaciona de maneira regular com muitos outros lexemas, isto é, as palavras que os constituem têm potenciais funcionais idênticos – por exemplo, *homo, hominem* e *hominis* 'homem' funcionam exatamente como *urbs, urbem* e *urbis*, respectivamente, do ponto de vista gramatical. Isso significa que um lexema tem unidade morfológica e semântica. Todos os lexemas verbais se compõem do mesmo conjunto de formas: *gosto*, e também *amo, corro, ponho*; *gostávamos*, e também *amávamos, corríamos* e *púnhamos*; *gostando*, e também *amando, correndo* e *pondo*. E, além disso, as relações semânticas entre essas formas são consistentes – nenhum verbo tem um pretérito perfeito que veicula a ideia de futuro, por exemplo. E todos os verbos (com exceção de uns poucos, chamados "defectivos") têm as mesmas pessoas, tempos e modos.

Muitos fatos gramaticais importantes precisam ser formulados com referência ao lexema. Um desses fatos é a valência verbal: quando dizemos que *comer* pode ter sujeito Agente e objeto Paciente, isso se aplica a todas as formas do lexema: *comer, come, estão comendo, tinha comido*. Não há exceções: nenhum verbo tem uma valência diferente no passado e no futuro, na primeira e na terceira pessoa[10].

Os lexemas são então necessários na descrição gramatical. Quando falamos de um verbo, como "o verbo *ser*", estamos nos referindo a um lexema; e, por boas razões, os dicionários são organizados por lexemas, e não por palavras – o léxico se organiza em torno de lexemas, o que aliás já é reconhecido no dicionário de Trask (1992), que identifica "lexema" com "item lexical". É por isso que *canto* é a realização de dois lexemas: um deles é flexionalmente relacionado com *cantos* (plural), e o outro com *cantar, cantamos, cantando* etc. A sequência fonética ['kɐ̃tʊ] é a representação formal de uma palavra em cada um desses dois lexemas. Esse sinal fonético precisa ser desambiguado a fim de que se saiba qual dos lexemas ele representa, e

---

10. Há uma exceção aparente, o particípio. Mas pode-se mostrar que essa forma deve ser analisada como duas formas distintas, uma das quais se conforma à regra geral, e a outra *não* é membro do lexema verbal; cf. o capítulo 26 para argumentação e detalhes.

isso é feito pelo falante com base no contexto gramatical. Não podemos dispensar nenhum desses níveis, o das palavras e o dos lexemas, se queremos descrever adequadamente os comportamentos gramaticais e o processo de interpretação.

4.3 FORMA E SIGNIFICADO

Estudar uma língua é lidar com formas e significados; e, acima de tudo, com as relações entre formas e significados: esse é o objeto de estudo da linguística, como já disse Saussure (1916, p. 97ss.). A descrição de uma língua emerge como um complexo entrelaçamento de asserções, algumas se referindo à forma, outras ao significado, e algumas que se referem à relação entre formas específicas e significados específicos. É necessário manter distintos esses níveis (ou "espaços"), não como componentes separados da gramática (como o componente sintático e o semântico da gramática gerativa padrão), mas em cada asserção feita a respeito da estrutura: a cada passo é preciso que fique claro se estamos falando de um fenômeno formal, semântico (isto é, cognitivo), ou sobre uma relação entre um fato semântico e um formal. Essa exigência é bem colocada na passagem seguinte:

> Uma unidade é sempre caracterizada em relação a algum domínio. Em termos amplos, pressuponho que é razoável falar do "espaço fonológico" e do "espaço semântico" como duas facetas da organização cognitiva; no conjunto, eles definem um "espaço simbólico" abstrato, bipolar. As unidades fonológicas, semânticas e simbólicas se caracterizam em relação a esses respectivos domínios. A lista é exaustiva: cada unidade linguística é fonológica, semântica ou simbólica.
>
> [Langacker, 1991b, p. 116-117]

Langacker se refere a unidades, mas o mesmo é válido para todos os tipos de asserções linguísticas, inclusive relações, regras e princípios. Essa distinção deriva do objetivo básico da linguagem, que é o de estabelecer relação entre sons e significados.

Com certeza, não é preciso explicar a ninguém a existência de formas e significados; entretanto, essa distinção fundamental muitas vezes acaba sendo esquecida na descrição linguística, o que causa muita confusão. Um ponto onde isso é evidente é a noção de "sujeito", às vezes concebida como sintática, às vezes semântica, e com frequência como uma mistura não sistemática dos dois espaços. Assim, em uma gramática do português encontramos que

> O sujeito é o termo sobre o qual se faz uma declaração.
>
> [Cunha, 1975, p. 137]

e, algumas páginas depois, que

> Algumas vezes o verbo não se refere a uma pessoa determinada, ou por se desconhecer quem executa a ação, ou por não haver interesse no seu conhecimento. Dizemos, então, que o *sujeito* é *indeterminado*.
>
> [Cunha, 1975, p. 141; itálico do original]

De acordo com a mesma gramática, o sujeito é também o termo com o qual

> o verbo concorda em número e pessoa [...]
>
> [Cunha, 1975, p. 466]

Mas o que vem a ser o sujeito, afinal? O termo sobre o qual se faz uma declaração, o termo que denota a entidade que pratica uma ação, ou o termo com o qual o verbo concorda? Deve-se notar, aliás, que essas três funções frequentemente não se aplicam ao mesmo constituinte. Digamos que o sujeito é o constituinte com o qual o verbo concorda; aí, em

[6] Em São Paulo chove muito.

o verbo não tem sujeito porque não concorda com nenhum termo; mas a sentença está claramente fazendo uma declaração sobre São Paulo – será esse o sujeito?

Em

[7] Essa cerveja, eu não bebo.

o sujeito será *eu* se for o termo com o qual o verbo concorda; mas como a sentença faz uma declaração sobre *essa cerveja*, esse será o sujeito segundo outra das definições.

E em

[8] O rapaz apanhou dos assaltantes.

o sujeito é *o rapaz* por causa da concordância, em competição com *os assaltantes*, que é quem pratica a ação.

Essa confusão geral é causada pela falta de uma definição consistente de sujeito; se insistirmos em aplicar esse rótulo a três funções distintas – uma sintática, uma semântica e uma relativa à estrutura informacional da sentença – a noção de sujeito se torna inútil para descrever os fatos da língua. É essencial manter os diferentes espaços separados a fim de formular muitos fatos gramaticais importantes. Por exemplo, como já vimos há uma regra de protótipo que estabelece que o Agente, quando presente, é quase sempre codificado como o sujeito; essa regra funciona para cerca de 97% de todas as construções que têm Agente[11]. Mas essa regra não pode ser formulada a menos que sujeito e Agente sejam definidos independentemente um do outro, de modo que para um constituinte dado seja possível decidir se é Agente e se é sujeito. Com uma conceituação confusa como está nas citações acima, a regra é no mínimo uma tautologia, e no máximo um contrassenso.

Essas confusões não se limitam à definição de sujeito, mas se encontram disseminadas por toda a gramática tradicional e em parte da literatura mais recente. E o exemplo dado acima afeta o fato mais importante da linguagem: a associação entre os espaços cognitivo e formal, algo que justifica a própria existência da linguagem, que é antes de tudo um instrumento

---

11. Uma exceção é a construção exemplificada em [8], com o verbo *apanhar*; outra possível exceção pode ser (não tenho certeza) orações como *eu corto o cabelo com o Zélio*. A passiva não é exceção, por razões explicadas no capítulo 26.

de comunicação[12]. Descrever uma língua envolve, assim, o mapeamento dos muitos e complexos mecanismos que realizam essa associação – coisas como o significado das palavras individuais, a representação cognitiva veiculada pelas construções etc. E isso exige que cada asserção gramatical seja claramente identificável como sendo formal, cognitiva ou simbólica – é o que não encontramos no conceito de sujeito dado na gramática tradicional. E, já que é preciso escolher, vamos definir o sujeito como uma relação formal, ou seja, basicamente o termo com o qual o verbo concorda em número e pessoa[13]. O elemento que pratica a ação vai ser o **Agente**, e aquele sobre o qual se faz uma declaração é o **tópico**; com isso conseguimos nos desviar o menos possível da nomenclatura gramatical mais aceita.

Sabemos que a forma e o significado são as duas pontas do fenômeno linguístico, e ambas são diretamente acessíveis ao usuário da língua: a forma através dos sentidos, o significado através da introspecção. Descrever uma língua envolve conectar essas duas pontas por meio de um complexo sistema de regras, princípios e associações, linguísticas e não linguísticas, que permite ao falante codificar suas mensagens em sequências fonéticas, e interpretar sequências fonéticas em termos de esquemas e complexos de esquemas (**representações cognitivas**, ou **RCs**). Essa tarefa, para insistir em um ponto essencial, requer que se mantenha uma separação clara entre asserções formais e cognitivas; se essa exigência for ignorada, a descrição se torna confusa e deixa de exprimir algo de útil acerca do fenômeno em estudo. Essa confusão ocorre com frequência na literatura.

Por outro lado, em vez de se aplicarem em blocos homogêneos, todas as regras formais juntas em um componente, e o mesmo para regras semânticas e simbólicas, a experiência mostra que asserções formais e cognitivas podem ocorrer em qualquer ponto da descrição, formando um emaranhado bastante complexo. Um exemplo relativamente simples são as condições

---

12. Essa é minha convicção; nem todos os linguistas concordam.
13. Há algumas complicações, mas não são sérias; cf. definição de sujeito na seção 19.3.2.

sob as quais uma palavra pode ocorrer como modificador pré-nuclear em português. Como sabemos, os modificadores tendem a ocorrer depois do núcleo: *uma janela aberta*, e não **uma aberta janela*. Mas há casos em que o modificador pode ocorrer antes do núcleo, como em *um lindo dia*, ao lado de *um dia lindo*. As condições que governam a posição do modificador não são simples; primeiro, há itens que não podem ocorrer em posição anteposta – por exemplo, *rosa* (nome de cor), que só ocorre posposto: *um vestido rosa*, não *um rosa vestido. Isso é marca idiossincrática de alguns itens, ou seja, uma condição formal, independente de significado. Mas também há itens que se comportam como *rosa* aparentemente por efeito de seu significado. Assim, itens que denotam origem nacional ou regional só podem ser pospostos: *um relógio japonês*, mas **um japonês relógio*. A mesma regra se aplica a itens que denotam Agente ou Paciente: *a decisão presidencial* (Agente) e *preservação ambiental* (Paciente) não admitem inversão. Aqui está em jogo um fator semântico, e não há exceções. Temos portanto um fenômeno formalmente único, o posicionamento do modificador em relação ao núcleo, que é regido por fatores formais ou semânticos, conforme o item lexical envolvido. Isso não pode ser expresso em termos de conjuntos homogêneos e compactos de regras, tal como os componentes sintático e semântico da gramática gerativa padrão.

O espaço cognitivo (ou semântico) se expressa com estruturas de esquemas: esquemas individuais e suas aglutinações para formar representações maiores. Para começar, podemos reconhecer que o significado da palavra *cachorro* não é uma entidade do mundo real, mas o esquema CACHORRO, parte de nosso conhecimento do mundo. Aqui estamos novamente seguindo as ideias pioneiras de Saussure:

> O signo linguístico liga não uma coisa e um nome, mas um conceito e uma imagem acústica.
>
> [Saussure, 1916, p. 98]

Estamos portanto lidando com signos, aqui expressos como a associação entre uma unidade fonológica e um ou vários esquemas ou complexos de esquemas (os "conceitos" de Saussure). Para dar um exemplo simples, a sequência fonológica *o cachorro fugiu*, depois de algumas operações, acaba associada com o complexo composto do esquema FUGIR, com sua variável rotulada "entidade que foge" (ou seja, o Agente) vinculada pelo esquema CA-CHORRO (mais detalhes como definido, singular e tempo passado). Quando falamos do significado de uma expressão linguística estamos nos referindo a esquemas e suas aglutinações, que como vimos se chamam **representações cognitivas (RCs)**. A RC é um complexo experiencial que é evocado pela expressão linguística e é representativo de um evento, um estado, uma qualidade etc. Aqui me concentro na contribuição da estrutura da língua, mais traços de conhecimento do mundo, na construção desse complexo.

O significado de uma unidade ou de uma relação é portanto um fenômeno cognitivo. Ou, para citar Langacker,

> Significado se identifica com conceptualização. A semântica linguística precisa portanto tentar uma análise estrutural e descrição explícita de entidades como pensamentos e conceitos. O termo conceptualização se interpreta de maneira bem ampla: inclui concepções novas assim como conceitos fixos; experiência sensorial, cinestética e emotiva; reconhecimento do contexto imediato (social, físico e linguístico); e assim por diante. [...] nosso objetivo final deve ser caracterizar os tipos de eventos cognitivos cuja ocorrência constitui uma experiência mental dada. O fato de que esse objetivo é remoto não é um argumento válido para negar a base conceptual do significado.
>
> [Langacker, 1991b, p. 2]

O que chamamos "significado", portanto, é na verdade uma estrutura cognitiva, o produto final de um processo de interpretação. A porção dessa estrutura que mais nos interessa é o significado literal, que será discutido no próximo capítulo.

5

Representação cognitiva e significado literal

A análise que é apresentada aqui, que inclui o efeito da elaboração a partir de um significado básico – em particular, RTEs como resultado da elaboração de papéis semânticos – pressupõe que se admita um **significado literal**, além do significado final, que é a representação cognitiva diretamente observável. Alguns linguistas negam a existência do significado literal, e por isso faço uma digressão neste ponto sobre o assunto, incluindo algumas observações que podem ser relevantes para guiar a pesquisa empírica.

5.1 O QUE É "SIGNIFICADO LITERAL"?

O termo "significado" cobre uma larga gama de fenômenos, e seu uso na literatura não é tão consistente quanto seria de desejar. Na análise gramatical, "significado" é o mesmo que "significado literal", que é o que consideramos ao estudar significados construcionais e papéis semânticos. A noção de significado literal, embora usada o tempo todo na prática pelos linguistas, é algo controverso na literatura, e ainda pede explicação.

A controvérsia surge da observação, correta, de que as sentenças podem ser entendidas de diferentes maneiras de acordo com o contexto. Por exemplo, a sentença

[1] Eu esqueci o seu nome.

pode ser entendida como informação acerca do conteúdo da memória do falante, mas também como um pedido para que a interlocutora informe seu nome. Da observação de tais fatos alguns linguistas chegaram à conclusão de que as estruturas linguísticas não têm significado independentemente de sua ocorrência em contextos. Isso é incorreto, como espero mostrar neste capítulo; vou me concentrar no significado de palavras, mas os mesmos argumentos se aplicam ao significado de unidades maiores, como sintagmas e sentenças.

Para deixar minha posição clara desde o início, sustento que as palavras e outras unidades têm significados literais, independentes em princípio do contexto em que ocorram; esses significados são codificados na memória do falante. Isso não quer dizer que sejam rigidamente ligados a referentes específicos; há um certo grau de flexibilidade, de outro modo as palavras seriam de pouca utilidade em circunstâncias normais. Também não quer dizer que cada palavra só tenha um significado: isso varia muito de caso para caso, de *fonema*, que tem basicamente só um significado, até *por* ou *ponto*, que têm vários. E tampouco quer dizer que o contexto seja irrelevante para a representação cognitiva que evocamos a partir dos enunciados; mas significa, sim, que há um conjunto de acepções associado a cada item lexical, e que essa associação é parte de nosso conhecimento da língua, armazenado na memória *antes* da produção e compreensão de enunciados reais.

5.2 DISCUSSÃO DO PROBLEMA NA LITERATURA

Tudo isso precisa ser previamente explicitado porque há algum ceticismo sobre esses pontos na literatura. Por exemplo, Langacker sustenta que

> [...] a mente individual não é o lugar certo para se procurar significados. Ao contrário, os significados são vistos como emergindo dinamicamente no discurso e na interação social. [...] Mais do que fixos e predeterminados, [os significados] são ativamente negociados pelos interlocutores com base no contexto físico, linguístico, social e cultural.
>
> [Langacker, 2008, p. 28]

Preciso discordar: a posição de Langacker é válida para as representações cognitivas, mas não para o significado literal das unidades.

Para explicar como as palavras veiculam significados, precisamos de um ponto de partida, porque afinal de contas não atribuímos o mesmo significado a *gato* e *violino*. Há ampla evidência de que os itens lexicais se associam a significados, e isso só pode ocorrer na memória individual dos falantes. Um exemplo é dado por Lakoff, que relata que

> Quando ensino o estudo dos *frames* [...], a primeira coisa que faço é dar aos estudantes um exercício. O exercício é: Não pense em um elefante! O que quer que você faça, não pense em um elefante. Nunca encontrei um aluno que fosse capaz de fazer isso. Cada palavra, como *elefante*, evoca um *frame*, que pode ser uma imagem ou outros tipos de conhecimento: os elefantes são grandes, têm orelhas flexíveis e tromba, são associados a circos, e assim por diante.
>
> [Lakoff, 2004, p. 3][1]

Não podemos explicar esse fenômeno sem admitir que a palavra *elefante* é associada na mente dos sujeitos com um significado particular; e, além do mais, que a associação é estável e essencialmente a mesma para todos os falantes, senão essa palavra seria inútil para a comunicação. Considero essa evidência decisiva para mostrar que o significado dos itens lexicais é com efeito "fixo e predeterminado", ao menos em um grau bastante significativo.

Quanto ao contexto linguístico, mencionado por Langacker como uma das áreas onde a negociação falante-ouvinte se dá, sua contribuição à interpretação depende crucialmente de que pelo menos alguns itens tenham significado predeterminado. De outro modo, teríamos a estranha situação de uma cadeia de itens, nenhum dos quais é previamente associado a um significado, que de alguma maneira interagem de modo a gerar significado. Por exemplo, o significado de *eu* dependeria do de *esqueci*, e vice-versa, e assim para todas as palavras da sentença [1]. Como pode esse processo resultar na produção de significado para a sentença inteira?

---

1. Os *frames* de Lakoff podem ser identificados, para os objetivos presentes, com nossos esquemas.

Outro autor que parece resistir à noção de significado literal, porque para ele *qualquer* significado é necessariamente amarrado a um contexto, é Schank:

> Lidar apenas com sentenças isoladas foi provavelmente a causa de muitos dos problemas envolvidos nas teorias propostas pelos transformacionalistas. As pessoas não entendem sentenças em contexto nulo. Então por que nossas teorias tentam lidar com sentenças fora de contexto? A resposta era obviamente que se pensava que essa seria uma simplificação para facilitar a pesquisa.
>
> [Schank, 1981, p. 114-115]

Só concordo em parte. É certamente verdadeiro que mesmo sentenças que formam sozinhas um enunciado são entendidas em contexto; mas isso não acarreta que o estudo das sentenças isoladas seja privado de interesse. A compreensão final de um enunciado (o que aqui se chama a representação cognitiva) é o resultado de um conjunto complexo de fatores, incluindo o contexto e conhecimento do mundo. Mas um desses fatores é fornecido pela estrutura da sentença, mais informação lexical; de outro modo, não seria possível distinguir [2] de [3] e usá-las para construir representações cognitivas corretas:

[2] A Jane beliscou o rapaz.

[3] O rapaz beliscou a Jane.

Nenhuma informação contextual pode dar conta da diferença de significado entre essas duas sentenças: os traços cruciais têm a ver, primeiro, com as funções sintáticas de *Jane* e *o rapaz* em cada sentença, e, depois, com a valência e o significado do verbo *beliscar*. Faz sentido, portanto, estudar a estrutura gramatical dessas sentenças ainda que isoladas, já que *em qualquer contexto* [2] significa que Jane fez alguma coisa, em oposição a [3], onde o rapaz é o Agente. Isso se generaliza para uma multidão de outros traços gramaticais e lexicais.

Por outro lado, concordo com a afirmação de Schank de que considerar *exclusivamente* sentenças isoladas dá problemas, se estivermos interessados na compreensão das sentenças e do discurso. A pesquisa de sentenças isoladas sem referência a sua função no discurso integrado foi, e é, realizada por linguistas de todas as tendências. Mas é preciso reconhecer que estamos diante de um fenômeno complexo, e a informação lexicogramatical é apenas um dos ingredientes do processo. Nossos dados são produto de todos esses ingredientes, e um dos problemas que temos ao começar a pesquisa é o de distingui-los, de modo que o estudo de apenas um deles – digamos, o significado literal – se torne possível. Sentenças fora de contexto contêm informação relevante sobre aspectos da representação cognitiva (além de informação sobre a estrutura formal), e estudá-las é um passo necessário no caminho da compreensão do fenômeno em seu todo.

No caso de *eu esqueci o seu nome* o ouvinte pode começar computando o significado literal da sentença, que se refere ao estado da memória do falante. Essa informação pode ser julgada irrelevante em determinado contexto; o ouvinte então faz uso de informação adicional (não linguística) para chegar a uma representação final que tem a ver com um pedido de que ele informe qual é o seu nome. Note-se que o significado literal é um dos pontos de partida necessários para computar a representação cognitiva; ele pode, e deve, ser estudado.

Voltando à objeção de Schank, ela só se aplica ao estudo *exclusivo* das sentenças isoladas. Se os gerativistas, e outros linguistas, podem ser criticados por algum motivo, é apenas por não prestar a atenção devida à complexidade do fenômeno, não por concentrarem o estudo em sentenças isoladas[2].

Rumelhart (1979) parece adotar uma posição de ceticismo parcial quanto à necessidade de admitir significados literais:

---

2. E certamente não por um mero desejo de facilitar a tarefa de analisar as sentenças.

> Para um linguista interessado em pares forma-significado, ou para um filósofo interessado em condições de verdade, essa distinção pode ser crucial. [...] Como psicólogo, estou primariamente interessado nos mecanismos pelos quais os significados são veiculados. Qualquer que seja o papel que os "significados literais" [...] possam desempenhar na compreensão da linguagem [...] a teoria psicológica precisa se ocupar dos significados transmitidos.
>
> [Rumelhart, 1979, p. 71]

Nessa passagem Rumelhart admite a possibilidade de que significados literais sejam necessários na análise das línguas, mas aparentemente não nos estudos de psicologia da linguagem. Mas se assumirmos uma atitude realística frente à análise linguística, não há meio de dispensar nenhuma dessas duas perspectivas: sempre que alguém entende uma sentença (ou um texto) está crucialmente dependente da disponibilidade de um significado literal. É verdade que só a representação cognitiva pode ser tomada como um fenômeno concreto e acessível à observação, ao passo que o significado literal é resultado de teoria – mas isso não quer dizer que possa ser desconsiderado, já que é um passo necessário na computação do significado final. Afinal, [1] *pode* significar simplesmente que eu esqueci o seu nome. Rumelhart também diz que tanto em significados figurativos quanto em literais

> a interpretação parece depender de conhecimento bem além da definição dos termos envolvidos. Não há regras que possam combinar significados lexicais para gerar significados transmitidos.
>
> [Rumelhart, 1979, p. 76]

Parece-me que Rumelhart tem em mente o significado final, ou seja, a representação cognitiva, e dá pouca atenção a outros fatores que são necessários na geração dessa representação. Meramente combinar significados lexicais de fato não pode produzir uma representação cognitiva, mas há regras que definem suas combinações, de modo que o significado literal é o produto de significados lexicais, mais regras que os combinam em unidades maiores; um exemplo é a valência verbal, uma de cujas tarefas é precisamente a de articular significados lexicais para formar significados de unidades maiores. O significado final é produzido por meio de vários tipos de fatores, um dos quais é o significado literal.

A maioria dos linguistas concorda, ou mesmo pressupõe sem discussão, que o significado literal é necessário (cf. Clark e Lucy, 1975; Sadock, 1979; Dascal, 1987; Moura, 2012). Dascal cita alguns exemplos divertidos, de Fónagy (1982), com piadas que só podem ser compreendidas se o receptor tiver presente na mente tanto o significado literal quanto a RC final, e conclui que

> Embora haja outros mecanismos envolvidos na compreensão de piadas, os mecanismos exemplificados acima dão conta de um grande número das piadas mais eficientes, e certamente exigem uma distinção entre uma compreensão mais ou menos composicional, mais ou menos livre de contexto de uma expressão, e uma compreensão que é veiculada de modo mais indireto, embora eventualmente percebida de modo mais imediato.
>
> [Dascal, 1987, p. 271]

e daí conclui que

> Pode ser verdadeiro que, como afirma Rumelhart (1979, p. 80), a criança, ao adquirir a linguagem, compreende ao mesmo tempo o metafórico e o literal. Mas não é menos verdadeiro que a criança aprende, em algum momento de sua carreira linguística, a distingui-los, e a partir desse momento os dois são interpretados de maneiras essencialmente distintas.
>
> [Dascal, 1987, p. 280]

De minha parte, acredito que é preciso manter a distinção tradicional entre o significado literal e o final (identificado este como a representação cognitiva) para efeitos de descrição gramatical. O significado literal é, aliás, um elemento necessário em qualquer tipo de "negociação" entre os interlocutores. Uma frase como

[1] Eu esqueci o seu nome.

pode ser filtrada pelo contexto e acabar significando algo como "por favor me diga o seu nome"; mas não pode significar "por favor abra a porta", ao contrário de

[4] Você pode alcançar a maçaneta?

[1] e [4] partem de pontos diferentes, e chegam a significados finais diferentes; e um dos pontos de partida é o significado literal[3]. Esse fator não depende de negociação: as associações são impostas pela língua, e *elefante* precisa se referir a uma espécie particular de animal para todos os falantes. O mesmo vale para detalhes do significado construcional, tais como a exigência de que, se *o elefante* é sujeito de uma oração com o verbo *pular*, precisa ser entendido como o Agente da ação denotada.

Para resumir: uma vez que todos os constituintes da sentença recebem seu conteúdo temático, o resultado é o significado literal. Esse é o *input* do eventual processo de compreensão em contexto, que resulta na representação cognitiva final. O significado literal é estável entre os usuários da língua e sempre pode ser recuperado mesmo em contextos deformantes: *eu esqueci o seu nome* **pode** transmitir informação sobre minha memória, em qualquer contexto. O significado literal é um nível significativo de análise.

5.3 DO SIGNIFICADO LITERAL À REPRESENTAÇÃO COGNITIVA

A discussão acima certamente suscita a pergunta de como, exatamente, passamos do significado literal ao final de uma sentença. Não posso oferecer uma resposta detalhada a essa relevante questão, mas acredito que alguma especulação preliminar pode ser útil. Primeiro, o significado final de [1] depende de seu significado literal, e também de outros fatores referentes em grande parte à situação em que a sentença é enunciada. Suponhamos que o processo seja assim: primeiro, computa-se de [1] o significado literal, ou seja, "seu nome não está mais na minha memória"; isso é suficiente se estivermos falando de minhas limitações de memória. Mas se [1] for enunciado no contexto de uma conversa sobre outros tópicos, a ouvinte poderá, implicitamente, raciocinar assim:

---

3. Há fatores não linguísticos envolvidos na produção do significado literal, mas não dependem das circunstâncias do ato de fala. Quanto a isso, terei algo a dizer no capítulo 8.

(a) ele está me dando informação sobre o conteúdo de sua memória;
(b) isso não tem nada a ver com o assunto do momento;
(c) portanto devo entender a frase de alguma outra maneira;
(d) acabamos de nos conhecer (e aliás eu não me lembro do nome dele);

até atingir o significado final,

(z) ele está me pedindo para informar o meu nome.

Essa é evidentemente uma maneira muito informal de apresentar o processo; mas ilustra como os elementos do contexto extralinguístico podem ser usados a fim de compreender uma frase que de outro modo pareceria irrelevante na conversa no momento. Isso pode ser visto como uma aplicação da Máxima de Qualidade, de Grice (1975), que nos impede de simplesmente admitir que nosso interlocutor é louco e diz coisas sem sentido. O que interessa aqui é que *há* um caminho do significado literal até a representação cognitiva; o caminho ainda precisa ser traçado em seus detalhes, mas precisa existir. Não é um caminho simples e direto: envolve, aqui sim, negociação entre os participantes "com base no contexto físico, linguístico, social e cultural" mencionado por Langacker (2008) na passagem citada acima.

Mas o processo precisa começar do significado literal; e em certos casos-limite, não passa disso, como quando se entende

[4] Está chovendo.

como a informação de que está chovendo, não por exemplo "não vai dar praia hoje". É de se esperar que, em princípio, qualquer tipo de conhecimento pode ser usado para isso, e que o processo é no fundo parte de nosso esforço constante de fazer sentido do mundo.

O passo (b) da progressão, isto é, "isso não tem nada a ver com o assunto do momento", é particularmente importante porque ilustra o ponto em que o receptor detecta uma quebra na adequação do significado literal. Isso o lança em outros caminhos que levarão à construção de uma representação mais sensata e coerente. Suspeito aliás que essa percepção da "quebra" na adequação está na raiz da compreensão das metáforas. Se alguém diz

[5] O Jorge virou um hipopótamo.

Por que é que essa sentença precisa ser entendida metaforicamente? Exatamente porque o ouvinte detecta uma inadequação pragmática: ninguém vira um hipopótamo na vida real. O receptor deve portanto encontrar um caminho para atribuir um significado razoável à frase: talvez Jorge tenha engordado demais, por exemplo. Isso, como apontado por Lakoff e Johnson (1980), acontece com muita frequência, embora eu não vá ao extremo de dizer que vivemos de metáforas; muitas expressões chamadas coloquialmente de "metáforas" são na verdade aprendidas previamente como parte do código.

Voltando ao tema principal, note-se como mesmo no caso de [5] o primeiro passo é a computação do significado literal: é o reconhecimento de sua inadequação pragmática que deslancha o processo de procura de um significado não literal.

5.4 SIGNIFICADO LITERAL E PAPÉIS SEMÂNTICOS

Um exemplo especialmente importante de como se chega a obter o significado de uma construção é o processamento das relações temáticas, como os papéis semânticos. Os papéis semânticos não são diretamente dedutíveis do sinal linguístico; ou seja, ao ouvir a sentença

[6] A menina comeu o meu mingau.

não se entende a menina como sendo o Agente, que é uma noção bastante esquemática; entende-se que a menina é o "comedor", e portanto com uma relação temática diferente com o esquema evocado pelo verbo do que em

[7] A menina roubou o meu mingau.

onde temos um "roubador" (ou "ladrão", se preferirem). No entanto, essas duas relações (RTEs) são tratadas como a mesma coisa na gramática do português – elas, assim como muitas outras RTEs, têm um traço semântico comum, "causador imediato de um evento", e acabam sendo codificadas de maneira semelhante como o sujeito da oração. Portanto, faz sentido dar a essas RTEs um nome coletivo, Agente – já não mais uma RTE, mas um papel semântico.

Agora pode-se perguntar: que traço é parte do significado literal de [6]: o Agente ou o "comedor"? A resposta é que ambos são; aqui temos um processo de elaboração que se aplica obrigatoriamente, já que não se pode entender um Agente esquemático, mas antes um "comedor" elaborado. Já vimos que um papel semântico é um hiperônimo de um conjunto de RTEs: se um constituinte é o "comedor", então é necessariamente o Agente[4]. Não estamos lidando com o deslocamento do significado para outro domínio cognitivo, mas com uma relação de elaboração, que conecta uma noção esquemática com uma altamente específica. *A menina* em [6] é literalmente o Agente, e também literalmente o "comedor".

O significado (literal ou não) é impossível de definir em termos formais; essas relações só são acessíveis por introspecção, e a introspecção é um instrumento indispensável da pesquisa linguística. Esse ponto, que é importante e algo controverso[5], merece uma pequena digressão.

5.5 USO DA INTROSPECÇÃO NA ANÁLISE LINGUÍSTICA

Como vimos na seção 1.2, os fatos linguísticos são de três naturezas (ou, como se diz, pertencem a três espaços): traços de forma, traços de

---

4. Pode-se comparar com a pergunta: isso é um gato ou um animal? A resposta tem que ser: as duas coisas.
5. Embora eu, sinceramente, não saiba *por que* é controverso.

significado, e relações simbólicas. Os traços de forma e os de significado são parte dos dados empíricos a serem descritos pela análise linguística. Agora, é óbvio que a forma (em última análise, fonética) é acessível ao pesquisador. Mas há espaço para discussão e mesmo dúvida quanto aos traços de significado: são igualmente acessíveis, ao pesquisador e ao usuário da língua? A resposta que dou é afirmativa, e acrescento que o significado é acessível por introspecção; mas sinto que seria conveniente uma explicação. Alguns linguistas, como os estruturalistas de tendência mais mecanicista, argumentam que o uso da introspecção não é legítimo mesmo para o estudo do significado (por exemplo, Harris, 1951, p. 187; Bloomfield, 1933). É uma ideia que parece ser implicitamente aceita por alguns autores atuais; ver crítica em Perini (2015, Apêndice E).

Assumindo a posição oposta, Talmy sustenta que o significado é acessível à introspecção:

> A introspecção linguística é atenção consciente dirigida por um usuário da língua a aspectos particulares da língua que se manifestam em sua própria cognição. [...] O significado não é apenas o aspecto da língua em que a introspecção funciona melhor, mas, além disso, a introspecção tem a vantagem sobre outras metodologias porque parece ser a única capaz de acessar [o significado] diretamente.
>
> [Talmy, 2007, p. XII-XIII]

É a fácil acessibilidade da forma e do significado que possibilita aos falantes relacionar sons e representações cognitivas, o que é a razão de ser das línguas. Falo de "fatos" de forma e de significado porque não são condicionados por teorias ou por hipóteses: *gato* soa [ˈgatʊ] e se refere a uma espécie particular de animal (*Felis cattus*); qualquer teoria que ignore esses fatos é inadequada como descrição do português.

Esse exemplo ilustra o terceiro tipo de traço, que chamamos **traço de simbolização**[6]: certas formas se associam com certos significados em

---

6. Aqui sigo a terminologia de Langacker; eu preferiria **significação**, para manter a conexão com o signo, mas o termo **simbolização** parece ser amplamente aceito, e *significação* é usado em um sentido mais amplo.

certas línguas de uma maneira sistemática e estável, de modo que a associação entre [ˈgatʊ] e *Felis cattus* é parte de nosso conhecimento da língua, comum a todos os falantes. Os fatos simbólicos (**signos**, nos termos de Saussure, 1916) são o objeto real do estudo linguístico; e consequentemente é fundamental manter os traços semânticos e formais cuidadosamente separados em um primeiro momento da análise. Principalmente, precisam ser definidos e delimitados sem referência um ao outro – não podemos definir verbo como a palavra que designa uma ação, porque estaríamos pressupondo algo que é o objetivo da pesquisa. A pergunta a ser feita é: os lexemas que contêm variação de tempo e pessoa sempre denotam ação? A resposta nos fornecerá um traço de simbolização da língua portuguesa[7].

Isso pode parecer óbvio, mas nem sempre é observado na prática. A gramática tradicional é infestada de definições que não são nem puramente formais nem puramente semânticas, e que são inúteis na descrição. Um "substantivo" pode ser definido como

> [...] a classe de lexema que se caracteriza por significar o que convencionalmente chamamos *objetos substantivos*, isto é, em primeiro lugar, substâncias (*homem, casa, livro*) e, em segundo lugar, quaisquer outros objetos mentalmente apreendidos como substâncias, quais sejam qualidades (*bondade, brancura*), processos (*chegada, entrega, aceitação*).
>
> [Bechara, 2009, p. 112]

A mesma gramática afirma (p. 141) que um substantivo pode ser núcleo de um sintagma sujeito, objeto direto etc., o que é uma função sintática. Se isso for tomado como definição, resulta em uma noção confusa de "substantivo", tomado às vezes como uma categoria semântica, às vezes como uma sintática. Essa confusão impede a formulação de um fato *simbólico* importante, ou seja, que os itens que podem se referir a coisas são (em grande medida) os mesmos que têm os traços formais do substantivo: entre outros, pertencer a um dos gêneros e fazer o plural em -*s*. Uma maneira clara de

---

7. Aliás, a resposta é negativa: *ser, amar, dormir, ouvir* e muitos outros verbos não podem denotar ação.

apresentar esse fato simbólico seria dizer que o sujeito (sintaxe) precisa ter como seu núcleo um item potencialmente referencial (semântica). Mas isso não pode ser expressado dentro do sistema tradicional, que não distingue sistematicamente função sintática de potencial referencial (uma função semântica), e consequentemente acaba confundindo as coisas.

Fique pois claramente estabelecido que há fatos formais (acessíveis aos sentidos), fatos semânticos (acessíveis à introspecção), e fatos simbólicos (definidos como a associação de fatos formais e semânticos); esses são os **espaços** de que se falou na seção 1.2 acima. E essa é a matéria-prima com a qual trabalha o linguista, e quanto mais cuidadosamente ela for definida, melhor. Justamente porque objetivamos explicitar a relação entre os espaços, precisamos começar com uma distinção bem clara entre eles, de modo que possamos investigar suas associações. As relações simbólicas são, evidentemente, mais abstratas; mas ainda assim são facilmente acessíveis à intuição dos falantes da língua. Em casos simples, como a forma fonética e o significado de itens como *gato*, a relação é bem fácil de descrever. Em casos mais difíceis a análise pode depender de observação mais elaborada, como quando nos ocupamos do significado de itens como *o, em* ou *mas*, ou quando tentamos formular a semântica das funções sintáticas. Mas, em todo caso, tudo o que temos para começar são unidades e relações formais, semânticas e simbólicas[8], que merecem ser consideradas os *fatos* da gramática. A necessidade de manter as distinções é enfatizada por linguistas com preocupações metodológicas, como por exemplo

> A fim de descrever a interface entre a sintaxe e [a estrutura conceptual], precisamos saber que tipos de estruturas a interface está conectando.
>
> [Culicover; Jackendoff, 2005, p. 153]

O uso da introspecção, indispensável para acessar o espaço cognitivo, naturalmente apresenta alguns perigos; mas tais perigos podem ser minimizados com o uso de alguns recursos, como testagens e o exame de

---

8. Como aliás já observou Langacker na citação dada na seção 4.3 acima.

córpus. Mas alguns autores parecem querer evitar o uso da introspecção, aparentemente com esperança de definir os traços semânticos formalmente. Assim, Faulhaber, após observar, corretamente, que

> A dificuldade geral é que é impossível excluir certo grau de subjetividade quando se atribui papéis semânticos.
>
> [Faulhaber, 2011, p. 13]

propõe um instrumento que na minha opinião só pode ser aceito como um recurso heurístico:

> Se um tipo de complemento é tipicamente uma alternativa a outro tipo de complemento (sem levar em conta o significado do verbo), isto é, se ele alterna regularmente com [o outro complemento] mas não em combinação com um verbo específico, essa restrição pode lançar luz sobre possíveis propriedades semânticas daquele tipo de complemento.
>
> [Faulhaber, 2011, p. 23]

Faulhaber, entretanto, aparentemente aceita esse procedimento como decisivo para a identificação de traços semânticos, o que acho inadequado.

Outro exemplo é Blanche-Benveniste *et al.* (1984) que, ao tentar evitar o uso da introspecção, criaram um procedimento de substituição por pronomes:

> Se o paradigma P1 se conforma com a expressão 'le, me, te, *ceci' [...], o referente se alia ao traço [+HUMANO]; se P1 se conforma com 'le, *me, *te, ceci, celui-ci', o referente se alia ao conjunto [−HUMANO, +CONCRETO] [...]
>
> [*apud* Eynde; Mertens, 2003, p. 85][9]

Isso equivale a identificar o traço [+HUMANO] com a possível ocorrência de certos pronomes. Esse teste de substituição pode ser aceito como um procedimento heurístico ocasional (por exemplo, em português *quem* sempre se refere a um antecedente [+HUMANO]). Mas os traços semânticos são muito mais numerosos do que os pronomes, e mesmo estes muitas vezes não nos dizem muito – *ela* em português pode se referir a uma pessoa (não necessariamente mulher), um animal, uma casa ou uma teoria. E, afinal

---

9. P1 é o objeto direto, como definido por Eynde e Mertens (2010, p. 31).

de contas, como vamos identificar a lista de pronomes que são aceitáveis como substituto de alguma unidade, senão aplicando nossa intuição sobre a aceitabilidade?

As dificuldades inerentes ao estudo das unidades e relações semânticas não podem ser negadas; mas os elementos semânticos precisam ser abordados diretamente em seus próprios termos, não como derivações de unidades e relações formais. Precisamos eventualmente relacionar as formas da língua com os conceitos (esquemas) que formam nossa compreensão do mundo. Essa, aliás, parece ser a opinião da maioria dos pesquisadores da área, e a passagem seguinte descreve a atitude adotada na prática:

> Dada a importância [das relações temáticas], é crucial descobrir o que elas realmente são, de modo que possam ter uma vida independente por elas mesmas. Precisamos garantir que não as estamos invocando como uma carta disfarçada na manga, para atender às exigências da sintaxe.
>
> [Jackendoff, 1987, p. 371]

Relações simbólicas

6

Valência verbal

6.1 RELAÇÕES SIMBÓLICAS: ITENS E FUNÇÕES

A manifestação mais simples de uma relação simbólica é a que existe entre um item lexical e seu significado: por exemplo, a associação que fazemos entre a palavra *gato* e a espécie *Felis cattus*, ou melhor, o esquema correspondente. Esse tipo de relação precisa ser estendido a sintagmas e sentenças, que se relacionam simbolicamente com complexos esquemáticos, ou seja, componentes de representações cognitivas; e as construções também têm significados próprios, como quando dizemos que a ergativa, exemplificada por

[1] O leite esfriou.

denota um evento espontâneo, não causado por algum Agente. Aqui vamos tratar de um tipo específico de relação simbólica: as que associam um traço semântico a elementos relacionais da oração – funções sintáticas como o sujeito, ou palavras gramaticais como as preposições.

Um exemplo deve deixar isso claro. Uma relação simbólica desse tipo se expressa como uma regra de protótipo, como aquela, já mencionada, que relaciona a função "sujeito" com uma função cognitiva, o papel semântico Agente, estipulando que o Agente, quando presente, é quase sempre representado pelo sujeito da oração[1]. A função sintática *sujeito* pertence ao espaço formal, e se define por sua posição na oração, assim como sua relação de concordância com o verbo (cf. definição na seção 19.3.2); já a função semântica *Agente* pertence ao espaço cognitivo, e se define como o "causador imediato de um evento". O fato de que essas duas relações são relacionadas (pela regra de protótipo) é parte do espaço simbólico; a relação entre essas duas funções é um **signo**. A descrição de uma língua tem como objetivo último a depreensão e formulação de seus signos.

6.2 RELAÇÕES SIMBÓLICAS NA SENTENÇA: CONSTRUÇÕES, DIÁTESES, VALÊNCIA

Uma porção importante do significado de uma oração é a relação que cada complemento expressa, em geral descrita como sua relação semântica com o verbo. Assim, as frases

[2] A Jane beliscou o rapaz.

[3] O rapaz beliscou a Jane.

diferem em significado pela relação que cada complemento (o sujeito e o objeto) expressa com o verbo; ou, mais corretamente, com o esquema evocado pelo verbo. O verbo é o mesmo nas duas orações, e evoca o esquema BELISCAR, que por sua vez tem duas variáveis centrais para serem vinculadas: o "beliscador" e o "beliscado". Há dois outros esquemas, evocados pelos complementos: JANE e RAPAZ, e o esquema BELISCAR não nos diz quem beliscou e quem foi beliscado.

---

1. A regra não significa que o sujeito é sempre o Agente, mas que o Agente é (quase sempre) o sujeito; ou seja, a regra não é bicondicional. Há muitos exemplos de sujeitos não agentivos, mas Agentes codificados como outra coisa que não o sujeito são muito raros: ao que se sabe, apenas duas construções do português.

Aqui entram em jogo outros fatores, em particular as regras da língua e as condições de boa formação da representação cognitiva que resulta da interpretação da oração. A língua fornece a regra de protótipo que diz que o Agente (fora poucas exceções) será codificado como o sujeito. Aplicando-a[2], podemos deduzir que Jane é o Agente em [2], e o rapaz é o Agente em [3]. O "beliscado" será o rapaz em [2] e Jane em [3], porque se o evento descrito é um de beliscar, e se Jane é quem belisca, então o rapaz precisa ser o beliscado, senão não haverá meio de integrar essa informação em uma representação cognitiva bem-formada[3].

Agora passemos a uma situação diferente,

[4] O vizinho apanhou de Lili.

Embora haja um Agente, o sujeito é que é a pessoa espancada, o que vai contra a regra de protótipo mencionada acima. Como representar isso?

Essa é uma das pouquíssimas exceções à regra de protótipo; e só acontece quando o verbo é *apanhar*. O que precisamos fazer é consignar a exceção como parte das propriedades idiossincráticas desse verbo; e isso pode ser feito associando *apanhar* com uma estrutura simbólica especial, a saber[4]

[5] SujV>Paciente V *de* SN>Agente

A idiossincrasia desse verbo se formula então como uma regra que diz que o sujeito é o Paciente (ou seja, o "espancado"), e o Agente é codificado como um sintagma preposicionado com *de*. A associação de [5] com o verbo bloqueia a ação de regras de atribuição que envolvem esses complementos: em uma oração com *apanhar* as atribuições temáticas são como estão mostradas em [5], não conforme a regra geral.

---

2. Já que *beliscar* não é uma das exceções à regra.
3. Detalhes desse processo são desenvolvidos no capítulo 8.
4. 'SujV' é o sujeito; cf. explicação do 'V' logo abaixo; o símbolo '>' significa "recebe a relação temática". Note-se que a preposição *de* é mencionada especificamente na fórmula.

A fórmula [5] descreve uma **construção**; e uma construção se entende aqui como uma estrutura sintática em que cada complemento elegível é associado a uma relação temática (Agente, Paciente etc.). Essa construção é associada ao verbo *apanhar*, e não vale para outros verbos, e tem uma importante propriedade: como só se aplica a parte dos verbos da língua, ela contribui para classificá-los em duas classes, a dos verbos que a seguem (no caso, só um verbo, *apanhar*) e a dos que não a seguem (todos os outros verbos da língua). Uma construção com essa propriedade se chama uma **diátese**; e o conjunto de todas as diáteses associadas a um verbo constitui a **valência** desse verbo. Assim, a valência de *apanhar* inclui a diátese [5].

Nem todas as construções têm a propriedade mencionada acima; por exemplo, temos a construção negativa, que se constrói simplesmente acrescentando uma partícula negativa como *não*, de modo a obter

[6] O vizinho não apanhou de Lili.

Essa construção vale para todos os verbos da língua: qualquer verbo pode ser negado. A negativa, consequentemente, não é uma diátese, e não aparece na valência de nenhum verbo.

Outra diátese é exemplificada em

[7] O canalha batia no cachorro.

Aqui temos um sujeito Agente (o que é regular), e um complemento Paciente, marcado pela preposição *em*; isso é excepcional, e só ocorre com alguns verbos (*bater*, e também *ajudar*, *influenciar* e outros). Assim, trata-se de uma diátese, e é necessário incluí-la na valência de *bater*; a frase [7] é uma realização da diátese

[8] SujV>Agente V *em* SN>Paciente

O significado locativo, que é o mais comum para *em*, é bloqueado neste caso. As razões veremos mais tarde; por ora vamos nos concentrar em [8] como diátese do verbo *bater*. Este, como sabemos, também pode ocorrer em outras construções, como

[9] O sacristão bate o sino às 6 horas.

[10] O cabelo dela batia na cintura.

e outras. Todas essas devem ser incluídas na valência de *bater*, que é um verbo relativamente complexo desse ponto de vista.

Agora, voltando à notação [8]: por que notar o sujeito como 'SujV', em vez de simplesmente 'Suj'? Isso se deve a uma característica do português e de outras línguas chamadas *pro-drop*, mas não do inglês ou do francês. O português admite a omissão do sujeito, como em

[11] Eu cheguei atrasado.

[12] Cheguei atrasado.

Essas frases são ambas aceitáveis. Ora, acontece que o verbo *bater*, assim como *chegar*, mostra exatamente a mesma valência quer tenha ou não sujeito, e o mesmo vale para todos os verbos da língua – não há nenhum que ocorra em ambientes valenciais diferentes conforme tenha ou não sujeito. Além disso, a presença do sujeito em tais frases não tem efeito semântico, de modo que [11] e [12] são sinônimas. Como se trata de uma regra geral e sem exceções, no que concerne à notação da valência essas duas situações não precisam ser distinguidas. Por isso uso a abreviatura 'SujV', ou seja, "sujeito valencial", que deve ser entendida como "sujeito mais a terminação da pessoa e número correspondentes, ou só o sujeito, ou só a terminação". Essa maneira de notar o fenômeno não tem importância teórica, e é apenas uma abreviatura; mas se não a usássemos teríamos que atribuir a cada verbo da língua três diáteses, uma com sujeito e terminação, outra com sujeito apenas, e ainda outra com a terminação apenas, sem que isso refletisse uma diferença no comportamento valencial desses verbos[5].

Cada verbo da língua, portanto, tem uma valência, que consiste de uma ou mais diáteses em que pode ocorrer; isso já se sabe há muito tempo, e existem dicionários de valências que descrevem a distribuição dos verbos[6]. Na notação aqui adotada cada diátese se compõe de uma estrutura sintática, mais as relações temáticas de cada um dos complementos, como está em [5] e [8] acima. É claro que há muitas outras relações simbólicas em cada oração, mas para efeitos de estudo das valências isso é suficiente. Essencialmente, as valências expressam exceções, casos que escapam às regras gerais de atribuição de relações temáticas aos complementos; isso será estudado em maior detalhe nos capítulos seguintes; a literatura sobre o tema é vasta, e remonta a trabalhos de gramática tradicional (Fernandes, 1942, para o português). As valências verbais constituem um dos tópicos principais estudados neste livro.

6.3 ALTERNÂNCIAS

A abordagem aqui usada não considera as "alternâncias" que se encontram frequentemente na literatura. As alternâncias são relações privilegiadas entre estruturas (superficiais), de modo que se diz que uma está "em alternância" com a outra, o que se aproxima algumas vezes de uma relação transformacional, como quando Levin (1993, p. 22) fala de verbos que "sofrem" uma alternância, e de alternâncias como "expressões alternativas de argumentos". A definição de Levin é bastante vaga:

---

5. Um exemplo de sujeito sem a terminação de pessoa-número são orações de gerúndio, como *eu chegando atrasado, vocês me esperam*.
6. E não só verbos, já que outros itens também mostram valência; cf., por exemplo, Fernandes (1950).

> [*alternâncias de diáteses* são] alternâncias na expressão dos argumentos, algumas vezes acompanhadas por mudança de significado.
>
> [Levin, 1993, p. 2]

Isso cobre casos demais, e não pode ser usado consistentemente como um critério objetivo para distinguir alternâncias de um par qualquer de sentenças. É possível chegar a uma ideia aproximada dos critérios usados por Levin ao estabelecer alternâncias; embora isso não esteja explícito em seu texto, os membros de alternâncias tendem a mostrar estruturas temáticas semelhantes, embora às vezes haja omissão de participantes, como em *Cynthia ate the peach* 'Cynthia comeu o pêssego' e *Cynthia ate* 'Cynthia comeu' (p. 213). Mas em outros exemplos há diferença nas relações temáticas representadas, como em *Cheryl stood the books on the table* 'Cheryl colocou os livros na mesa' e *the books stood on the table* 'os livros estavam na mesa' (p. 112), onde *the books* 'os livros' é o Paciente (e "móvel") na primeira frase, mas Coisa.localizada[7] na segunda; e também *on the table* 'na mesa' é respectivamente Meta e Lugar. Isso sugere que Levin esteja seguindo uma noção implícita de alternância, que tento destrinçar a seguir.

Outro exemplo dado por Levin é *the butcher cuts the meat* 'o açougueiro corta a carne' e *the meat cuts easily* 'a carne (se) corta facilmente' (p. 26). O que temos aqui é a meu ver sentenças de significado parcialmente semelhante, neste caso porque o esquema evocado pelo verbo (CORTAR) é o mesmo, e a variável "coisa.cortada" (isto é, o Paciente) aparece em ambas as sentenças vinculada pelo mesmo esquema (CARNE); mas à parte isso as duas construções são diferentes. Pode haver alguma relação especial entre elas, mas isso não depende diretamente de sua estrutura gramatical.

O que todos esses pares de sentenças têm em comum, na minha opinião, é uma espécie de **acarretamento de existência,** pelo qual uma regra estabelece que **se um verbo ocorre na construção A, então necessariamente**

---

7. Coloco um ponto em Coisa.localizada, e em outras designações de papéis semânticos e ETRs compostos de mais de uma palavra.

(ou prototipicamente) ocorre na construção B. Tais acarretamentos são parte do conhecimento da língua, e há evidência de que desempenham um papel na aquisição. Eles resultam em relações sistemáticas entre certos pares de construções, como por exemplo a relação que há entre ergativas (*o leite derramou*) e transitivas (*Toninho derramou o leite*), e essas generalizações são parte da competência do falante. Mas a regra não menciona semelhança na sintaxe ou na semântica das sentenças envolvidas, embora certamente esse tipo de relação tenda a se verificar entre sentenças semelhantes em alguns aspectos. Esses acarretamentos podem fornecer a base de estratégias de aprendizagem, e como tais merecem ser incluídas na descrição, mas formulados em termos de ocorrências observadas, não como resultado de princípios aprioristicos. No entanto, no estágio inicial em que nos encontramos é mais prudente limitar a descrição a construções separadas e independentes, e essa é uma razão por que a noção teórica de alternância não se usa neste livro, nem no *Valency dictionary of Brazilian Portuguese verbs*, onde as variantes são simplesmente apresentadas como diferentes diáteses de cada verbo.

Um exemplo bem conhecido é a relação entre orações transitivas e ergativas[8] como em

[13] O gelo derreteu. (ergativa)

[14] O sol derreteu o gelo. (transitiva)

Aqui a melhor análise é dizer que o verbo evoca o esquema simples DERRETER em [13], que denota o evento sem referência a um causador, e o complexo esquemático CAUSAR (DERRETER) em [14], onde o esquema mais alto tem um "causador" (*o sol* em [14]). Isso dá conta dos fatos semânticos observados sem postular uma relação especial de alternância entre as duas

---

8. Levin (1993) chama tais pares de "alternância causativa/incoativa".

construções. Mas se observarmos que os verbos que ocorrem na ergativa em geral também ocorrem na transitiva (com um grupo importante de exceções), poderemos eventualmente chegar à formulação de uma regra prototípica de acarretamento de existência entre essas duas construções[9].

Desse modo, aqui tomo cada diátese como uma unidade independente; essa posição, como vimos, não equivale a uma rejeição total das alternâncias, que podem ser gramaticalmente relevantes. Mas tais relações não são de natureza estrutural; antes, elas têm a ver com acarretamentos de existência dentro da gramática. Esses acarretamentos podem ser categóricos ou prototípicos; é categórico, por exemplo, o que existe entre orações afirmativas e negativas. Acarretamento prototípico ocorre no caso de [13] – [14], que funciona para verbos de mudança de estado, e não para todos eles. Outros fatores podem interferir aqui, como a possibilidade de o evento descrito ocorrer espontaneamente, e provavelmente há exceções puras e simples. Vimos na seção 2.2 o caso da regra notada como Agente<>SujV; para o caso de [13] e [14], podemos dizer que **a maioria dos verbos que têm a construção ergativa em suas valências também têm a transitiva**. Como todas as regras de protótipo, esta admite exceções[10].

6.4 CRITÉRIOS DE INCLUSÃO NA DIÁTESE

6.4.1 O que é e o que não é incluído na diátese

Cada diátese de um verbo inclui complementos que o singularizam enquanto item lexical; mas há outros elementos que podem coocorrer com o mesmo verbo, e que não têm a ver com sua valência. Por exemplo, sabemos que *bater* tem como característica própria a de expressar seu Paciente usando a preposição *em*, como vimos em

---

9. Um levantamento parcial no *VDBPV* mostra que perto de 89% (63 em 71, letras A-D) dos verbos que têm a ergativa também têm a transitiva em sua valência.
10. O acarretamento de existência pode ser um dos fatores por trás das hierarquias temáticas encontradas na literatura.

[7] O canalha batia no cachorro.

Essa é uma particularidade de *bater* e não se estende à maioria dos outros verbos; em outras palavras, trata-se de uma exceção. Por isso a marcamos no léxico, ou seja, na valência de *bater*, que inclui a diátese

[8] SujV>Agente V *em* SN>Paciente

Mas *bater* pode coocorrer com outros sintagmas; por exemplo, podemos dizer

[15] O canalha bateu no cachorro ontem de manhã.

Aqui o sintagma *ontem de manhã* denota o Tempo em que ocorreu o evento; devemos incluí-lo também na formulação da diátese? A resposta é negativa, e a razão é que nem a forma nem a relação temática desse sintagma são decorrência de ele estar junto com *bater* na mesma oração; *ontem de manhã* exprimindo o Tempo pode ser acrescentado a frases com um grande número de verbos – na verdade, qualquer frase que denote um evento concreto, e que portanto acontece em um momento específico. Como a diátese [8], e todas as diáteses, expressa propriedades do verbo, não devemos incluir esse sintagma temporal, já que sua inclusão obedece a regras gerais de sintaxe e de boa formação semântica. Observe-se a diferença do sintagma *no cachorro*, que tem a preposição *em* e expressa o Paciente, e nisso é uma idiossincrasia do verbo *bater*. Já vimos isso em 6.2, e é um princípio geral: inclui-se na valência do verbo informação que descreve aspectos irregulares do comportamento gramatical desse verbo. Olhando esse fato de outro ponto de vista, a ocorrência de *ontem de manhã* com o papel de Tempo não subclassifica o verbo *bater*, já que é uma característica geral, válida em princípio para qualquer verbo.

Assim, levando em conta que a valência expressa idiossincrasias lexicais, podemos estabelecer que é preciso incluir em uma diátese constituintes cuja forma sintática e/ou relação temática seja determinada pelo verbo em questão, enquanto item lexical; um exemplo é a irregularidade de *bater*, que expressa o Paciente com **em SN**, de modo que [8] é parte de sua valência. Esse princípio é bastante simples, embora não necessariamente fácil de aplicar em todos os casos.

Alguns exemplos adicionais podem contribuir para deixar as coisas claras. A frase

[16] Durante a infância, eu gostava de natação.

pode ser representada como a estrutura simbólica

[17] *durante* SN>"duração" SujV>Experienciador.emocional V *de* SN>Estímulo

Mas essa é a análise completa da oração; até onde vai a diátese neste caso? É evidente que a codificação do Estímulo como *de* **SN** é excepcional, e depende desse verbo específico; o Estímulo é normalmente codificado como o objeto (*eu detestava natação*), mas com *gostar* toma a preposição *de*. Por isso, *de* **SN**>Estímulo precisa ficar como parte da diátese. Mas a codificação da "duração" com *durante* é regular, e pode ocorrer com qualquer verbo. Logo, não há necessidade de especificar que também ocorre com *gostar*. Assim, a diátese que subjaz a [16] pode ser mais simples, a saber,

[18] SujV>Experienciador.emocional V *de* SN>Estímulo

Outras simplificações são possíveis, mas vamos ficar com essa por ora. Temos então o critério básico para a inclusão de um termo na diátese: ele é incluído quando sua forma (no caso, a presença da preposição *de*) ou sua relação temática depende da presença de um verbo específico. Isso é informação que não pode ser derivada de regras gerais da língua, nem de conhecimento do mundo.

Há ainda um fator que parece levar à inclusão na diátese: a obrigatoriedade de presença de algum complemento. Por exemplo, verbos como *fazer* e *colocar* parecem exigir a presença de objeto: **o Fred colocou na geladeira* só é aceitável em contexto anafórico: – *Onde está o peixe?* – *O Fred colocou na geladeira.* Aqui temos novamente um traço idiossincrático do verbo, que portanto deve ser consignado na diátese respectiva.

6.4.2 Complementos e adjuntos

A inclusão ou não na diátese é às vezes colocada como uma oposição entre "complementos" e "adjuntos"; mas como essa dicotomia é frequentemente definida em termos confusos, ou mesmo incorretos, vamos preferir aqui a oposição entre termos que devem ser incluídos na diátese e termos que não devem. Dentro da bastante nebulosa noção de complemento/adjunto, encontra-se o comentário de que os primeiros são especialmente ligados ao verbo – isso se aplica aos termos diatéticos, que mostram traços dependentes da identidade do verbo. Em contraste, os termos não diatéticos, como o sintagma temporal em [15] e [16], são independentes do verbo, e podem ser acrescentados a qualquer frase, desde que o resultado seja cognitivamente bem-formado. A oposição que conta, e que tem relevância para a descrição do léxico e da gramática, é aquela entre termos que precisam ser representados na diátese e termos que não precisam, por serem de ocorrência livre. Por isso prefiro não usar a terminologia "complementos" e "adjuntos", que, como disse, se presta a bastante confusão na literatura; para nós, serão todos complementos no sentido de que "complementam" a representação cognitiva veiculada pela oração.

Vejamos alguns aspectos dessa confusão teórica encontrada na literatura. A dicotomia complemento/adjunto é às vezes dada como baseada na ocorrência opcional ou obrigatória de um constituinte. O dicionário de linguística de Trask define o "adjunto" como

> uma categoria que é modificadora de um núcleo lexical sem ser subcategorizada por esse núcleo lexical e que poderia em princípio ser removida sem prejudicar a boa formação [...]
>
> [Trask, 1992, p. 8]

Mas a opcionalidade de ocorrência depende de outros fatores, inclusive discursivos e informacionais, e de qualquer modo muitos "complementos" podem ser omitidos, como se vê em sentenças como

[19] Ela está lendo. [objeto omitido]

[20] Chegamos atrasados. [sujeito omitido]

Além disso, como observado por Bosque (1989), os assim chamados adjuntos podem ser de ocorrência obrigatória, como em[11]

[21] As igrejas dos países escandinavos são feitas de madeira.

[22] *As igrejas dos países são feitas de madeira.

A definição formal de "adjunto" que se encontra na literatura não tem utilidade para nós. Por exemplo, encontramos afirmações como

> [...] os adjuntos são Predicados que tomam como argumentos uma expressão que pertence à categoria [α] e constroem com ela uma expressão da categoria α. Assim, informalmente, um adjetivo-adjunto toma um substantivo como argumento e constrói um novo substantivo. Um advérbio toma um verbo (ou uma oração) e constrói um novo verbo (ou uma nova oração).
>
> [Franchi, 2003, p. 157]

---

11. Os exemplos de Bosque são em espanhol; dou as traduções portuguesas, com numeração minha.

ou então

> A adjunção de β a α cria uma nova ocorrência de α que imediatamente domina α e β.
>
> [Sells, 1985, p. 46]

que diz a mesma coisa. Essa parece à primeira vista uma definição muito precisa. Mas como vamos identificar os exemplos da categoria α? A sequência

[19] Ela está lendo.

é uma sentença completa. Se acrescentarmos *um livro enorme*, teremos

[23] Ela está lendo um livro enorme.

o que é, de novo, uma sentença completa. Mas nem por isso concluímos que *um livro enorme* em [23] é adjunto. Em línguas *pro-drop* como o português o mesmo se aplica à ocorrência muitas vezes opcional do sujeito, como nas frases

[24] Eu gosto de você.

[25] Gosto de você.

que são sinônimas, e ambas aceitáveis, embora o sujeito *eu* só apareça em [24]. Isso não nos obriga a analisar o sujeito como adjunto.

Para resumir, acredito que o que nos falta não é a oposição complemento/adjunto tal como tradicionalmente concebida, mas uma oposição que nos ajude a distinguir constituintes cuja ocorrência e/ou relação temática depende do verbo da oração, em oposição ao que pode ser livremente acrescentado sem consideração das propriedades do verbo.

6.5 VALÊNCIA NOMINAL

Outras classes de palavras também participam de relações valenciais, ainda que em uma extensão mais limitada. Isso já se sabe há tempo, e resultou em dicionários de valência nominal (substantivos, adjetivos e alguns advérbios), como Fernandes (1950) e Carvalho (2007) para o português. Não obstante, a área não tem recebido muita atenção, e o que podemos fazer aqui é apontar alguns aspectos interessantes que ainda esperam por pesquisa mais extensa.

Por exemplo, em

[26] O assassinato do presidente.

o nominal *assassinato* tem um complemento com o papel de Paciente; e em

[27] O crime do presidente.

o nominal *crime* tem um complemento Agente. A razão dessa diferença não é clara, já que os nominais (*assassinato, crime*) são semanticamente bastante próximos. Pode-se acrescentar um Agente a [26] e um Paciente a [27]:

[28] O assassinato do presidente pelo guarda-costas.

[29] O crime do presidente contra o povo.

que, como se vê, são marcados por preposições razoavelmente transparentes, o que sugere que os complementos preposicionados no final da frase não são parte da valência do nominal.

O fato de os nominais admitirem diferentes preposições com seus complementos sugere um fenômeno valencial; assim, *amor* coocorre com *de* para o Experienciador.emocional (a "entidade que ama") e *por* para o Estímulo (a "coisa amada"):

[30] O grande amor de Ruth pelos animais.

Por ora, parece que a tarefa mais urgente é compilar um bom número de casos, sem tentar generalizações apressadas. Acrescento apenas uma nota final de que não apenas os "substantivos" tradicionais têm traços valenciais, mas também "adjetivos", como em

[31] Uma sentença favorável ao réu.

e "advérbios" como em

[32] O juiz decidiu favoravelmente ao réu.

Preciso deixar a questão neste ponto, com um convite a pesquisas mais estendidas.

6.6 COMPLEXOS ESQUEMÁTICOS

Voltemos ao caso de

[13] O gelo derreteu.

[14] O sol derreteu o gelo.

A tarefa do verbo *derreter* é evocar não apenas um esquema, mas, em [14], um complexo esquemático, a saber CAUSAR (DERRETER), de modo que entendemos essa sentença como tematicamente equivalente a "o sol fez o gelo derreter". Já em [13] apenas o esquema DERRETER está presente, de modo que não há expressão de um causador. Esse é na verdade um fenômeno frequente; em [14] é possível formular a diátese mantendo as relações temáticas dos complementos sem afetar sua forma superficial:

[33] SujV>Agente V SN>Paciente

onde se entende, regularmente, o Agente como um "causador do evento". Aqui nos referimos a essas construções como **ergativa** (caso de [13]) e **transitiva** (caso de [14]).

Essa notação simples, porém, nem sempre é possível. São casos primeiramente identificados por Jackendoff (1972, p. 35) e que são examinados abaixo na seção 7.2.4 sob o rótulo de **construções complexas**. A diferença é basicamente notacional, e não precisa nos ocupar no momento; basta observar que em estruturas como [33] dois esquemas estão envolvidos (CAUSAR, DERRETER). Em termos mais coloquiais, o verbo *derreter* pode se referir ao evento de "alguma coisa que se torna derretida" (em [13]), ou a um evento de "alguma coisa faz com que outra coisa se torne derretida" (em [14]). No caso particular de *derreter* (e vários outros da língua) um mesmo verbo pode evocar ambas as situações; em outros casos, cada tipo de evento é expresso por um verbo separado – exemplos são *cair, morrer* (ergativos) em oposição a *derrubar, matar* (transitivos).

6.7 CONCEPÇÃO ANTIGA DE VALÊNCIA

A valência verbal foi originalmente concebida como

> [...] o número de argumentos para os quais um verbo particular subcategoriza: *rain* ['chover'] é avalente (nenhum argumento), *die* ['morrer'] é monovalente (um argumento), *describe* ['descrever'] é divalente (dois argumentos) e *give* ['dar'] é trivalente (três argumentos).
>
> [Trask, 1992, p. 296]

Essa definição provém de Tesnière (1959), cuja obra ajudou a iniciar o atual interesse no estudo da valência. Mas a definição é restrita demais e também inadequada em sua referência exclusiva aos verbos como únicos responsáveis pelas atribuições temáticas. Vamos examinar essas objeções.

Primeiramente, o número de complementos (ou "argumentos", como alguns preferem) deixa muita coisa a ser expressa. Assim, a julgar por

[34] As crianças comeram a pizza.

concluiríamos que *comer* é divalente, já que tem sujeito e objeto. E exatamente o mesmo valeria para

[35] As crianças adoram pizza.

Mas há uma diferença importante entre esses casos. [34] expressa uma ação, e como tal contém um Agente (as crianças) e um Paciente (a pizza), ao passo que em [35] encontramos um sentimento, com um Experienciador.emocional e um Estímulo no sujeito e no objeto, respectivamente. A análise tradicional só leva em conta, portanto, a face sintática do fenômeno.

Outra objeção, que também se aplica a algum trabalho mais recente, tem a ver com o uso das designações "monovalente", "divalente" etc., e também "transitivo" etc. para itens lexicais, como quando se diz que *comer* é divalente, ou que é transitivo porque ocorre com objeto. Mas o fato é que esse verbo também ocorre sem objeto, como em

[36] As crianças já comeram.

e isso mostra que a transitividade (ou a divalência) se refere à construção, e não ao verbo enquanto item lexical (em tais casos o Paciente é recuperado de forma esquemática, de modo que [36] significa algo como "as crianças já comeram alguma coisa"). O verbo *comer* não é "transitivo", nem "divalente" por si mesmo; em vez disso, podemos dizer que o verbo *comer* pode ocorrer em uma construção com sujeito Agente e objeto Paciente – o que não exclui a possibilidade de ocorrer em outras construções. A maneira correta de classificar *comer* não é rotulá-lo de "divalente" ou "transitivo", mas apresentar a lista das construções em que esse verbo pode ocorrer; essa lista constitui o que chamamos **valência** do verbo[12]. Isso nos leva a descartar classes verbais como "transitivos" e análogos. E também responde a uma pergunta embaraçosa suscitada pela teoria tradicional das valências: afinal de contas, *comer* é mono- ou divalente? Não há resposta correta para essa pergunta, porque a própria pergunta está malformulada; deveria ser: em que construções pode *comer* ocorrer na língua? A meu ver, categorias numéricas como as introduzidas por Tesnière e usadas até hoje por alguns autores são de pouca utilidade na análise.

A subclassificação dos verbos de acordo com a lista de diáteses em que podem ocorrer dá como resultado um quadro muito mais complexo do que as cinco ou seis categorias tradicionais (intransitivos, transitivos diretos, transitivos indiretos, transitivos diretos e indiretos, de ligação). O trabalho no *VDBPV* já mostrou que, uma vez que se leva em conta a estrutura sintática e também as relações temáticas, é inevitável definir pelo menos algumas dezenas de subclasses de verbos quanto a sua valência.

A bem dizer, o primeiro desses defeitos tem pouca importância na crítica das gramáticas recentes, onde o *número* de complementos não costuma ser um critério primário. Mas chamar um verbo, independentemente de seus contextos gramaticais possíveis, de "transitivo" etc. é ainda o padrão nas gramáticas e outros trabalhos, embora seja claramente inadequado como critério; neste livro, correspondentemente, não são usados termos como "divalente" etc., nem "transitivo" etc., quando aplicados a itens lexicais individuais.

Vale a pena mencionar uma saída pela tangente às vezes adotada dentro da doutrina gramatical; consiste em, por exemplo, analisar *comer* como transitivo em [34], mas intransitivo em [36]. Ou seja, definem-se as

---

12. A valência de um verbo é parte de seu potencial funcional.

subclasses de verbos de acordo com o contexto. Mas isso equivale a confundir classe e função, que, como já vimos na seção 4.1, é um dos perigos básicos da análise. Temos que decidir se designações como "transitivos" se referem a classes (grupos de verbos) ou a funções (ocorrência de verbos em certos contextos); aqui tomo essa designação como de uma classe, e é preciso ter em mente que, como já sabemos,

A FUNÇÃO de uma unidade se define em referência ao contexto em que ela ocorre;
a CLASSE a que uma unidade pertence se define fora de contexto.

Esse princípio foi discutido e sustentado no capítulo 4, e precisa ser rigorosamente mantido se quisermos construir uma análise coerente da estrutura da língua. Assim, afirmar que *comer* é transitivo em uma frase e intransitivo em outra é teoricamente inaceitável – equivale a dizer que um cachorro é mamífero quando corre mas é peixe quando está nadando.

A noção de diátese, tal como é desenvolvida aqui, inclui a noção mais tradicional de "voz", como em "voz ativa", "voz medial" e "voz reflexiva" que encontramos em muitos trabalhos gramaticais. A diferença é que o termo *voz* em geral se reserva para um pequeno grupo de diáteses, ao passo que as diáteses são muito mais numerosas e variadas em estrutura e significado. Mas suspeito que no fundo se trata da mesma noção básica, ainda que diferentemente aplicada em situações concretas.

6.8 VALÊNCIA E CLASSIFICAÇÃO DOS VERBOS

Como vimos, cada verbo se associa a certo número de diáteses. *Comer* ocorre com ou sem Paciente explícito, como vimos na seção anterior. Outros verbos ocorrem em um número maior de diáteses, como *passar*, um dos verbos mais complexos da língua que, entre outras, ocorre nas diáteses exemplificadas por

[37] O marido passou a camisa.

[38] O marido passou na frente da casa.

[39] A dor já passou.

[40] Eu vou passar uma semana na praia.

etc. Pode-se ver que as diáteses diferem não apenas em sua estrutura sintática, mas também na atribuição das relações temáticas: tanto [37] quanto [40] têm sujeito, verbo e um segundo SN, tradicionalmente chamado "objeto direto"; mas só [37] tem um Agente e um Paciente.

O que acontece, então, é que os verbos se classificam de acordo com o conjunto de diáteses em que ocorrem; esse conjunto constitui seu potencial funcional desse ponto de vista. As diáteses funcionam portanto da mesma maneira que os traços vistos na seção 4.1 – por exemplo, *Carlos* pode ser sujeito, objeto ou complemento de preposição; e *comer* pode ser núcleo do predicado de uma oração transitiva (por ex., [34]) ou intransitiva (por ex., [36]). Estamos aqui ainda lidando com o importante fenômeno da classificação (e subclassificação) dos itens lexicais da língua, que contribui para descrever grande parte da estrutura das sentenças. O estudo das valências é então uma parte do estudo das classes de palavras (classes de lexemas, para ser exato).

6.9 VALÊNCIA NO PERÍODO COMPOSTO

Uma observação final precisa ser feita a respeito dos resultados apresentados neste livro: eles compreendem apenas exemplos de períodos simples, ou seja, com somente uma oração. A valência também funciona com períodos compostos, mas apresenta novos problemas, que não foi possível incluir no presente relato.

Para dar alguns exemplos, podemos começar com um dos casos mais simples: o verbo *dizer* exige a presença de um objeto, e esse objeto pode ou não conter uma oração, como nos exemplos

[41] O vizinho disse uma bobagem.

[42] O vizinho disse que ia chover.

Que ia chover funciona como um SN[13], e neste caso não importa que contenha uma oração (*ia chover*) – o SN de qualquer modo satisfaz a exigência do verbo *dizer*. Se as coisas fossem sempre simples assim, a valência no período composto seria uma extensão da que se observa no período simples, e não teria que ser estudada à parte.

Mas as coisas não são simples. Em primeiro lugar, uma preposição funcional que introduz um complemento pode não ser mais exigida se esse complemento for oracional; assim, dizemos

[43] Eu gostei da sua apresentação. / *eu gostei sua apresentação

mas

[44] Eu gostei que você se apresentasse. (sem *de*)

Encontra-se ocasionalmente *gostei de que você se apresentasse*, mas certamente não é a construção comum; e esse fenômeno de omissão da preposição funcional ocorre com outros verbos. Portanto, a valência desses verbos é sensível ao conteúdo oracional ou não de seu complemento.

---

13. É bom insistir nesse ponto: no exemplo [42], por exemplo, o complemento *que ia chover* é um SN, não uma oração. Esse SN é que contém uma oração, *ia chover*. A função do complementizador, *que*, é construir um SN a partir de uma oração (*que* tem outras funções também).

Ainda na área das preposições funcionais, há casos em que elas são exigidas mesmo se o complemento for oracional, mas a preposição muda conforme o conteúdo do complemento[14]. Assim, diz-se

[45] Os professores se contentaram com uma participação simbólica.

[46] Os professores se contentaram em participar simbolicamente.

Com em [46] me soa pouco usual; e *em* em [45] seria decididamente inaceitável. Outros exemplos[15]:

[47] Os professores concordaram com a alteração do regimento.

[48] Os professores concordaram em alterar o regimento.

[49] Meu pai me ensinou marcenaria.

[50] Meu pai me ensinou a construir armários.

[51] Ela se comprometeu com o comparecimento à reunião.

[52] Ela se comprometeu em comparecer à reunião.

Em todos esses casos permutar as preposições dá resultados inaceitáveis em vários graus.

Um terceiro fenômeno que distingue a valência no período composto do simples é a propriedade dos verbos de reger a forma do complemento

---

14. Agradeço a Lúcia Fulgêncio por trazer esses casos à minha atenção.
15. Esses exemplos refletem o uso atual desses verbos; em alguns casos a língua antiga difere, como se pode ver na exemplificação dada por Fernandes (1942).

oracional no que tange ao complementizador usado. Assim, alguns verbos selecionam o infinitivo, como em

[53] Esses deputados ousaram aumentar o próprio salário.

Com *ousar*, o complemento oracional é obrigatoriamente infinitivo; já com *declarar* pode ser infinitivo ou indicativo (este, naturalmente, introduzido por *que*):

[54] O acusado declarou ser inocente.

[55] O acusado declarou que era inocente.

Com *querer*, temos infinitivo ou subjuntivo[16]:

[56] Eles queriam sair pelos fundos.

[57] Eles queriam que nós saíssemos pelos fundos.

E assim para centenas de verbos; torna-se necessário portanto fazer um estudo inicial com as condições que cada verbo impõe a seu complemento[17].

Como se vê, todos esses tipos de informação precisarão ser eventualmente incluídos na valência desses e de muitos outros verbos. Alguma coisa já foi feita nesse sentido, mas que eu saiba ainda faltam levantamentos abrangentes, incluindo bom número de verbos[18].

---

16. E aqui há uma condição semântica: *querer* usa infinitivo quando se entende que o papel semântico do sujeito de *querer* é o mesmo que vale para o verbo subordinado, embora este não tenha sujeito.

17. Os exemplos aqui são todos de complemento objeto; mas o sujeito também pode ser oracional, como sabemos.

18. Há um excelente estudo nesse sentido em Levy (1983), para o espanhol, que pode servir de modelo para um estudo paralelo do português.

6.10 PAPEL DO AUXILIAR

Finalmente, é preciso observar que o auxiliar, que ocorre em sequências como *vou trabalhar, estou saindo* e *tinham feito*, não tem relevância para a descrição da valência. A razão é que nessas sequências só se realiza a valência do verbo principal (que aparece como infinitivo, gerúndio ou particípio); a presença do auxiliar, valencialmente, é irrelevante: *estou saindo* tem exatamente a mesma valência de *saio, saí, sairia* etc. O auxiliar funciona então como as desinências de tempo e aspecto, e com contribuição semântica semelhante, mas não tem nenhuma relevância para a valência do verbo.

7

Fatores lexicogramaticais na atribuição de relações temáticas

7.1 O PRINCÍPIO DA ATRIBUIÇÃO OBRIGATÓRIA

Na análise tradicional, a associação de relações temáticas com complementos da oração se entende como sendo regida pela valência do verbo. Para citar uma síntese recente,

> [...] a frase é resultado das relações que o verbo estabelece com seus argumentos ou com os elementos necessários para completar sua construção e seu significado.
>
> [De Santis, 2016, p. 30]

Mas é possível mostrar que essa solução é insuficiente, e que o mecanismo de atribuição é formado de um conjunto amplo e heterogêneo de dispositivos, alguns propriamente linguísticos, outros cognitivos em sentido geral.

Vamos recapitular alguns dos traços da representação cognitiva (RC) que constitui o alvo do processo de interpretação. No que nos interessa, a RC contém RTEs associadas a complementos particulares; algumas RTEs derivam de papéis semânticos por elaboração; mas, como se verá[1], isso não

---

1. No capítulo 8. Cf. o que é uma RTE na seção 2.4.

vale para todas, de modo que há complementos que, embora sejam associados a RTEs, não possuem papel semântico. No entanto, todos os complementos elegíveis precisam ter uma RTE; nenhum pode ficar, por assim dizer, vago. Podemos chamar essa condição de "princípio da atribuição obrigatória"; ou, para abreviar, simplesmente a **Atribuição Obrigatória**.

A Atribuição Obrigatória realiza parte do trabalho feito pelo Critério θ dos gerativistas, mas não é equivalente a ele. Uma razão é que RTEs não associadas a complementos são aceitáveis, e resultam em interpretação esquemática, como em *ela está escrevendo* (entenda-se "alguma coisa"), onde o Paciente de *escrever* não é sintaticamente realizado, mas se entende esquematicamente. E, além disso, o Critério θ se define em termos de um conjunto limitado de papéis semânticos e é entendido como um recurso gramatical, ao passo que a Atribuição Obrigatória se define em termos de RTEs e é uma condição sobre a boa formação das representações cognitivas.

7.2 MECANISMOS DE ATRIBUIÇÃO

Embora seja tradicionalmente pressuposto que a atribuição de relações temáticas se baseia na valência de verbos individuais, assim que examinamos dados em maior quantidade torna-se evidente que esse é apenas um dos mecanismos envolvidos no processo. Atualmente não menos de oito tais mecanismos são identificáveis (e pode haver outros). Alguns desses mecanismos já foram reconhecidos na literatura, como se vê nos números 1 a 5 da lista; e alguns precisam ser acrescentados à lista, como mostro nas seções 7.2.6 e 7.2.7.

1. O papel semântico é codificado sintaticamente por referência à valência do verbo principal da oração.

2. O papel semântico resulta de um processo prototípico que associa certas relações temáticas preferencialmente com certas funções sintáticas.

3. O papel semântico é determinado por uma preposição, independentemente do verbo da oração.

4. O complemento depende, tematicamente, de mais de um esquema evocado pelo verbo principal. Essas são construções tematicamente complexas, onde uma oração precisa ser analisada semanticamente como um conjunto de proposições.

5. Nas chamadas **construções leves**, os papéis semânticos são codificados em parte com base em um complemento não verbal.

Os números 1 e 3 são tradicionais, e 5 foi estudado mais recentemente[2]; 4 foi proposto inicialmente por Jackendoff (1972); e exemplos da situação 2 são frequentemente analisados em termos de hierarquias temáticas, embora a meu ver o uso de regras de protótipo seja mais adequado. Antes de passar aos outros quatro mecanismos, que constituem novidade, dou alguns exemplos do funcionamento desses cinco.

7.2.1 Atribuição valencial

O número 1 da lista é o caso mais tradicional de atribuição por valência. Assim, na sentença

[1] O canalha bate em cachorros.

o Paciente é codificado como um sintagma preposicionado, *em cachorros*; esse papel semântico é codificado como *em* **SN** apenas com alguns verbos, que precisam portanto ser assinalados no léxico. Dizemos então que [1] realiza a diátese

---

2. Cf. Trask (1992), p. 160; Scher (2003), p. 205; Levin; Hovav (2005), p. 35; e Perini (2015, p. 119ss.).

[2] SujV V *em* SN>*Paciente*

que figura na valência do verbo *bater*[3]. Estamos com efeito afirmando que aprender esse verbo envolve, além de seu significado e de suas propriedades morfológicas, também aprender que o Paciente se realiza como **em SN**. Para alguns linguistas, esse é o principal mecanismo, talvez o único, que atribui relação temática aos complementos da oração.

7.2.2 Regras de protótipo

Mais frequentemente, são reconhecidos outros mecanismos. Um deles são as chamadas "hierarquias temáticas", definidas como o princípio de que

> os papéis semânticos disponíveis para os argumentos se arranjam segundo uma hierarquia, com os papéis mais agentivos em um extremo da hierarquia e os papéis mais pacientivos no outro.
>
> [Levin; Rappaport Hovav, 2005, p. 66]

A hierarquia determina uma linha de preferências para atribuição a algumas funções sintáticas – por exemplo, o Agente seria preferencial para atribuição ao sujeito.

Há certamente algo de válido por trás dessas hierarquias, mas me parece que falta suficiente evidência empírica em seu favor; e a evidência que existe nem sempre é clara. Talvez os fatos é que não sejam bem conhecidos, nem bem organizados. Por ora, é prudente limitar a análise a regras que associam papéis semânticos específicos a configurações sintáticas específicas. Uma dessas regras, para a qual *há* evidência suficiente, é a que estipula que "o Agente, quando presente na representação cognitiva, é atribuído ao sujeito da oração"; isso se abrevia como **Agente<>SujV**, e é uma **regra de protótipo**. Um levantamento das construções que incluem o Agente no *VDBPV* mostra que a regra funciona para mais de 97% dos casos. Se em vez de construções contarmos os verbos que têm pelo menos uma diátese com

---

3. Para ser preciso, na valência de *bater* nessa acepção particular.

Agente, chegamos ao mesmo resultado: na letra A do *VDBPV*, 98,68% de todos os verbos têm o Agente codificado como sujeito (75 a 1).

Voltando à diátese que subjaz à frase [1],

[2] SujV V *em* SN>Paciente

vemos que o sujeito não tem seu papel semântico especificado. Isso é porque a regra de protótipo que acabamos de ver vai acrescentar o papel Agente ao sujeito (já que *bater* evoca um esquema que contém Agente). Esse é então outro mecanismo de atribuição de relação temática; uma tarefa que se apresenta é a de investigar a existência de outras regras de protótipo semelhantes, que poderão ou não confirmar as hierarquias temáticas atualmente encontradas na literatura.

Algumas regras de atribuição não são prototípicas: são categóricas, e não admitem exceções. Entre as que já são conhecidas temos

[3] *Conhecedor* → SujV

onde '→' marca um acarretamento categórico. O Conhecedor, que ocorre com verbos de conhecimento, é sempre realizado como o sujeito. Esse papel se define como "a entidade que tem, adquire ou perde conhecimento", e ocorre com verbos como *saber, aprender* e *esquecer*[4].

Outra regra de atribuição desse tipo é

[4] *Perceptor* → SujV

ou seja, o Perceptor que aparece com verbos de percepção (*ver, ouvir, sentir*) é sempre o sujeito[5]:

[5] O menino viu o pássaro / ouviu um estrondo / sentiu uma picada.

---

4. Essa regra foi descoberta por Carvalho (2012).
5. Márcia Cançado, comunicação pessoal.

7.2.3 Preposições predicadoras

Aqui estamos em terreno razoavelmente bem conhecido: já há muito se reconhece que algumas preposições podem atribuir relação temática a seus complementos. Assim, *por causa de* marca um complemento de Causa onde quer que ocorra, e *durante* marca uma relação temporal, "duração". Isso não tem a ver com a valência do verbo da oração, e o complemento assim marcado é tematicamente autônomo, ocorrendo sempre que seja apropriado para efeitos da boa formação da representação cognitiva.

Como é de se esperar, há complicações. Por exemplo, *com* pode marcar mais de uma relação, como se vê em

[6] Fui ao Rio com minha irmã. (Companhia)

[7] Fui ao Rio com meu carro novo. (Instrumento)

[8] Fui ao Rio com muita alegria. (Modo)

Podemos então distinguir três situações: primeiro, algumas preposições são unívocas, e sinalizam a mesma relação temática em todas as suas ocorrências (*por causa de*). Depois, algumas preposições, como *com*, podem veicular mais de uma relação; nesses casos há uma lista de relações possíveis que se expressam pela mesma preposição, e essas relações podem ser consideradas prototípicas. Em princípio, isso resulta em ambiguidade, mas fatores contextuais são em geral suficientes para resolvê-la, de modo que tais sentenças em geral não são percebidas como ambíguas: em [6] o sintagma preposicionado expressa Companhia, em [7] Instrumento. Isso se deve ao fato de que uma irmã não pode ser o instrumento de uma viagem, nem um carro pode ser companhia. Se considerarmos um contexto ártico e meu amigo esquimó, podemos dizer que ele *foi à cidade com quatro cachorros*, e aí surge a ambiguidade: os cachorros podem ser companhia, ou então instrumento, se vão puxando um trenó.

A terceira situação é quando a preposição é apenas um elemento sintático exigido, que não contribui para o significado da oração. Isso acontece em

[1] O canalha bate em cachorros.

onde a preposição *em* está ali somente porque o verbo, *bater*, a requer antes do sintagma Paciente. Nestes casos se fala de "preposição funcional"; mas seria melhor dizer que se trata de um uso sintático da preposição, que em outros casos pode ser predicadora, e atribuir uma relação temática a seu complemento. Exceto nesses casos, então, a relação temática de um complemento preposicionado é atribuída pela preposição que o encabeça[6].

7.2.4 Construções complexas

Em algumas construções cada constituinte depende tematicamente de mais de um esquema evocado pelo verbo principal. Essas são as **construções complexas**, e em tais casos uma oração tem que ser analisada semanticamente como um conjunto de mais de uma proposição.

As construções complexas foram propostas por Jackendoff (1972)[7]; seu exemplo é o verbo *trocar*, como em[8]

[9] Esaú trocou seus direitos (com Jacó) por um prato de lentilhas.

e ele prossegue comentando que

> Essa sentença descreve duas ações relacionadas. A primeira é a mudança de mãos dos direitos de Esaú para Jacó. O objeto direto é o Tema[9], o sujeito é a

---

6. Não há exemplos em português de preposição que seja apenas sintática em todas as suas ocorrências; todas têm algum potencial predicador.
7. Jackendoff não usa o termo "construção complexa". A designação deveria ser "construção tematicamente complexa", mas fica muito longo, e vamos ficar com um termo mais breve.
8. Exemplo traduzido.
9. Isto é, o elemento que se desloca, aqui chamado Móvel.

Fonte, e o [sintagma com *por*] é a Meta. E há também o que vou chamar a *ação secundária*, a mudança de mãos do prato de lentilhas na outra direção. Nessa ação, o sintagma [com *por*] é o Tema secundário, o sujeito é a Meta Secundária, e o sintagma com *com* é a Fonte Secundária.

[Jackendoff, 1972, p. 35;
adaptado para corresponder aos exemplos em português]

Não há maneira de notar as associações temáticas diretamente nos constituintes da sintaxe, como vimos fazendo até agora. Em vez disso, Jackendoff menciona ações primária e secundária, que podemos representar como dois eventos, simultâneos e interdependentes, de forma que [9] será analisada como representando a diátese

[10]	Sintaxe:	SujV	V	SN	*com* SN	*por* SN
		Esaú	trocou	direitos	Jacó	lentilhas
	Evento 1:	*Fonte*		*Móvel*	*Meta*	
		Agente				
	Evento 2:	*Meta*			*Fonte*	*Móvel*

Como se vê, há apenas um Agente, porque ainda que se possa imaginar que Jacó deve ter concordado com a troca, a frase deixa claro que Esaú foi o iniciador do evento. Esse papel, aliás, pode ser atribuído pela regra de protótipo Agente<>SujV; a diátese pode então ser simplificada nesse particular, omitindo a atribuição temática do sujeito *Esaú*. A ordem dos eventos em [10] representa a percepção de Jackendoff de que os dois eventos não têm o mesmo nível informacional, sendo um deles realçado (*profiled*) como primário. Isso tem consequências semânticas interessantes, a serem examinadas na seção 13.2.

A complexidade dessa diátese deriva da complexidade do esquema evocado, TROCAR, que precisa ser analisado como dois eventos. O esquema contém outras informações, como por exemplo que os dois Móveis (do Evento 1 e do Evento 2) não podem ser correferentes. Diáteses complexas como [10], onde dois Móveis são transferidos em direções opostas, são necessárias para verbos como *vender, pagar, comprar* e *cobrar*, como se verá no capítulo 13. Em [10], com *trocar*, os dois eventos são semelhantes, e ambos têm a ver com a troca de algum item. Mas em outros casos os eventos podem ser diferentes. Por exemplo, peguemos o verbo *procurar*: ele evoca um complexo esquemático expresso como TENTAR + ACHAR, ou seja, procurar alguma coisa significa tentar achar essa coisa[10]. Além disso, o complexo esquemático correspondente a *procurar* não é simplesmente a soma dos dois esquemas, mas deixa claro que achar o objeto procurado é um desejo do Agente; isso podemos atribuir a um traço (um sema) "desejo" que é parte do esquema TENTAR[11]. Assim, para a frase

[11] Eu estou procurando a caderneta.

a diátese pode ser formulada como

[12] **Sintaxe:** SujV V SN
          eu estou procurando a caderneta
    Ev.1   *Agente* TENTAR
    Ev.2   *Agente* ACHAR   *Paciente*

Em [12] a formulação complexa permite representar o fato de que a caderneta deverá mudar de estado (de "não.achada" para "achada"). Isso é representado como uma variável de ACHAR, que contém um Paciente. Dizer que *a caderneta* é o Paciente de *procurar* não seria satisfatório, já que um objeto procurado não muda de estado; apenas a distinção de dois esquemas permite a expressão conveniente dessas relações.

Uma informação que não está diretamente representada nessas diáteses é o fato de que em [10] o Evento 2 é factual, ou seja, é asserido na sentença, mas não em [12], onde se trata apenas de um desejo do Agente. Também,

---

10. Gostaria de relembrar ao leitor que estamos aqui falando de esquemas, não dos verbos *tentar* e *achar*.
11. Toda tentativa implica em um desejo de achar, fazer ou obter algo.

em [10], mas não em [12], o esquema evocado é o mesmo para ambos os eventos; pode-se então dar uma formulação mais analítica de [10], explicitando os esquemas nos dois eventos (o mesmo, pois se trata de dois movimentos de um objeto), algo como

[13] **Sintaxe:**   SujV   V   SN   *com* SN   *por* SN
                   Esaú   trocou   direitos   Jacó   lentilhas
     Evento 1: *Fonte*   TROCAR   *Móvel*   *Meta*
                   Agente
     Evento 2: *Meta*   TROCAR   *Fonte*   *Móvel*

onde TROCAR aparece nos dois eventos[12].

Admito que essa representação é complicada, mas não mais do que o fenômeno que ela descreve; comparar a fórmula com os traços formais e semânticos das sentenças em questão deve levar a uma compreensão adequada do formalismo usado. Note-se que a atribuição das relações temáticas é feita aqui da maneira tradicional: cada complemento tem seu papel ou papéis semânticos estipulado pela valência do verbo. A única novidade está na necessidade de incluir mais de um esquema, cada qual com suas variáveis.

Finalmente, parece haver casos em que três eventos precisam ser representados. Um exemplo possível é

[14] Nilson está pedindo a Laura uma fortuna pela fazenda.

Temos aqui uma construção complexa que envolve três eventos: o Evento 1 é o ato de fala de pedir, expresso como factual; o Evento 2 é a transferência (desejada, não factual) da fortuna de Laura para Nilson; e o Evento 3 é a transferência (também desejada) da fazenda de Nilson para Laura.

---

12. TROCAR aqui pode ser entendido como um esquema aparentado com ENTREGAR, com semas especificando que é a entrega de um objeto de A a B e de outro de B a A.

7.2.5 Construções leves

Em vez do termo tradicional "verbo leve", prefiro usar **construção leve**, porque em todos os casos o verbo que ocorre nessas construções pode também aparecer como um verbo pleno em alguma outra construção. Assim, temos

[15] Dei um passeio.

O verbo *dar* ocorre aqui em uma construção leve; mas o mesmo verbo também aparece em construções plenas, com o sentido de "transferir posse", como em

[16] Dei o computador para minha sobrinha.

Uma construção leve tem alguns traços peculiares, a saber:
1. O verbo seleciona um constituinte com a função sintática de objeto, cuja função semântica é a especificação do evento denotado. Essa função semântica pode ser representada como um papel semântico, **Especificação.de.evento** (**EspEv**).

2. A função simbólica do verbo é limitada à definição do papel semântico do sujeito.

3. A semântica do verbo é empobrecida em comparação com sua ocorrência em construção não leve, e com verbos plenos em geral.
Essas características podem ser vistas em [15], onde o objeto *um passeio* denota o evento; o sujeito é o Agente do passeio, mas com outros verbos é o Paciente, como em

[17] Ele sofreu uma cirurgia.

Em [15] não há vestígio do ingrediente "transferência de posse", que seria de esperar em uma frase com o verbo *dar*.

A atribuição de papéis semânticos se dá nestas construções de forma regular: o verbo atribui ao sujeito um papel semântico, e o papel do objeto é EspEv em virtude de o verbo ser (ou poder ser) leve.

7.2.6 Papel semântico inerente

As cinco situações que acabamos de ver já mostram que o processo de atribuição de relações temáticas aos complementos é mais complexo do que muitas vezes se entende. Mas há mais, como a pesquisa recente vem mostrando. Há **casos em que um sintagma (não preposicionado) tem papel semântico inerente, independente do verbo ou do contexto sintático.**

Isso se aplica tipicamente a advérbios e sintagmas adverbiais como *ontem* (que atribui Tempo), *aqui mesmo* (Lugar) etc. Esses sintagmas são tematicamente transparentes, ao contrário dos SNs, que são em regra tematicamente opacos, e dependem de outros fatores para ter suas relações temáticas atribuídas – por exemplo, não há SNs que sempre expressem Agente. Por outro lado, há alguns SNs individuais que podem ter o papel de Tempo, como *o ano passado*, que pode ser usado referencialmente (*o ano passado foi o mais quente da história*) ou como um complemento de Tempo (*ela voltou ao Brasil o ano passado*). Essa parece ser uma propriedade idiossincrática de alguns SNs, e não se aplica a todos os que têm referência temporal: por exemplo *o século passado* não pode ser usado com o papel de Tempo; para isso, requer uma preposição:

[18] Machado faleceu no século passado / *o século passado.

Esses SNs dotados de papel semântico inerente ainda estão por ser estudados[13]. De qualquer maneira, há os itens como *ontem*, *aqui* e sintagmas

---

13. Só conheço um trabalho que considere o assunto: Bolinger (1967).

como *a semana passada*, que têm papel semântico inerente e são tematicamente autônomos.

7.2.7 Papel semântico interno ao verbo

Admite-se que a estrutura temática da oração inclui funções semânticas atribuídas ao verbo e também a seus complementos; no último caso, falamos de papéis semânticos. É também implicitamente entendido que as funções atribuídas ao verbo constituem um conjunto distinto das que são atribuídas aos complementos: assim, Paciente é o papel de um complemento, mas Ação é um traço do verbo. Um exemplo pode ser

[19] Meu avô pintou essa paisagem.

Além do Agente (*meu avô*) e o Paciente (*essa paisagem*), temos Ação como uma função semântica associada ao verbo (*pintou*). Aqui vou examinar alguns casos que parecem fugir a esse modelo: relações temáticas que ocorrem às vezes associadas ao verbo e às vezes a um complemento. Por exemplo,

[20] Meu avô ainda vive.

O ADESSE dá Paciente para o sujeito de [20]; mas eu acho mais intuitivamente adequado dizer que essa frase assere um *estado* atribuído ao meu avô. Comparando [20] com um sinônimo,

[21] Meu avô ainda está vivo.

surge a possibilidade de analisar [20] como uma expressão de Qualidade. Uma primeira aproximação pode ser

[22] Meu avô ainda vive.
    Coisa.qualificada   *Qualidade*

com Qualidade incluído no significado do verbo. Vemos aqui de certa forma o oposto do que se verifica em construções leves, onde o evento é denotado por um complemento; em [20], o verbo se encarrega da expressão de um dos papéis semânticos (Qualidade) que em outras frases, como [21], é regularmente associado a um complemento. A novidade aqui é a possibilidade de que o verbo veicule um papel semântico; e essa é uma maneira de dar conta da sinonímia temática entre [20] e [21][14].

Podemos então acrescentar mais um mecanismo de atribuição aos que já foram listados nas seções anteriores, a saber casos em que um papel semântico é expresso pelo significado interno do verbo, independentemente do significado de um complemento. É o caso com verbos que denotam Qualidade: não apenas *viver*, mas também *brilhar, encher* em frases como

[23] Essa menina brilha no violino.

[24] O seu irmãozinho enche.

Em todos esses casos o sujeito é a Coisa qualificada.
   Agora voltemos a

[22] Meu avô   ainda   vive.
   Coisa.qualificada   *Qualidade*

Pode parecer que [20] é a aplicação direta de uma diátese da forma

[25] SujV>*Coisa.qualificada*   V>*Qualidade*

onde o verbo tem um papel semântico, acrescentado a seu papel habitual de especificação do evento ou estado. Mas essa marca no verbo não é necessária, e podemos ficar apenas com

---

14. Sinonímia temática existe entre sentenças com os mesmos constituintes nas mesmas relações temáticas. Isso não acarreta sinonímia completa, mas basta para nossos objetivos.

[26] SujV>*Coisa.qualificada*   V

considerando que o verbo, *viver*, pode evocar um esquema que inclui a qualidade, ou talvez melhor o **estado**, de "vivo". Isso é aliás inevitável, já que é preciso registrar de algum modo o que o verbo significa[15]. Como essa elaboração não resulta em um papel semântico, mas em uma RTE, uma relação não linguística, convém definir o mecanismo envolvido em frases como [20] assim: **casos em que uma RTE é expressa pelo significado interno do verbo, sem estar associada a um complemento.** Aliás, a formulação dada em [26] é ainda passível de simplificação, mas isso veremos mais adiante[16].

Há ainda um mecanismo de atribuição importante, mas este merece atenção especial, e será estudado no capítulo 8, que trata de atribuição por ausência.

7.3 SOBRE O SIGNIFICADO DAS PREPOSIÇÕES

Vimos na seção 7.2.3 o papel das preposições na atribuição de relações temáticas. Esse é um aspecto do significado das preposições, e para estudar seu significado começamos perguntando se *todas* as preposições têm significado. Para alguns autores a resposta é positiva; assim, Tyler e Evans (2003) sugerem que

> todas as preposições inglesas originalmente codificavam relações entre duas entidades físicas; conservando seu significado original, as preposições também desenvolveram um rico conjunto de significados não espaciais.
>
> [Tyler; Evans, 2003, contracapa]

---

15. Levin (1993) dá *live* 'viver' como um verbo de existência; mas ela se refere ao uso do verbo em frases como *these monkeys live in the Amazon* 'esses macacos vivem na Amazônia', que não é a acepção do verbo em [20].

16. Trata-se de aplicar o princípio de emparelhamento, possivelmente em conjunção com a atribuição por ausência.

Essa hipótese se refere a fatos diacrônicos, que prefiro não levar em conta ao analisar uma língua enquanto sistema funcional.

Fulgêncio (2006) adota uma visão mais realística, e distingue duas situações principais:

> A primeira situação é quando a preposição é semanticamente independente do verbo, tem conteúdo transparente e unívoco e expressa uma relação que não depende do verbo.
>
> [Fulgêncio, 2006, p. 88]

A segunda situação ocorre com preposições que introduzem complementos do verbo,

> que têm usos múltiplos e cujo significado atinge um nível excessivo de abstração. [Elas] podem ser consideradas "vazias" de acordo com a definição de Gougenheim: uma preposição vazia é "uma preposição cujo valor intrínseco é diluído a tal ponto que se pode afirmar que não é mais perceptível" (Gougenheim, 1959, *apud* Vandeloise, 1993).
>
> [Fulgêncio, 2006, p. 88-89]

A primeira situação não é controversa; em uma frase como

[27] O poço ficava entre a casa e a estrada.

a preposição, *entre*, tem um significado claro, e produz um resultado semântico constante. O verbo não desempenha nenhum papel na determinação do significado da preposição, que por conseguinte é tematicamente transparente – esses casos são chamados de "preposição predicadora".

O oposto se dá em

[28] A Lúcia gosta de vinho branco.

onde a presença da preposição, *de*, é uma exigência sintática do verbo *gostar*. Não é possível encontrar um significado sistemático para a preposição nesse caso – aqui se fala de "preposição funcional".

Temos pois casos em que a preposição tem significado pleno, que inclui uma relação temática (embora não se limite a isso); e casos em que a preposição não tem nenhum significado discernível, sendo apenas uma exigência formal do verbo. Esses casos são bem claros; mas há contextos em que a preposição não se encaixa em nenhuma dessas categorias, e esses casos requerem discussão. Vimos brevemente alguns exemplos na seção 7.2.3, e agora vamos tratá-los em um capítulo especial.

8

Fatores cognitivos da atribuição de relações temáticas

8.1 ATRIBUIÇÃO POR AUSÊNCIA

Vimos no capítulo precedente sete mecanismos de atribuição de relação temática. Agora vamos ver um oitavo mecanismo, que é particularmente importante e interessante para a compreensão de como usamos a língua para transmitir informação. O mecanismo pode ser descrito assim:

Casos em que um ou mais complementos recebem sua RTE por referência direta ao esquema evocado pelo verbo, sem nenhuma intermediação gramatical.

Esse mecanismo pode ser chamado **atribuição por ausência**[1]. Vejamos um exemplo inicial:

[1] Os incas adoravam o sol.

---

1. Em inglês, *assignment by default*, termo que utilizei em meus livros anteriores.

A regra de protótipo vista no capítulo 2 atribui ao sujeito o papel de Agente. Mas e o objeto, *o sol*? Poderia ser analisado como o Paciente; mas o que, exatamente, é um Paciente? Esse papel semântico é bem mais difícil de definir do que o Agente; este, como sabemos, pode ser entendido como o "causador imediato de um evento", e isso funciona para a maioria dos casos tradicionalmente chamados de Agente. Mas para o Paciente não há uma definição que satisfaça todos os casos assim analisados; a definição mais comum é "entidade que sofre uma ação", ou talvez melhor "entidade que muda de estado como consequência de um evento". Isso dá certo para o objeto de *as crianças comeram a pizza*, ou *mamãe assou os biscoitos*; mas para *o sol* em [1] claramente não dá certo.

É preciso resistir à tentação de chamar *o sol* de Paciente sem referência a uma definição semântica; se fizermos isso recorreremos à sintaxe como meio de identificar uma categoria de significado, um tipo de critério contra o qual Jackendoff emite uma advertência bem-fundada, que já tivemos ocasião de ver:

> Dada a importância [das relações temáticas / MAP], é crucial que se verifique o que elas realmente são, de modo que tenham uma vida independente própria. Precisamos ficar seguros de que não as estamos invocando como um truque maldisfarçado para atender às exigências da sintaxe.
>
> [Jackendoff, 1987, p. 371]

Casos difíceis como [1] são comuns; por exemplo,

[2] Nós aplaudimos a decisão.

[3] Eles cantaram o Hino Nacional.

[4] Sandra imitava uma cantora famosa.

Não há meio de ver uma "entidade que muda de estado como consequência de um evento" nos objetos dessas sentenças. Aliás, as relações temáticas dos objetos (que, em si mesmas, não têm nada de obscuro) não podem ser incluídas em nenhum dos papéis semânticos tradicionalmente reconhecidos. Aqui chegamos à situação descrita por Langacker (1991a) e já citada na seção 2.3, em que "no extremo cada verbo vai definir um conjunto distinto de papéis participantes que refletem suas propriedades semânticas únicas". Tentativas de generalização não funcionam nesses casos, que são bem numerosos.

Vou argumentar em favor de uma solução alternativa. Podemos (dentro dessa alternativa) simplesmente deixar os objetos das frases [1] – [4] sem atribuição de papel semântico. Depois que a regra de protótipo introduz o Agente[2], chegamos a

[5] Sandra imitava uma cantora famosa.
Agente

com o objeto sem atribuição temática. Isso é até onde vai a gramática da língua: [5] é o produto do sistema linguístico, com suas regras sintáticas e simbólicas.

Sandra em [5] é o "imitador"; essa informação nos vem do fato de que esse sintagma (o sujeito) recebe o papel semântico Agente, que é elaborado nesse contexto como o "causador imediato de um evento de imitar". Por outro lado, *uma cantora famosa* designa a coisa (ou pessoa) imitada; de onde é que o receptor vai tirar essa informação, se esse sintagma não tem papel semântico atribuído pelas regras da língua? A resposta é: da mesma forma que ele sabe que Sandra é o "imitador", não o "comedor" ou o "pintor", ou seja, por referência ao esquema IMITAR, que é evocado pelo verbo. Esse esquema contém variáveis rotuladas "imitador" e "coisa.imitada"[3]; e

---

2. "Depois" aqui é apenas uma maneira de dizer; não concebo esse processo como uma sequência ordenada de regras, mas como o resultado de acesso simultâneo a toda a informação relevante (cf. 8.7 abaixo).

3. Essas são as variáveis centrais. Outras variáveis ("lugar", "tempo", "modo") também estão no esquema, mas não o caracterizam como unidade, pois são válidas para qualquer esquema de evento (cf. explicação no capítulo 3).

se Sandra é o "imitador", resta identificar a "coisa.imitada"; o sintagma *uma cantora famosa* está ali mesmo, disponível para receber essa RTE. Há uma forte expectativa de que sempre que se fala de um evento de imitar, essas variáveis estarão presentes na representação cognitiva resultante[4]. Em termos mais simples, isso quer dizer que sabemos que em todo evento de imitar um "imitador" e uma "coisa.imitada" estão envolvidos.

Mas a estrutura linguística pode ficar incompleta desse jeito? Na verdade, não há inconveniente, porque o objetivo da sentença (ou do ato de fala) não é transmitir uma estrutura linguística, mas relacionar uma sequência formal com uma representação cognitiva; em outras palavras, usamos sentenças para transmitir conteúdos. E se sabemos que parte desse conteúdo já está de posse do receptor, não há necessidade urgente de incluí-lo no sinal linguístico; é o caso da presença da "coisa imitada" quando o verbo é *imitar*, e consequentemente o esquema é IMITAR. Uma vez decidido quem é que faz a imitação – e aí a informação linguística é necessária –, torna-se possível completar a representação cognitiva com base da informação que o emissor e o receptor têm em comum, e que representamos como esquemas. Diremos então que a RTE correspondente a *uma cantora famosa* é atribuída ao objeto **por ausência** (isto é, ausência de informação de origem linguística); o resultado será

[6] Sandra imitava uma cantora famosa.
    Agente   "coisa.imitada"

ou, uma vez levada em conta a elaboração do Agente nesse contexto,

[7] Sandra   imitava   uma cantora famosa.
    "imitador"   "coisa.imitada"

que é o que acabamos entendendo ao ouvir a frase [4].

---

4. Isso não é apenas especulação; há evidência empírica de que as variáveis centrais são especialmente presentes na mente do usuário da língua (cf. a seção 3.3).

A função de uma sentença, no que concerne a esses aspectos, é fornecer esquemas adicionais para vincular as variáveis do esquema central evocado pelo verbo. Assim, ouvindo [4], ficamos sabendo que o "imitador" é Sandra, e a "coisa.imitada" é uma cantora famosa. Poderia ser o oposto, neste caso, mas aqui a gramática interfere ao estipular que o constituinte que tenha a função de sujeito precisa ser o Agente, e portanto o "imitador": o Agente é elaborado como o "causador imediato de um evento", que por sua vez é elaborado como o "causador imediato de um evento *de imitar*", ou seja, o "imitador". A informação sintática, como se vê, é necessária a fim de estabelecer *Sandra* como o "imitador", e a interpretação oposta, de que a cantora imita Sandra, é bloqueada.

Chegamos agora à vinculação de *uma cantora famosa*: que RTE deve ser atribuída a esse constituinte? Só há uma variável restante no esquema, a "coisa.imitada". O objetivo da interpretação é veicular uma representação cognitiva que esteja de acordo com condições de boa formação: deve fazer sentido em termos de conhecimento do mundo e retratar uma visão unificada e coerente de um evento ou estado. Dizemos que a representação cognitiva precisa **fechar** nesses termos. Esse processo de fechamento[5] não se menciona em geral em linguística, mas não é controverso, e é bem compreendido em outras áreas. Por exemplo, Gregory (1966), referindo-se à percepção visual, explica que

> Se o cérebro não estivesse continuamente à procura de objetos, o cartunista ficaria em dificuldade. Mas, na verdade, tudo o que ele precisa fazer é apresentar algumas linhas ao olho e vemos um rosto, completo com expressão. [...] Às vezes vemos objetos que nem estão lá: rostos no fogo, o homem da lua. [...] Ver objetos envolve muitas fontes de informação além daquelas que enxergamos ao olhar um objeto. Em geral envolve conhecimento do objeto, derivado de experiência prévia, e essa experiência não se limita à visão mas pode incluir os outros sentidos [...]
>
> [Gregory, 1966, p. 10]

---

5. Inglês *closure*.

Um papel semântico para o objeto de [4] não é independentemente necessário: esse constituinte é usado para vincular a variável vaga no esquema IMITAR, o que produz uma representação cognitiva bem-formada, e é isso tudo o que precisamos atingir. Chegamos então a

[8]   Sandra   imitava   uma cantora famosa
      Agente
      "imitador"   "coisa.imitada"

onde a RTE do sujeito é o resultado da elaboração do Agente, e a RTE do objeto é atribuída por ausência, diretamente do esquema. Isso significa que nem todos os complementos têm papel semântico, mas todos precisam ter RTE – só assim o princípio da Atribuição Obrigatória será satisfeito.

Desse modo, a representação cognitiva fecha, mas o processo é apenas parcialmente linguístico, mesmo porque a Atribuição Obrigatória é uma condição cognitiva, não gramatical. A atribuição de uma RTE ao objeto *uma cantora famosa* em [4] provém não de regras de uma língua particular, mas de conhecimento do mundo. E o fechamento é apenas um dos aspectos de um fenômeno mais geral, a procura de conceitos bem-formados, ou *Gestalts*, que caracteriza a cognição humana. Somos criaturas constantemente à procura de significados, e temos um forte impulso a reconhecer estruturas cognitivas, previamente armazenadas ou geradas no momento, que permitam a compreensão de novos estímulos.

Esse tipo de preenchimento em bases cognitivas não é uma situação excepcional: o exame dos dados sugere, antes, que é muito comum. A compreensão é resultado da colaboração entre fatores linguísticos e não linguísticos, e o falante corta e costura suas expressões levando em conta aquilo que ele acredita ser já do conhecimento do ouvinte. Assim, ao interpretar uma sentença encontramos em ação a estrutura morfossintática; regras que conectam sintagmas e itens lexicais a seus respectivos potenciais temáticos; e conhecimento do mundo, tal como representado nos esquemas.

8.2 EMPARELHAMENTO

Um fator que desempenha um papel na atribuição de relações temáticas é o **emparelhamento** de RTEs, pelo qual a presença de uma RTE acarreta a presença de outra. Esse é um fenômeno cognitivo, não gramatical, mas determina a atribuição da RTE do mesmo jeito, e pode ser considerado um dos fatores que condicionam a atribuição por ausência. Vejamos uma frase como

[9] Clara é bonita.

Não é possível fazer referência a uma "qualidade" sem atribuí-la a alguma entidade, que é a "coisa.qualificada"; uma representação cognitiva que inclua a primeira sem a segunda seria malformada. Agora, o constituinte *bonita* tem um potencial temático restrito: pode expressar uma qualidade, e apenas isso; e o constituinte *Clara*, sendo potencialmente referencial, pode ser entendido como uma entidade, e portanto é a "coisa.qualificada". Consequentemente, nessa sentença tudo o que a valência do verbo precisa fazer é estipular que há um sujeito mais um outro complemento; a forma do complemento pode também ter que ser especificada. Mas não há necessidade de marcas temáticas, já que podem ser inteiramente derivadas do potencial temático dos complementos.

O verbo *ser* pode evocar diversos esquemas, entre eles QUALIFICAÇÃO, que é o que encontramos em [9]. Na frase sintaticamente semelhante

[10] Clara é aquela moça morena.

o esquema evocado é IDENTIDADE.DE.REFERÊNCIA, que só funciona se ambos os complementos forem referenciais, como é o caso em [10], mas não em [9] (não há uma "coisa" chamada *bonita*). Isso significa que se evocarmos IDENTIDADE.DE.REFERÊNCIA em [9] a representação cognitiva almejada não fecha, e é eliminada como malformada.

Há várias outras construções onde o emparelhamento de relações temáticas é indicado. Por exemplo, o papel semântico Lugar não pode ocorrer sem uma Coisa.localizada; Possuidor acarreta uma Coisa.possuída; e Estímulo acarreta um Experienciador (emocional ou perceptual). E há também, provavelmente, emparelhamento entre Agente e Ação, sendo a segunda uma relação temática expressa pelo verbo em muitas sentenças[6].

8.3 PACIENTE PRIVILEGIADO

Há alguns exemplos de elaborações lexicalmente condicionadas: o caso mais notório é o de *beber*, que, quando usado sem objeto, traz a ideia de um Paciente específico: *o marido dela bebe* significa que ele bebe algo alcoólico, não água ou suco de laranja. Esses casos são relativamente poucos, e não podem ser explicados em termos puramente semânticos. Com *cuspir*, o Paciente entendido é "saliva" porque é o que normalmente a gente cospe; mas com *beber* essa explicação não funciona. Além disso, o Paciente pode ser omitido em outros contextos, e nem sempre no sentido privilegiado: compare-se *o marido dela bebe* com *muitos animais vêm aqui para beber*[7]. É claro que esse fenômeno precisa ser descrito pelo menos em parte em termos das propriedades idiossincráticas do verbo, não simplesmente pela aplicação de filtros cognitivos; correspondentemente, a possibilidade de ocorrer com Paciente privilegiado deve constar da valência de *beber* e verbos semelhantes.

8.4 FILTROS COGNITIVOS

Há ainda um fator importante a ser levado em conta na produção de nossas estruturas simbólicas; a saber, os **filtros cognitivos** que se aplicam ao *output* do processo. Vejamos as sentenças seguintes:

---

6. Cf. Chafe (1970, p. 5).
7. Observação feita por Loredo Neta (2014).

[11] Simão quebrou o braço.

[12] Simão quebrou a vidraça.

O verbo é *quebrar* em ambas as sentenças, mas as construções são diferentes; em [11] entende-se que Simão teve seu braço quebrado por acidente, em [12] não há nenhuma relação especial entre Simão e a vidraça. Como é que um usuário da língua sabe que diátese de *quebrar* se realiza em cada caso? Por que não entender [12] como paralela a [11]? Ou por que não são ambas as sentenças entendidas como ambíguas?

A resposta mais provável é que essas sentenças *são* ambíguas, no que se refere a sua estrutura linguística. Por exemplo, [11] pode ser entendida como se referindo ao braço de outra pessoa, que Simão quebrou; mas na ausência de preparação contextual, essa acepção é pouco plausível, e preferimos entender [11] como se referindo ao braço do próprio Simão. Igualmente, [12] poderia significar que Simão teve sua vidraça quebrada, ou seja, a que é parte de seu corpo: uma situação altamente implausível, porque sabemos que os corpos das pessoas incluem braços mas não vidraças. Assim, entendemos [12] como se referindo à vidraça como um objeto externo a Simão, que ele quebrou.

Temos aqui um exemplo da ação de filtros cognitivos, que garantem que os enunciados façam sentido em termos de nosso conhecimento do mundo[8]. Qualquer ambiguidade latente é resolvida favorecendo-se a acepção que resulta na representação cognitiva mais bem formada e mais plausível. Este é mais um exemplo da interação entre fatores linguísticos e não linguísticos, colaborando a fim de gerar representações cognitivas bem-formadas.

Os filtros cognitivos se aplicam em princípio a todas as estruturas – ou seja, elas precisam não apenas ser gramaticalmente bem-formadas, tal como estipulados pelas regras da morfossintaxe, mas também precisam

---

8. É o fenômeno que chamei de **fechamento** (*closure*).

fazer sentido em termos de conhecimento do mundo; trata-se portanto de um dos fatores que determinam a aceitabilidade das sentenças. Por outro lado, são difíceis de arrolar em lista ou mesmo de apresentar de maneira compacta e sistemática, porque cada aplicação ilustra uma faceta de nosso conhecimento e expectativas, que são excessivamente numerosas. Para efeitos deste texto, os filtros serão invocados como fatores com base na intuição e no bom-senso.

Os filtros cognitivos condicionam a atribuição de relação temática em casos de ambiguidade potencial, como com sintagmas introduzidos por *sobre*, que pode marcar Lugar ou Conteúdo (de uma mensagem). Frases com *sobre* são em princípio ambíguas, mas a ambiguidade é quase sempre resolvida por filtragem cognitiva, de modo que em

[13] O prefeito estava sobre a represa.

entendemos Lugar, e em

[14] O prefeito falou sobre a represa.

entendemos Conteúdo. Esse fenômeno é muito comum, e alguns outros exemplos aparecem neste livro[9].

8.5 RESULTADO DO PROCESSO DE ATRIBUIÇÃO

O resultado do processo de atribuição de relações temáticas é parte da representação cognitiva veiculada pela sentença. Isso inclui a atribuição de RTEs a todos os constituintes elegíveis, o que é uma condição para a boa formação da representação cognitiva – esse é o princípio da Atribuição Obrigatória que vimos em 7.1. Alguns constituintes, tais como preposições

---

9. Chomsky (1965, p. 101) parece atribuir esse fenômeno à estrutura sintática, o que acho desnecessário.

predicadoras e a partícula negativa *não*, não são elegíveis para receber uma relação temática. E alguns constituintes, como as preposições funcionais, não têm função semântica nenhuma.

Deve-se entender então o princípio da Atribuição Obrigatória como uma condição sobre a representação cognitiva: ele não é uma regra da língua. Nisso ele difere do Critério θ proposto pelos gerativistas, que se entende em geral como um dispositivo gramatical. A Atribuição Obrigatória simplesmente garante que cada elemento de uma sentença traga à representação cognitiva uma relação relevante e significativa; em palavras mais simples, ela assegura que a representação cognitiva faça sentido.

8.6 UMA DIGRESSÃO TEÓRICA

O caráter básico do presente livro é descritivo, não teórico, e objetiva orientar um levantamento amplo dos dados, sistematicamente organizados de modo a permitir a construção de um panorama geral da estrutura e funcionamento da língua. O resultado é, sem dúvida, um quadro bastante complexo, mas adequado aos dados tais como podem ser observados. Isso explica a ênfase na discussão de exemplos: estamos ainda em busca de uma análise teoricamente coerente, o que depende do exame de um grande corpo de evidência.

Por outro lado, não é possível escapar de alguns pressupostos teóricos básicos. O primeiro desses pressupostos é que a descrição deve estabelecer uma conexão entre a estrutura linguística e a representação cognitiva veiculada por cada sentença. Procuro abordar essa tarefa sem compromisso com um sistema teórico simples e bem integrado. Por isso, quando me perguntam qual é o meu "quadro teórico", respondo que é a descrição dos fenômenos da língua; os quadros teóricos atualmente disponíveis são, a meu ver, todos seriamente falhos. Isso não significa que não se deva almejar, e tentar, a eventual construção de uma teoria da linguagem; só que me parece que ainda estamos longe disso.

E as soluções propostas não são necessariamente as únicas possíveis. Há alguma evidência de que a conexão entre a forma linguística e a representação cognitiva pode ser estabelecida, em certos casos, de mais de uma maneira.

Como resultado, temos por ora pelo menos tantas perguntas quanto respostas. Minha posição é análoga, *mutatis mutandis*, à que é expressa por Minsky:

> [...] pode ser um erro focar em excesso na procura por princípios *básicos*. Mais provavelmente, o cérebro não se baseia em nenhum esquema desse tipo, mas é, em vez disso, uma grande combinação improvisada de muitos dispositivos para fazer coisas diferentes, com dispositivos adicionais para corrigir suas deficiências, e ainda outros acessórios para interceptar os vários *bugs* e interações indesejáveis – em resumo, uma grande multidão de mecanismos sortidos que mal e mal conseguem dar conta do recado.
>
> [Minsky, 1995]

A posição do Minsky é interessante como hipótese de trabalho, não como pressuposto teórico. Adotá-la como teoria seria tão inadequado quanto adotar uma teoria qualquer de partida. Adotar uma teoria não é errado, como insinua Minsky (*pode ser um erro*), mas é prematuro. Um dia, quem sabe, poderemos chegar a um conjunto mais simples de princípios; só que ainda estamos longe disso, e é possível que esse conjunto de princípios (uma teoria da língua) nem exista. Assim, eu não iria tão longe quanto Minsky na avaliação da natureza dos mecanismos da língua, que a evidência disponível sugere que são em grande parte sistemáticos. Mas são também muito complexos, e o mais que se pode tentar é dar alguns passos para a construção de uma teoria do funcionamento da linguagem, para serem eventualmente integrados com outros mecanismos que têm os mesmos objetivos comunicativos, mas são diferentes uns dos outros em forma e modo de operação.

Esse sistema (ou não sistema) não deve ser entendido como um conjunto de regras e princípios que se aplicam em uma ordem definida e se agrupam em componentes distintos. Antes, toda a informação fica simultaneamente disponível ao usuário da língua em todos os momentos, para ser usada sempre que as circunstâncias o exijam. Segundo essa concepção, o processamento da linguagem funciona de maneira semelhante à do sistema geral de reconhecimento, que nos permite reconhecer uma amiga pela cor do cabelo, pela voz, pela silhueta do corpo etc., conforme seja a primeira coisa que percebemos. Esse acesso simultâneo a toda a informação relevante é necessário para explicar como, ao olhar por uma janela, conseguimos reconhecer tamanha variedade e número de objetos: casas, árvores, nuvens, um carro, um gato, uma criança; isso nunca poderia ser convenientemente explicado por um sistema sequencial de reconhecimento. Pode-se argumentar que, aplicado à linguagem, isso se refere ao desempenho (*performance*), não à competência; mas uma teoria da competência que não se relacione eventualmente com o desempenho é inadequada em princípio.

A própria dicotomia competência / desempenho está precisando de um reexame. Langacker (1991b, p. 262) afirma que "na melhor das hipóteses a distinção competência / desempenho é pouco clara e problemática", e tendo a concordar. Não que a dicotomia seja vazia de conteúdo ou interesse para a análise, mas nota-se na linguística atual uma tendência a concentrar a atenção na competência e praticamente ignorar traços do desempenho, e isso acredito que é equivocado. Não tenho intenção de iniciar uma discussão dessas noções teóricas, mas gostaria de observar que:

(a) Os dados da análise linguística são, afinal de contas, peceptíveis sensorial ou introspectivamente; e esses dados sensoriais ou introspectivos são toda a evidência de que dispomos para efetivar a análise da língua.

(b) Esses dados podem sofrer um processo de organização em unidades e relações mais abstratas, mas que também são relevantes para a análise – embora então já não possam ser considerados parte dos dados. Mas são, porém, sempre definíveis em termos de dados concretos. Assim, um fonema é uma unidade abstrata, mas só pode ser reconhecido por suas realizações fonéticas, que são acessíveis ao ouvido; e um papel semântico é igualmente abstrato, e se reconhece por suas realizações acessíveis por introspecção, a saber as RTEs. Os fonemas e os papéis semânticos, ainda que abstratos e hipotéticos, não podem ser ignorados quando se analisa a estrutura de uma língua.

Qualquer análise precisa chegar às unidades e relações concretas; do contrário não será testável, e carecerá de fundamentação empírica. Vários recursos foram tentados para contornar esse problema; coloco nessa categoria noções como "estrutura superficial enriquecida", "forma lógica" e "*I-language*"; eles podem até ser necessários, mas não podem ser suficientes, e se forem usados precisam ser relacionados em última análise a unidades e relações concretamente acessíveis. Caso contrário, o efeito desses recursos acaba sendo o de proteger a análise contra tentativas de confutação baseadas em dados reais. Prefiro considerar a cada passo que o fato a ser descrito é o de que os usuários da língua são capazes de realizar a conexão entre sequências sonoras e representações cognitivas; e para tal usam a percepção, a introspecção e o conhecimento da língua e do mundo. Para que seja testável, uma análise linguística precisa se estender do som ao significado: a descrição deve chegar aos fenômenos observáveis, sob pena de não ser testável; e os fenômenos observáveis pertencem ao desempenho (*performance*).

Um sistema como esse, para funcionar, depende de que toda a informação fique disponível ao mesmo tempo, de modo que os traços relevantes possam ser selecionados e usados na identificação. Isso, aplicado ao processamento de material linguístico, nos livra de questões (ou pseudoquestões) tais como a definição dos componentes que funcionariam em bloco (sintaxe, morfologia, semântica), ou a ordenação extrínseca das regras, que pode funcionar como uma maneira de tornar a descrição mais econômica, mas tem pouco a ver com o que os falantes realmente fazem ao usar a língua. Por outro lado, a distinção entre unidades e relações formais, semânticas e simbólicas precisa ser mantida, não na organização geral da gramática, mas no caráter de cada asserção individual.

Essa posição se harmoniza, acredito, com a de Culicover e Jackendoff (2005), que assim a descrevem:

> Na [gramática gerativa padrão] [...] as estruturas linguísticas são construídas pela aplicação de uma sequência de regras, cada uma se aplicando ao resultado do passo precedente. [...] Nós [...] formulamos a gramática da competência em termos da tecnologia de *restrições*. [...] Cada restrição determina ou licencia uma pequena porção da estrutura linguística ou uma relação entre duas pequenas porções. Uma estrutura linguística é totalmente aceitável se se conformar com todas as restrições aplicáveis. Não há ordenação lógica entre as restrições, de modo que se pode usar restrições para licenciar ou construir estruturas linguísticas começando em qualquer ponto da sentença, de cima para baixo, de baixo para cima, da esquerda para a direita, ou qualquer combinação dessas direções. Assim uma gramática baseada em restrições é facilmente aplicada a interpretações em termos de desempenho.
>
> [Culicover; Jackendoff, 2005, p. 15]

As indicações são de que uma teoria da estrutura e uso da língua não se parece muito com as teorias atuais, com seus conjuntos de regras, componentes etc., mas será antes um repertório de recursos de várias naturezas, que acabam fornecendo em certos casos mais de um caminho para se chegar à interpretação, de modo que o usuário da língua pode recorrer a um ou outro conforme as circunstâncias. Uma consequência é que em alguns casos pode haver mais de uma análise "certa" para um fenômeno da língua observado: o sistema permite tomar mais de um caminho para efetuar a conexão entre sons e significados. Isso é admitido por Langacker, que chama a posição oposta a **falácia da exclusão** (*exclusionary fallacy*), assim explicada:

> O essencial [da falácia da exclusão] é que uma análise, motivação, categorização, causa, função ou explicação de um fenômeno linguístico necessariamente impede outra. De uma perspectiva ampla, pré-teórica, essa crença é gratuita e na verdade bastante duvidosa, em vista do que se sabe sobre a multiplicidade de fatores sincrônicos e diacrônicos que determinam a forma e o importe das expressões linguísticas.
>
> [Langacker, 1987, p. 28]

Tirando a alusão a fatores diacrônicos, que não me parece que sejam relevantes no uso real da língua, acho que a passagem de Langacker exprime o fenômeno com clareza.

Um exemplo passível de mais de uma análise pode ser

[15] O tigre matou o major.

Uma vez reconhecido *o tigre* como o sujeito, a atribuição de relações temáticas nessa sentença pode seguir diversos caminhos. Por exemplo, sabemos que existe uma regra de protótipo que estabelece que o Agente se codifica como sujeito na imensa maioria dos casos; seguindo essa regra, o sujeito *o tigre* deve ser o Agente.

Mas há outro meio de atingir o mesmo resultado: sabe-se que em português o objeto (isto é, um SN não sujeito) nunca pode ter o papel de Agente; essa é uma regra sem exceções conhecidas. Logo, *o major* não é elegível para ser o Agente. Seguindo as variáveis disponibilizadas pelo esquema, MATAR, deve ser o Paciente; e *o tigre*, que é o SN restante na sentença, deve assumir a relação temática restante, a saber, Agente. Ambas essas análises são fundamentadas em generalizações bem claras na língua, e decidir por uma delas como a única correta seria arbitrário.

A frase [15] expressa um evento que poderia ser revertido, já que o major poderia ter matado o tigre. Mas em

[16] O major comeu a pizza.

o mesmo não se dá, o que abre ainda outro caminho para a atribuição das relações temáticas. Se atribuirmos Agente a *a pizza*, desprezando as generalizações mencionadas acima, a representação cognitiva resultante será malformada, e excluída pelos filtros cognitivos. Assim, *a pizza* precisa ser a "coisa.comida", o que leva a marcar *o major* como Agente.

E há ainda um quarto caminho possível: podemos simplesmente nos reportar a uma diátese plenamente especificada, a saber

[17] SujV>*Agente* V SN>*Paciente*

como parte da valência de *matar*. Essa diátese pode ser memorizada e usada como uma espécie de atalho para chegar rapidamente ao resultado. Na ausência de evidência de ordem psicolinguística, não podemos realmente saber com segurança qual dessas quatro análises alternativas é posta em ação em um caso particular.

A quarta alternativa apontada acima, que é de natureza inteiramente lexicogramatical e depende da valência de *matar*, é a mais dispendiosa: a informação que ela provê pode ser derivada de outras informações mais gerais. A se seguir o estilo tradicional de argumentação, deveria ser descartada por ser a menos simples das análises: aplicamos a navalha de Occam, e pronto. Isso é o que se faz na prática na maior parte das argumentações deste livro. Mas não é um argumento realmente decisivo, porque não nos diz nada do que realmente acontece na mente do falante quando processa essas sentenças. É concebível que ele memorize as atribuições temáticas de *matar* como ilustradas em [17], e use esse conhecimento ao processar a frase: uma solução talvez menos plausível que as outras, mas não impossível. Aqui só a pesquisa psicolinguística pode nos fornecer evidência decisiva; por ora, vamos nos contentar com a definição clara do problema. O estudo da competência por si mesma, com exclusão total ou parcial dos fatos do desempenho, me parece equivocado, e arrisca a levar a conclusões não passíveis de teste.

8.7 SUMÁRIO

A atribuição por ausência é uma consequência da exigência que estipula que nenhum constituinte elegível pode ficar sem RTE (o princípio da Atribuição Obrigatória). E essa exigência por sua vez deriva presumivelmente de uma condição que estabelece que uma sentença precisa ter um significado unificado: não há lugar para esquemas "soltos", sem conexão com os outros elementos da representação cognitiva. Isso tem a ver com a função comunicativa da linguagem, ou seja, uma sentença deve ser a expressão de uma representação cognitiva bem-formada.

Esse mecanismo lida adequadamente, em muitos casos, com os objetivos do sistema de interpretação: relacionar sequências fonéticas com representações cognitivas. A atribuição por ausência funciona ao lado de outros dispositivos, tais como as diáteses e regras de protótipo, a fim de alcançar aquele objetivo. Como se vê, os dispositivos formam um conjunto bastante heterogêneo, com algumas partes linguísticas em sentido estrito (diáteses, regras de protótipo) e outras puramente cognitivas (atribuição por ausência e filtros cognitivos).

9

Definindo relações temáticas

9.1 POR QUE AS DEFINIÇÕES SÃO NECESSÁRIAS

As relações temáticas são um elemento fundamental em análise gramatical. São de natureza semântica, e retratam um dos aspectos principais da relação entre a forma morfossintática e a representação cognitiva: nenhuma análise pode ignorar o fato de que as relações temáticas associadas a *Manuel* e a *o cavalo* são diferentes nas frases seguintes:

[1] Manuel chutou o cavalo.

[2] O cavalo chutou Manuel.

A importância desses dados é geralmente reconhecida, com exceções como a posição radical de Bloomfield:

> o *significado* de uma forma linguística [é] a situação em que o falante a enuncia e a resposta que ela suscita no ouvinte.
>
> [Bloomfield, 1933, p. 139]

Mas mesmo esses autores não fazem mais do que transferir o problema para outra disciplina, ainda a ser criada, ou tentam definir em termos formais o que são claramente fenômenos semânticos. Alguns tentam negar que os fenômenos semânticos tenham relevância para a descrição, como em

> Usa-se critérios sintáticos para a identificação do [Agente] e do Paciente [...]
> Se um verbo particular tem apenas um actante, este é o [Agente] [...] um verbo com dois actantes tem [Agente] e Paciente (sem levar em conta a semântica) [...]
>
> [Straňáková-Lopatková *et al.*, internet, p. 2-3][1]

Posições como essa foram citadas e criticadas na seção 5.5 acima. Na prática, a maioria dos linguistas recorre a dados introspectivos que são diretamente acessíveis aos usuários da língua. Ou seja, em vez de definir o traço [+HUMANO] de maneira indireta através dos pronomes que o podem retomar, como na proposta de Blanche-Benveniste *et al.* (1984), podemos preferir dizer que uma unidade tem esse traço sempre que se refere a um ser humano – partindo da observação de que todos sabemos o que é um ser humano, e podemos facilmente dizer quando uma expressão linguística se refere a uma tal entidade. É um pouco preocupante como essas definições formais são distantes de qualquer procedimento de interpretação psicolinguisticamente plausível. Acho difícil imaginar que um receptor passe por uma série de procedimentos de substituição a fim de decidir se uma unidade tem o traço [+HUMANO]; em vez disso, estou certo que ele se apoia em uma associação previamente adquirida entre uma palavra como *rapaz*, ou qualquer SN do qual ela é o núcleo, e um esquema que descreve um "macho jovem da espécie humana"[2].

A solução deriva da decisão de reconhecer o papel da introspecção no uso da língua, e consequentemente em sua análise. Acredito que todos os linguistas, quando chega o momento de elaborar a descrição concreta de uma língua, fazem uso da introspecção; ou seja, acabamos seguindo o caminho descrito por Talmy, já citado em 5.5, que repito aqui:

> A metodologia da introspecção [...] foi central no desenvolvimento da linguística cognitiva e continua sendo sua metodologia principal [...] a introspecção tem

---

1. Os autores usam o termo *Actor* para o nosso Agente.
2. Essa objeção vale, acredito, mesmo para quem admite uma separação estrita entre competência e desempenho: uma descrição da competência que em alguma altura não faça sentido em termos de desempenho é inaceitável.

> a vantagem sobre outras metodologias de ser aparentemente a única capaz de acessar [o significado] diretamente.
>
> [Talmy, 2007, p. XII]

9.2 AGENTE

Agora voltemos às relações temáticas. Embora se trate de um ponto importante da lexicogramática, não tem havido atenção suficiente ao problema de defini-las, de modo que se fala do Paciente (uma relação malcompreendida) como ocorrendo em casos particulares, sem ter o trabalho de definir essa relação em termos de traços facilmente acessíveis. Alguns linguistas reconhecem o problema, como já vimos na citação de Jackendoff:

> Em vista da importância [das relações temáticas / MAP], é crucial descobrir *o que elas realmente são*, de modo que tenham uma vida independente por si mesmas.
>
> [Jackendoff, 1987, p. 371]

Acredito que "o que elas realmente são" se refere a noções acessíveis a não linguistas, e que fazem parte da representação cognitiva que é diretamente entendida. Assim, o trabalho deve começar com RTEs, a serem analisadas e eventualmente (se for o caso) agrupadas em feixes que definem papéis semânticos. Para dar um exemplo simples, vejamos o papel de Agente: este é uma abstração, como todos os papéis semânticos, e não é imediatamente acessível à introspecção. O que um ouvinte percebe ao ouvir

[1] Manuel chutou o cavalo.

não é Manuel como Agente, mas antes (a) o causador imediato de uma agressão; e (b) alguém que usou o pé. Daí se torna possível construir uma representação cognitiva que pode até incluir uma imagem visual do evento. Esses dados são introspectivos, mas são claros e confiáveis; na verdade, constituem o produto final do ato de fala considerado do ponto de vista do receptor. E isso funciona para falantes comuns da língua, não apenas para gente com formação em linguística – é um exemplo do que acontece o tempo todo quando as pessoas usam a língua para se comunicar.

Um importante fato relacionado com as RTEs é que elas são testáveis: é possível verificar se os usuários da língua realmente entendem Manuel como o causador imediato da agressão, já que essa é uma noção concreta acessível a qualquer pessoa. Por outro lado, Agente é um termo técnico, e depende de definição, ou seja, de teoria; essa noção não pode ser diretamente testada com não linguistas – e mesmo com linguistas a testagem tem seus problemas se pegarmos pessoas de diferentes posições teóricas. Para tomar um paralelo fonológico, podemos perguntar a qualquer pessoa se há um som [z] em *mesmo*, e esperar uma resposta clara. Mas se perguntarmos se esse som é ou não um membro do mesmo fonema que [s], somente um linguista será capaz de responder: isso porque não *ouvimos* os fonemas, mas apenas suas realizações fonéticas. Analogamente, definir um papel semântico depende de identificar as RTEs que ele enfeixa na gramática da língua.

Mas não depende só disso. Um papel semântico não é um feixe arbitrário de RTEs, mas um feixe que tem uma função na gramática e é mencionado na formulação de regras. O Agente passa no teste se for definido como o "causador imediato de um evento". No caso particular de [1], o evento é "chutar o cavalo", mas pode ser outro tipo de evento, como em *Manuel selou o cavalo, Manuel vendeu o cavalo, Manuel coçou o cavalo* etc. Em todos esses casos a relação é atribuída ao sujeito, por efeito da regra de protótipo Agente<>SujV. Mas essa regra precisa ser formulada em termos do papel semântico Agente, não em termos das RTEs individuais, caso em que precisaríamos de um número ilimitado de regras; isso justifica a reunião de todas essas RTEs, e muitas outras, em um papel semântico único. Outra regra que funciona em português é a que proíbe o Agente de ser representado pelo objeto direto (ou seja, um SN não sujeito). É uma regra sem exceção, e para formulá-la precisamos, novamente, usar o papel semântico Agente, em vez das RTEs individuais.

Esses exemplos mostram que a descrição gramatical precisa lidar com relações temáticas em dois níveis: RTEs, que são as relações cognitivas imediatamente perceptíveis e testáveis; e papéis semânticos, que são as relações temáticas que funcionam no nível gramatical. Os exemplos mostram igualmente que os papéis semânticos se definem em termos das RTEs que os elaboram. No caso do Agente, parece seguro defini-lo como o "causador imediato de um evento", pois esse ingrediente de significado é comum a todos os casos tradicionalmente analisados como de Agente.

9.3 PACIENTE

O papel semântico Paciente será definido aqui como

a entidade que sofre uma mudança de estado por efeito do evento denotado de maneira que, depois do evento, a entidade mostra alguma diferença perceptível do que era antes

Essa definição é derivada da proposta de Fillmore (1970), e é confirmada pela existência muito plausível de uma regra que exige a presença de um Paciente (definido como está acima) para que um verbo ocorra na construção ergativa. A passagem de Fillmore é a seguinte:

> [...] podemos primeiro observar que todos os verbos que resolvermos associar com *break* ['quebrar'] asserem que o objeto identificado pelo elemento X é entendido como sofrendo algum tipo de mudança de estado. Isto é, o elemento X é entendido como essencialmente diferente depois que o evento simbolizado pelo verbo "aconteceu" com ele. Mas isso não parece funcionar com verbos [como *hit* 'bater' e *slap* 'esbofetear']. Para efeitos deste trabalho, vamos nos referir a verbos como *break* e *bend* ['entortar'] como verbos de "mudança de estado", e verbos como *hit* e *slap* como verbos de "contato superficial".
>
> [Fillmore, 2003 (1970), p. 130]

O elemento X mencionado no texto aparece como sujeito da construção ergativa[3] e objeto da transitiva; por exemplo, *a taça* em

---

3. Essa construção tem sujeito Paciente e não admite acréscimo de Agente em nenhuma forma.

[3] A taça quebrou. (ergativa)

[4] A menina quebrou a taça. (transitiva)

Aqui proponho restringir o rótulo de Paciente apenas ao primeiro dos casos citados por Fillmore; a saber, aqueles que correspondem à definição dada acima. Se aceitarmos essa restrição, torna-se possível formular uma regra gramatical, de que a construção ergativa requer um sujeito Paciente, e isso explica por que a frase seguinte é inaceitável:

[5] *Manuel chutou. (com Manuel sendo a pessoa chutada)

onde *Manuel* não pode ser entendido como Paciente.

Essa regra, como todas as regras gramaticais, tem que ser formulada em termos de um papel semântico, aqui o Paciente, não de RTEs particulares, já que se aplica à "entidade.quebrada", à "entidade.entortada" etc., sendo assim sensível apenas a seu traço comum, que é o que define o Paciente. Temos aqui, portanto, evidência em favor do papel semântico Paciente, definido como está acima.

Por outro lado, em alguns casos (isto é, com alguns verbos) o Paciente não pode ocorrer como sujeito da ergativa. Um exemplo é

[6] Bob pintou a parede.

[7] *A parede pintou. (com a parede sendo a coisa pintada)

Talvez verbos como *pintar* sejam simplesmente exceções, e nesse caso devem ser marcados como tais em sua valência. Mas existe uma outra hipótese, que certamente merece investigação com maior número de verbos[4]: digamos que a construção ergativa sempre expressa algum tipo de evento espontâneo, ou seja, um evento que pode, em princípio, ocorrer na ausência de um causador. Assim, *quebrar* e *entortar* podem ocorrer na ergativa, porque as coisas podem se quebrar ou entortar por si mesmas, ou como efeito de mudança de temperatura etc. Mas com *pintar* é diferente: esse evento é concebido como algo que pressupõe a existência e ação de um pintor, seja ou não claramente expresso na frase. Se isso se confirmar, poderemos dizer que o "evento espontâneo" é parte do significado construcional das ergativas[5]. Em resumo, a ocorrência na ergativa não depende apenas da presença de um Paciente; mas não existem ergativas sem Paciente.

Conclui-se que há evidência suficiente para postular um papel semântico Paciente, que enfeixa muitas RTEs como "coisa.quebrada", "coisa.entortada" e também "coisa.pintada".

9.4 CRITÉRIOS DE DEFINIÇÃO DOS PAPÉIS SEMÂNTICOS

Um papel semântico é pois um conjunto de RTEs que funciona como um traço único para efeitos gramaticais; o papel semântico é necessariamente mais esquemático do que qualquer das RTEs que o compõem. Vimos na seção precedente que o Agente se define como o "causador imediato de um evento"; esse papel semântico é realizado como RTEs que especificam o tipo de evento em questão, como em [1], onde um evento de "chutar" é expresso. O papel semântico é necessário porque há regras que se aplicam a ele, não a RTEs individuais.

---

4. Conheço essa hipótese há anos, e não me lembro onde a vi; de qualquer modo, não é minha.
5. Na melhor das hipóteses, trata-se de um protótipo, porque há exceções: *operar*, por exemplo, ocorre na transitiva e na ergativa (*ela vai operar na quarta-feira*), embora não denote um evento espontâneo; o mesmo para *tratar* (*eu tratei da vesícula*).

Justificar a postulação de um papel semântico é portanto procurar fenômenos lexicogramaticais que podem ser formulados com referência ao conjunto de RTEs que definem esse papel semântico. Isso podemos encontrar em regras e outras generalizações gramaticais, assim como em diáteses, protótipos e propriedades temáticas das preposições.

9.5 DISTINÇÕES DISCRETAS E DISTINÇÕES CONTÍNUAS

Uma opinião comum sustenta que

> os falantes de línguas naturais formam categorizações de objetos linguísticos da mesma maneira que formam categorizações de objetos naturais e culturais.
>
> [Bybee; Moder, 1983, p. 267]

A priori, isso pode ou não ser verdadeiro. Mas há ampla evidência de que, ao contrário do que Bybee e Moder sugerem, os objetos linguísticos – e aqui me refiro em especial a itens lexicais, classes e regras gramaticais – são categorizáveis de maneira nítida e discreta. Pode-se ficar em dúvida sobre se um objeto é uma *xícara* ou um *caneco*; mas não há dúvida sobre a categoria gramatical dessas palavras: são nominais, ou mais precisamente têm certos traços funcionais que os diferenciam de *que, com, escrevia* e *juntamente*.

As diferenças, mesmo quando categóricas, não são sempre simples, e isso contribui para dar a impressão de um contínuo. Classes tradicionais como "substantivo" e "adjetivo" não passam de aproximações, que só em parte descrevem as propriedades gramaticais das palavras envolvidas. Mas isso não quer dizer que a diferença entre elas seja contínua, ou nebulosa (*fuzzy*) em nenhum sentido: elas podem ser descritas com precisão em termos de traços. As classes de palavras podem ser descritas pelo potencial funcional de cada item, o que resulta em um sistema complexo, mas definitivamente não nebuloso. Reconhecer a complexidade permite uma análise precisa dos pretensos casos intermediários que parecem ocorrer entre os mais prototípicos.

Ao investigar um aspecto da taxonomia das unidades e relações (lexemas, regras, traços formais e semânticos), parto da hipótese inicial de que são discretas: as distinções discretas são frequentes, possivelmente absolutas, na estrutura da língua; nas áreas investigadas não parece haver espaço para distinções contínuas. Ao contrário, a evidência aponta para um sistema onde a classificação se baseia em feixes de traços, como já vimos nos capítulos anteriores. A nebulosidade, que é frequente, se refere à *elaboração* das unidades, regras e funções, um fenômeno que pertence ao espaço cognitivo. Assim, RTEs como "comedor", "leitor", "chutador" etc. são todas tratadas na gramática como elaborações de um papel semântico, Agente. Já as elaborações podem ir a extremos de finura, que no entanto não são gramaticalmente significativos: o "comedor" ocorre em *comi o coco, comi o mingau* e *comi um biscoito*, que evocam ações claramente diferentes na vida real; mas o verbo é o mesmo, assim como o papel semântico. Essa posição pode ser resumida dizendo-se que os contínuos existem, mas ainda assim precisam ser reduzidos a categorias discretas no interesse da análise gramatical e lexical. Isso é o que a maioria dos linguistas, inclusive os que acreditam em categorias gramaticais contínuas, acabam aceitando, embora às vezes não explicitamente. Não conheço casos em que a análise em categorias contínuas seja necessária na gramática.

A posição de Bybee e Moder (1983) aparentemente admite um dispositivo de aprendizagem aplicável a objetivos gerais, de modo que, segundo eles, aprender a diferenciar entre pessoas ou objetos levaria de maneira mais ou menos natural a diferenciar entre classes, unidades e relações linguísticas. Pinker argumenta contra esse pressuposto:

> Um dispositivo geral de aprendizagem é como uma ferramenta para tudo: em vez de uma caixa cheia de martelos, chaves de fenda e serrotes, teríamos uma ferramenta para fazer tudo. Essa possibilidade é inconcebível na engenharia e igualmente inconcebível na engenharia de instrumentos mentais que chamamos psicologia.
>
> [Pinker, *apud* Brockman, 1995, p. 235]

Não há razão para acreditar que um único dispositivo seja responsável por todos os tipos de aprendizagem, incluindo a categorização de objetos naturais e culturais e a categorização de unidades e relações linguísticas[6].

Voltando às relações temáticas, a observação mostra que, enquanto as elaborações (ou seja, RTEs) são com efeito em número indefinido, muitas vezes com limites nebulosos, os papéis semânticos são clara e discretamente demarcados, podem diferir de língua para língua, e certamente são em número limitado para cada língua, sendo parte de sua gramática. Dizendo o mesmo com outras palavras: as línguas não utilizam distinções naturais para seu funcionamento, mas impõem suas próprias categorias, que se relacionam com as categorias naturais mas são, entre outras coisas, discretas.

---

6. Dou alguns exemplos, com argumentação, em Perini (2021, p. 111-117).

10
Definição de alguns papéis semânticos

Nas seções 9.2 e 9.3 chegamos à definição dos papéis semânticos Agente e Paciente, com argumentação em favor de sua postulação. Agora vamos examinar alguns outros papéis semânticos, selecionados do conjunto certamente maior dos que figuram na estrutura do português.

Há alguns pressupostos que se encontram frequentemente na literatura, e que convém avaliar antes de levar adiante a pesquisa dos papéis semânticos e outras relações temáticas. Croft (1991)[1] lista diversos desses pressupostos, "implícitos pelo menos nas abordagens mais antigas dos papéis semânticos"; segundo essa posição, os papéis semânticos

(a) se entendem como semanticamente inanalisáveis;

(b) são definidos independentemente do significado do verbo;

(c) são em pequeno número.

Tenho objeções a todos esses pressupostos, principalmente quando se considera que os papéis semânticos se associam a suas elaborações (RTEs):

(a) os papéis semânticos representam na verdade conjuntos de RTEs: o Agente pode ser o "chutador", o "escrevedor" ou "o que belisca" etc.; nesse sentido, o papel semântico é analisável, embora em outro nível de descrição. Em outros casos um papel semântico contém referência a outro, como nos casos de emparelhamento, em que dois papéis ocorrem necessariamente em pares na mesma oração, como vimos na seção 8.2 com pares como

---

1. *Apud* Levin e Rappaport Hovav (2005, p. 35).

"qualidade" / "coisa.qualificada" e Correferência, que se associa sempre a dois constituintes. Nesse sentido, os papéis semânticos, ou pelo menos alguns deles, são semanticamente analisáveis.

(b) Os papéis semânticos são parte da semântica do verbo. O que pode ser independente do significado do verbo são as associações com as funções sintáticas: um verbo como *comer* evoca o esquema COMER, que por sua vez inclui um "comedor" (o Agente) e uma "coisa.comida" (o Paciente); essas relações são parte do significado de *comer*. O que é independente do significado do verbo é a associação do Agente ("comedor") com o sujeito, que decorre de uma regra geral da língua; ou do Paciente com *em* SN, no caso de *bater* (*ele bateu no cachorro*), que é consignado na valência do verbo.

(c) Quanto ao número de papéis semânticos existentes em uma língua dada, creio que ainda é cedo para avaliá-lo; admito que deve ser limitado, ao contrário das RTEs, mas qualquer afirmação categórica sobre seu número deve esperar até que tenhamos mais casos devidamente analisados.

E, já que estamos criticando a concepção tradicional de relação temática, insisto que essas devem ser, uma vez elaboradas, intuitivamente acessíveis ao usuário da língua. Ou seja, o extremo cognitivo do eixo forma-significado deve constar de noções concretas, redutíveis em alguns casos a imagens sensoriais; relações gerais como Agente ou Lugar são abstrações criadas com fins descritivos, e não têm correlato concreto imediato – ao contrário de RTEs como "mordedor" ou "na.cozinha", que integram a representação cognitiva em toda a sua riqueza.

10.1 EXPERIENCIADOR(ES)

10.1.1 Introdução

Esta é a definição mais comum do Experienciador:

> Se um predicado afeta o *estado ou constituição interna de um argumento*, então o argumento tem o papel temático *experienciador*. A sentença (27) tem uma acepção com experienciador e sem experienciador:

27. Buddy smelled the flowers. ['Buddy cheirou as flores']
[*Buddy* é um experienciador se] o cheiro das flores *vem sobre* Buddy e é registrado em sua cabeça; neste caso, Buddy não faz nada voluntariamente, mas experiencia o evento.

[Frawley, 1992, p. 213; numeração do original][2]

Veremos que os casos normalmente analisados como "experienciador" na verdade se distinguem em dois papéis semânticos, diferentes em seu conteúdo cognitivo e em seu comportamento gramatical. Podemos chamá--los **Perceptor** e **Experienciador.emocional (ExpEm)**. Vamos desenvolver o tema aqui.

O Perceptor ocorre em

[1] O menino viu o gato.

e o ExpEm ocorre em

[2] O menino ama o gato.

Essa distinção é necessária não apenas por causa da diferença semântica, mas também porque as duas relações temáticas se comportam diferentemente na gramática. Há uma regra que estabelece que o Perceptor é o sujeito em todos os casos; mas o ExpEm pode também ocupar outras funções sintáticas, por exemplo em

[3] O fantasma assustou a donzela.

[4] Esse filme agradou ao público.

Essas relações são muitas vezes englobadas em apenas uma (denominada Experienciador), uma análise que precisa ser revista. É preciso definir

---

2. Eu preferiria me referir ao estado ou constituição interna de um ser animado; Frawley usa "argumento" em um sentido maldefinido, típico dessa palavra, e que prefiro não usar.

dois papéis semânticos distintos, pela razão dada acima: o Perceptor é sempre o sujeito, mas o ExpEm, além de ser sujeito em algumas orações, ocorre em outras funções com muitos verbos, como *divertir, enfurecer, fascinar, assustar, irritar, agradar, surpreender, perturbar, preocupar* e outros.

10.1.2 O Experienciador é um Agente?

Schlesinger (1992) propõe que o Experienciador, como o sujeito de [1] e [2], poderia ser analisado como Agente. Schlesinger diz que os "sujeitos de verbos mentais" podem ser concebidos como "um tipo de agente", e dá alguns resultados de experimentos que pretendem mostrar que os usuários da língua realmente entendem tais sujeitos como tendo os traços normalmente associados com o Agente: Causa, Responsável-por-característica, Movimento, Mudança-de-estado, Controle, Intenção e Responsabilidade. Tenho objeções contra essa análise.

Um problema que vejo na proposta de Schlesinger é a larga diferença entre as elaborações de Agente e as de Perceptor, o que faz com que a vinculação de ambos a um só esquema seja problemática; não se espera que um esquema seja constituído de ingredientes tão fundamentalmente heterogêneos – como se definiria o papel semântico resultante? Suspeito que a real semelhança entre o Agente e o Perceptor seja a forte tendência de atribuir ambos a constituintes referentes a entidades animadas. Existe, de fato, também uma tendência a codificar ambos como sujeitos; mas a regra é absoluta com o Perceptor, ao passo que há pelo menos um caso de Agente não sujeito[3]. Por ora, é preciso concluir que Agente e Perceptor são dois papéis semânticos distintos; as diferenças parecem ser irredutíveis (isso se aplica tanto ao Perceptor quanto ao Experienciador emocional, ExpEm).

---

3. Excluo a construção passiva, por razões explicadas na seção 26.4.

10.1.3 O Experienciador.emocional é um Paciente?

Agora, analisar o ExpEm como Paciente parece mais promissor, primeiro porque a semântica mostra alguma semelhança: o objeto em

[5] Zé assustou o gato.

tradicionalmente analisado como Experienciador, aqui como ExpEm, se entende como sofrendo uma mudança de estado, de não assustado para assustado. E há também semelhança sintática, porque o ExpEm ocorre como sujeito em frases como

[6] O gato (se) assustou.

que parece ser um caso de construção ergativa, como as que ocorrem normalmente com verbos de mudança de estado não psicológico, como

[7] O copo (se) quebrou.

Se admitirmos que há um sujeito Paciente tanto em [6] quanto em [7] – como parece plausível – então temos argumentos tanto sintáticos quanto semânticos para identificar o ExpEm com o Paciente. Note-se que o Perceptor não pode ser incluído nessa análise, porque não pode ser objeto, e tampouco pode ocorrer em uma construção semelhante (ou idêntica) à ergativa; quero dizer, à sentença

[1] O menino viu o gato.

não corresponde uma com *o gato* como sujeito, mas ainda assim entendido como a "coisa vista".

Se admitirmos essa análise, o ingrediente experiencial presente no significado de sentenças como [5] e [6] viria por elaboração: o esquema evocado pelo verbo se refere a um evento psicológico, e mudanças de estado devidas a esse evento precisam ser também psicológicas. Concluo que há indicações de que o ExpEm não seria um papel semântico autônomo, mas uma elaboração do Paciente em determinados ambientes.

No entanto, não vou propor que esses papéis semânticos sejam identificados, porque há problemas com essa identificação. Um exemplo são frases como

[2] O menino ama o gato.

onde não se assere mudança de estado, e portanto o sujeito não pode ser analisado como Paciente. Certamente há mais a ser pesquisado aqui, mas por ora vamos manter a distinção entre Paciente e ExpEm, além é claro do Perceptor, também distinto.

10.2 ESPAÇO E TEMPO

Um caso clássico de papéis semânticos aparentemente distintos e que são codificados de maneiras muito semelhantes é a expressão do "tempo" e do "lugar". Temos aqui duas famílias de RTEs, cada uma delas incluindo (no tempo e no espaço, respectivamente) "lugar", "fonte", "meta" e "trajetória":

Lugar:

[8] Ela mora em Chicago.

[9] Ela nasceu em 1998.

Fonte:

[10] A estrada tem quatro pistas desde Barbacena.

[11] Ela trabalha aqui desde 2004.

Meta:

[12] Ela viajou até Chicago.

[13] Ela dormiu até as duas horas.

Trajetória:

[14] Ela passou por Chicago.

[15] Ela passou pela juventude sem fazer nada de útil.

Meta (sem preposição, com *atingir*):

[16] O velho atingiu o outro lado da rua.

[17] Essa opinião atingiu o nosso século.

    A semelhança de codificação é impressionante: a língua não apenas usa as mesmas preposições, mas até certo ponto os mesmos verbos para expressar espaço e tempo. Alguns autores (Jackendoff, 1972; 1983; Pontes, 1992) viram nesses fatos razão suficiente para postular apenas um conjunto de papéis semânticos: Lugar, Fonte, Meta e Trajetória, todos válidos tanto para o campo espacial quanto para o temporal. A ideia é que as relações espaciais são experiencialmente mais básicas, e fornecem um modelo para a codificação de relações mais abstratas, ou menos diretamente observáveis, como "tempo"[4].

Por outro lado, é verdade que há palavras diferenciadas para perguntar sobre o tempo e o espaço, como respectivamente *quando* e *onde*. Os advérbios também tendem a ser especializados: *aqui* se usa só para lugar[5], embora *aí* se use para lugar e tempo. E temos verbos diferentes para expressar extensões de tempo e de espaço: *durar* (tempo) e *morar, ficar* (espaço). Mas esses fatos não são justificativa suficiente para separar os papéis semânticos, porque têm a ver com a semântica de itens lexicais, não com a relação entre verbo e complementos. Para pegar um exemplo paralelo, podemos perguntar sobre o Agente com *quem* ou *o que*:

[18] Quem fez esse barulho?

[19] O que fez esse barulho?

mas isso não é razão para distinguir Agentes humanos de não humanos. A relação entre sujeito e objeto é *gramaticalmente* a mesma nas duas frases, e podemos atribuir o papel de Agente ao sujeito em ambos os casos; a relação será elaborada a partir de uma noção esquemática de "localização", mais a semântica dos itens em questão. Em [18] a relação temática de *quem* é Agente, e a mesma em [19]; o fato de que só [18] se refere a uma pessoa não tem a ver com a relação temática, mas é um traço lexical da palavra *quem*. E se compararmos [8] e [9] a relação temática nos informa que esse sintagma situa o fato em alguma localização abstrata; é a semântica de *Chicago* e *1988* que traz a informação de que se fala de um lugar em [18] e de um ponto no tempo em [19]. Isso é elaboração, e não há necessidade de diferenciar dois

---

4. Taylor (2002, p. 506) acrescenta a "posse" como mais uma relação locativa; mas aqui sou mais cético, e prefiro ficar por ora com distinções mais concretas.
5. Isso pode não ser estritamente verdadeiro para *aqui*; ouvi recentemente na TV o sintagma *nesse momento aqui* (TV Globo, junho de 2022).

papéis semânticos para garantir a interpretação correta dessas frases. *Morar* só coocorre com complementos de lugar, mas isso se deve ao significado do verbo – ou seja, ao esquema que ele evoca – que é incompatível com a referência temporal: *eu morei em 1998* não significa nada de útil. O mesmo para *durar*, que inerentemente se refere a uma extensão de tempo, não de espaço.

Os itens lexicais fazem distinções semânticas muito mais finas do que as categorias gramaticais tais como os papéis semânticos; isso é consequência do enorme número de itens lexicais existentes na língua, em comparação com os recursos escassos disponíveis para a gramática. Se considerarmos apenas recursos gramaticais, veremos que tempo e lugar se expressam em muito grande medida pelos mesmos elementos; as exceções parecem ser sempre explicáveis em termos contextuais (pela semântica dos itens envolvidos, mais elaboração).

Bennett (1975) estudou as condições nas quais as preposições do inglês expressam tempo e espaço, com resultados interessantes, ou seja, ele faz as perguntas certas, embora eu muitas vezes discorde de suas respostas. Bennett reconhece cinco "casos" (para nós, papéis semânticos) que considera relevantes para a expressão das relações espaciais: "locativo", "fonte", "trajetória", "meta" e "extensão"[6]. Esses casos subclassificam as preposições locativas da língua: limitando-nos aos usos mais prototípicos, *above* 'acima de' expressa o locativo, *to* 'para' expressa a meta, *from* 'de' a fonte, *across* 'através' a trajetória, *for* 'por' a extensão. A partir daí, Bennett procura verificar se essas cinco relações também funcionam para a dimensão temporal. A resposta é, falando em geral, afirmativa:

> Por exemplo, a sentença *I saw Gwyneth at 10 o'clock* ['eu vi Gwyneth às dez horas'] localiza o evento em um ponto particular no tempo; e *We were walking through the forest for two hours* ['estivemos caminhando pela floresta por duas horas'] indica a extensão temporal da nossa 'caminhada pela floresta'. Claramente, então, é necessário invocar os casos [locativo e extensão] em relação ao tempo.
>
> [Bennett, 1975, p. 94]

---

6. Respectivamente, *locative, source, path, goal, extension*.

Pode-se perguntar, então, se se pode simplesmente transferir as relações espaciais para o plano temporal, unificando-as como um conjunto único de papéis semânticos. Bennett responde negativamente, e sustenta que alguns papéis semânticos são válidos apenas para o plano espacial:

> [...] há muitos pontos de vista nos quais a análise temporal não é paralela à espacial. Em grande medida essa assimetria é o resultado de duas propriedades bem conhecidas do tempo, sua unidimensionalidade e sua unidirecionalidade.
>
> [Bennett, 1975, p. 95]

Segundo Bennett, isso explica por que algumas preposições são usadas apenas espacialmente: *behind* 'atrás de', *in front of* 'em frente de', *to the right of* 'à direita de' etc. Ele sustenta que

> No que diz respeito ao tempo, [essas] possibilidades não têm equivalente.
>
> [Bennett, 1975, p. 95]

Mas o que temos aqui é um efeito do conhecimento do mundo – algo que Bennett reconhece, mas não integra em suas conclusões. Não há necessidade de marcar a unidimensionalidade ou a unidirecionalidade como traços gramaticais de itens da língua. A aplicação do princípio da Sintaxe Simples, de Culicover e Jackendoff (2005), permite eliminar esses fatores da descrição: podemos dizer que as preposições espaciais também expressam tempo, mas uma preposição como *to the right of* 'à direita de' não ocorre nessa acepção porque é, nesse plano, expressivamente inútil (o que significa *à direita de 5 de agosto?*).

Bennett também observa o fato de que podemos reverter a ordem dos complementos em [20], embora em [21] isso não seja possível[7]:

[20] O Mall vai do Palácio de Buckingham até Trafalgar Square.

[21] Meu curso vai de março a junho.

---

7. Traduzo e renumero os exemplos de Bennett.

Mas isso se deve à unidirecionalidade do tempo, mencionada pelo próprio Bennett: algo que não é um traço da língua inglesa, mas do próprio tempo. Se dissermos, em vez de [21]

[22] Meu curso vai de junho a março.

estaremos falando não de um curso de quatro meses, mas de um de dez meses (digamos, junho de 2023 a março de 2024). E a sentença

[23] Darwin viveu de 1882 a 1809.

não tem nada de *linguisticamente* estranho ou malformado.

Aliás, se chamamos o papel semântico de Lugar, isso não quer dizer que entendemos o tempo como se fosse um lugar; trata-se apenas de um rótulo conveniente para uma noção mais esquemática. O *papel semântico* Lugar se define como "localização no tempo ou no espaço"[8], e nenhuma das duas áreas é vista como predominante; o mesmo para os demais papéis, Trajetória, Fonte, Extensão e Meta. Em

[24] Ela falou por duas horas.

o processo de interpretação pode começar com a atribuição de Extensão ao complemento *por duas horas*. A partir daí o receptor enriquece a representação cognitiva de forma regular, elaborando as relações com base na semântica do verbo e do conhecimento do mundo: *por duas horas* denota um período de tempo, e isso é decisivo para a construção da interpretação final.

Não considero ainda resolvida a questão da distinção entre relações temáticas de tempo e espaço. Mas os exemplos examinados sugerem que as relações temporais e espaciais devem ser analisadas como apenas um

---

8. E também em outras dimensões, como em *vou tratar aqui de uma nova teoria*.

conjunto de papéis semânticos; as diferenças surgem nas RTEs, produto de elaboração. A questão ainda merece atenção; por ora, vou concluir, com Pontes, que

> ao pensarmos o tempo partimos de nossa concepção de espaço e projetamos as distinções espaciais para falar do tempo. Este é, então, concebido como "um lugar", como pontos no espaço, como uma linha, como tendo movimento.

[Pontes, 1992, p. 84]

10.3 CORREFERÊNCIA

Uma relação temática que pode ser associada a complementos é a **correferência**, que vem sempre em pares (um caso de emparelhamento, cf. 8.2), e representa a asserção de que duas entidades mencionadas são na verdade uma só, como em

[25] Aquela senhora é a diretora.

Essa é uma relação temática que se aplica a dois complementos, e não a um complemento e o verbo; mas sua ocorrência depende do verbo, e precisa aparecer então na formulação de sua valência – por exemplo, ao contrário de *ser*, o verbo *procurar* requer dois participantes não correferentes. Outros exemplos de complementos correferentes resultantes da valência verbal são

[26] Vinte soldados compõem um pelotão.

[27] Honório virou um lobisomem.

Ao analisar originalmente esses casos, usei o papel semântico **αRef** ("alfa-referencial") para ambos os complementos em questão, de modo que [25] era analisada como

[28] SujV>αRef   V   SN>αRef

que seria uma das muitas diáteses de *ser*.

Mas há uma análise melhor, mais simples e mais bem motivada. O verbo em [25] é *ser*, que tem um conjunto bastante grande de significados possíveis (ou seja, evoca diversos esquemas). Um desses significados é "asserção de correferência entre duas entidades". O verbo é o responsável pela presença desse esquema em [25], o que pode ser testado substituindo-o, o que em geral causa o desaparecimento da asserção de correferência:

[29] Aquela senhora viu / beliscou / odeia / ajuda a diretora.

A asserção de correferência desaparece, como efeito do significado diferente do novo verbo.

Agora, se o verbo pode assumir a asserção de identidade das duas entidades, podemos mudar a formulação da diátese que subjaz a [25], para

[30] SujV V SN

e nada se perderá, já que o esquema evocado pelo verbo aqui inclui duas variáveis centrais, que são ambas asseridas como correferentes uma da outra. Podemos chamar esse esquema SER.CORREFERENTE, que pode ser evocado pelo verbo *ser*. A atribuição por ausência pode se aplicar aqui a ambos os complementos (sujeito e objeto[9]), e neste caso particular não precisamos nem mesmo especificar uma diferença temática entre os complementos, já que ambos têm a mesma relação com o verbo. Essa análise evita a necessidade de postular o papel semântico **αRef**, criado de propósito para acomodar fatos como os da oração [25]; em vez disso, a nova análise se baseia em

---

9. Relembro que o objeto é definido como um SN não sujeito, simplesmente. Assim, *ser* pode ter objeto.

informação independentemente necessária, incluída no significado de *ser*, e não requer novas peças de maquinaria para dar conta de [25] e sentenças análogas.

Um exemplo de *ser* evocando outro esquema é

[31] Aquela menina é inteligente.

onde a relação é de "coisa.qualificada" e "qualidade". O significado dos complementos exclui a interpretação correferencial que vimos em [25], porque a representação cognitiva resultante seria malformada. *Inteligente* tem potencial qualificativo, mas geralmente não referencial, logo não pode ser correferente de *aquela menina*, o que impede que [31] seja interpretada de maneira paralela a [25]. Aqui, novamente, isso não precisa ser explicitado na gramática, pois depende do significado dos itens lexicais, mais o potencial semântico de *ser*, mais conhecimento do mundo.

Vejamos agora

[27] Honório virou um lobisomem.

Aqui há um ingrediente cognitivo não presente em [25] ou [31], a saber uma sequência temporal; a frase informa que Honório e o lobisomem não são correferentes em determinado ponto (que podemos chamar Estado. inicial), mas são em um momento subsequente (Estado.final). Isso faz com que seja impossível analisar [27] como realização de [30], porque não haveria modo de representar a diferença entre essa frase e

[32] O lobisomem virou Honório.

que significa outra coisa.

O verbo *virar* evoca (entre outros) o esquema TORNAR-SE, um evento que tem como resultado duas entidades que se tornam correferentes. Aqui precisamos de informação valencial, isto é, uma diátese, para evitar que o Estado.inicial seja atribuído ao objeto, o que faria [27] ser interpretada como [32]. A diátese pode ser

[33] SujV>*Estado.inicial* V SN>*Estado.final*

Esses dois papéis semânticos são emparelhados, e sempre ocorrem juntos em uma oração; incluem também uma condição de correferência, porque se referem ao estado inicial e final da mesma entidade (aqui, Honório). Isso pode levar a uma simplificação da fórmula [33], mas não vou discutir o ponto aqui; fiquemos por ora apenas com [33] como a diátese que subjaz a [27] e [32]. As vinculações são diferentes, e o Estado inicial é sempre atribuído ao sujeito, o que descreve a diferença semântica dessas duas orações.

10.4 CAUSA

10.4.1 Problemas de definição

Embora a literatura esteja cheia de referências a fenômenos e complementos de causa, a própria noção de "causa" não é bem definida, e várias relações diferentes são englobadas sob esse rótulo. Isso já foi observado:

> [Este estudo] distingue dentro [da semântica da causação] muitos tipos distintos de situações causativas de complexidade variada.
>
> [Talmy, 2000, p. 471]

Essa família de relações tem necessidade de boas definições, com a correspondente separação entre papéis semânticos e suas elaborações em RTEs. Há uma tendência a identificar a relação gramatical com o uso cotidiano da palavra *causa*, que é ambígua demais para ser útil neste particular. Por exemplo, pode-se considerar que o Agente "causa" o evento, e em certo sentido ele o faz, mas de maneira diferente do que se encontra em outras relações presumivelmente também causais. Uma tentativa de fazer a distinção é

> Agente: o desencadeador de alguma ação, capaz de agir com controle.
>
> [...] Causa: o desencadeador de alguma ação, sem controle.
>
> [Cançado, 2005, p. 113]

Essa distinção só leva em conta duas relações "causativas" possíveis, uma realizada como o Agente, a outra como a Causa. Como veremos adiante, há mais; em especial, o papel semântico tradicional Causa compreende mais de uma relação diferente.

10.4.2 Agente não volitivo

Vamos examinar primeiro o caso do Agente em oposição à Causa. Naturalmente, o que nos interessa aqui não é qualquer definição dessas relações, mas aquelas que funcionam na gramática da língua. Pode-se mostrar que casos onde o ingrediente "volitivo" (assim como "animado") está ausente precisam ainda assim ser analisados como Agente em português. Nesse caso, o elemento "volitivo" não faz parte da definição do Agente; vejamos os argumentos em favor disso.

Analiso as frases seguintes, ambas como contendo um Agente:

[34] Carlos abriu a porta.

[35] O vento abriu a porta.

Essa análise é controversa, e alguns autores preferem ver aí papéis diferentes para o sujeito em cada frase. Para identificar os dois casos é preciso mostrar que funcionam identicamente para as construções da língua. Mas há pelo menos uma construção em que os dois parecem estar em oposição[10]:

[36] *A porta abriu com Carlos.

[37] A porta abriu com o vento.

---

10. Devo essa objeção a Luana Amaral.

Uma maneira de capturar esse fato seria postular dois papéis semânticos: Agente (o sujeito de [34]) e Causador (o sujeito de [35] e o sintagma preposicionado de [37]). De acordo com essa hipótese, [37] tem Paciente e Causador, mas não Agente.

Mas há uma alternativa melhor: pode-se mostrar que, *com o vento*, em [37] tem um papel semântico diferente de *o vento* em [35], o que nos possibilitaria analisar este como Agente, tal como o sujeito de [34]. E existe de fato evidência de que os papéis semânticos são diferentes nesses dois casos; vou tentar mostrar que *o vento* é Agente em [35], mas *com o vento* é Instrumento em [37]. Se isso for correto, teremos uma explicação para a inaceitabilidade de [36], baseada na inadequação semântica de *Carlos* como Instrumento de abrir a porta.

Primeiro, a preposição *com* prototipicamente ocorre como marcador de Instrumento:

[38] A porta abriu com um pontapé.

[39] A porta abriu com um pé de cabra.

O Instrumento pode ocorrer na mesma oração juntamente com um Agente, como em

[40] O assaltante abriu a porta com um pé de cabra.

Não podemos dizer

[41] *Camila abriu a porta com o vento.

mas isso é por causa da estranheza de uma pessoa manipular o vento. Mas podemos dizer

[42] O capitão trouxe o barco para a baía com um vento favorável.

É mesmo possível acrescentar um Instrumento a [35] e dizer

[43] O vento abriu a porta com uma rajada violenta.

o que sugere que *o vento* não é Instrumento aqui. Isso implica que [43] não é tematicamente[11] sinônima de

[44] Uma rajada violenta de vento abriu a porta.

É verdade que essas sentenças denotam representações cognitivas muito semelhantes, mas elas são expressas de maneiras diferentes. Se em [43] entendemos que a rajada é de vento, é pelo que sabemos de tais situações: a sentença não *diz* que a rajada é de vento. Em [35] o vento abriu a porta, e em [44] uma rajada de vento abriu a porta: temos aqui duas maneiras gramaticalmente diferentes de denotar o mesmo evento. Ou seja, trata-se de uma situação como a de *Zé casou com Maria* e *Maria casou com Zé*, que denotam o mesmo evento sem serem gramaticalmente sinônimas.

Além disso, já foi observado que a construção ergativa não admite a expressão do Agente; essa construção é na verdade um dos recursos disponíveis na língua para sua omissão – lembro o proverbial menino travesso que informa que *o vaso quebrou*. Se [37]

[37] A porta abriu com o vento.

for analisada como tendo Agente, essa será uma exceção a explicar.

---

11. "Tematicamente sinônima" significa "tendo o mesmo verbo e os mesmos sintagmas com os mesmos papéis semânticos". Essa noção seleciona, da estrutura semântica da sentença, os traços relevantes para a descrição da valência.

Esses argumentos mostram que *com SN* nas sentenças examinadas tem o papel semântico Instrumento, não Agente. Consequentemente, essas frases não são contraexemplos à hipótese de que o português identifica o "agente volitivo" com o "agente não volitivo" como um mesmo papel semântico; ao contrário, podemos fazer a identificação, reunindo as duas RTEs sob o mesmo rótulo de Agente.

11

Restrição de extensão

11.1 QUALIDADE

Encontra-se às vezes o rótulo de "qualidade" aplicado a uma relação temática. Mas essa noção, embora amplamente usada, não é muito clara: parece ser uma designação geral que cobre uma variedade de relações distintas. Suspeito que se trata de um fenômeno gramatical relativamente simples, que se elabora em um grupo muito heterogêneo de RTEs.

Vamos começar com o exemplo

[1] Um livro verde

Tradicionalmente se diria que *verde* "qualifica" *livro*. O problema é como definir a "qualificação", um termo que corresponde a várias noções, como se vê em

[2] Um livro bom / um livro perdido / uma receita francesa / uma conferência médica /
um linguista indo-europeu / um inimigo potencial / uma decisão presidencial ...

A percepção tradicional de que há algo de comum em todos esses casos é basicamente correta. Mas ainda nos falta uma análise semântica mais explícita do que temos nesses exemplos – algo além da simples constatação de que o modificador acrescenta uma "qualidade" ao núcleo do SN. O fator foi identificado por Liberato, ao afirmar que

> [...] a composição do SN é condicionada por [sua] *função referencial*. [...] os elementos do SN vão sendo acrescentados à medida que se tornam necessários como *pistas adequadas para a identificação do referente pretendido*. [...] Cada elemento acrescentado restringe a classe delimitada anteriormente,
>
> [Liberato, 1997, p. 6-7; itálicos no original]

Ou seja, a contribuição semântica comum a todos esses modificadores é restringir a referência inicialmente fornecida pelo núcleo: em [1] falamos não apenas de um livro, mas de um livro *verde*, e igualmente para os outros exemplos. Vamos chamar esse traço de **REx**, isto é, **restrição de extensão**. Um item como *verde* tem a propriedade de acrescentar esse traço, sendo portanto marcado [+REx]. Naturalmente, o mesmo item pode ocorrer em outras funções temáticas, como em *esse verde é escuro demais*, onde *verde* é o centro de referência do sintagma nominal.

Há muitas diferenças entre as RTEs desses complementos, claro: *bom* é uma "qualidade", mas *francesa* é "origem nacional", *médica* tem a ver com o assunto da conferência, *presidencial* denota o Agente da decisão, e *indo--europeu* não se refere ao linguista, mas a sua área de atuação. Mas todos esses acréscimos desempenham a mesma função porque são "pistas para a identificação do referente pretendido", nas palavras de Liberato. No que concerne à estrutura gramatical, temos o mesmo fenômeno em todos os exemplos de [1] e [2]: um nominal referencial cuja extensão é restringida por outro termo do sintagma, que realiza o traço [REx]. Itens como *bom* são marcados [+REx] no léxico, o que quer dizer que eles têm o potencial semântico de restringir referências.

11.2 CIRCUNSTÂNCIA

Outra noção gramatical também comum, e também maldefinida, é a de "circunstância", em geral distinguida em circunstância de modo, tempo, lugar etc. Essa relação pode se identificar com a restrição de extensão, se dermos a esse termo um sentido mais abrangente, incluindo referência a eventos e estados, além de coisas, objetos e pessoas.

Os sintagmas adverbiais e adjetivos são tradicionalmente considerados duas classes diferentes de unidades. Existe evidência de que são realmente sintaticamente distintos, mas têm contribuição semelhante para a construção da representação cognitiva. Podemos começar com

[3] O trabalho rápido de Sheila me impressiona.

[4] Sheila trabalha rápido.

Vemos aí que a palavra *rápido* pode ocorrer em construção com um nominal ou com um verbo. Tradicionalmente, *rápido* seria adjetivo em [3] e advérbio em [4]; mas já vimos no capítulo 4 que esse tipo de "derivação imprópria" é teoricamente incorreto. Uma análise melhor é que a palavra *rápido* tem os traços sintáticos [+Mod] e [+ModV][1]. Outras palavras podem ter traços diferentes: *rigoroso* é marcado '+' apenas para o primeiro desses traços, e *rigorosamente* apenas para o segundo. Isso não coincide com a distinção tradicional entre adjetivos e advérbios, pois palavras como *rápido* não cabem em nenhuma dessas categorias; na verdade não há lugar para *rápido* na classificação tradicional. É uma situação que se repete em outras áreas da gramática, e a solução é marcar cada palavra com os traços que descrevem seu comportamento gramatical, sem nos preocuparmos com sua eventual inserção no sistema tradicional.

Ao usarmos o sintagma *trabalho rápido* não nos referimos a qualquer tipo de trabalho, mas só a um que seja rápido: a extensão básica denotada por *trabalho* é restringida pela palavra *rápido*. E quando digo que *Sheila*

---

1. Vamos adotar a convenção de que Mod é um modificador em construção com um nominal, e ModV é um modificador em construção com um verbo, tradicionalmente um "adjunto adverbial". A sintaxe pode ser expressa adequadamente se dissermos simplesmente que cada complemento é companheiro de construção (*construction mate*) do nominal ou do verbo.

trabalha rápido estou acrescentando à extensão básica de *trabalha* a restrição expressa por *rápido* – há muitas maneiras de trabalhar, e Sheila faz isso rápido. Olhando a questão desse ponto de vista, podemos dizer que a semântica de *rápido* em *trabalho rápido* e *Sheila trabalha rápido* tem um componente em comum, a saber a restrição de extensão, expressa pelo traço [REx]. A forma *rápido* tem entre suas funções restringir a extensão semântica da unidade com a qual aparece em construção, seja ela um nominal, seja um verbo.

A maneira pela qual cada modificador restringe a extensão de seu núcleo varia, sendo uma derivação do significado de cada um; mas o ingrediente REx está sempre presente. O que se passa com palavras individuais acontece também com sintagmas: para pegar um exemplo, um sintagma introduzido por um relativo, como *que chegou tarde*, só pode ocorrer em construção com um nominal (isto é, como constituinte de um SN); e quando ocorre veicula o traço [REx][2].

O sintagma *de chapéu branco* aparece em frases como

[5] A senhora de chapéu branco é a rainha.

[6] A rainha sempre viaja de chapéu branco.

onde está em construção com o núcleo do SN (*rainha*) ou com o verbo (*viaja*). De acordo com a análise tradicional, teríamos um sintagma adjetivo em [5] e um adverbial em [6]. Mas podemos aplicar aqui uma análise paralela à que usamos para *rápido*, e dizer que *de chapéu branco* tem os traços sintáticos [+Mod, +ModV]; semanticamente, ambos restringem extensão, como explicado acima. Outros sintagmas, como *que chegou tarde*, só têm o primeiro desses traços, e outros, como *quando chove*, só têm o

---

2. Há uma exceção, as chamadas orações relativas não restritivas, ou explicativas, que não restringem a referência do núcleo; estas são examinadas na seção 11.5.

segundo. Esse comportamento é semelhante ao de palavras como *rápido*, que têm os dois traços, e *rapidamente* e *rigoroso*, que só têm um dos dois. O quadro seguinte mostra esse paralelismo:

	Mod	ModV
rápido	+	+
rapidamente	–	+
rigoroso	+	–
de chapéu branco	+	+
quando chove	–	+
que chegou tarde	+	–

Quadro 11.1: Sintagmas "adverbiais" e "adjetivos"

Considerando apenas esses dois traços, *rápido* e *de chapéu branco* se comportam identicamente; também *rapidamente* e *quando chove*; e também *rigoroso* e *que chegou tarde*.

Mas isso é a sintaxe. Semanticamente, o que todos esses complementos fazem é restringir a extensão referencial de seus respectivos núcleos: são todos [REx] nessas construções. Desse ponto de vista, então, os seis sintagmas do Quadro 11.1 têm funções semânticas idênticas, ou seja, fornecem "pistas para a identificação do referente pretendido", entendendo-se o referente como incluindo não apenas entidades (coisas), mas também eventos e estados, com a concepção mais abrangente de "extensão" proposta aqui. Isso significa que a distinção entre complementos adjetivos e adverbiais faz sentido em termos sintáticos: o complemento adjetivo é constituinte de um SN, e o adverbial é constituinte da oração[3]. Semanticamente, contudo, têm todos a mesma função.

---

3. Ou do sintagma verbal; para nós não faz diferença.

Onde todos diferem amplamente é nas elaborações possíveis. Assim, em

[7] Um livro de fonética.

a RTE expressa por *de fonética* tem a ver com o conteúdo do livro, e em

[6] A rainha sempre viaja de chapéu branco.

tem a ver com uma maneira de viajar. Tais detalhes são derivados do significado interno de cada item, mais o significado da preposição (se for o caso). [7] e [6] diferem em sua sintaxe (uma tem Mod, a outra tem ModV), mas cognitivamente têm um elemento importante em comum, o traço [REx] presente em ambos. Esse é o único ingrediente de significado passível de generalização; todos os outros traços da RTE são idiossincráticos e limitados a cada caso particular.

O Quadro 11.1 mostra que, se consideramos apenas esses dois traços, há três tipos de unidades (palavras e sintagmas), não dois como na gramática tradicional. Em vez de apenas "adjetivos" e "advérbios" (ou "sintagmas adjetivos" e "sintagmas adverbiais"), temos três classes, de acordo com seu potencial funcional: [+Mod, +ModV] (*rápido, de chapéu branco*); [+Mod, –ModV] (*rigoroso, que chegou tarde*); e [–Mod, +ModV] (*rapidamente, quando chove*). Isso descreve o comportamento sintático dessas unidades. Quanto à semântica, são todos [+REx], isto é, podem todos expressar uma restrição da extensão de outra unidade, que aparece sintaticamente como o núcleo da construção. Se acrescentarmos o traço [REx] ao quadro, todos os seis exemplos serão marcados positivamente.

11.3 HERANÇA

No caso de palavras simples, como *rápido* e *rigoroso*, os traços mostrados no Quadro 11.1 estão presentes no item lexical correspondente, juntamente com muitos outros. Quando chegamos aos sintagmas, que têm estrutura sintática interna, a origem dos traços não é imediatamente clara. De onde é que um sintagma como *de chapéu branco* tira seus traços, [+Mod, +ModV]? Não pode ser de *chapéu*, que é presumivelmente o núcleo do sintagma, já que essa palavra não pode ser modificador; nem pode ser de *branco* porque, embora essa palavra possa ser modificador, sua supressão não muda as propriedades do sintagma: *de chapéu* pode ser modificador, assim como *de chapéu branco*. Ficamos com a preposição, *de*; e, de fato, as preposições tipicamente têm a propriedade de modificar o potencial funcional da unidade que elas introduzem. Assim, *chapéu branco* é um SN, e *de chapéu branco* é um sintagma adjetivo ou adverbial; *chapéu branco* pode ser sujeito ou objeto, mas *de chapéu branco* não pode. Essa propriedade das preposições não é novidade: uma preposição, em muitos casos, determina o potencial funcional de um constituinte, e é o que Zwicky chama o "determinante da categoria", o elemento que

> determina a categoria sintática do construto como um todo; ou seja, é o constituinte com o qual o construto como um todo compartilha a categoria sintática [...]

[Zwicky, 1993, p. 297]

Concordo que a preposição determina a categoria sintática do sintagma preposicionado: tipicamente, o potencial funcional de uma construção – em particular, sua propriedade de ocorrer como modificador nominal ou verbal – deriva das propriedades da preposição que o introduz[4]. Por outro lado, é fácil verificar que o sintagma preposicionado não tem o mesmo potencial funcional da preposição; uma preposição sozinha não pode ser modificador, por exemplo.

Há alguns casos de sintagmas preposicionais que se comportam como se a preposição não existisse; são casos raros, provavelmente analisáveis como expressões idiomáticas (cf. Fulgêncio, 2008). Um exemplo é *sem-vergonha*, que pode ser usado como um SN:

---

4. Isso se aplica às preposições predicadoras; as preposições funcionais são diferentes (cf. 7.2.3).

[8] Você contratou um sem-vergonha.

Essas sequências podem também funcionar como sintagmas preposicionados regulares:

[9] Ele falou sem vergonha sobre seu fracasso.

[10] Ele é um sujeito sem vergonha.

Há também sintagmas não introduzidos por preposição nos quais o determinante categórico é o núcleo, como em *muito rapidamente*, que tem o mesmo potencial funcional que *rapidamente*.

Por que *rapidamente* é o núcleo de *muito rapidamente*? A noção de "núcleo" é discutida em algum detalhe no capítulo 23; aqui basta dizer que o significado de *muito rapidamente* é um hipônimo do de *rapidamente*. Isso parece estar na base do fato de que *rapidamente*, e não *muito*, é sintaticamente paralelo ao sintagma *muito rapidamente*.

Quanto à palavra *rapidamente*, o determinante da categoria é o sufixo *-mente*, que confere à construção a propriedade de ser ModV, mas não Mod:

[11] Você fala rapidamente.

[12] *Sua fala rapidamente é difícil de compreender.

11.4 À CAÇA DO ANTECEDENTE

Todo item que realiza o traço [REx] é semanticamente ligado a outro item que fornece a referência básica a ser restringida; esse item se chama o **antecedente**. Trata-se de um caso de relações emparelhadas, explicadas em 8.2. Em muitos casos isso se faz por contiguidade, como em

[13] O cachorro preto espantou o gato branco.

Nessa sentença os restritores (*preto, branco*) e os centros de referência (respectivamente *cachorro, gato*) são marcados sintaticamente como companheiros de SN, e também por contiguidade na sequência[5].

Em outros casos a própria construção estabelece a relação:

[14] O cachorro era preto.

Aqui *preto* restringe a referência de *cachorro* em virtude do significado construcional da diátese; esta se define como

[15] SujV>*Referente.restringido*   V   X>REx

Os dois papéis semânticos são emparelhados, de modo que é possível representar apenas um deles na fórmula; o outro pode ser atribuído por regra geral. O 'X' indica que ali pode ocorrer qualquer item, desde que seja marcado [+REx].

Em outras sentenças falta uma marca sintática clara, de modo que estabelecer a conexão é um problema de outra ordem. Por exemplo, em

[16] Antônia xingou Carol furiosa.

entende-se que Antônia, e não Carol, estava furiosa. Mas em

[17] Antônia deixou Carol furiosa.

é Carol que fica furiosa. À primeira vista, as estruturas sintáticas parecem idênticas, o que levanta o problema de como explicar a diferença semântica.

---

5. O latim clássico pode fazer essa conexão independentemente de contiguidade: *Maecenas, atauis edite regibus* 'Mecenas, descendente de antigos reis', onde *atauis* 'antigos' restringe *regibus* 'reis', porque ambos estão no caso ablativo. Ou seja, apesar da ordem, entende-se que os reis é que são antigos, e não Mecenas.

A primeira solução que se apresenta seria definir duas diáteses, a saber

[18] SujV>*Agente*   V   SN>*Paciente*

[19] SujV>*Agente*   V   SN>*Paciente*   X>*Estado.final*

A diátese [18] corresponde a [16], e [19] a [17].

Note-se que [18] não tem vaga para o adjetivo *furiosa*; isso porque se trata de um complemento de ocorrência livre, não condicionado a traços do verbo. O problema aqui não é a ocorrência, mas a razão pela qual *furiosa* se prende tematicamente ao sujeito, *Antônia*, ao passo que em [17] a ligação é com o objeto *Carol*.

Não tenho uma resposta totalmente satisfatória para esse fenômeno, mas podemos especular um pouco a respeito. No caso de [17]

[17] Antônia deixou Carol furiosa.

podemos admitir que o que é evocado pelo verbo é um esquema complexo, como o que vimos brevemente em 6.3 quando discutimos as frases

[20] O gelo derreteu.

[21] O sol derreteu o gelo.

Em [21] o verbo evoca um complexo esquemático da forma CAUSAR (DERRETER), sendo *o sol* o Agente do esquema mais alto, CAUSAR. Em [17] uma análise paralela a essa pode ser aplicada, de modo que o verbo *deixar* evoca o complexo CAUSAR (X TORNAR-SE Y), onde 'Y' é representado aqui por *furiosa*[6]. Essa sentença se opõe à não causativa

---

6. O esquema representa a acepção do verbo *deixar* de causar um evento que afeta outra pessoa. Essa é uma das acepções de *deixar*; outras aparecem em *Antônia deixou o emprego* e *vou deixar você dormir*.

[22] Carol ficou furiosa.

onde não há Agente, e o esquema evocado é apenas (X TORNAR-SE Y). Podemos agora dizer que *furiosa* em [17], e também em [22], preenche a vaga representada por Y no esquema TORNAR-SE, evocado pelo verbo *ficar* em [22], e em [17] parte do complexo evocado por *deixar*. Esse esquema inclui as variáveis "paciente" (ou seja, a entidade que muda de estado) e "estado.final". A presença necessária desta última variável nesse esquema explica a impossibilidade de se dizer **Antônia deixou Carol* no sentido de causar um evento[7]. Em [22] podemos definir uma diátese de *ficar* com a seguinte forma:

[23] SujV>*Paciente*   V   X

onde a RTE do último complemento (de forma sintática livre, 'X') será atribuída por ausência, tirada diretamente do esquema, ou seja, "estado.final". Agora, em

[17] Antônia deixou Carol furiosa.

teremos que definir uma diátese complexa:

[24] **Sintaxe:**   SujV   V   SN   X
      Evento 1: *Agente* CAUSAR
      Evento 2:   TORNAR-SE *Paciente*

A RTE do último complemento, X, será atribuída a partir da variável ainda disponível no esquema TORNAR-SE, a saber, o "estado.final".

A diátese complexa representa o fato de que [17] exprime dois eventos, um deles uma ação de Antônia, o outro o efeito do primeiro evento em

---

7. Essa frase é aceitável em outra acepção quando evoca outro esquema, "Antônia abandonou Carol".

Carol. Na sentença [22], naturalmente, temos apenas o segundo evento de [24], de modo que a diátese não é complexa. Já em

[16] Antônia xingou Carol furiosa.

não há razão para postular uma construção complexa: o único evento é o de Antônia que xinga Carol, e *furiosa* funciona como um comentário extradiatético, acrescentado de forma livre – tanto é assim que *Antônia xingou Carol* é aceitável, já que *furiosa* não realiza uma das variáveis centrais do esquema XINGAR. Resta explicar por que *furiosa* em [16] é entendido como se referindo a Antônia, não a Carol. Isso deve derivar de um fator extralinguístico; a saber, a ideia de que quem xinga é que está furioso, e não quem é xingado. Na frase

[25] Antônia viu Carol furiosa.

furiosa se liga de preferência a Carol, já que "ver" não é uma ação, e não é normalmente sujeita a condicionamentos emocionais – a gente vê o que está diante dos olhos, independentemente de ação nossa. Isso deixa na verdade o constituinte *furiosa* livre para associação com qualquer dos SNs da oração; e me parece que é possível também entender [25] como se referindo a Antônia como estando furiosa. Apenas, trata-se de uma representação cognitiva um pouco menos plausível por causa do significado de *ver*.

Ainda há o que investigar quanto às condições que governam a atribuição da qualidade de "furiosa" a este ou aquele SN dessas orações; fiz algumas sugestões que são mais do que simples especulação, mas gostaria de ver a questão ser objeto de pesquisas mais estendidas. Fica o primeiro passo, e a sugestão de mais trabalho.

11.5 RESTRITIVIDADE

Venho me referindo ao efeito semântico de restrição de extensão, que vimos nos exemplos da seção 11.3. Mas, como se sabe, há também modificadores não restritivos (ou "explicativos"), como em

[26] Elisa, que chegou tarde, teve que se sentar na ponta do banco.

[27] A senhora, que estava de chapéu branco, chegou tarde.

Essa construção deve ser analisada separadamente dos outros casos: sua função semântica não é a de restringir uma referência, mas realçar uma propriedade, ou seja,

> avaliar ou singularizar uma propriedade em relação ao conjunto de características que definem o nome em questão.
>
> [Demonte, 1999, p. 147]

Os modificadores não restritivos podem ser marcados prosodicamente, ou na escrita por vírgulas:

[28] Elisa, nervosa, se confundiu em seu depoimento.

Há, portanto, tanto diferenças sintáticas quanto semânticas. Mas esse tipo de modificador é sujeito às mesmas condições de aplicação, e encontra seu antecedente da mesma maneira que os restritivos. A contiguidade parece ser o fator mais importante, se julgarmos por

[29] Elisa, nervosa, encontrou Carla no câmpus.

onde Elisa é a que está nervosa, em oposição a

[30] Elisa encontrou Carla, nervosa, no câmpus.

Mas em alguns casos surge ambiguidade, e em tais casos são os fatores cognitivos que atuam para dissolver a dúvida. Isso aparece em

[31] Jair caluniou Daniel, o canalha.

[32] Jair caluniou Daniel, o pobre coitado.

onde (até onde posso julgar) *o canalha* se aplica a *Jair* em [31], e *o pobre coitado* a *Daniel* em [32], por razões cognitivas óbvias.

Valência: estudos de casos

Neste capítulo examino várias diáteses, algumas das quais podem ser simplificadas em sua formulação através do uso de regras e princípios gerais, de natureza tanto cognitiva quanto lexicogramatical. Alguns desses exemplos ilustram a interação da estrutura da língua com fatores de conhecimento. Os dados foram inicialmente tirados do *Valency Dictionary of Brazilian Portuguese Verbs*, que no momento[1], em sua formulação provisória, inclui 654 verbos e 326 diáteses; o número destas últimas poderá ser diminuído de maneira substancial pela aplicação de regras gerais e atribuição por ausência.

Selecionei uma pequena amostra da lista e discuto as condições de possível simplificação pela ação de princípios gerais; esses exemplos sugerem um protocolo para a pesquisa futura na área. As estruturas selecionadas têm todas a forma sintática

SujV V *de* SN

com as mesmas classes de formas e as mesmas relações sintáticas (ordem dos constituintes, concordância). A estrutura de constituintes é também a mesma em todos os exemplos. Pode haver diferença da inserção do sintagma preposicionado, dentro ou fora de um "sintagma verbal"; mas isso,

---

1. Agosto de 2023.

se verdadeiro, não é relevante para nosso objetivo, que é o de descrever os modos de atribuição de relação temática a cada constituinte. Os exemplos, portanto, mostram uma sintaxe muito simples; mas assim que levamos em conta as relações temáticas e sua atribuição aos constituintes adequados, aparecem importantes diferenças, de modo que antes de arriscar generalizações é aconselhável examinar cada caso individualmente.

A discussão da análise de cada caso deve ser entendida em termos daquilo que um usuário da língua precisa saber a respeito de cada verbo individual, em oposição àquilo que ele sabe a partir de regras gerais da língua ou da cognição.

12.1 GATO FUGIDO

Na sentença

[1] Meu gato fugiu de casa.

o sujeito *meu gato* é claramente associado a duas RTEs: primeiro, é o "elemento que se move"; e, segundo, é o "iniciador imediato da ação". Ambas as relações estão bem claramente presentes na representação cognitiva que tiramos dessa sentença; como analisar a situação do modo mais conveniente?

O "iniciador imediato da ação", presente no significado de [1], é o Agente; e existe uma regra de protótipo que estipula que o Agente, quando presente, deve ser codificado como o sujeito: **Agente<>SujV**. Digamos que a diátese em questão seja formulada simplesmente como

[2] SujV   V

deixando de lado, por ora, o constituinte *de casa*, que discutiremos logo adiante. A regra de protótipo se aplica a [2], produzindo

[3] SujV>*Agente*   V

Passamos agora às condições de elaboração. O verbo, *fugir*, evoca um esquema que não apenas contém um "fujão", mas também um elemento que se desloca: ou seja, o conceito de "fugir" acarreta que o "fujão" pratica uma ação de movimentar-se para outro lugar – é assim que se foge. Logo, o Agente de [3] se elabora não apenas como o "iniciador imediato do evento", mas também como o "fujão", isto é, o "móvel". Há outros elementos envolvidos na seção de fugir, mas esses dois são essenciais: quem foge pratica uma ação, e essa ação envolve um deslocamento. Essa é, então, a origem do fato de que ao ouvirmos [1] necessariamente entendemos que o gato se movimentou para outro lugar. O gato é Agente por efeito de uma regra gramatical de protótipo, e é "móvel" por efeito da elaboração do Agente no contexto do verbo *fugir* (ou melhor, no contexto do esquema FUGIR). Em conclusão, podemos analisar [1] como realização da diátese [2], sendo todas as relações temáticas resultado de regras gerais, de natureza linguística ou cognitiva: o sujeito é Agente por causa de uma regra do português, e é "móvel" por causa do conceito que temos de "fugir".

Resta dar conta do sintagma *de casa*, também presente em [1]. Esse sintagma veicula a RTE "fonte", isto é, a origem de um deslocamento. A preposição, *de*, é uma das mais polissêmicas da língua, e certamente não se pode dizer que tem um valor temático único. No entanto, como em todos os casos de preposições, há restrições: *de* nunca pode exprimir Trajetória, e só exprime a Meta com um verbo da língua (*aproximar*). E é possível estabelecer uma regra de protótipo com o efeito de que *de* é marca de Fonte **quando em construção com um verbo que evoca um esquema de movimento**. Considerando essa condição, torna-se possível formular uma regra que faz de *de* com efeito uma marca de Fonte; pode haver exceções, mas esse é o preço de lidar com protótipos. Assim, podemos deixar *de casa*, ou *de SN*, fora da diátese: será um sintagma de ocorrência livre, e receberá sua RTE de acordo com o contexto, que neste caso inclui um verbo de movimento, e portanto a RTE será Fonte, ou "origem do deslocamento". A diátese que [1] realiza, portanto, pode ser simplesmente [2], e o complemento de "fonte" pode ser acrescentado sem referência às propriedades idiossincráticas do verbo *fugir*.

A regra de protótipo que acabamos de ver não se aplica a

[4] Ele fugiu de tênis amarelo.

Aqui o sintagma com *de* não denota a fonte, e isso se deve ao significado de *tênis*, que não pode ser locativo. Note-se que um sintagma de Fonte pode ser acrescentado:

[5] Ele fugiu da prisão de tênis amarelo.

Podemos dizer então que *de* SN>*Fonte* é sempre possível quando o esquema se refere a deslocamento. Essa análise funciona porque, embora o esquema FUGIR acarrete necessariamente uma "fonte" e uma "meta", essas RTEs se expressam com sintagmas independentes da valência do verbo principal. Quanto ao "móvel", é veiculado pelo sujeito, que é um SN, uma forma tipicamente opaca do ponto de vista temático; e, como vimos, é objeto de uma regra da língua, de modo que atribuição por ausência não é necessária[2].

12.2 VIVER DE LEMBRANÇAS

Agora vejamos

[6] A velhinha vivia de lembranças. / ... de sopa.

---

2. Mas seria possível, em princípio, a partir das variáveis centrais do esquema FUGIR. Não vou levar adiante essa possibilidade aqui. Sabemos que em muitos casos mais de uma análise é possível, e decidir entre elas dependeria de evidência psicolinguística, não disponível por ora.

Temos dois complementos, o sujeito e o sintagma preposicionado com *de*. Este último exemplifica uma maneira comum de veicular uma relação temática que pode ser definida como "fator que faz com que o evento expresso pelo verbo se realize". Isso está presente em [6], onde as lembranças (ou a sopa) são o que faz com que a velhinha continue vivendo. Outros exemplos com vários verbos e várias estruturas sintáticas são:

[7] Alguns políticos se aproveitaram da crise.

[8] A harpista se utilizava de todos os dedos.

[9] Eles se servem de umas escovas minúsculas.

[10] Sujei a camisa de café.

[11] Ela sempre (se) veste de *jeans*.

[12] O advogado se valeu de uma lei muito antiga.

[13] Meu avô encheu a casa de crianças.

[14] O porão encheu de água suja.

[15] O presidente morreu de pneumonia.

A sintaxe varia, como se vê, assim como o restante da estrutura temática; mas em todos os casos o complemento que expressa a RTE "fator que faz com que o evento expresso pelo verbo se realize" está presente. Esse fator é às vezes controlado pelo Agente, mas em outros casos não há Agente, e o próprio fator é o possibilitador do evento, independentemente de alguma entidade que o controle (por exemplo, [14], [15]). E em todos os casos o fator em questão é codificado como *de* SN.

Sugiro que esse fator seja analisado como uma elaboração do papel semântico Instrumento, o que nos permitirá incluir o Instrumento como um dos papéis prototípicos da preposição *de*[3]. A RTE resultante, claro, depende de fatores contextuais, de modo que aparece em [6], mas não em

[16] A velhinha chegou de Lisboa.

onde o esquema evocado inclui deslocamento, e consequentemente *de Lisboa* se interpreta como a Fonte, outro valor prototípico dessa preposição.

Assim se analisa o sintagma preposicional de [6]; mas e o sujeito? Não podemos aplicar a regra de protótipo que atribui Agente ao sujeito, porque o esquema evocado (SUBSISTIR) não inclui um Agente, nem nenhuma RTE derivável daí – em outras palavras, [6] não expressa nenhuma ação praticada pela velhinha. É verdade que se ela vive de sopa precisa consumi-la; mas isso não é parte da asserção da sentença, e só vem por inferência. Logo, o sujeito de [6] não pode ser Agente. O Framenet (verbete *Subsisting*) dá "Entidade" para o participante que subsiste, mas isso não ajuda, porque "entidade" não é uma relação. O ADESSE (verbete *vivir*) dá Paciente, que é melhor, mas ainda insatisfatório, porque [6] expressa mais o estado da velhinha do que alguma mudança de estado.

Mas e se deixarmos o sujeito sem papel semântico? Nesse caso, como sabemos, ele terá que ser preenchido por uma RTE tirada do esquema (nos termos do princípio da Atribuição Obrigatória que vimos em 7.1). O esquema, SUBSISTIR, inclui uma "entidade que subsiste" (não apenas uma "entidade" como está no Framenet); com efeito, o evento de subsistir (ou viver) necessariamente se refere a uma entidade. Aí, se [6] é parcialmente preenchida como

---

3. Estou supondo que *de* SN possa ser Instrumento em *todos* os casos onde cabe o fator que possibilita o evento. Isso não foi verificado; se não for válido, teremos que usar uma marca valencial para distinguir verbos que aceitam essa RTE de verbos que não a aceitam.

[17] A velhinha vive de sopa.
  Instrumento

a RTE faltante, presente no esquema, será atribuída ao sujeito, dando como resultado

[18]   A velhinha   vive   de sopa.
  "entidade que subsiste"   *Instrumento*

Isso parece ser pouco comum, e no início tendi a aceitar a generalização de que o sujeito nunca recebe RTE por ausência. Mas neste caso isso parece a melhor solução, e a generalização precisa ser revisada. Eventualmente, o Instrumento será elaborado como o "fator que permite à velhinha continuar viva", e assim a representação cognitiva fecha e fica bem formada.

Quanto à diátese, para [6] é idêntica à que vimos que subjaz a [1], a saber,

[2] SujV   V

A diátese apenas estipula a sintaxe[4]. Todas as relações temáticas são atribuídas por regras gerais; e o complemento introduzido por *de* é de acréscimo livre, e seu papel semântico também deriva de regras gerais: no caso, um dos papéis prototípicos dessa preposição, nesse contexto.

12.3 DESCONFIANDO DE OLAVO

[19] Todos nós desconfiamos de Olavo.

Aqui temos uma marcação excepcional para o Estímulo, a saber, *de* SN. O sujeito como Experienciador.emocional (ExpEm) pode ser considerado

---

4. Pode ser que [2] seja em parte resultado de regras gerais que estabelecem a sintaxe; isso tem que ser ignorado por ora.

prototípico, pois há uma tendência nítida em português a codificar esse papel como o sujeito[5]. Além dessa (possível) regra de protótipo, há outro fator que pode estar em ação aqui, a saber, o emparelhamento entre Estímulo e ExpEm (ou entre Estímulo e Perceptor), de modo que a presença do primeiro acarreta a presença de um dos outros dois papéis semânticos. A diátese realizada como [19], presente na valência de *desconfiar*, deve portanto ser formulada como

[20] SujV V *de* SN>*Estímulo*

deixando o sujeito para ser preenchido por ausência. O sujeito não pode receber o papel de Agente porque não há essa variável no esquema, DESCONFIAR. Mas como o esquema inclui a RTE "pessoa que desconfia", identificável como elaboração de ExpEm, o mecanismo de emparelhamento pode funcionar sem problemas.

A mesma análise funciona para

[21] Todos nós gostamos de Olavo.

A presença da preposição *de* não pode ser estendida para verbos de estado psicológico em geral porque a maioria expressa o ExpEm com o objeto, sem preposição: *detestar, odiar, adorar, amar, admirar* etc.

12.4 APANHANDO DA ESPOSA

[22] Meu vizinho apanhou da esposa.

Aqui temos o caso altamente excepcional de um Agente codificado como um sintagma preposicional com *de*; isso acontece só com o verbo

---

5. Em Perini (2019), seção 12.1, apresento alguma evidência em favor de uma regra de protótipo ExpEm<>SujV.

apanhar[6]. Consequentemente, isso precisa aparecer na diátese, como um traço idiossincrático do verbo. Assim, a valência de *apanhar*[7] inclui a diátese

[23] SujV V *de* SN>Agente

A RTE do sujeito ("entidade espancada") é introduzida por ausência, a partir do esquema ESPANCAR, que tem como variáveis centrais o "espancador" e a "entidade espancada".

Uma nota sobre essa construção: quando o Agente é omitido, como em

[24] Meu vizinho apanhou.

ela se torna muito parecida com a construção ergativa, ou seja, tem sujeito Paciente e não tem Agente expresso. Entretanto, entende-se sempre um Agente esquemático, ao contrário de ergativas como

[25] A janela abriu.

onde não é necessário entender um Agente. Além disso, ergativas como [25] não admitem o acréscimo de Agente, em nenhuma forma sintática, ao passo que [24] pode receber Agente, como [20] mostra. Por isso, não vamos analisar [24] como uma ergativa, mas como um exemplo de outra construção, que ao contrário da ergativa não exprime um evento espontâneo, sem entidade causadora.

---

6. Talvez também com *levar* e *tomar*, mas só com certos objetos, como *uma surra*: um caso a estudar. Talvez sejam casos de construção leve.
7. Na acepção que ocorre em [22]; esse verbo tem outros significados, e ocorre em outras diáteses.

12.5 GANHAR E PERDER

[26] O Celta ganhou do Real Madrid.

A sintaxe aqui é idêntica à de [22], mas as relações temáticas são invertidas. E, embora o Paciente expresso por *de* SN ocorra com outros verbos, não pode ser considerado prototípico, porque com a imensa maioria dos verbos o Paciente ocorre como SN (sujeito ou objeto). Assim, temos que registrar *de* SN>*Paciente* na diátese, que para [26] será

[27] SujV V *de* SN>*Paciente*

O papel do sujeito, Agente, é atribuído pela regra de protótipo Agente<>SujV.

12.6 DOCUMENTOS NO PROCESSO

[28] Todos os documentos constam do processo.

Aqui *do processo* é a expressão do Lugar em que os documentos se colocam. Essa marcação é excepcional; ocorre também com *participar*:

[29] Meu sobrinho participa de um grupo de pesquisa.

A codificação do Lugar é portanto excepcional, e precisa aparecer na diátese:

[30] SujV V *de* SN>*Lugar*

onde o papel do sujeito será atribuído por ausência, porque Lugar é emparelhado com "coisa.localizada" (não faz sentido falar do lugar de algo que não é identificado). Esse emparelhamento, naturalmente, ocorre em todos os esquemas que incluem RTEs que são elaboração de Lugar.

12.7 SABER DOS NEGÓCIOS

[31] Não sei dos negócios do meu irmão.

Carvalho (2012) usa o Conhecedor como um papel que ocorre com verbos de conhecimento; ela descobriu que em todos os casos o Conhecedor é o sujeito. Isso nos autoriza a formular uma regra (categórica, não prototípica) pela qual esse papel se atribui ao sujeito, sempre que o esquema tem referência ao conhecimento. Assim, a diátese pode ser

[32] SujV   V   *de* SN>*Coisa.conhecida*

Mas há alguma dúvida quanto ao sintagma preposicionado. Uma alternativa possível seria deixar em branco ambos os complementos, de modo que o sintagma preposicionado receba sua relação temática por ausência. No entanto, Carvalho (2012) encontrou vários verbos de conhecimento que não aceitam *de* no complemento de Coisa.conhecida (*conceber, enxergar, ignorar, imaginar, pensar* e outros); assim, por enquanto vamos manter a diátese [32] como parte da valência de *saber*, mas não de *ignorar*. Outros verbos que ocorrem em [32] são exemplificados abaixo:

[33] Eu conheço de mecânica de motos.

[34] Não entendo de construção.

[35] O Davi esqueceu da comida dos cachorros.

[36] Eu sempre lembro de você.

12.8 PARTICIPANDO DO LUCRO

[37] Os operários participam dos lucros da empresa.

Esta sentença tem a mesma estrutura sintática de [29], com o mesmo verbo, *participar*, mas com um conjunto diferente de relações temáticas. As duas diáteses precisam então ser mantidas distintas; [37] pode ser analisada como

[38] SujV V *de* SN>*Coisa.possuída*

Na verdade, a frase também poderia ser analisada como

[39] SujV>*Possuidor* V *de* SN

O complemento faltante pode ser preenchido nos dois casos a partir da constatação de que Possuidor e Coisa.possuída são emparelhados. Nosso problema é o de decidir entre essas duas possibilidades. Isso pode ser solucionado considerando que *de* SN é uma representação típica de Possuidor, *não* de Coisa.possuída – vemos isso em SNs como *os lucros da empresa, a casa de Laura* e em orações como *essa casa é do meu tio*. Assim, a marca temática de *de* SN em [37] é excepcional, e a melhor análise é [38], onde a atribuição excepcional figura na diátese. Além de *participar*, apenas um outro verbo aparece com essa codificação do sintagma *de* SN, a saber *dispor* no sentido de 'ter':

[40] A medicina hoje dispõe de muitos recursos.

12.9 RINDO DE NÓS

[41] Eles estão rindo de nós.

O sintagma preposicionado deve receber sua RTE por ausência, por falta de um papel semântico adequado. Note-se que o sintagma preposicionado não deve receber nenhum dos papéis semânticos prototípicos para *de*, porque o esquema evocado não contém as relações requeridas – por exemplo, *de* SN não pode ser Fonte porque o esquema evocado, digamos ZOMBAR, não denota movimento de um lugar para outro. Assim, deixamos que *de nós* receba sua RTE por ausência; e o sujeito será marcado como Agente pela regra de protótipo Agente<>SujV, de modo que a diátese será

[42] SujV V *de* SN

Aliás, uma diátese que já apareceu mais de uma vez neste capítulo.

12.10 FALAM DE VOCÊ

[43] O povo está falando de você.

O papel semântico do sujeito pode ficar por conta da regra prototípica de Agente. Quanto ao sintagma preposicionado, deve provavelmente ser marcado na diátese, porque *de* SN, mesmo com verbos de comunicação (*verba dicendi*), pode veicular outras relações temáticas além do Conteúdo (de uma fala). Por exemplo, a frase seguinte é ambígua:

[44] A menina estava falando da janela

e pode significar que a menina estava se referindo à janela, ou que falava enquanto estava à janela. Aqui o papel prototípico, caso haja algum, é provavelmente a Fonte que ocorre na segunda dessas acepções. Nesse caso, a diátese que [43] representa deve ser

[45] SujV V *de* SN>*Conteúdo*

12.11 DESCANSANDO DA CORRERIA

Agora vamos examinar

[46] Agora eu descansei daquela correria.

Aqui o sintagma preposicionado poderia ser marcado como Causa, e o sujeito receberia sua RTE por ausência, isso se admitirmos que o esquema em questão tem duas variáveis centrais, "pessoa.que.descansa" e "causa".

Mas há problemas com essa relação que chamamos "causa", que é definida de maneira muito vaga, e pode corresponder a várias relações temáticas, não redutíveis a um papel semântico único. Exemplos que achamos no *Dictionary*, além de [46], incluem

[47] O júri absolveu Elza <u>de toda culpa no acidente</u>.

[48] O executivo acusou os colegas <u>de roubo</u>.

[49] Essa mulher cansou <u>de você</u>.

[50] Ela não te culpa <u>de nada</u>.

[51] Ele padece <u>de dores nas costas</u>.

Além disso, em [46] *daquela correria* não é a causa do descanso, mas do cansaço que o precede – ao contrário de [51], onde a presumível causa se aplica diretamente às dores sentidas.

Para ser franco, sinto que este ponto está pedindo mais reflexão, com mais dados. Por ora, sugiro analisar a diátese realizada por [46] como

[52] SujV>*Paciente* V *de* SN

e deixar a RTE do sintagma preposicionado ser preenchida por ausência. Como disse, esse exemplo, como a própria noção de "causa", definitivamente precisa ser mais esclarecido.

12.12 PASSANDO DOS LIMITES

O complemento preposicionado de

[53] Você passou dos limites.

suscita algumas reflexões interessantes a respeito dos papéis semânticos da área locativa.

Admite-se geralmente que há quatro papéis semânticos locativos, a saber: Lugar, Meta, Fonte e Trajetória. O papel do objeto em sentenças como

[54] O euro passou o dólar.

[55] Passei vários caminhões nessa estrada.

pode ser entendido, à primeira vista, como a Meta. Vou argumentar que não se trata disso, e que necessitamos aqui de um novo papel semântico.

12.12.1 Semântica

Em primeiro lugar, *o dólar* em [54] não indica o final de um movimento (virtual), e nisso difere de

[56] O euro alcançou o dólar.

[54] deixa claro que o valor do euro é agora mais alto do que o do dólar. Isto é, [54] e [56] representam, respectivamente, as seguintes situações:

(a) ——————Δ——————→

(b) ——————→ Δ

Além disso, a relação mostrada em (a) não é de Trajetória, que aparece em

[57] O ônibus passa pela minha rua.

porque *o dólar* em [54], ou *vários caminhões* em [55], não denotam a parte da estrada percorrida pelo móvel, mas antes um ponto de referência além do qual o móvel passou, em uma linha unidimensional. [54], então, nos diz que o móvel (o dólar) alcançou o ponto de referência e foi adiante, ao passo que [56] indica o ponto onde o móvel parou – este, sim, a Meta.

12.12.2 Sintaxe

A diferença semântica descrita acima não acarreta a necessidade de um papel semântico separado – poderia, concebivelmente, ser derivada da Meta por elaboração. Mas há outro fator: a codificação sintática das duas relações é diferente.

Primeiro, esse novo papel (que podemos chamar de **Limite.ultrapassado**, ou **LU**) é normalmente codificado como *de* SN, como em

[53] Você passou dos limites.

[58] O preço vai além de cem reais.

Mas *de* SN só marca a Meta excepcionalmente, a saber com o único verbo *aproximar*:

[59] O urso se aproximou da moça.

ao passo que o LU, como vimos, parece ser tipicamente codificado como *de* SN[8].

Em segundo lugar, podemos ter Meta e LU com o mesmo verbo, como em

[60] O preço vai passar de cem reais. (LU)

[61] O preço vai passar para 100 reais. (Meta)

Passar nessas sentenças tem o mesmo significado, mas a diferença semântica dos complementos se mantém, com marcadores sintáticos distintos: o LU com *de*, a Meta com *para*.

Não há maneira de derivar LU de Meta em [60] porque a derivação não pode se basear no significado do verbo (já que o verbo é o mesmo, com o mesmo significado). A derivação teria que ser baseada na diferença de preposições – mas esta é uma diferença valencial, que acarreta diferença de papéis semânticos. Ou seja, não podemos (no sistema atual, pelo menos) asserir que "a Meta se elabora como "limite ultrapassado" quando a preposição é *de*, mas não quando é *para*"; aceitar esse tipo de derivação subverte o sistema das valências. Permitiria, por exemplo, identificar Meta e Fonte, derivando uma da outra por elaboração, de modo que

[62] Eu cheguei de Miami.

[63] Eu cheguei a Miami.

poderiam ter o mesmo papel semântico (digamos, Meta), o que é obviamente incorreto. A derivação oposta também poderia ser feita, com ambas

---

8. Essa afirmação requer um levantamento mais cuidadoso, para confirmar a codificação típica do LU.

as sentenças contendo Fonte, que se elaboraria em "meta" quando a preposição é *a*. Uma análise absurda, que precisa ser rejeitada.

Entendo esses fatos como fortemente sugestivos da necessidade de uma distinção entre LU e todos os outros papéis locativos,

O LU parece ser um papel menor, no sentido de que ocorre em poucas construções; isso é algo a ser investigado com a análise de outros exemplos. De qualquer maneira, os papéis semânticos na área locativa não são quatro, mas cinco: Lugar, Meta, Fonte, Trajetória e Limite.ultrapassado. E frases como [53] e [58] representam a diátese

[64] SujV>*Móvel*   V   *de* SN>*Limite.ultrapassado*

12.13 A CÉLIA PRECISA DE UM MARTELO

Seja agora a sentença

[65] A Célia precisa de um martelo.

Uma análise possível é Possuidor para o sujeito e Coisa.possuída para o sintagma preposicionado: ou seja, as mesmas relações temáticas que encontramos com *ter*. A diferença pode ser deixada à conta do significado do verbo, que aqui se refere não a posse real, mas a algum tipo de posse desejada, de modo que [65] pode ser parafraseada aproximadamente como "é desejável que Célia tenha um martelo"[9]. Se adotarmos essa análise, o ingrediente "desejo" será parte do significado do verbo, e a construção poderá ser chamada "de posse". Como fica a diátese, nesse caso?

Há duas possibilidades principais, e por ora não tenho bases para decidir entre elas. Podemos marcar um dos complementos com um papel semântico,

---

9. Essa é a análise sugerida pelo ADESSE para *necessitar*, que tem *Poseedor* e *Posesión*. O Framenet tem os participantes Cognizer e Requirement, o que me parece inadequado, já que não há cognição envolvida no significado de [65].

digamos o sujeito como Possuidor, e deixar o outro para ser preenchido por ausência; isso é fácil porque Possuidor e Coisa.possuída são emparelhados. A alternativa seria aplicar uma regra de protótipo que atribui Possuidor ao sujeito, e assim a diátese não precisa consignar relações temáticas, que serão preenchidas pela regra de protótipo e, no caso de *de* SN, com base no emparelhamento. Tendo a preferir a segunda solução, mas, naturalmente, ela depende de validação da regra **Possuidor<>SujV** na língua.

Caso não seja possível validar essa regra, a diátese terá que ser

[66] SujV>*Possuidor*   V   *de* SN

Fica a chamada para uma pesquisa mais aprofundada dessa construção, e em particular um levantamento das construções do português que envolvem possuidor.

12.14 SE APROXIMANDO

[67] O rapaz (se) aproximou da janela[10].

Temos aqui um uso altamente idiossincrático de *de* SN, a saber Meta (*de* é marca prototípica de Fonte). Isso ocorre com o único verbo *aproximar*, e precisa portanto ser incluído na valência; a diátese correspondente a [67] é então

[68] SujV   V   *de* SN>*Meta*

O papel do sujeito ("móvel") é preenchido por ausência, com base no esquema evocado, APROXIMAR-SE.

---

10. O reflexivo (*se*) é geralmente omitido em português brasileiro falado; na escrita, e também para alguns falantes na fala, está sempre presente.

12.15 TRABALHANDO DE BALCONISTAS

[69] Essas moças trabalham de balconistas.

O sujeito é uma "coisa.qualificada" e o sintagma preposicionado é uma "qualidade" (descontando-se a definição bastante vaga dessas relações). São relações emparelhadas, de modo que a presença de uma acarreta a da outra; mas se marcamos apenas uma, qual delas vai ser? Provavelmente o sintagma preposicionado, porque *de* SN é bastante raro como expressão da Qualidade. Se isso estiver correto, podemos formular a diátese como

[70] SujV   V   *de* SN>*Qualidade*

O papel de Agente vai para o sujeito pela regra de protótipo, e o mesmo complemento adquire "coisa.qualificada" por elaboração com base no emparelhamento das duas noções.

13

Alguns fenômenos valenciais curiosos

Neste capítulo examino alguns fenômenos valenciais curiosos um pouco mais detalhadamente. Começo com mais um exemplo particularmente eloquente do fato de que a estrutura temática não pode ser explicada em termos puramente gramaticais.

13.1 UM CACHORRO E SEU DONO

13.1.1 O problema

Vamos pegar a sentença

[1] Lucas tem um cachorro.

O verbo *ter* é normalmente analisado como expressando uma relação de posse: o sujeito é o Possuidor, e o objeto a Coisa.possuída. Essas relações estão presentes em [1], mas em

[2] Esse cachorro tem dono.

as relações temáticas estão invertidas: o sujeito é a Coisa.possuída e o objeto é o Possuidor. Como vamos representar esses fatos?

A solução mais imediata seria postular duas diáteses para [1] e [2], respectivamente

[3] SujV>*Possuidor* V SN>*Coisa.possuída*

[4] SujV>*Coisa.possuída* V SN>*Possuidor*

Em princípio isso seria possível, já que a maioria dos verbos ocorre em mais de uma diátese; e *ter* é com certeza um item bastante complexo. Mas [4] como diátese de *ter* cria problemas, porque prevê a aceitabilidade de

[5] *Um carro novo tem Lucas.

O verbo é o mesmo de [2], e não há maneira de impedir que [4] se aplique a [5]. A postulação das duas diáteses acima não é portanto a solução para o nosso problema. É preciso observar que as atribuições mostradas em [4] só ocorrem se o objeto for a palavra *dono*, ou algum item semanticamente semelhante; parece evidente que temos aqui um caso de condicionamento cognitivo, que precisa ser levado em conta na análise.

13.1.2 Em busca de uma solução

Vamos explorar a hipótese de que os complementos de *ter* (na acepção realizada em [2]) não têm suas relações temáticas atribuídas pelo verbo, mas como um efeito das propriedades do item lexical *dono*. Vamos começar com algumas sentenças contendo *ter*:

[2] Esse cachorro tem dono.

[6] Copacabana tem 200 restaurantes.

[7] O Lucas tem alergia a gatos.

[8] Essa casa tem telhado de zinco.

[9] O quadro tem um valor enorme.

[10] A doença tem sintomas muito claros.

[11] A Nona Sinfonia tem mais de mil gravações.

[12] Essa esponja tem muitas utilidades.

[13] A linguística tem aplicações práticas.

[14] O seu livro tem muito interesse.

[15] Copacabana tem 6 quilômetros.

[16] Nosso país tem um clima ótimo.

[17] A Flórida tem certa semelhança com a Riviera.

[18] Chicago tem lembranças queridas para mim.

Nessas sentenças encontramos *ter* coocorrendo com complementos que têm uma grande variedade de RTEs; exceto em [2], nenhuma dessas RTEs é redutível à noção de "posse". E, significativamente, essas frases não aceitam a inversão dos complementos, mantendo as atribuições temáticas[1]. Multiplicar as diáteses para dar conta de todos esses exemplos não vai funcionar, porque não explica a possibilidade de reversão que observamos em [1] e

---

1. Excetua-se [17], onde os dois complementos exprimem presumivelmente a mesma relação temática.

[2]. Vou então explorar outra possibilidade, que é mais simples e tem a vantagem de ser independentemente motivada por fatores cognitivos.

Ter nesses exemplos tem vários significados diferentes – ou, mais adequadamente, tem um significado altamente esquemático; não que seja semanticamente vazio, mas parece ser reduzido a algo como "ter relação com"[2]. Essa pode ser uma das acepções de *ter*, além, evidentemente, de várias outras; e é, segundo minha hipótese, a que aparece nos exemplos acima. Por outro lado, as RTEs expressas em cada uma dessas sentenças não são particularmente esquemáticas ou vagas: [6] denota a localização dos restaurantes, [8] uma das partes da casa, [14] uma qualidade do livro etc. São sentenças de compreensão fácil, com mensagens bem claras. Mas se o significado de *ter* é esquemático, de onde vêm essas mensagens? Na frase

[19] O cachorro roeu meu chinelo.

as relações são fornecidas pelo verbo, que evoca um esquema com certas variáveis específicas; e os esquemas evocados pelo sujeito e pelo objeto não são relevantes para a atribuição das relações temáticas. Mas em [2] e [6] – [18] o verbo é de pouca ajuda nesse particular. Em

[6] Copacabana tem 200 restaurantes.

o significado tem a ver com a localização dos restaurantes, de modo que a sentença é uma paráfrase aproximada de *tem 200 restaurantes em Copacabana*. Em particular, a interpretação possessiva não é viável porque Copacabana não se concebe como uma entidade capaz de possuir coisas. Mas é a designação de um Lugar. Uma maneira de fechar a interpretação é entender *Copacabana* como o "lugar", e *200 restaurantes* como a "coisa.localizada"; isso resulta em uma representação cognitiva bem-formada. O verbo, para isso, não interfere, em virtude de seu significado muito esquemático.

---

2. Que é, aliás, uma das acepções sugeridas pelo ADESSE e pelo Framenet.

Podemos explicar os outros exemplos de forma análoga: a sintaxe provê uma estrutura (SujV V SN) onde *ter* pode ser inserido em virtude de sua valência. Sobre esse esqueleto o mecanismo de atribuição por ausência elabora as relações temáticas de cada complemento: a relação temática está, por assim dizer, já pronta nos esquemas evocados pelos complementos. Assim a conexão entre forma e cognição, que é objetivo da produção do ato de fala, fica satisfeita com uma representação cognitiva completa e bem-formada.

Analisar esses exemplos da maneira tradicional, como elaborações de diáteses distintas, traria problemas: o número de relações temáticas seria multiplicado além da conta. Alternativamente, pode-se tentar analisar todas como construções possessivas, o que nos forçará a derivar todas essas RTEs dos papéis Possuidor e Coisa.possuída através de conexões *ad hoc* sem fundamento empírico. Dizer, por exemplo, que em [17] a Flórida "possui" a semelhança com a Riviera me parece uma análise muito artificial e improvável: nesse contexto, a própria noção de "possuidor" fica esvaziada.

Mas como fica o caso de

[2] Esse cachorro tem dono.

onde as relações esperadas são invertidas? Não tenho realmente uma solução, mas posso sugerir caminhos. Sabemos que *ter* pode exprimir "posse", e em muitos casos as relações temáticas de cada complemento são determinadas em termos de cognição; em

[20] O Lucas tem um carro novo.

o "possuidor" e a "coisa.possuída" podem ser identificados em termos de boa formação cognitiva: o carro não pode ser possuidor do Lucas. No entanto, o significado do lexema *dono* exclui a possibilidade de ele ser a "coisa.possuída" – um dono não se entende como posse de outra pessoa. Por alguma razão a relação de posse se mantém, mas em direção oposta.

É concebível que tenhamos aqui um exemplo isolado no português de um fenômeno que é regular em outras línguas; por exemplo, em kamaiurá (língua do grupo guarani) há nomes inalienavelmente possuídos, que

> em sua forma normal vêm sempre acompanhados de prefixos relacionais.
>
> [Seki, 2000]

Esses prefixos indicam justamente a posse, de modo que se diz "minha orelha" ou "orelha dela", mas não simplesmente "orelha". Em português esse fenômeno não se manifesta nos nomes em geral, mas é possível que ocorra em alguns itens; seria o caso de *dono*, que precisa incluir uma "coisa.possuída" por efeito de seu significado interno. A relação semântica é a inversa da que se verifica em kamaiurá, mas tem similaridade, e pode ser que seja um fenômeno análogo, que se verifica em termos necessariamente relacionais como *proprietário*, e relações de família como *cunhado*, *irmão* e *mãe*.

Há mais evidência de que se trata de fenômeno ligado à semântica de *dono*, e não de ordem gramatical. Primeiro, porque ele é limitado a itens como *dono*, com significado possessivo. E, depois, porque a mesma inversão temática ocorre também em sintagmas nominais; assim, em

[21] O carro do Zezinho.

o "possuidor" é regularmente expresso pelo sintagma com *de*, como se vê em [21]. Mas em

[22] O dono do cachorro.

o "possuidor" é o núcleo do SN, e o sintagma com *de* denota a "coisa.possuída". Isso não deve ser simples acaso; deve ser disparado pelo significado do item *dono*, que de certo modo "atrai" a relação de "possuidor".

Por ora é o que tenho a dizer sobre essa interessante construção, com uma sugestão de exame mais aprofundado.

13.2 O EFEITO DO REALCE (*PROFILING*) NA SEMÂNTICA DAS PREPOSIÇÕES

13.2.1 Introdução

Há um fenômeno curioso relacionado com a semântica das preposições, que parece ter escapado até agora aos pesquisadores: a atribuição de relação temática não prototípica a sintagmas preposicionais, como por exemplo *a* SN, normalmente Meta, recebendo o papel de Fonte. No que se segue vou mostrar que essas atribuições excepcionais ocorrem sob condições especiais, que têm a ver com o **construal**, ou seja, a proeminência dada a um dos componentes cognitivos denotados pela sentença. Esse fenômeno se observa em construções complexas (definidas em 7.2.4) e se manifesta de várias maneiras, das quais nos interessa aqui o que vou chamar de **realce** (inglês *profiling*).

Tive dificuldade em encontrar um termo português para traduzir *construal* – esse é um termo usado em psicologia, mas em uma concepção que se aplica mal a fenômenos linguísticos. Acabei optando por conservar o inglês, e não tenho objeções se alguém o pronunciar como oxítono: *construál*; eu sigo o inglês e pronuncio [kõsˈtruɐw], grafado **construál**. Esse é um dos termos usados por Langacker (1987, 1991, 2008). Taylor o define como um dos aspectos de

> nossa habilidade de 'construir' uma situação de formas alternativas. Podemos estruturar uma cena em termos de diferentes organizações de figura e fundo; [...] ou podemos imaginar como uma situação poderia ser percebida de diferentes perspectivas.
>
> [Taylor, 2002, p. 11]

Já o *profile* é muitas vezes chamado *perfilamento*, o que me parece inconveniente, pois essa palavra existe em português com sentido bem diferente (*perfilar* é "colocar em fila"). Por isso o traduzo como **realce**.

13.2.2 A gramática de *comprar* e *pagar*

As construções complexas precisam ser aplicadas à análise de verbos de dupla transferência de posse, como *pagar, comprar, vender* e *cobrar*. Isso leva a algumas considerações interessantes sobre os elementos necessários na formulação das construções. *Pagar* tem em sua valência a diátese complexa

[1] Sintaxe: SujV   V   SN   *a* SN   *por* SN
    Ev.1   Fonte   Móvel   Meta
    Ev.2   Meta   Fonte   Móvel

Essa diátese é exemplificada por

[2] Fred pagou quase um milhão a Viviane por um apartamento.

Já a valência de *comprar* tem a diátese

[3] Sintaxe: SujV   V   SN   *de* SN   *por* SN
    Ev.1   Meta   Móvel   Fonte
    Ev.2   Fonte   Meta   Móvel

como em

[4] Fred comprou um apartamento de Viviane por quase um milhão.

Se desconsiderarmos a ordem dos eventos (Ev.1, Ev.2), as duas diáteses são semanticamente idênticas, já que em ambos os casos Fred é a Fonte do dinheiro e Meta do apartamento, Viviane é Fonte do apartamento e Meta do dinheiro, e o dinheiro e o apartamento são Móveis (em direções opostas). Portanto, as duas sentenças descrevem exatamente a mesma cena. Mas certamente *pagar* e *comprar* não são sinônimos, o que significa que temos que levar em conta o *status* diferente dos eventos como um fator significativo na semântica desses verbos. Jackendoff (1972) solucionou isso definindo papéis "primários" e "secundários"; aqui eu represento os fatos definindo dois eventos, Ev.1 e Ev.2, simultâneos e interdependentes.

Mas ainda há algo a ser incluído em nosso sistema: como já foi observado por Jackendoff, os dois eventos não são iguais em proeminência, e a diferença semântica entre *pagar* e *comprar* depende dessa diferença. O que está acontecendo aqui é bem claro: quando usamos *pagar* estamos realçando a transferência do dinheiro, e quando usamos *comprar* o realce é na transferência da mercadoria. Essa é a única diferença, porque ambos os verbos evocam o mesmo conjunto de esquemas, e descrevem a mesma cena, mas dando realce a uma ou outra transferência de posse; vou então me referir a esse fenômeno como uma diferença de **realce** (*profiling*), que é um dos aspectos do **construal**. Ou seja, temos que definir a proeminência de um dos eventos que formam a representação cognitiva evocada pela sentença. Para nossos objetivos, basta dizer que o realce (de um dos eventos de transferência) é o traço semântico que distingue *pagar* de *comprar*.

No nosso caso, a base é a transferência recíproca de mercadoria e dinheiro. Dentro dessa base, válida para ambos os verbos, *comprar* realça a transferência da mercadoria, e *pagar* realça a transferência do dinheiro. Portanto, a ordenação dos eventos é informação relevante: o Evento 1 é a informação realçada. Mas precisa ficar claro que ambos são essenciais na semântica de cada verbo, e ambos os conjuntos de informações devem ser incluídos nos esquemas respectivos. Concluo que o significado lexical, assim como a definição dos esquemas, precisa incluir fatores de realce.

13.2.3 Conteúdo do Móvel

As diferenças entre essas frases têm a ver com o realçamento de algumas variáveis: ambas envolvem dois Móveis cada uma (transferidos em direções opostas), mas em [2] o Móvel realçado é o dinheiro, em [4] é o apartamento. Isso é parte do significado de cada verbo: *pagar* normalmente se refere (primariamente) à transferência de dinheiro, *comprar* realça a transferência de algum outro objeto, de maneira que "comprar" e "pagar" não são a mesma coisa, e não correspondem ao mesmo esquema. Essa diferença deve aparecer em algum lugar na análise desses verbos; a questão é se deve aparecer em suas valências, ou em algum outro setor.

A diferença de realce em si é parte do significado interno de cada verbo, e não é um traço valencial. Mas há correlatos formais: *comprar* tem complemento objeto (SN) e um complemento com preposição *de*; *pagar* tem complemento objeto e complemento com *a* – isso certamente é um fenômeno valencial. Assim as diáteses diferem, e os dois verbos não têm a mesma valência.

13.2.4 O realce e o significado das preposições

O significado das preposições é reconhecido como especialmente complexo. Algumas preposições são transparentes, como *por causa de*, que só pode exprimir o papel Causa[3]. Outras são tematicamente opacas em vários graus; alguns exemplos extremos são *em* e *de*. Essa desconfortável versatilidade é característica das preposições mais frequentes[4].

Nas sentenças estudadas acima aparecem três preposições: *por* marca o Móvel em todos os casos – o que já é uma surpresa, já que esse não é um papel semântico usualmente associado com essa preposição, que é mais típica de Trajetória, Agente e outras noções. E temos também *de* e *a*, que requerem um exame mais cuidadoso. Na medida em que essas preposições têm um significado prototípico (em sentenças que envolvem movimento físico ou virtual), podemos dizer que *de* marca a Fonte e *a* marca a Meta.

Nas diáteses [1] e [3] *de* e *a* ocorrem em seu significado prototípico: *de*, marca prototípica de Fonte, ocorre com verbos de "aquisição", ou seja,

---

3. Se é que Causa é um papel semântico; tenho algumas dúvidas.
4. Isso se aplica às chamadas preposições em função "predicadora", não em função "funcional", quando não têm significado próprio. Tyler e Evans (2003) tentam descrever a variedade semântica de preposições como *in* em inglês como derivável de um significado básico; sou cético quanto à possibilidade de fazer isso para as preposições mais radicalmente polissêmicas.

verbos que expressam a transferência do Móvel a partir da entidade que aparece como complemento com *de*. E *a*, prototípica de Meta[5], ocorre com verbos "dativos" tais como *vender*, onde ela marca a entidade que recebe o objeto transferido. Mas isso só vale para a situação tal como descrita no Evento 1; no Evento 2 as relações são invertidas, e *de* marca a Meta, *a* a Fonte – o que é totalmente excepcional para essas preposições. A escolha da preposição parece então ser feita do ponto de vista do evento realçado (Evento 1 em nossas fórmulas), o que mostra mais uma vez a oposição estabelecida nessas construções entre evento realçado e não realçado.

Isso pede uma reformulação da pergunta tradicional que se faz sobre a semântica das preposições: em vez de perguntar que papel semântico cada preposição pode marcar, precisamos, pelo menos para algumas delas, especificar o *status* do evento (realçado ou não) onde o papel é atribuído. Uma nova dimensão precisa portanto ser acrescentada à semântica das preposições, já em si muito complexa[6].

Cobrar tem um traço semântico que o diferencia dos outros verbos: a transferência do Móvel não é asserida, porque pode-se cobrar sem receber o pagamento. Isso não é possível com os outros verbos: se vendo um apartamento, necessariamente perco a posse dele, e necessariamente recebo o dinheiro; caso contrário, não houve um evento de "vender".

13.2.5 Outros casos de realce semanticamente relevante

O realce é relevante em outros casos. Um exemplo é o de *limpar* ou *varrer*: nas sentenças

[7] Jaime limpou o chão das migalhas.

---

5. A preposição *a* é muito problemática; aqui basta dizer que, quando há transferência de posse, ela marca a Meta, ou seja, a entidade que recebe o objeto transferido.
6. A necessidade de usar traços de realce fornece um novo argumento que mostra como a semântica proposicional é insuficiente para descrever alguns aspectos básicos do significado lexical.

[8] Jaime varreu as migalhas do chão.

temos a mesma representação cognitiva (ou seja, a mesma cena). Mas [7] realça o que foi feito com o chão, e [8] realça o que foi feito com as migalhas. É uma diferença de realce, que resulta em uma diferença de estrutura gramatical, ou seja, duas construções: em uma o Móvel (as migalhas) é marcado por *de*, na outra é o objeto.

O realce é o ingrediente principal que determina traços semânticos não gramaticalmente distintos, mas com frequência itens lexicais distintos. Assim, em inglês *lend* e *borrow* podem representar estruturas cognitivas muito semelhantes, com a diferença de que *lend* realça a ação do ponto de vista da Fonte (e pessoa que empresta), e *borrow* do ponto de vista da Meta (a pessoa que toma emprestado). Para muitos falantes do português ambas essas noções são realizadas pelo mesmo verbo, *emprestar*; outros falantes mantêm a distinção, e usam *emprestar* quando se realça a Fonte e *pegar emprestado* quando se realça a Meta. Outro exemplo em português é *alugar*, que em geral se usa tanto para o proprietário (realçando a Fonte) quanto para o que recebe o objeto em aluguel (realçando a Meta). E outro par de verbos que se diferenciam por um traço semelhante é *dar* (um presente à criança) e *ganhar* (um presente do avô). Esses fatos sugerem que pode valer a pena investigar a presença de oposições de realce gramaticalmente relevantes também em outras áreas.

O fenômeno já foi observado, ainda que nem sempre reconhecido como um caso de realce. Watkins dá a entender que a semelhança semântica entre *dar* e *ganhar* é de origem muito antiga:

> A maioria dos derivados da raiz **dō** se refere a "dar" [...] Entretanto, o quadro parece meio desviado pelo cognato hitita dessas formas, o verbo *dā*, que significa "ganhar" – o oposto de "dar". Na verdade, "ganhar" não é propriamente o oposto de "dar", mas a outra face de "dar": depende do ponto de vista que se assume quando se considera a transação, que envolve um participante dando e outro recebendo ou ganhando. Do ponto de vista daquele que dá, a ação é "dar"; do ponto de vista daquele que recebe, a ação é "receber".

[Watkins, 2011, p. 21]

Temos aqui uma descrição adequada do fenômeno, com corolário no domínio lexical, exemplificada em outro contexto. A análise de Watkins é idêntica à proposta aqui se tomarmos seu "ponto de vista" como equivalente a "realce".

Pode haver outros exemplos; um suspeito é o par *apanhar* e *bater*: esses verbos descrevem o mesmo evento, mas *apanhar* realça o Paciente (*Carlinhos apanhou de Marta*), e *bater* realça o Agente (*Marta bateu em Carlinhos*). Temos aqui novamente o efeito do realce distinguindo itens lexicais e suas respectivas valências.

13.2.6 Conclusões

Este capítulo mostrou a necessidade de levar em conta traços de realce na valência dos verbos de transferência de posse, como *comprar, vender, pagar* e *cobrar*. A descrição das diáteses em questão levanta alguns pontos de interesse, a saber:

(a) o exame das valências desses verbos mostra que precisam ser analisados usando diáteses complexas (aqui sigo Jackendoff, 1972);

(b) a formulação dessas diáteses requer o uso da relação de realce, que é um dos tipos de construal (como proposto por Langacker, 1987; 1991);

(c) a análise revela uma complicação inesperada da semântica de algumas preposições, que têm significado radicalmente diferente de acordo com o *status* de realce do evento em questão.

Esses fenômenos se encaixam no conceito de realce (*profile*) tal como explicado por Langacker:

> Como base de seu significado, uma expressão seleciona certo corpo de conteúdo conceptual. Vamos chamar isso **base** conceptual. [...] O realce pode também ser caracterizado como o que a expressão se concebe como designando ou se referindo dentro de sua base (seu referente conceptual).
>
> [Langacker, 2008, p. 66][7]

---

7. Os exemplos dados neste capítulo contribuem, espero, para deixar mais clara esta definição.

com o importante acréscimo de que as condições de realce condicionam a semântica de certas preposições.

13.3 *ROUBAR, ENROLAR E ASSUSTAR*

Um exemplo particularmente interessante do efeito do realce é dado por verbos de apropriação indébita, como *roubar, lesar, surripiar* e *assaltar*. Podemos começar com os exemplos

[9] Roberto roubou mais de dez milhões do Estado.

[10] Roberto roubou o Estado em mais de dez milhões.

São duas expressões do mesmo evento, com os mesmos participantes nas mesmas relações temáticas, mas com estrutura sintática diferente. O esquema evocado é ROUBAR, o mesmo nas duas frases[8]. O Móvel se transfere da Fonte para o Agente, em um processo de transferência de posse; o Agente é também a "meta", presumivelmente por efeito de elaboração.

Mas há outros dois verbos que expressam basicamente a mesma coisa, com os mesmos participantes, mas com atribuições temáticas diferentes das de *roubar*. O verbo *lesar* ocorre na diátese exemplificada em [10], mas não na de [9]:

[11] *Roberto lesou mais de dez milhões do Estado.

[12] Roberto lesou o Estado em mais de dez milhões.

E o verbo *surripiar* ocorre na construção [9] mas não na [10]:

---

8. Descrito no Framenet como "um Perpetrador toma Artigos de uma Vítima ou Fonte"; o ADESSE dá como participantes *Possuidor final, Posse* (ou seja, coisa possuída) e *Possuidor inicial*.

[13] Roberto surripiou mais de dez milhões do Estado.

[14] *Roberto surripiou o Estado em mais de dez milhões.

Casos como este fornecem evidência contra a hipótese de que "a subcategorização decorre quase inteiramente da especificação dos papéis-θ" (Chomsky 1995, p. 31; *apud* Klotz, 2007, p. 117) – ou seja, a evidência mostra que a distribuição dos papéis semânticos entre os complementos não depende (inteiramente) das atribuições de relações temáticas[9].

Que há alguma correlação é claro, como mostra a existência de regras de protótipo tais como Agente<>SujV, que admite poucas exceções. Por outro lado, verbos do grupo de *roubar*, e outros, mostram que a hipótese não tem valor geral. Outro exemplo é o verbo *enrolar*, que também tem mais de uma maneira de dizer a mesma coisa:

[15] Ela enrolou o corpo no lençol.

[16] Ela enrolou o lençol no corpo.

Os mesmos papéis semânticos se associam aos mesmos itens lexicais, mas as funções sintáticas são diferentes: por exemplo, *o lençol* é o Móvel, e é realizado como sintagma com *em* em [15], e como o objeto em [16]. É lícito pelo menos especular que isso tenha a ver com relações de realce: [15] é primariamente uma asserção sobre o que ela fez com o corpo, [16] sobre o que ela fez com o lençol.

Outro caso em que o realce pode ser relevante ocorre com verbos psicológicos como *assustar*:

---

9. Na verdade, Chomsky diz que decorre *quase* inteiramente das especificações de relações temáticas; uma refutação cabal dependerá do levantamento de um bom número de exemplos. Mas por ora a evidência parece contradizer essa hipótese.

[17] O urso assustou a menina.

[18] A menina (se) assustou com o urso.

    Novamente, as relações temáticas são as mesmas nas duas sentenças, mas as atribuições são diferentes: em [17] o sujeito é o Estímulo e o objeto é o Experienciador; em [18], o sujeito é o Experienciador e o Estímulo é um sintagma introduzido por *com*. Essa dualidade de estruturas se estende a outros verbos psicológicos, como *divertir, enojar* etc. Pode-se propor (a verificar) que [17] é primariamente uma asserção sobre o que fez o urso, e [18] sobre o que aconteceu com a menina.

    Todos esses exemplos sugerem que traços de construal, em particular a relação de realce, devem ser levados em conta para explicar a maneira como se codificam frases com certos verbos.

14

Mecanismos de atribuição: como funciona o sistema

Vamos agora fazer uma pausa para resumir o que se sabe sobre os mecanismos gramaticais que funcionam na atribuição de relações temáticas. Relembro que há também mecanismos *não* gramaticais envolvidos que são estudados nos capítulos 8 e 13; aqui vamos sumariar aqueles que fazem parte da estrutura gramatical da língua, e são portanto específicos do português.

14.1 UM SISTEMA COMPLEXO

Para resumir: o sistema que atribui relações temáticas aos complementos de uma oração é complexo, e inclui (pelo menos) os doze fatores mostrados nos capítulos 7 e 8. Dou abaixo a lista desses mecanismos; ver definições, exemplos e detalhes nos capítulos 7 e 8.

(a) **Fatores lexicogramaticais (capítulo 7)**
1. O papel semântico é codificado sintaticamente por referência à valência do verbo principal da oração.
2. O papel semântico resulta de um processo prototípico que associa certas relações temáticas preferencialmente com certas funções sintáticas.
3. O papel semântico é determinado por uma preposição, independentemente do verbo da oração.

4. O complemento depende, tematicamente, de mais de um esquema evocado pelo verbo principal. Essas são construções tematicamente complexas, onde uma oração precisa ser analisada semanticamente como um conjunto de proposições.

5. Os papéis semânticos são codificados em parte com base em um complemento não verbal (nas chamadas *construções leves*).

6. O papel semântico é inerente ao item lexical.

7. O papel semântico faz parte do significado interno do verbo (*meu bisavô ainda vive*).

8. Paciente privilegiado: o Paciente (ou outro elemento) deixa de ser preenchido, e em vez de ser entendido esquematicamente, como é o normal, entende-se como um elemento específico, como em *o marido dela bebe*.

(b) Fatores cognitivos (capítulo 8)

9. Princípio da Atribuição Obrigatória

10. Atribuição por ausência

11. Emparelhamento de RTEs

12. Filtros de boa formação cognitiva

Podemos ainda acrescentar os fatores, ainda malconhecidos, mencionados no capítulo 13 em conexão com exemplos como *esse cachorro tem dono*.

14.2 COMO FUNCIONA O SISTEMA

14.2.1 Atribuição de relações temáticas

Em resumo, o sistema de atribuição inclui (pelo menos) os oito mecanismos gramaticais vistos na seção anterior, com o acréscimo dos fatores cognitivos adicionais de atribuição de RTEs, mais a filtragem de representações cognitivas malformadas. Cada sentença gerada na língua precisa passar todos os testes, gramaticais e cognitivos; estes funcionam como um mecanismo de controle sobre a estrutura formal e sua representação cognitiva.

Um aspecto importante a ser relembrado é que não há evidência de que esses mecanismos (regras, atribuição por ausência, filtros) se apliquem em ordem, nem que sejam agrupados em componentes à maneira gerativa. Antes, devem estar disponíveis simultaneamente, e se aplicam sempre que há condições. Vamos considerar por exemplo o modo de aplicação da regra de protótipo Agente<>SujV. Sabemos que seu oposto, SujV<>Agente, não é tão extenso, e talvez nem se qualifique como protótipo; com efeito, enquanto cerca de 97% das construções com Agente o codifiquem como sujeito, há muitos exemplos de sujeito com outros papéis semânticos. Mas podemos usar a regra de protótipo na interpretação, como quando em referência à frase

[1] Meu pai consolou a vítima.

dizemos que o sujeito (*meu pai*) recebe o papel de Agente por regra de protótipo (Agente<>SujV). Como pode isso funcionar, se a regra não é reversível? Temos uma regra que codifica o Agente como sujeito, não uma que interpreta o sujeito como Agente[1]. A questão tem a ver com a distinção entre emissor e receptor. Na produção não há problema, porque o falante parte do Agente (isto é, do que ele quer dizer) e o codifica como sujeito, de acordo com a regra. O problema, se houver, está na tarefa do receptor, que parte do sujeito, e a regra não diz nada sobre a relação semântica a ser atribuída ao sujeito.

Mas esse é um falso problema. Suponhamos que o receptor chega ao ponto em que o esquema evocado pelo verbo é ativado na representação cognitiva em construção. Na sentença [1] o esquema contém uma "pessoa que consola", que pode ser compreendido como elaboração do Agente. O falante fica sabendo que a sentença contém um sujeito (sintaxe) e um Agente (semântica), e isso o autoriza a aplicar a regra de protótipo. Aliás, sentenças

---

1. Oliver Gobbo chamou minha atenção para esse ponto.

que têm sujeito e Agente que não coincidem são extremamente raras, e são devidamente sinalizadas no léxico como exceções (por exemplo *apanhar*).

14.2.2 Acesso global

Essa explicação supõe que a interpretação das sentenças não é um processo sequencial, linear; é antes global, envolvendo acesso simultâneo a toda a informação, de modo que a informação contida no esquema evocado pelo verbo pode afetar a interpretação do sujeito, independentemente de qualquer relação de ordem de aplicação das regras. Essa é a maneira como se concebe geralmente o sistema de reconhecimento – por exemplo, identificamos as pessoas pela voz, ou cor do cabelo, ou rosto etc., conforme os dados disponíveis no momento; não há nenhuma ordenação formal envolvida.

O processamento global pode então ser a regra, se não a única alternativa disponível. Uma regra como Agente<>SujV não é para ser aplicada em seu lugar próprio em uma sequência ordenada, como as regras fonológicas nos modelos gerativos tradicionais; antes, está "sempre lá", disponível para aplicação sempre que as condições sejam adequadas. O mesmo se aplica aos filtros cognitivos: uma representação cognitiva é bem-formada ou não, em virtude de qualquer de suas partes; aqui também não é necessário aplicar ordenação, apenas um mecanismo global de controle de qualidade.

Essa hipótese, ou algo próximo, já foi formulada, como por exemplo na passagem seguinte:

> [...] há consenso de que parte da informação reverte para os estágios iniciais do processamento; para dar conta do fato de que o contexto afeta fortemente o reconhecimento de padrões, deve ser possível que informação obtida em estágios mais tardios da análise afete os estágios anteriores.
>
> [Norman; Bobrow, 1975, p. 118-119]

A ideia está aí, embora vazada em termos que sugerem uma ordenação inicial, que não me parece necessária.

14.2.3 Exemplificação

Vamos pegar alguns exemplos para ilustrar esse sistema na prática. A exposição aqui vai repetir parte do que se disse anteriormente, mas pode ser útil como um sumário de como funciona o sistema. Consideremos a sentença

[2] Selma beliscou Tomás.

A análise sintática é

[3] SujV   V   SN

e isso pode ser tudo o que encontramos em nosso léxico mental para a valência desse verbo. Ou talvez nem mesmo isso: pelo menos parte da estrutura sintática pode ser resultado de regras de protótipo sintáticas, como (para arriscar uma especulação) que [3] é a maneira prototípica de expressar a sentença sempre que haja Agente e Paciente. Não vou levar em conta essa possibilidade aqui; por ora, vamos admitir que [3] está presente na valência de *beliscar*.

Esse verbo evoca o esquema BELISCAR, que tem duas variáveis centrais, a "entidade.que.belisca" e a "entidade.beliscada". A primeira pode ser reconhecida como uma elaboração do papel semântico Agente: a "entidade que belisca" é o "causador imediato de um evento de beliscar", um hipônimo do "causador imediato de um evento", ou seja, o Agente. Isso permite que a regra Agente<>SujV se aplique, atribuindo essa relação temática ao sujeito:

[4] Selma   beliscou Tomás.
Agente

Quanto ao objeto, *Tomás*, pode haver mais de uma maneira de chegar à atribuição correta. Uma é por ausência: já que o esquema evocado tem duas variáveis centrais, e uma delas já foi atribuída[2], podemos atribuir a RTE correspondente à variável restante ao complemento ainda vago, o que vai dar

[5] Selma beliscou Tomás.
    Agente   "entidade.beliscada"

O papel semântico Agente será, nesse contexto (com o esquema BELISCAR) elaborado como a "entidade.que.belisca":

[6] Selma beliscou Tomás.
    "entidade.que.belisca"   "entidade.beliscada"

que pode ser considerada a representação cognitiva veiculada por esta sentença. O verbo expressa o conjunto de semas que constituem seu significado interno, inclusive "ação"; e com isso chegamos à representação cognitiva correspondente à sentença [2]. É claro que o verbo expressa muito mais do que "ação": BELISCAR inclui informação como o uso das pontas dos dedos – não a mão aberta, que corresponderia a ESBOFETEAR, ou o punho, que daria ESMURRAR. Mas isso não é relevante para a valência, e pode ser descartado para nossos objetivos descritivos do momento. No entanto, essa informação pode ser relevante para efeitos de elaboração, e é a informação total contida no esquema que nos permite compreender exatamente o que o Agente fez.

Agora se poderia perguntar por que as variáveis periféricas do esquema BELISCAR são excluídas desse processo – por que não atribuir Lugar ou Modo a alguns dos complementos, quando afinal um evento de beliscar envolve essas RTEs? Há duas respostas possíveis a essa pergunta; a primeira é que as

---

2. Falo como se fosse um processo sequencial, alguns estágios se aplicando antes de outros. Isso é apenas um recurso expositivo, já que a atribuição provavelmente depende de acesso global e simultâneo a toda a informação relevante.

variáveis centrais têm precedência sobre as periféricas para efeitos de atribuição a complementos; há alguma evidência em favor dessa propriedade.

Mas há outra explicação possível, talvez mesmo a principal: o complemento disponível para atribuição é *Tomás*, ou seja, um SN; e os SNs, com algumas exceções, não podem veicular RTEs locativas, temporais, causais ou modais. Estas são expressas por sintagmas preposicionais como *na sala, às duas horas, com muito cuidado*, ou por itens especializados (tradicionalmente chamados "advérbios") como *aqui, ontem, gentilmente*. Isso já é suficiente para desqualificar *Tomás* como a expressão de qualquer dessas relações – além, claro, do fato cognitivo de que um Modo expresso por *Tomás* não faz sentido.

Por outro lado, há alguns SNs que podem expressar relações temporais, como *(a) semana passada*, que pode ser interpretado referencialmente: *a semana passada foi decisiva*, ou temporalmente: *meu vizinho morreu (a) semana passada*[3]. Esses sintagmas excepcionais não são numerosos, e parecem ser idiossincraticamente marcados: *(a) semana passada*, mas não *2021*, que requer uma preposição (*em 2021*) para ser usado como a expressão de Tempo. Temos portanto duas explicações, não mutuamente exclusivas, para a impossibilidade de atribuir certas variáveis de BELISCAR (Tempo, Lugar, Modo) a certos complementos de [2].

Há ainda outro tipo de fator excludente, que não se aplica a [2], mas pode se aplicar a sentenças semelhantes como

[7] Selma comeu a pizza.

Aqui, além das duas possibilidades mencionadas acima, temos uma terceira: já que temos que atribuir duas RTEs centrais, "entidade.que.come" e "entidade.comida", atribuir a segunda ao sujeito *Selma* resulta em uma representação cognitiva malformada, porque nosso conhecimento do mun-

---

3. Alguns falantes preferem omitir o artigo quando em uso temporal.

do rejeita a possibilidade de a pizza comer Selma[4]. Trata-se, naturalmente, da ação dos filtros cognitivos, que descartam a possibilidade dessas atribuições. Assim para [7] temos em princípio pelo menos três maneiras de atingir a representação cognitiva correta. Não me parece importante decidir *qual* dessas é a certa; podem ser todas certas, no sentido de que estão todas disponíveis ao usuário da língua, e se aplicam de acordo com as circunstâncias. Nem todas são linguísticas *stricto sensu*: a regra de protótipo e o potencial temático dos itens lexicais dependem de informação linguística (relativa à estrutura do português), mas o filtro cognitivo só depende de conhecimento do mundo. O mecanismo de interpretação não faz distinção: seu objetivo é estabelecer a conexão entre forma e significado, e qualquer meio de atingi-lo é aceitável.

O potencial temático pode ser visto como um fator de controle em todos os casos de atribuição, pelo menos como recurso acessório, como em

[8] Essa universidade fica em Belo Horizonte.

onde o esquema evocado tem uma variável rotulada Lugar, que precisa ser atribuído a *em Belo Horizonte* porque *essa universidade* não tem potencial locativo.

Em muitos casos a informação valencial se reduz à morfossintaxe, sendo a atribuição de relações temáticas inteiramente tarefa de regras gerais de vários tipos.

14.3 AINDA MAIS COMPLEXIDADE?

A complexidade do sistema de atribuição é grande, e provavelmente não está completamente descrita no que se acaba de ver. Mas se os fatos são complexos, não há maneira de descrevê-los de maneira simples. Um

---

4. Isso pode ser revertido em situações de fantasia, como em um filme intitulado *Ataque das pizzas assassinas*. O contexto precisa ser claramente sinalizado de modo a permitir tais reversões.

sistema comparativamente simples como o que se propõe na gramática gerativa padrão, com uma grade temática para cada verbo, incluindo apenas papéis semânticos em pequeno número, não dá conta dos dados.

Pode haver ainda mais complicações. Um fator não considerado acima é a dependência da valência não apenas do item lexical, mas também do esquema evocado. Assim, *bater* tem o Paciente expresso por um sintagma introduzido por *em*,

[9] O canalha bate em cachorros.

mas isso funciona no sentido de 'praticar violência'; se o significado (ou seja, o esquema evocado) for outro, o Paciente dispensa a preposição, como em

[10] Jorge bateu os ovos junto com a farinha.

Esse fenômeno, muito frequente, precisa ser eventualmente incorporado na descrição da valência de grande parte dos verbos.

Tópicos, construções relativas e atribuição temática

15.1 TÓPICO DISCURSIVO

O português brasileiro tem dois tipos de construções de tópico; uma delas se encontra em muitas línguas relacionadas, e consiste em colocar um dos constituintes no início da estrutura, como em

[1] Essa cerveja eu não bebo.

O tópico, que ocorre em posição inicial, tem função temática idêntica à do mesmo constituinte quando não anteposto:

[2] Eu não bebo essa cerveja.

[1] e [2] não são perfeitamente sinônimas, mas contêm exatamente a mesma informação temática, o que é o que nos interessa aqui. Este tipo de topicalização se aplica a várias funções sintáticas (objeto, complementos preposicionados etc.).

O outro tipo de tópico, que chamaremos **tópico discursivo**, é característico do português brasileiro e outras línguas, mas não todas[1]. Tem a forma de um SN, também anteposto, mas não corresponde semanticamente a um SN não anteposto. Um exemplo é

[3] Esse cano sai fumaça.

Se quisermos dizer o mesmo sem topicalizar o constituinte *esse cano*, será preciso precedê-lo de uma preposição adequada, aqui *de*, que marca a Fonte:

[4] Sai fumaça *d*esse cano.

Os tópicos discursivos são muito frequentes no português brasileiro falado; foram estudados primeiramente por Pontes (1986; 1987), que dá muitos exemplos tirados da observação de enunciados reais. Uma característica importante é que os tópicos discursivos podem veicular diferentes relações temáticas, sem marca formal que as distinga. Em [3] o tópico é a Fonte; outros exemplos, com relações temáticas diferentes, são

[5] Meu carro   furou o pneu.
    "possuidor"

[6] O quintal, sai pela porta branca.
    "meta"

[7] Aquela escola deles, rouba tudo! [EP][2]
    "lugar"

---

1. Li e Thompson (1976) fizeram a sugestão de que um critério de tipologia das línguas seria a proeminência do tópico ou do sujeito. Se for assim, o português brasileiro é mais ou menos intermediário. Quando apresentei este capítulo em Vigo, alguns colegas comentaram que mais ou menos o mesmo fenômeno ocorre em galego.
2. Exemplos marcados 'EP' são de Eunice Pontes (1987).

[8] Meu óculos, você apanhou a capa? [EP]
"possuidor"

Em todas essas sentenças o tópico é um SN sem preposição; mas se preferirmos não o topicalizar, a preposição precisa aparecer, respectivamente

[9] Furou o pneu *d*o meu carro.

[10] Sai pela porta branca *para* o quintal.

[11] Rouba tudo *n*aquela escola deles!

[12] Você apanhou a capa *d*o meu óculos?

É possível omitir a preposição, em linguagem informal, marcando entonacionalmente o SN relevante: este é pronunciado em altura mais baixa, precedida por uma entonação ascendente:

[13] Furou o pneu↑, ↓o meu carro.

[14] Sai fumaça↑, ↓esse cano.

Esse contorno entonacional é outra marca do tópico, de modo que ainda temos o mesmo fenômeno nessas frases.

15.2 ATRIBUIÇÃO TEMÁTICA EM SENTENÇAS DE TÓPICO

O tópico nessas estruturas tem uma relação temática que varia de sentença para sentença, mas não é marcado morfossintaticamente: o tópico é sempre um SN, que é uma estrutura tematicamente opaca. Isso suscita a pergunta: como é que o receptor fica sabendo qual é a relação temática, se não há pistas formais? Creio que a resposta virá da atribuição por ausência, mecanismo apresentado na seção 8.1.

Já sabemos que o princípio da Atribuição Obrigatória (seção 7.1) proíbe que qualquer constituinte elegível fique sem relação temática – isso é uma condição de boa formação da representação cognitiva veiculada pela sentença. Consequentemente, o tópico discursivo precisa receber uma atribuição temática; aqui, como em outros casos, o pressuposto tradicional de que toda atribuição decorre de propriedades do verbo principal não funciona. Pode-se tentar argumentar que em

[3] Esse cano sai fumaça.

o verbo *sair* sempre exprime uma "fonte". Mas isso não funciona para

[6] O quintal, sai pela porta branca.

onde o verbo é *sair* mas o tópico é "meta".

Temos portanto casos que envolvem relações temáticas bem conhecidas, mas cuja atribuição parece ser condicionada por fatores não gramaticais – por exemplo, pela posição do falante e do ouvinte em relação ao quintal, parte da representação cognitiva em construção. No caso de [3], proponho a seguinte análise: primeiro, consideramos que o verbo *sair* evoca o esquema SAIR; esse esquema tem as variáveis "móvel" (a coisa que sai), "fonte" (de onde o móvel sai), "meta" (para onde o móvel sai) e "trajetória" (por onde o móvel sai). A representação cognitiva se constrói nessa base: o "móvel" é o sujeito *fumaça* – isso é um traço gramatical do português, e figura na valência de *sair*.

Agora, a construção não tem vaga para outro SN, já que *sair* nunca ocorre com dois complementos SN (exceto em construções com tópico discursivo, claro). Portanto, no que diz respeito aos processos lexicogramaticais, *esse cano* fica sem relação temática. Mas como essa situação é proibida pelo princípio da Atribuição Obrigatória, e dada a impossibilidade de atribuir uma relação temática a *esse cano* pelos meios gramaticais, o sistema recorre diretamente ao esquema SAIR: se este tem um "móvel" e uma "fonte", e o "móvel" já está ocupado pelo sujeito *fumaça*, temos que entender o constituinte restante, *esse cano*, como denotando a "fonte", que então recebe essa RTE por ausência. A inaceitabilidade de

[15] *Sai fumaça esse cano.

mostra que isso só funciona quando o constituinte restante é tópico. Ou seja, o processo é também sensível a fatores sintáticos.

Mas é também sensível a conveniências cognitivas: o que importa é que o enunciado faça sentido, e como com SAIR tanto a "fonte" como a "meta" servem para completar a representação cognitiva, qualquer dessas RTEs pode em princípio ser usada para vincular *esse cano*.

Esse mecanismo resulta em uma grande variedade de RTEs serem atribuídas a SNs tópicos. Por exemplo, em

[16] Aquela escola deles, rouba tudo! [EP]

aquela escola deles poderia, em princípio, ser entendida como o sujeito, e portanto o Agente, de *rouba*; mas *rouba* pode também ser entendido como tendo um Agente indeterminado, e nesse caso o SN inicial não pode ser integrado em uma construção regular. Acaba então sendo preenchido por referência ao esquema ROUBAR, que aceita uma especificação de "lugar"; e como uma escola é um lugar, é assim que o SN inicial é entendido – como se vê, trata-se aqui de um processo cognitivo, não gramatical. Os traços gramaticais de *aquela escola deles* são mesmo ignorados, porque esse sintagma não poderia receber uma RTE locativa em situações normais; o *status* de tópico subverte essa restrição.

Em

[17] Meu óculos, você apanhou a capa? [EP]

a sequência *você apanhou a capa?* é processada regularmente. Mas aí o SN inicial, *meu óculos*[3], não acha lugar na estrutura sentencial. O sistema de atribuição precisa procurar um meio de integrá-lo, e acaba atribuindo a RTE "possuidor" (da capa). A razão dessa escolha, novamente, não é gramatical mas cognitiva: se *meu óculos* for o "possuidor" o resultado faz sentido, isso apesar de "possuidor" não ser parte do potencial temático desse sintagma em situação normal. Note-se, além disso, que o processo acrescenta a RTE "coisa possuída" a *a capa*. Deve ser um efeito da exigência de que o enunciado faça sentido, mais o fato de que "possuidor" e "coisa possuída" são RTEs emparelhadas[4].

A existência dessas sentenças de tópico discursivo apresenta um problema para a formulação das valências: devemos incluir sentenças como [3] na valência de *sair*? A resposta me parece que deve ser negativa; parece preferível analisar essas sentenças como o resultado de uma regra que especifica esses SNs como um elemento externo à estrutura sentencial propriamente dita (daí ser o tópico *discursivo*), sujeito a regras de atribuição de caráter cognitivo. Essa me parece a resposta mais plausível, mas não é muito mais do que uma especulação no momento; os fatos estão aí, mas como analisá-los é um problema que continua de pé.

Outros exemplos, com RTEs diferentes, são

[18] Minha casa deu ladrão. [EP]   "lugar"

[19] A Joana não se deve confiar. [EP]   "estímulo"

---

3. Na língua padrão *meus óculos* (plural); na língua falada, óculos se usa geralmente como singular.
4. Cf. emparelhamento de RTEs em 8.3.

Esses fatos se relacionam com a ideia de que somos criaturas constantemente em busca de significados; e mostram que em certas circunstâncias estamos preparados para usar uma variedade de meios para atingir nossos objetivos. Para o linguista, o que interessa mais são os limites desse esforço de procura de significado; ou seja, as circunstâncias do contexto que autorizam esse tipo de atribuição de RTEs a SNs que não poderiam, a rigor, exprimir essa relação temática. Até onde vai esse esforço é uma questão interessante para linguistas e cientistas da cognição.

15.3 ATRIBUIÇÃO TEMÁTICA EM CONSTRUÇÕES RELATIVAS

A questão é especialmente interessante porque há contextos diferentes do tópico discursivo que possibilitam esse tipo de atribuição. Isso aparece em construções relativas quando ocorre, ou pode ocorrer, uma preposição antes do conectivo ("pronome relativo").

As preposições indicam a relação temática a ser atribuída ao sintagma, como em

[20] Eu vim de Fortaleza.

Aqui a presença da preposição *de* indica que *de Fortaleza* deve ser interpretado como a Fonte do movimento denotado. Nesses casos a preposição é obrigatória, de modo que [21] não é aceitável:

[21] *Eu vim Fortaleza.

Quando a preposição ocorre em uma oração relativa, temos

[22] A cidade da qual eu vim

com *de* antes do relativo *a qual*, como esperado. A frase mostrada em [22] só ocorre em um registro formal, ou escrito; coloquialmente se diz

[23] A cidade que eu vim.

com omissão da preposição, embora se entenda a sentença como contendo uma Fonte:

[24] A cidade que eu vim fica no Ceará.

O mesmo se dá com outras preposições:

[25] A cidade que eu vou.

[26] A cidade que eu moro.

Em [25] a (presumível) preposição omitida é *a* ou *para*; em [26] é *em*. E embora não haja preposição para identificar a relação temática, esta é diferente em cada caso: Fonte em [23] e [24], Meta em [25], Lugar em [26]. Como descrever esse fenômeno?

A explicação precisa levar em conta a diferença de verbos ou, mais corretamente, de esquemas evocados. Em [26] o verbo é *morar*, que evoca o esquema RESIDIR[5], que tem as variáveis "residente" e "lugar". Se a diátese estipula que o sujeito é o "residente" (Coisa.localizada), então o que resta será entendido como o "lugar", a menos que haja marca explícita em contrário. Em

[27] *Eu moro Fortaleza.

o problema é que *Fortaleza* (sem preposição) não pode ser um Lugar, de modo que a variável em questão não será preenchida, e além disso vai sobrar um SN cujo esquema não pode encontrar lugar na representação cognitiva.

---

5. O Framenet dá **Residence**, com as variáveis **Residente, Lugar**, e "às vezes **Corresidente**".

Mas a exigência de preposição é dispensada em construções relativas e também em estruturas de tópico, o que significa que tanto [26] quanto

[28] Fortaleza, eu morei mais de cinco anos.

são aceitáveis. Essas estruturas só ocorrem na língua falada, mas são muito frequentes e soam naturais.

A razão pela qual a exigência de preposição é dispensada apenas nesses casos é possivelmente uma idiossincrasia dessas construções; se há algum tipo de motivação, não é evidente no momento. Mas é bastante claro que um dos fatores determinantes é a necessidade de completar (fechar) a representação cognitiva de maneira aceitável. Voltando a

[26] A cidade que eu moro.

deve haver uma relação temática entre os esquemas CIDADE e RESIDIR. Como RESIDIR se refere a uma relação locativa, podemos tomar CIDADE como um Lugar. Por que isso funciona para construções de tópico e relativas, e não para [27], é algo que ainda não se sabe. Fica aqui a descrição do fenômeno e o convite a investigações mais aprofundadas.

16

Valência em construções de movimento direcionado

16.1 MOVIMENTO DIRECIONADO

Neste capítulo examino o comportamento de alguns verbos que, embora tenham uma semelhança semântica básica, são heterogêneos quanto aos detalhes de sua valência; esses verbos constituem um exemplo impressionante da incidência de idiossincrasia na estrutura da língua. O grupo em questão inclui verbos que podem expressar movimento direcionado, e ocorrem em construções onde (a) a direção do movimento é representada no significado do verbo, independentemente da presença de complementos locativos; e (b) o sujeito é sempre o Móvel. São chamados "verbos de movimento inerentemente direcionado" por Levin (1993), que os define como verbos cujo significado

> inclui uma especificação da direção do movimento, mesmo na ausência de um complemento direcional explícito.
>
> [Levin, 1993, p. 264]

Assim, *chegar* é um verbo de movimento direcionado (**VMD**) porque denota um movimento que termina em um lugar particular – isso quando em uma construção de movimento direcionado; *chegar*, como praticamente todos os outros verbos estudados, também ocorre em outras construções: *um quilo chega para fazer os biscoitos*; *ele chegou a desmaiar* etc. O sujeito é o Móvel em

[1] Luzia chegou a Salvador / de Salvador.

O complemento com *de* denota o ponto de origem do verbo, mas a sentença se refere ao final do movimento, ou seja, a hora da chegada. *Chegar* portanto difere de *viajar*, que também denota movimento, mas não em uma direção específica[1]. A direcionalidade de *chegar* aparece mesmo quando não há expressão de Meta ou Fonte:

[2] Luzia está chegando.

Isso contrasta com

[3] Luzia está viajando.

que apenas assere que ela está em movimento, sem nenhuma menção à Fonte ou Meta do movimento.

Chegar também difere de *trazer*, que é também um VMD (ou, mais precisamente, um verbo de movimento direcionado *causado*)[2] mas tem um Móvel expresso pelo objeto:

[4] Luzia trouxe o violão.

Alguns dos VMDs estudados neste capítulo podem também ocorrer em construções que envolvem movimento, com o Móvel não sendo o sujeito, como em

[5] Cheguei a mesa para perto da janela.
    Móvel

---

1. Pode-se dizer, equivalentemente, que *chegar* realça (**profiles**) o ponto-final do movimento, ao passo que *viajar* se refere apenas a um tipo de movimento.
2. Levin (1993, p. 135) observa que *bring* 'trazer' e *take* 'levar' "foram considerados as contrapartes 'causativas' de *come* ['vir'] e *go* ['ir']".

Embora essas também sejam construções de movimento direcionado, serão deixadas de lado neste capítulo; ficam para estudo posterior. Aqui vou me ocupar da expressão dos papéis semânticos Fonte e Meta (e suas elaborações), tentando uma descrição completa dos verbos na construção definida acima. Na verdade, VMD não é uma designação correta, pois o que é "de movimento direcionado" é a construção; mas vou continuar usando o termo "VMD" para não sobrecarregar a exposição. Os VMDs são compatíveis com papéis como Meta e Fonte, e divergem notavelmente entre eles quanto à maneira como codificam essas relações temáticas.

Uma observação final sobre o uso de Meta e Fonte: esses termos têm sido usados para relações não espaciais; assim, o sintagma final de *dei o chapéu para a menina* é às vezes analisado como Meta. Aqui levo em conta apenas o uso desses papéis em seu significado estritamente espacial, associado à noção de deslocamento físico[3].

16.2 UMA AMOSTRA DE VERBOS

Já foi realizado algum trabalho sobre a semântica das preposições, mas certos aspectos parecem ter ficado de fora, em particular as propriedades selecionais dos verbos quanto às preposições que introduzem seus complementos; esta é ainda a província das gramáticas tradicionais e dicionários, abordada de maneira informal e sem uma tentativa séria de generalização. Neste capítulo procuro estabelecer alguns princípios para orientar um eventual levantamento amplo dos verbos de movimento direcionado em português, em relação à sua seleção de preposições que marcam a Fonte e a Meta. Este é um estudo preliminar, a ser eventualmente ampliado para cobrir o conjunto completo desses verbos.

Entre os verbos que satisfazem a definição de VMD (verbos de movimento direcionado), temos

---

[3]. Isso não acarreta uma refutação do uso em outros campos semânticos; mas analisar *para a menina* em *dei o chapéu para a menina* como Meta é algo que requer alguma argumentação.

abandonar, afastar, alcançar, aproximar, avançar, cair, chegar, deixar, descer, dobrar, entrar, escapar, fugir, ir, partir, proceder, recuar, sair, subir, vir, voltar

Há outros, mas por ora vamos pegar apenas esses 21, que constituirão nosso universo de análise[4].

16.3 CODIFICANDO A FONTE[5]

Além do Móvel, os VMD podem ocorrer com complementos de Fonte e Meta[6]. Vamos começar com frases onde apenas um desses papéis ocorre; Fonte e Meta também aparecem lado a lado, mas em padrões diferentes, como se verá na seção 16.5.

A Fonte é prototipicamente marcada pela preposição *de*; mas alguns verbos codificam a Fonte como objeto (ou seja, SN não sujeito), e alguns não admitem a expressão da Fonte:

[8] O público se afastou *do estádio*.

[9] Carla escapou *do encontro*.

[10] O público abandonou *o estádio*. (**do estádio* / **ao estádio*)

[11] *Carla entrou da cozinha. [não pode ocorrer Fonte]

---

4. 17 deles figuram na lista das 1.500 palavras mais frequentes da língua, de acordo com Davies e Preto-Bay (2008). Os outros quatro foram selecionados porque ilustram idiossincrasias adicionais na seleção de preposições.
5. Nos quadros que se seguem confiei na minha intuição, descartando alguns casos em que houve hesitação. Os quadros podem ser tomados como sugestão para estudos mais cuidadosos.
6. Também com Trajetória, não estudada aqui.

O comportamento de cada um dos nossos 21 verbos no que diz respeito à expressão da Fonte pode ser sumariado assim:

---

1. de: *afastar, cair, chegar, descer, escapar, fugir, partir, proceder, recuar, sair, subir, vir, voltar*
2. SN objeto: *abandonar, deixar*
3. não permite a expressão da Fonte: *alcançar, aproximar, avançar, dobrar, entrar, ir*

Quadro 16.1: Expressão da Fonte com 21 verbos

Escapar e *fugir* ocorrem com complemento introduzido por *a*, mas nesse caso o significado não é espacial. Assim,

[12] Carla escapou / fugiu à reunião.

só significa que Carla evitou a obrigação de ir à reunião, sem nenhuma asserção sobre deslocamento seu para ou de algum lugar. Isso é confirmado pela inaceitabilidade de

[13] *O gato escapou ao quintal.

que não pode significar 'o gato escapou do quintal'.

O Quadro 16.1 mostra que nosso conjunto de VMDs compõe três subclasses, conforme a maneira que cada um deles expressa (ou não expressa) a Fonte.

A impossibilidade de expressar a Fonte com alguns verbos não deriva de sua semântica, nem de traços do conhecimento do mundo: quem "entra" entra em algum lugar, e vem de outro lugar; é o verbo *entrar*, enquanto item lexical, que estabelece a proibição, ou seja, temos aqui um traço idiossincrático desse verbo em particular, que precisa aparecer em sua valência[7].

---

[7]. Há maneira de expressar a Fonte com os verbos da 3ª subclasse, mas não simplesmente com um complemento do verbo; por exemplo, pode-se dizer *Carla entrou vindo da cozinha*.

16.4 CODIFICANDO A META

Os fatos relativos à expressão da Fonte, mostrados no Quadro 16.1, são bastante simples, se comparados com a complexidade das maneiras de expressar a Meta.

Há três preposições principais que marcam a Meta: *para, a* e *em*. Cada uma delas tem seus traços próprios: *para* se usa muito geralmente, com *a* como uma alternativa mais formal; *em* como marca de Meta é própria da língua falada[8]:

[14] A professora foi para a praça.

[15] A professora foi à praça.

[16] A professora foi na praça.

À primeira vista, então, os fatos parecem simples: a valência do verbo *ir* admite as três preposições. Mas assim que tentamos aplicar a regra a outros verbos começa a aparecer a complexidade. Por exemplo, com *fugir* não há escolha de preposição para Meta; só *para* é aceitável:

[17] A professora fugiu para a praça.

[18] *A professora fugiu à praça. (com à praça = Meta)

[19] *A professora fugiu na praça. (com *na praça* = Meta)

Já vemos que nenhuma regra geral (isto é, uma diátese apenas) pode dar conta dos fatos, e os verbos individuais precisam ser descritos separadamente;

---

8. O uso de *em* nessa acepção é considerado incorreto pelas gramáticas tradicionais; aqui, como em toda parte, a gente não dá atenção à proibição e usa *em* como marca de Meta o tempo todo.

em outras palavras, temos aqui um fenômeno valencial típico. Conforme o que foi visto até agora, temos duas subclasses de verbos no que diz respeito à expressão da Meta: *ir* pode expressar essa relação com *para, a* e *em*, ao passo que *fugir* só admite *para*. Para apreciar devidamente a extensão das diferenças, vamos examinar como cada um dos 21 verbos determina a codificação da Meta. Os resultados estão no quadro seguinte:

---

1. ***para, a, em***: *ir, sair, subir, vir, voltar*
2. ***para, a***: *descer*
3. ***a, em***: *chegar*
4. ***para, em***: *entrar*
5. ***para***: *afastar, avançar, dobrar, escapar, fugir, partir, recuar*
6. ***em***: *cair*
7. ***de***: *aproximar*
8. **SN objeto**: *alcançar*
9. **não permite a expressão da Meta**: *abandonar, deixar, proceder*

Quadro 16.2: Expressão da Meta com 21 verbos

Vemos que esses 21 verbos precisam ser colocados em nove subclasses distintas, de acordo com seu comportamento quanto à expressão da Meta. O verbo *alcançar* expressa a Meta com o objeto, sem preposição:

[20] Os alpinistas alcançaram o pico.

Na verdade, o quadro não está completo, e podemos ter que acrescentar eventualmente outros detalhes. Por exemplo, com *cair* a Meta pode ser expressa com *para*, mas apenas com um conjunto restrito de complementos: pode-se dizer *ela caiu para a direita*, mas não **ela caiu para a cama*. Detalhes como esse (pode haver outros) trazem assimetrias adicionais ao quadro, e sugerem que só especificar o papel semântico não é o bastante para caracterizar totalmente o comportamento das preposições como marcadoras de valência.

16.5 CONSTRUÇÕES COM FONTE E META

As seções 16.3 e 16.4 descrevem as possibilidades de codificar a Fonte e a Meta com esses verbos (desde que o Móvel seja o sujeito) em estruturas com apenas um complemento locativo: Fonte *ou* Meta. Vamos agora examinar casos em que ambos os complementos estão presentes, como em

[21] A encomenda veio de Belém para Belo Horizonte.
     Móvel   *Fonte*   *Meta*

À primeira vista, parece que a análise já está feita: a Fonte e a Meta são introduzidas de acordo com as regras sumariadas nos quadros 16.1 e 16.2. Mas isso não funciona em todos os casos. Por exemplo, *ir* aceita a Meta com *para, a* ou *em*; não ocorre apenas com Fonte:

[22] *O cachorro foi da cozinha.

Mas esse verbo pode ocorrer com Fonte desde que a oração também expresse a Meta:

[23] O cachorro foi da cozinha para o quintal.

O comportamento de cada verbo quando há Fonte e Meta na oração é sumariado no quadro seguinte:

1. Fonte *de*	Meta *para*:	*afastar, escapar, fugir, recuar, partir*
2. Fonte *de*	Meta *para, a*:	*avançar, descer, dobrar, ir, vir*
3. Fonte *de*	Meta *para, a em*:	*cair, entrar, sair, subir, voltar*
4. Fonte SN *objeto*	Meta *para*:	*deixar*
5. **não permite a expressão da Meta e Fonte na mesma oração**: *abandonar, alcançar, aproximar, chegar, proceder*		

Quadro 16.3: Expressão da Fonte e Meta com 21 verbos

Temos aqui cinco subclasses, conforme a expressão da Fonte e Meta na mesma oração.

16.6 SOBRE A CLASSIFICAÇÃO DOS VERBOS

Podemos agora combinar os três quadros para descobrir quais desses verbos são exatamente idênticos no que concerne à expressão da Fonte e da Meta. Esse levantamento revela que *afastar, escapar, fugir, partir* e *recuar* ficam na mesma classe, tendo comportamento idêntico desse ponto de vista. Outra classe agrupa *descer, vir* e *voltar*; outra tem *avançar* e *dobrar*; e outra tem *sair* e *subir*. Os verbos restantes, a saber *abandonar, alcançar, aproximar, cair, chegar, deixar, entrar, ir* e *proceder* mostram comportamento idiossincrático, de modo que cada um deles fica sozinho na sua classe. Temos portanto, para nossos 21 verbos, nada menos que 13 classes – cerca de 1,6 verbos por classe, o que concorda bem de perto com os resultados de Gross:

> Para nosso conjunto de 3.000 verbetes (isto é, verbos), essa relação dá um conjunto de 2.000 classes. Já que cada classe contém em média 1,5 verbos, podemos concluir que, em geral, não há dois verbos com as mesmas propriedades sintáticas.
>
> [Gross, 1975, p. 214]

É bom deixar claro que nossos resultados são bem menos confiáveis do que os de Gross, porque só classificamos 21 verbos (menos de 1% de todos os verbos da língua). Mas mesmo esse levantamento sumário basta para mostrar como o fenômeno é complexo, e como é grande a necessidade de estudos mais amplos na área.

Nenhum dos traços usados pode ser dispensado – cada um deles descreve um aspecto relevante do comportamento gramatical do verbo, um aspecto que precisa ser conhecido pelo falante se ele for produzir sentenças corretas e interpretar corretamente as que ouve – por exemplo, embora *de* seja uma marca prototípica de Fonte, com *aproximar* marca a Meta; e isso precisa ser conhecido por todos os falantes. Ou seja, não estamos lidando com pequenos detalhes, mas com informação essencial para o uso da língua: a descrição não pode conter menos do que 13 classes para esses 21 verbos. Isso pode parecer uma situação desesperante: como se pode aprender novos verbos eficientemente, se há tão pouca base para a previsão?

A resposta é que ao aprender um novo verbo não procuramos a *classe* a que ele pertence; antes, aprendemos os *traços funcionais* um a um. Por exemplo, ao aprender o verbo *alcançar* o falante precisa observar que esse verbo codifica a Meta como o objeto: *os alpinistas alcançaram o pico*, sem preposição. Como os quadros mostram, o número de traços classificatórios é limitado: apenas doze para esses verbos, e esse conjunto se generaliza para outros verbos de movimento. É portanto possível construir expectativas e verificá-las com novos dados. Isso está de acordo com o uso dos traços em geral: as unidades a serem aprendidas e usadas não são propriamente classes, mas traços individuais que juntos classificam cada item. As regras gramaticais parecem ser cegas ao complexo de traços associado com cada item; em vez disso, são sensíveis a porções selecionadas, e como essas porções variam de regra para regra, aprender um item lexical significa aprender a lista completa de seus traços que podem ser eventualmente objeto de uma regra. É como se cada regra definisse suas próprias classes, e essas classes definidas para uma regra são o que é realmente relevante para a descrição gramatical[9].

Para exemplificar essa seleção de traços feita pelas regras, vamos começar com um exemplo fonológico. Há uma regra em português que sonoriza /s/ antes de consoante sonora; aplica-se antes de /d/ mas não antes de /t/, já que apenas a primeira é sonora: *desde* [ˈdezdʒɪ], mas *deste* [ˈdestʃɪ]. Como se vê, desse ponto de vista /d/ e /t/ pertencem a classes diferentes: /d/ se classifica junto com /k/ e /p/, enquanto que /d/ fica com /g/, /b/, /n/ etc. E há outra regra[10] que palataliza /t/ e /d/ antes de /i/: *dia* [ˈdʒijə] e *tia*

---

9. Isso é uma aplicação do Princípio de Relevância Linguística, de Schlesinger (1995, p. 25-26).
10. Essa regra funciona na naior parte do Sudeste brasileiro; no Nordeste em geral não existe.

['tʃijə]. Agora /t/ e /d/ ficam na mesma classe, porque se comportam identicamente para efeitos de aplicação desta regra: são as únicas consoantes que se palatalizam antes de /i/[11]. Portanto, faz pouco sentido perguntar se /t/ e /d/ pertencem à mesma classe. A razão é que as regras não levam em consideração classes, mas são calibradas em função de traços: o que condiciona a sonorização de /s/ não é a classe /m, n, l, r, b, d, g, v/, mas a presença do traço [+sonoro] na consoante seguinte. É como se cada regra criasse suas próprias classes. Este exemplo ilustra o princípio de que **toda classificação depende do estabelecimento de objetivos descritivos**, que vimos em 4.1.2.

Vamos agora transferir essas considerações para as classes de palavras. Sabemos que *barulho* pode ser núcleo de um SN:

[24] O barulho parou de repente.

A ocorrência da palavra neste contexto é o resultado da aplicação de regras que levam em conta o fato de que *barulho* é [+R], ou seja, tem potencial referencial. *Barulho* é também [−REx], porque não tem potencial qualificativo, mas isso não importa para efeitos dessa regra. Mas se a tarefa fosse acrescentar um qualificativo a um SN que começa com *um motor*, é o traço [−REx] que vai ser relevante, já que evita a inserção de *barulho* para gerar *um motor barulho; aqui precisamos de um item marcado [+REx], resultando por exemplo em *um motor barulhento*. Para esta última regra, o traço [R], marcado "+" ou "−", é irrelevante.

Agora voltando aos nossos exemplos: as regras responsáveis por codificar a Fonte precisam levar em conta apenas a parte do quadro que se refere a esse papel semântico; se o verbo é *subir*, a Fonte vai ser um sintagma preposicionado com *de*; se for *abandonar*, vai ser o objeto. O restante do quadro é irrelevante para a realização sintática desse papel semântico

---

11. A palatalização afeta consoantes [+obstruintes, +coronais, −nasais], a saber, /t/ e /d/.

particular. Aqui, como na gramática em geral, a unidade básica de análise é o traço classificatório, não a classe propriamente dita.

16.7 À PROCURA DE REGULARIDADES

16.7.1 Efeito da codificação de papéis semânticos

Como se viu, a incidência de irregularidade é muito alta, e o Quadro 16.3 não é simplesmente uma composição de 16.1 e 16.2. Alguns verbos são regulares, de modo que a codificação da Fonte e da Meta é consistente de quadro para quadro: isso acontece por exemplo com *afastar*, *descer* e *alcançar*; mas *ir*, *deixar* e *entrar* são irregulares desse ponto de vista. *Ir* não admite a expressão da Fonte quando esse papel ocorre sozinho na oração; mas quando há também Meta ambos os complementos podem ocorrer:

[25] *Carla foi da cozinha. (a Fonte não pode aparecer)

[26] Carla foi para a cozinha.

[27] Carla foi da sala para a cozinha.

Aqui não há regra geral: cada item parece ter seu comportamento próprio.

16.7.2 Matrizes regulares

Podemos também procurar matrizes regulares, válidas para um número relativamente grande de verbos. Considerando apenas o Quadro 16.3, vemos que a configuração **Fonte: *de*, Meta: *para*** aparece com cinco dos 21 verbos; e nada menos que cinco bloqueiam a expressão de Fonte e Meta na mesma oração; por outro lado, **Fonte: *objeto*, Meta: *para*** só aparece com um verbo, *deixar*. Isso sugere a possibilidade de alguma estrutura regular, a ser verificada com um número maior de verbos.

16.7.3 Regularidade na codificação de papéis semânticos

Também é possível encontrar regularidades na maneira como cada papel semântico é codificado. Nos exemplos examinados acima, vimos que, quando ocorre apenas a Fonte, o complemento tem a preposição *de* com 13 verbos, objeto com dois, além dos seis que não admitem a expressão da Fonte sozinha na oração. Fica bastante claro então que a expressão da Fonte como objeto (com *abandonar* e *deixar*) é uma exceção, e precisa ser consignada na valência dos verbos envolvidos. Além disso, podemos acrescentar quatro verbos que admitem *de* como marca de Fonte, mas somente quando também há uma Meta na oração – esses verbos entram na regra geral no que concerne à codificação da Fonte. Podemos concluir que *de* é marca prototípica da Fonte.

Quanto à Meta, a preposição preferida é *para*: pode ocorrer com 14 verbos, em oposição a quatro que não aceitam essa preposição. A preposição *a* é aceita por seis verbos, *em* por nove, e *de* por um apenas[12]. Aqui, talvez com um pouco menos de segurança, podemos dizer que *para* é a marca prototípica da Meta. Isso é confirmado pelo contexto com Fonte e Meta: todos os verbos que aceitam a expressão desses dois papéis na mesma oração aceitam *para* como marca de Meta (embora alguns também aceitem *em*).

Os dados são excessivamente escassos para fundamentar conclusões; mas uma pesquisa adequada poderá confirmar (ou desconfirmar) essas hipóteses, talvez levando à definição da marca prototípica desses papéis temáticos na língua. Pode ser instrutivo verificar como esses papéis são codificados com verbos que não são de movimento direcionado, como *viajar*. Com esse verbo, a Fonte é sempre com *de*, e a Meta pode ser *para* ou *a*, mas não *em*:

[28] Meu pai viajou para a Sibéria. / à Sibéria / *na Sibéria

[29] Meu pai viajou do Alasca para a Sibéria. / à Sibéria / *na Sibéria

Com *viajar*, como com *ir*, a Fonte não pode ser expressa sozinha:

---

12. Só conheço dois verbos que codificam a Meta com *de*: *aproximar* e seu sinônimo relativamente raro *avizinhar*.

[30] *Meu pai viajou do Alasca.

Viajar não corresponde exatamente a nenhuma das 13 classes definidas pelos quadros 16.1. 16.2 e 16.3; portanto, esse verbo terá que ser analisado como pertencente a ainda uma outra classe.

16.8 FONTE E META EM AMBIENTE NÃO VERBAL

Sabe-se que os complementos de Fonte e Meta também ocorrem em conexão com nominais:

[31] A chegada de Pedro ao Brasil.

[32] A chegada de Pedro de Portugal.

Nesses exemplos tanto a Fonte quanto a Meta são marcados pelas mesmas preposições que ocorrem com o verbo cognato, *chegar*. O Móvel, por outro lado, aparece com *de*, e assim podemos ter dois complementos com essa preposição no mesmo sintagma. Esse parece ser o caso mais frequente. Em alguns casos, entretanto, Fonte e Meta se constroem diferentemente conforme sejam dependentes de um verbo ou de um nominal:

[33] a. Pedro veio a / para / em São Paulo.
    b. A vinda de Pedro a / para / *em São Paulo.

[34] a. Esse deputado se aproximou *ao governo / do governo.
    b. Esse deputado é próximo ao governo / do governo.

Casos como esse não são raros, e podem ser objeto de pesquisa específica[13].

---

13. Há dois dicionários que consignam valências de nominais: Fernandes (1950) e Carvalho (2007); essas obras podem fornecer um ponto de partida para nova pesquisa.

17

Guias para a pesquisa em valência verbal

17.1 DESCREVENDO AS VALÊNCIAS VERBAIS

Nos capítulos precedentes procurei mostrar que a valência é um componente essencial da descrição da língua. Mas, apesar de muito trabalho já realizado, esta área continua a ser pouco explorada, considerando sua vastidão: ainda precisamos elaborar dicionários de valências corretos e razoavelmente completos, levando em conta os fatores expostos neste livro, tais como regras de protótipo, atribuição por ausência e filtros cognitivos, que não são sistematicamente usados nos dicionários atuais[1]. Esses fatores ainda têm que ser estudados em detalhe, mas o trabalho de classificação dos verbos quanto à valência e a construção de dicionários pode começar desde já. Neste capítulo faço algumas sugestões sobre o que já pode ser feito na área, com exemplos e discussão; o capítulo pode ser tomado como um protocolo inicial para a pesquisa no futuro imediato.

---

1. Esses dicionários diferem muito em qualidade; e é de justiça mencionar dois trabalhos que se salientam pela utilidade e consistência: o ADESSE para o espanhol, e para o português Borba (1990).

17.2 DADOS

Convém começar selecionando os verbos a serem analisados, uma tarefa que pode se beneficiar da lista de itens preliminarmente analisados constante do *Valency Dictionary of Brazilian Portuguese Verbs* (*VDBPV*), em construção na UFMG. Para tomar um exemplo simples, o verbo *comer* é apresentado ali como associado às diáteses seguintes:

COMER

SujV>*Agente* V **SN**>*Paciente*

Nós comemos o bolo inteiro.

SujV>*Agente* V

As crianças estão comendo.

SujV>*Agente* V *de* **SN**>*Paciente*

Todos comeram do bolo de chocolate.

Figura 1: Valência de *comer* no *VDBPV*

17.3 SIMPLIFICANDO A DIÁTESE

A primeira diátese corresponde ao que às vezes se chama a construção transitiva. Não precisa ser totalmente especificada como está na Figura 1, já que sabemos que sempre que a representação cognitiva contém um Agente[2] essa relação é veiculada pelo sujeito: trata-se da regra que formulamos

---

2. Mais exatamente, uma elaboração desse papel; aqui vou falar do papel semântico para não complicar o texto.

como Agente<>SujV. Isso significa que aprender essa construção não exige a informação de que o sujeito é Agente; podemos ter simplesmente

[1] SujV V SN>*Paciente*

Mas será essa a maneira mais simples possível de formular a informação temática sobre esse verbo nessa construção? Se consideramos o exemplo

[2] Nós comemos o bolo inteiro.

sabemos que o esquema evocado pelo verbo é COMER, que contém não apenas um "comedor" (elaboração do Agente), mas também a "coisa.comida". A primeira dessas variáveis já está providenciada pela regra, e é NÓS; resta a segunda variável. A sentença tem um complemento, *o bolo inteiro*, que é um candidato possível para vincular essa variável.

Não podemos atribuir automaticamente a RTE "coisa.comida" a *o bolo inteiro*: há ainda uma condição cognitiva a ser satisfeita, a saber se esse sintagma tem potencial referencial; mas como tem (trata-se de uma "coisa"), podemos fazer a vinculação, de modo que a "coisa.comida" vai ser entendida como sendo *o bolo inteiro*. Dessa maneira completamos o significado temático[3] de [2], com uma representação cognitiva bem-formada.

Para comparar, na sentença

[3] Nós comemos há duas horas.

o constituinte *há duas horas* não é um candidato aceitável para receber a RTE "coisa.comida". A razão é que esse sintagma não tem potencial referencial; portanto, a representação cognitiva terá que ser completada de alguma outra maneira. Já que o constituinte disponível tem potencial para expressar "tempo", e o acréscimo dessa informação faz sentido, acabamos entendendo-o como a especificação do momento em que o evento se deu.

---

3. Digo "temático" porque há muitos outros ingredientes de significado, como a definitude de *o bolo*, tempo e aspecto do verbo etc.

Mas onde está a "coisa.comida" em [3]? O esquema COMER estipula que sempre que houver um evento de comer uma "coisa.comida" precisa estar envolvida. Aqui o sistema fornece uma solução: a "coisa.comida" é entendida esquematicamente, de modo que se entende que comemos alguma coisa que não é especificada. Essa é uma regra geral, que se aplica sempre que a diátese não especifica diferentemente – o que só ocorre nos raros casos de Paciente privilegiado, como em *o marido dela bebe*, onde é possível (e mais comum) entender que se trata de bebida alcoólica. Isso precisa ser marcado de alguma maneira em uma diátese, que aparece assim no *VDBPV*:

[4] SujV>*Agente*   V   >*Paciente: "bebida.alcoólica"*

Aliás, como sabemos, a especificação Agente pode ser dispensada, de modo que a diátese vai ser apenas

[5] SujV V >*Paciente: "bebida.alcoólica"*

Isso acontece com uns poucos verbos, que precisam ser individualmente marcados no dicionário. Se uma diátese como [5] não se aplica, o Paciente vago será entendido esquematicamente, como em [3].

Naturalmente, o verbo *beber* tem também uma diátese sem Paciente especificado, que se realiza em *muitos animais vêm ao riacho para beber*: já que animais em geral não bebem álcool, nem os riachos o contêm, acabamos entendendo que eles bebem água. Vemos aqui a ação dos filtros cognitivos, que controlam a plausibilidade do conteúdo da mensagem. Assim, a diátese que subjaz a [3] pode conter simplesmente o sujeito e o verbo. Quanto ao sintagma *há duas horas*, não precisa constar da diátese: ele tem o potencial temático de expressar "tempo" (o momento em que se dá o evento), e apenas isso; assim, se deixarmos as coisas correrem por si sós, a relação correta será automaticamente gerada, e a diátese será

[6] SujV V

As relações temáticas são então inseridas por regras gerais, de caráter gramatical (a regra de protótipo Agente<>SujV) e cognitivo (as que vinculam complementos vagos, como *o bolo inteiro*). Tudo o que o dicionário precisa consignar para as sentenças [2] e [3] é a sintaxe que aparece em [6]. A valência de *comer*, então, fica reduzida a

COMER
SujV V SN
Nós comemos o bolo inteiro.
SujV V
As crianças estão comendo.
SujV V *de* SN>*Paciente*
Todos comeram do bolo de chocolate.

Fig. 2: Valência de *comer*, parcialmente simplificada

Não há indicações temáticas nas duas primeiras, porque podem ser preenchidas por regras e processos gerais. Já na terceira a indicação de que o Paciente se realiza como um sintagma com *de* precisa ser mantida, porque se trata, aparentemente, de um traço idiossincrático do verbo *comer*.

17.4 FORMULAÇÃO DAS VALÊNCIAS

A valência de *comer* tal como dada na Figura 3 pode ser considerada o mínimo que um falante precisa saber para usar esse verbo corretamente. Há certamente muito mais, mas não tem a ver com valência, e talvez haja outras generalizações, ainda não descobertas; precisamos ignorar tudo isso por ora. Recapitulando, estabelecer a valência de um verbo inclui os seguintes passos:

(a) Selecionar um verbo para analisar

Naturalmente, o objetivo é incluir eventualmente *todos* os verbos da língua; mas por razões práticas o *VDBPV* começou com os itens mais frequentes, seguindo a lista de Davies e Preto-Bay (2008). Em seu formato atual (2023) o *VDBPV* oferece uma análise preliminar na forma de um conjunto de diáteses para cada verbo, sem levar em conta generalizações, regras e protótipos que poderão simplificá-la. É basicamente o mesmo formato do dicionário espanhol ADESSE, que é muito útil como fonte de ideias. Para outras línguas não conheço bases de dados de qualidade comparável: tendem a ser dependentes de teorias aprioristicas, sem ênfase suficiente na coleta e descrição de fatos. Mas mesmo um dicionário comum, como o Aurélio ou o Houaiss, constitui um bom primeiro passo na seleção de itens[4].

A fonte dos dados pode ser proveniente de obras publicadas, córpus e introspecção – afinal, o pesquisador é um falante da língua. Não é aconselhável limitar a fonte de dados a um córpus como fator decisório[5].

(b) Começar com períodos simples (o *VDBPV* não vai além disso)

Há toda uma literatura sobre complementos sentenciais (começando com Rosenbaum, 1967). Mas me parece prudente deixar isso para um segundo estágio do trabalho, mesmo porque alguns dos resultados referentes a períodos simples são transferíveis para os compostos.

(c) Começar com diáteses plenamente especificadas

Ou seja, formulações como a da Figura 1. O *VDBPV* oferece muitos exemplos já trabalhados; e com novos verbos é preciso construir a diátese.

---

4. Para o português, saliento Borba (1990).
5. Cf. a respeito Perini e Othero (2011).

(d) Aplicar regras e princípios de atribuição

Ou seja, regras de protótipos, regras categóricas e atribuição por ausência (cf. lista na seção seguinte). Esses instrumentos funcionam para simplificar as diáteses da maneira exemplificada acima para as de *comer*.

Os instrumentos de que dispomos para a simplificação das diáteses já foram todos estudados e exemplificados nos capítulos 7 e 8, retomados na lista dos mecanismos envolvidos vista na seção 14.1.

18

Anomalia

18.1 IMPORTÂNCIA DO COMPONENTE ANOMALÍSTICO

Os fatos vistos nos capítulos precedentes ilustram a alta incidência de idiossincrasia lexical, ou seja, irregularidade. Os verbos de movimento direcionado, vistos no capítulo 16, constituem um caso extremo; mas a irregularidade está quase sempre presente, de modo que podemos dizer que o componente anomalístico da estrutura é pelo menos tão importante quanto as regularidades expressas por regras gerais. No entanto, existe uma tendência na linguística moderna a subestimar essa importância, encarando as anomalias como um fenômeno marginal e comparativamente pouco importante. Por exemplo, Chomsky disse em uma entrevista que

> [...] os dicionários, gramáticas etc. devem ser entendidos apenas como coleções de indicações idiossincráticas. Na verdade, são quase complementares ao estudo científico da língua, porque tratam de idiossincrasias que não podem ser preditas a partir da natureza da linguagem. [...] São listas de idiossincrasias; são o que Bloomfield chamou uma 'lista de exceções'.
>
> [Chomsky, *apud* Andor 2004, p. 104]

Isso sugere que usar uma língua é essencialmente manipular regras gerais (ou mesmo universais), complementadas por exceções e particularidades ocasionais. Nossos dados, entretanto, não confirmam essa posição: até onde vai a análise de nossa amostra, as idiossincrasias parecem ser um fator importante na estrutura da língua – e isso em áreas importantes da estrutura, tais como a valência, seleção de preposições e classificação das palavras, onde a aprendizagem de itens individuais, cada um com seu conjunto de traços gramaticais, é necessariamente envolvida.

A valência verbal é proeminente entre essas áreas, porque tem sido mais amplamente pesquisada. Em um levantamento dos verbos do português, compreendendo até agora pouco mais de 650 verbos, foram encontradas 326 diáteses distintas[1]. Em vez da breve lista de possíveis construções que formam a transitividade verbal nas gramáticas tradicionais (intransitivo, transitivo direto, de ligação etc.), temos algumas *centenas* de maneiras diferentes de inserção de um verbo na oração. Um caso interessante são algumas diáteses que aparecem na valência de apenas um, ou uns poucos, verbos. Por exemplo[2],

[1] Camilo apanhou da mulher. (SujV>*Paciente* V *de* SN>*Agente*) [um verbo, *apanhar*]

[2] Esse armário cheira a mofo. (SujV>*Estímulo* V *a* SN>*Modo*)
[dois verbos, *feder* e *cheirar*[3]]

[3] O governo fez do país um chiqueiro.
  (SujV>*Agente* V *de* SN>*Paciente* SN>*Qualidade*)
[um verbo, *fazer*]

[4] A multidão deixou o estádio. (SujV>*Móvel* V SN>*Fonte*)
[três verbos, *abandonar, deixar, largar*]

Isso contrasta com diáteses como

[5] A menina comeu o bolinho. (SujV>*Agente* V SN>*Paciente*)

que ocorre na valência de centenas de verbos[4].

---

1. Me refiro ao *Valency Dictionary of Brazilian Portuguese Verbs*. Esses números ignoram a possibilidade de simplificação exemplificada em 8.2 acima.
2. Dou os papéis semânticos como estão na versão atual do *VDBPV*.
3. No português europeu, também *saber*, como *esse doce sabe a pastel de nata*.
4. [4] e [5] representam diáteses distintas porque, embora tenham sintaxe idêntica, as atribuições temáticas diferem.

A atribuição temática é em parte determinada por dispositivos gerais como as regras de protótipos, e por fatores cognitivos como a atribuição por ausência; mas muitos casos escapam a esses mecanismos, e precisam ser considerados exceções, a serem adquiridos individualmente. Essa é a função das diáteses, a saber, marcar casos aos quais não se aplica nenhuma análise geral: uma diátese expressa uma exceção. Só que não são casos raros, e constituem uma porção considerável da estrutura da língua. Os limites precisos da ação das diáteses em oposição a fatores gerais ainda estão por ser determinados, mas os dados disponíveis sugerem que a anomalia é responsável por uma grande porção do fenômeno da valência.

Outras áreas da língua igualmente mostram alta incidência de idiossincrasias. Por exemplo, as expressões fixas (expressões idiomáticas e outras), outro fenômeno considerado marginal, são extremamente numerosas e em uso muito frequente, como mostra o trabalho recente de Lúcia Fulgêncio (Fulgêncio, 2008; em elab.). Sua lista de expressões idiomáticas do português brasileiro falado atual inclui nada menos que cerca de 9.200 itens, todos em uso corrente e conhecidos por todos os falantes[5]. Como as expressões idiomáticas não podem, por definição, ser reduzidas a regras gerais, esta é uma indicação impressionante da importância do aprendizado de itens individuais para usar uma língua.

18.2 GENERALIZAÇÕES SEMÂNTICAS

No caso das preposições direcionais, examinadas no capítulo 16, uma hipótese possível seria de que sua ocorrência fosse governada pela semântica da preposição e/ou do verbo: desse modo poderíamos simplificar

---

5. Fulgêncio exclui itens técnicos, regionais e arcaicos. Ela também chama a atenção para a alta incidência de expressões responsáveis por veicular relações gramaticais e coesão textual. É interessante notar que Culicover e Jackendoff, fazendo uma simples estimativa, chegaram a um número semelhante: "Se o inglês tem, digamos, 8 mil expressões idiomáticas, 500 construções nos parece razoável" (2005, p. 43). Ambas as estimativas são confirmadas, com boa aproximação, pelos resultados da pesquisa atual.

significativamente o quadro. Mas os dados não sustentam essa hipótese. Há uma diferença de significado entre *para* e *a*: *para* denota um deslocamento permanente, ao passo que *a* denota um deslocamento temporário. Assim, a diferença entre

[6] Meu pai veio para São Paulo.

[7] Meu pai veio a São Paulo.

é que [6] indica uma mudança e [7] se refere a uma visita à cidade. Mas essa diferença não pode dar conta do fato de que *descer* aceita *para* ou *a* como marca de Meta, *entrar* só aceita *para*, e *chegar* só aceita *a*.

O mesmo vale para o significado inerente dos verbos, que não determina traços da valência, pelo menos em muitos casos. Um exemplo notável é a existência de verbos sinônimos que fazem diferentes exigências quanto a seus complementos: os estudos feitos têm mostrado que sinonímia, ou quase-sinonímia, não constitui base para prever o comportamento dos verbos desse ponto de vista[6]. Por exemplo, como vimos no capítulo 13, *roubar*, *lesar* e *surripiar* descrevem a mesma cena, com os mesmos participantes, mas com valências diferentes. Isso mostra que a seleção das preposições é em certa medida independente de fatores semânticos, sendo em muitos casos controlada por traços idiossincráticos do verbo.

Por outro lado, é apenas independente *em certa medida*, não totalmente; há com certeza uma conexão entre o significado de um verbo e sua valência, embora a correspondência não seja total. Assim, a construção mostrada em

---

6. Isso é mostrado em diversas dissertações que orientei nos últimos anos, tratando de verbos incoativos (Mazur, 2006); verbos de vitória e derrota (Lima, 2007); verbos de conhecimento (Carvalho, 2012); verbos de comunicação (Couto, 2017); e verbos de colocação (Plais, 2017).

[5] A menina comeu o bolinho. (SujV   V   SN)
   Agente   *Paciente*

que é particularmente frequente na língua, aparece prototipicamente na valência de verbos que denotam ação envolvendo um Agente e um Paciente. Mas ainda aqui há exceções, como a exemplificada em [1] acima.

A incidência de regularidade levou a algumas generalizações falsas, como a asserção de que

> A expectativa [...] é de que os fatos sintáticos (e morfológicos) de uma língua sejam *motivados* por aspectos semânticos e de que possam ser exaustivamente descritos por meio de estruturas simbólicas.
>
> [Taylor, 2002, p. 29; itálico do original]

Essa posição bastante radical não é sustentada pela observação dos dados; a impossibilidade de prever traços da morfossintaxe a partir da semântica é amplamente exemplificada na área das valências verbais, como se mostra em vários pontos deste livro. Aqui, como ocorre frequentemente na língua, as regras e as anomalias se entremeiam em uma estrutura altamente complexa.

18.3 EXPRESSÕES IDIOMÁTICAS, COLOCAÇÕES E CLICHÊS

Um elemento muito importante na língua são as **expressões fixas**. Elas são todas idiossincráticas em vários graus e requerem aprendizagem de itens individuais, não inteiramente sujeitos à aplicação de regras gerais. Vimos que as valências verbais são frequentemente idiossincráticas, e assim de certo modo são também expressões fixas. Fora do campo valencial, temos as **expressões idiomáticas**, as **colocações** e os **clichês** (*stems* na nomenclatura de Pawley e Syder, 1983). Fillmore (1979) observou que o uso adequado dessas expressões é um dos traços que caracterizam a fluência nativa em uma língua.

As **expressões idiomáticas** são bem conhecidas, mas a opinião mais corrente é que seriam um elemento marginal na língua: seriam, segundo essa opinião, típicas da fala informal, e seu número seria relativamente pequeno. Como já vimos, Fulgêncio (em elab.) construiu um dicionário com todas as expressões idiomáticas usadas atualmente no português brasileiro, com exclusão de termos técnicos, arcaicos e regionais, e chegou a uma lista de cerca de 9.200 itens. Além disso, um levantamento em textos escritos mostra que as expressões idiomáticas são responsáveis por cerca de 20% de todas as palavras de um texto típico; tudo isso mostra que não se trata de elementos pouco numerosos, e definitivamente não são marginais no uso da língua.

As expressões idiomáticas são unidades lexicais, e como tais são armazenadas individualmente no léxico. E não são, como se sabe, interpretáveis composicionalmente: *bater as botas* significa "morrer", e não tem nada a ver com bater ou com botas. Essa expressão idiomática evoca o esquema MORRER independentemente do significado usual de suas partes componentes, e se comporta desse ponto de vista exatamente como um item lexical não composto. As regras da gramática não preveem sua estrutura ou significado, o que mostra novamente que *bater as botas* é um item lexical, a ser aprendido e armazenado na memória como uma unidade independente, juntamente com verbos simples como *morrer*.

Por outro lado, essa expressão pertence a uma classe bem conhecida, e tem traços gerais que a colocam entre os verbos, morfológica e semanticamente. A expressão idiomática *bater as botas* tem uma valência, que é semelhante à de *morrer*, e denota um evento que envolve um Paciente, sem Agente expresso. As expressões idiomáticas então representam uma carga adicional para a memória, e precisam ser memorizadas como outros itens lexicais, sem falar de outros detalhes como a ordem das palavras componentes; o fato de que as pessoas não têm dificuldade especial em aprender e usar as expressões idiomáticas ilustra a ampla capacidade da memória humana quando se trata de usar a língua.

As expressões idiomáticas são idiossincráticas em seu significado, e às vezes em sua estrutura sintática. As **colocações** são construções regulares, com a estrutura e significado esperados, mas que são usadas como unidades com uma ordem e seleção de palavras especiais. Assim, dizemos *de alto a baixo*, mas não ??*de baixo a alto*; *arco e flecha*, mas não ??*flecha e arco*. Embora as sequências marcadas com '??' sejam regulares, são excluídas do uso normal por razões de uso, não por razões gramaticais *stricto sensu*. Podemos incluir entre as colocações a exigência que certos verbos fazem de uma preposição funcional, sem função semântica: *gostar de, confiar em, contar com*. Temos aqui mais um exemplo do uso de informação idiossincrática pelos usuários da língua. Outro caso de colocação é a especialização de certos itens que ocorrem preferencialmente com outros, como em *envidar esforços, atear fogo* e *arregalar os olhos*, onde o verbo só ocorre com esse objeto.

Os **clichês** (chamados *stems* por Pawley e Syder, 1983) são provavelmente apenas um caso especial de colocação, que não excluem totalmente alternativas; mas estas parecem um tanto artificiais, ou mesmo não nativas. Os clichês são úteis na linguagem literária, e alguns autores mostram um alto grau de virtuosidade em seu uso: posso mencionar Chico Buarque, e para o inglês P. G. Wodehouse. Uma passagem deste último autor ilustra como essas sequências podem ser frequentes: coloco em **negrito** os clichês no texto:

> **To the best of his knowledge** he was not acquainted with any Maude, let alone one capable of this almost Oriental **warmth of feeling**. Unlike his brother Galahad, who had never been happier than when **knee deep in** barmaids and ballet girls, he had always **taken considerable pains** to avoid the Maudes **of this world**.
>
> [Wodehouse, 1981]

Os clichês foram estudados preliminarmente por Pawley e Syder (1983); para o português, temos Tagnin (1989; 2013), com muitos exemplos interessantes.

18.4 CONCLUSÃO

A importância relativa dos componentes regular e anomalístico da estrutura da língua é uma questão muito antiga, já abordada nos tempos helenísticos (séculos IV-I a.C.). A questão ficará suficientemente clara somente quando forem disponíveis levantamentos amplos de dados. Parte dos linguistas modernos pressupõe (sem evidência suficiente) que as anomalias são uma parte menor da língua. Mas que ambos os componentes existem, e são importantes em proporções ainda desconhecidas, é bem claro; torna-se necessário realizar pesquisas para averiguar com precisão a importância desses componentes em relação um com o outro.

Nossa conclusão, no que diz respeito ao português, é que a importância do componente anomalístico é evidente. Claro que há regras gerais também, e é pela interação delas com o conhecimento idiossincrático que construímos nossos enunciados.

Sintaxe

19

Sintaxe

19.1 O QUE É SINTAXE?

Nem sempre os fenômenos formais podem ser postos em correlação com traços do significado; em outras palavras, a sintaxe "pura" é também necessária na descrição. Uma área dessas é, ao que me parece, a concordância de gênero dos constituintes do SN com o núcleo. Tudo indica que seja um fenômeno formal: ninguém encontrou até hoje uma razão semântica para que *lindo* concorde com *dia*, e *linda* com *noite*; isso precisa ser analisado como um traço formal, que requer que todos os itens que podem ser núcleo de um SN sejam idiossincraticamente marcados como feminino ou masculino. Há algumas tendências semânticas, mas com tantas exceções que é melhor nem as levar em conta na análise: *pessoa* e *vítima* são femininos, mesmo quando se referem a um homem; *cônjuge* vale para a esposa etc.

As diáteses utilizadas na descrição da valência verbal têm um componente sintático, por exemplo

[1] SujV   V   SN

que vale para a frase

[2] Glória comeu o mingau.

e também para

[3] Glória é aquela menina morena.

[2] e [3] representam diferentes diáteses, mas toda a diferença reside nas relações temáticas; a sintaxe é a mesma nos dois casos, a saber, [1].

O que chamamos "sintaxe" é essencialmente o conjunto de traços formais – que se opõem, como vimos na seção 1.2, a fatos semânticos (isto é, cognitivos) e simbólicos (relação entre os outros dois espaços). A sintaxe compreende fatos que em última análise se realizam foneticamente, mais as relações entre eles, desde que não sejam dependentes de significado; a sintaxe é a mediadora entre as representações cognitivas e as formas fonéticas.

19.2 SINTAXE SIMPLES (*SIMPLER SYNTAX*)

Voltemos à diátese que se formula como

[1] SujV   V   SN

Essa estrutura inclui classes de formas (V, SN), uma função sintática (SujV, ou seja, o sujeito) e a ordem em que ocorrem. A relação de sujeito será definida, em termos puramente formais, na seção 19.3 abaixo. Deixando de lado a ordem por ora, temos classes e funções.

As representações sintáticas usadas aqui são muito simples, e estão de acordo com o Princípio da Sintaxe Simples, de Culicover e Jackendoff (2005), formulado assim:

> **Hipótese da sintaxe simples (HSS)**
> A teoria sintática mais explicativa é a que atribui o mínimo de estrutura necessário para mediar entre a fonologia e o significado.
>
> [Culicover; Jackendoff, 2005, p. 5][1]

---

1. Como se vê, os autores a chamam uma "hipótese". Entendo-a como uma hipótese de trabalho, não uma que seja testável: um **princípio** de natureza metodológica, não empírica; algo como a navalha de Ockham.

Esse princípio é discutido e defendido no livro de Culicover e Jackendoff, de modo que só vou dar aqui uma ideia sumária de sua importância para a análise gramatical. Dentro do espírito dessa proposta, consideram-se sintáticos os fenômenos que não podem ser descritos em termos de categorias e relações cognitivas.

A motivação do princípio é que as representações cognitivas, assim como as sequências fonéticas, são independentes de argumentação e teorização linguística, e podem ser consideradas *fatos* ("['gatʊ] se refere a *Felis cattus*"), ao passo que o componente sintático é amplamente feito de hipóteses ("*gato* é o núcleo do SN *aquele gato branco*"). Agora, suponhamos que a ordem de dois elementos de uma oração possa ser analisada em termos de propriedades sintáticas ou então, alternativamente, pelos traços semânticos dos itens envolvidos. Devemos preferir a segunda solução porque evita a necessidade de inventar marcadores sintáticos *ad hoc*, e lança mão de traços semânticos que são uma parte inevitável do conhecimento dos itens lexicais. Por exemplo, tomemos a ordem de núcleo e modificador no SN[2]. Alguns modificadores podem aparecer antes ou depois do núcleo (*lindo dia / dia lindo*), outros só podem aparecer após o núcleo (*relógio japonês / *japonês relógio*). Poderíamos marcar itens como *japonês* como sendo proibidos de ocorrer antes do núcleo, mas isso fará dele uma idiossincrasia bastante arbitrária. Tais coisas existem na língua, mas neste caso é possível propor uma análise mais bem motivada: basta observar que itens que têm certos traços semânticos, como origem nacional ou regional, agente, paciente e outros, só podem ocorrer depois do núcleo. Como esses traços semânticos são independentemente motivados (*japonês* denota origem nacional, o que é um fato necessariamente presente na língua), a análise semântica deve ser preferida, e não há necessidade de marcar itens como esse com um traço sintático para distingui-lo de *lindo*, que pode ocorrer em ambas as

---

2. O exemplo está simplificado para a exposição; cf. uma discussão completa em Perini *et al.* (1996).

posições. Desse modo reduzimos o componente sintático (ou seja, formal), e também reduzimos o grau de abstração da análise, tornando-a mais bem fundamentada em fatos e menos dependente de teoria. A sintaxe continua imprescindível, evidentemente; mas esse princípio nos permite reduzi-la, com duas vantagens: uma análise mais simples e, principalmente, a revelação de traços da língua intimamente conectados com o conhecimento de mundo, que são provavelmente aprendidos de preferência pelos falantes.

19.3 O QUE É O SUJEITO?

19.3.1 Concordância

Venho me referindo ao sujeito com certa frequência, mas afinal o que, exatamente, é o sujeito de uma oração? Há uma construção muito frequente que tem na verdade dois SNs, ou seja, SN V SN; só que o primeiro é rotulado "sujeito", e essa construção é notada como **SujV V SN** – por que rotular diferentemente o primeiro SN? A resposta é que a gramática da língua trata diferentemente esses dois SNs – o primeiro, como sabemos, tem uma relação de concordância com o verbo, de modo que dizemos *os gatos arranharam o sofá*, onde *arranharam* "concorda" com o sujeito *os gatos*. Como veremos, há ainda outros processos gramaticais que distinguem o sujeito de outros eventuais SNs que haja na oração. O sujeito não é simplesmente o primeiro SN da oração; veremos que a definição é um pouco mais complicada. Mas primeiro vamos ver o que vem a ser a "concordância verbal", um fenômeno que tem não apenas uma face morfossintática, mas também uma face simbólica importante.

Morfossintaticamente, a concordância é uma harmonia entre o morfema de pessoa e número presente no verbo e um dos SNs da oração. Todo SN é rotulado quanto a essas categorias: *os gatos* é 3ª pessoa, plural; *o gato* é 3ª pessoa, singular; *eu* é 1ª pessoa, singular; *nós* é 1ª pessoa, plural; e *você* é 3ª pessoa, singular. Note-se que se trata de marcas morfossintáticas, que não têm correspondência necessária com as chamadas "pessoas do discurso":

um SN de 3ª pessoa do singular pode se referir à pessoa ou coisa de que se fala, mas também pode se referir àquela a quem se fala (*você arranhou o sofá*), ou mesmo à pessoa que fala (*agora a mamãe vai descansar*, dito pela própria mamãe ao bebê). Chamamos de "pessoas" ambas essas categorias, mas na verdade são coisas muito diferentes, de modo que vamos combinar que aqui, quando se falar de "pessoa", deve-se entender "pessoa gramatical"; quanto aos participantes da conversa, serão chamados "pessoas do discurso".

Pois bem, o verbo em português tem compromisso com os traços de pessoa e número de um dos SNs da oração; e a esse chamamos "sujeito". Esse fato formal tem um correlato no espaço simbólico, como veremos adiante. Mas há uma face morfossintática no fenômeno, que aliás nem sempre é imediatamente evidente, por causa de frases como *o gato arranhou o menino*, onde, se observamos apenas a forma, não é possível saber com que constituinte o verbo está concordando; isso nos obrigará a formular uma definição mais completa (e complexa) do sujeito.

19.3.2 Relação simbólica entre sujeito e papel semântico

Pelo que se disse nas seções anteriores, e pelo que geralmente se admite, a concordância verbal seria aparentemente um fenômeno sintático, dependente apenas de fatores formais. No entanto, há indicações de que no fundo se trata de um fenômeno de natureza simbólica; e se for assim devemos aplicar o princípio da Sintaxe Simples e explicar os fenômenos de concordância verbal em termos de significado, inclusive de filtros cognitivos.

Podemos começar com a frase inaceitável

[4] *O gato arranhamos o sofá.

Tradicionalmente se diria que aqui uma regra sintática de concordância foi desobedecida: o sujeito é de terceira pessoa do singular, mas o verbo está na primeira do plural. Isso dá conta do fenômeno, mas requer a postulação da regra de concordância, que não tem nenhuma motivação além de explicar os fatos observados em exemplos como o de [1]. Vamos procurar uma solução melhor: mais simples, por dispensar a necessidade da regra de concordância, e mais bem motivada.

Partimos da observação de que em

[5] Nós terminamos a limpeza.

o Agente (aquele que termina) é representado não por um elemento formal apenas, mas por dois: o sujeito, *nós* e o sufixo de pessoa e número, *-mos*. Ou seja,

Um dos papéis semânticos da oração pode ser elaborado por um SN sujeito, ou por um sufixo de pessoa-número, ou por ambos.

Em outras palavras, a expressão desse papel semântico é, ou melhor, pode ser, redundante. Isso se aplica a um dos papéis semânticos eventualmente expressos, sendo os demais elaborados por apenas um elemento formal. Nas frases abaixo, temos respectivamente apenas o sufixo e apenas o sujeito[3]:

[6] Terminamos a limpeza.

[7] Vocês terminando a limpeza, podemos ir embora.

São na verdade três situações bem diferentes, sintaticamente; mas como tematicamente o efeito é o mesmo, usamos a abreviatura 'SujV' (**sujeito valencial**) para abreviá-las[4], de modo que [5], [6] e a subordinada presente em [7] são todas elaborações da diátese

---

3. O sujeito, sem o sufixo, só ocorre em orações subordinadas.
4. A motivação dessa abreviatura é dada na seção 6.2.

[8] SujV>*Agente*   V   SN>*Paciente*

Agora, consideremos a tarefa de um usuário da língua que ouve a sentença

[9] O tigre matou o caçador.

Ele precisa saber, a partir daí, quem foi o Agente (o "matador") e quem foi o Paciente (a "vítima"). Sabemos que o Agente é o sujeito, conforme a regra de protótipo Agente<>SujV; mas como o falante vai saber qual dos SNs presentes na sentença é o sujeito? Note-se que a concordância não resolve o problema, já que *matou* pode estar concordando com qualquer dos SNs, que são ambos de terceira pessoa do singular. É evidente que aqui se torna necessário usar mais informação do que a relação de concordância. No caso, trata-se da ordem dos termos; mas como outros fatores podem entrar em jogo, vamos formular uma definição que é presumivelmente utilizada pelo ouvinte para identificar o sujeito:

REGRA DE IDENTIFICAÇÃO DO SUJEITO
Condição preliminar: o sujeito é um SN compatível em pessoa e número com o sufixo de pessoa-número do verbo.
(i) Se a oração contém apenas um SN que satisfaz essa condição, esse SN é o sujeito.
(ii) Se a oração contém mais de um SN, o sujeito é o SN que imediatamente precede o verbo.
(iii) Se a oração contém um pronome clítico (*me, te, nos, se*) o sujeito é o SN que imediatamente precede o clítico; ou seja, clíticos não contam para a aplicação da sub-regra (ii)[5].

---

5. Os pronomes clíticos usados no português brasileiro falado são apenas os quatro mencionados na regra. Alguns dialetos também têm *lhe*, frequentemente usado como uma forma alternativa de *te*. Na língua escrita o elenco de pronomes clíticos é mais extenso.

Na frase [9] essa regra identifica *o tigre* como o sujeito, e portanto o Agente; isso leva a uma interpretação correta da sentença. Na frase

[10] Pulou um menino no meu colo.

o sujeito é *um menino*, porque é o único SN compatível com o sufixo de pessoa-número do verbo. Na frase

[11] Mamãe me deu um tênis novo.

o sujeito é *mamãe*, porque vem logo antes do verbo descontando-se o clítico *me*. Ficamos sabendo então que *um menino* em [10] e *mamãe* em [11] têm o papel de Agente.

Pode-se acrescentar que "verbo" na regra inclui uma eventual sequência de auxiliar mais verbo principal, como em

[12] O tigre vai matar o caçador.

onde *o tigre* é também o Agente. Naturalmente, a atribuição temática leva em conta não apenas o sujeito (quando há) mas o SujV, ou seja, na falta do sujeito o sufixo de pessoa-número atua para identificar o papel semântico em questão.

A regra acima parece funcionar para todos os casos em que há sujeito (explícito) na oração. Mas já sabemos que a atribuição do papel semântico em questão não depende apenas da presença de um sujeito. Por exemplo, em

[13] Fritamos os bolinhos.

não há sujeito (não há um SN na situação definida na regra). Mas o sufixo *-mos* nos informa que o Agente é NÓS (não o pronome, mas o esquema); e se trata do Agente porque, com *fritar*, o SujV tem esse papel semântico por efeito da regra de protótipo Agente<>SujV [6].

Uma oração pode incluir mais de um SN; mas aquele que se identifica como sujeito precisa ser singularizado porque tem relevância especial para efeito de atribuição de papel semântico; por isso a estrutura sintática de uma oração como [12] é simplesmente **SujV V SN** – o objeto é apenas um SN que não é sujeito. A mesma estrutura *sintática* ocorre em

[14] Beth é aquela garota de blusa branca.

embora as atribuições temáticas sejam, evidentemente, diferentes das de [12]. Esse é um dos aspectos que tornam a sintaxe simples, como preconizado por Culicover e Jackendoff (2005).

A regra de identificação dada acima define a face sintática do sujeito; ele tem, como sabemos, uma face semântica, que é definida pelos mecanismos de atribuição vistos nos capítulos 7 e 8. No final das contas, então, temos para cada sujeito uma relação simbólica entre uma função sintática e uma relação temática como Agente, por exemplo.

Agora, como explicamos que as frases

[13] Fritamos os bolinhos.

[15] Nós fritamos os bolinhos.

são tematicamente sinônimas? A resposta é que o papel semântico relativo ao sujeito é representado redundantemente: pelo sujeito (quando há) e pelo sufixo de pessoa-número do verbo (quando há). Em [13] temos apenas o sufixo, em [15] o sujeito e o sufixo, e em

---

6. Isto é, *fritar* evoca um esquema que inclui um hipônimo do Agente.

[16] Vocês fritando os bolinhos, eu fico por conta de arrumar a mesa.

a oração inicial tem apenas o sujeito. Em qualquer dessas situações a atribuição se processa regularmente.

Note-se que essa análise dispensa o recurso tradicional (e transformacional) de postular sintagmas abstratos, como o sujeito "oculto", ou representado apenas na "estrutura profunda" – esses elementos, que são criados *ad hoc* apenas para dar conta do fenômeno, são substituídos por constituintes presentes na estrutura formal, e por outro lado por relações temáticas claramente acessíveis por introspecção. A inaceitabilidade de

[17] *Vocês fritamos os bolinhos.

se explica em termos semânticos. A frase dá informação contraditória sobre o Agente de *fritar*: será vocês segundo o sujeito, e nós segundo o sufixo; o resultado é uma representação cognitiva malformada, e consequentemente a sequência é inaceitável. Como se vê, essa análise faz uso de informação independentemente motivada, a saber, o significado de *vocês* e de *-mos*, e do fato de que ambos recebem a atribuição do mesmo papel semântico, Agente. É também uma análise mais concreta, pois incorpora a observação de que em [15] há um constituinte que está ausente em [13].

A insistência de algumas análises em postular um sujeito em [13] vem da confusão comum entre uma função sintática, sujeito, e uma relação semântica, Agente, ou seja, entre os espaços formal e cognitivo – um dos defeitos básicos da análise tradicional. A noção de sujeito é incoerente na gramática tradicional, e se refere às vezes a uma função sintática, às vezes a um papel semântico, e ainda em outros casos a uma função comunicativa ("o elemento do qual se fala"). Algumas teorias mais recentes adotam essa linha, em geral com adaptações cosméticas, falando de sintagmas subjacentes ou elípticos, o que é passível do mesmo tipo de crítica.

A concordância verbal é portanto um fenômeno simbólico; depende de informação linguística apenas na medida em que, para cada verbo, o sujeito e o sufixo de pessoa-número apontam para a mesma relação temática[7]. Além disso, precisamos ainda de um filtro cognitivo que bloqueie informação contraditória sobre a entidade que ocupa essa relação temática: em [17], a informação de que vocês fritaram os bolinhos, e ao mesmo tempo nós fizemos o mesmo, tudo junto na mesma oração[8].

19.3.3 Observações sobre a concordância

Acabamos de examinar mais um exemplo da interação entre fatores gramaticais e cognitivos na determinação da aceitabilidade das sentenças e de sua interpretação. A sintaxe desempenha um papel essencial, mas relativamente restrito nesse processo; o restante fica a cargo de regras de atribuição temática e condições sobre a boa formação da representação cognitiva.

A análise da concordância verbal em termos cognitivos não é nova; Lapointe (1980) afirma que

> [...] a concordância verbal é o resultado de um mecanismo de filtragem, e não uma regra gramatical propriamente dita. O paradigma flexional de um verbo aparece completo no léxico (*sing, sings*) e pode ocorrer livremente com SNs (sujeito) segundo as regras de estrutura sintagmática [*Phrase Structure rules*].
>
> [Lapointe, 1980; *apud* Reid, 1991, p. 198]

Reid (1991) rejeita essa hipótese, mas com razões que não me parecem válidas – ele basicamente faz objeção à dificuldade de incorporar a hipótese de Lapointe em uma gramática formal do tipo gerativo. Aqui adoto o *insight* de Lapointe, propondo que o fenômeno é cognitivo, e portanto não deve ser incluído na estrutura gramatical. Pode haver também resistência à análise cognitiva porque não se aplica igualmente à concordância nominal. Mas não há razão *a priori* para que os dois processos tenham que funcionar segundo os mesmos princípios. A descrição dos dados disponíveis precisa

---

7. O Agente no exemplo visto; mas o mesmo se aplica a todas as relações temáticas que podem ser atribuídas ao sujeito.

8. Há meios de atribuir a mesma relação temática a mais de uma entidade, mas isso requer coordenação, como em *Flávia e Carol fritaram os bolinhos*.

preceder as generalizações teóricas; se a concordância dos verbos e a dos nominais funcionam de maneira radicalmente diferente, que seja – temos que admitir que o que eles têm em comum é somente o fato de serem ambos chamados de "concordância" na tradição gramatical.

A representação redundante de um papel semântico aparece em forma diferente em outras línguas. Por exemplo, em náhuatl não apenas um, mas dois papéis semânticos são marcados redundantemente na morfologia, de modo que *tinēchitta* significa 'você me vê', e *titēchitta* 'você nos vê', onde *-nēch-* e *-tēch-* marcam os objetos distintos, embora o sujeito seja o mesmo, marcado *ti-*. Já outras línguas não têm redundância nesses casos, como o afrikaans, onde uma forma, *is*, funciona como o presente do verbo 'ser' com qualquer pessoa ou número (*ek is* 'eu sou', *jou is* 'você é' etc.).

A análise da concordância proposta acima ajuda a explicar não apenas casos como [13], onde não há sujeito mas ainda assim se entende que nós é que fritamos os bolinhos, mas também alguns casos difíceis como

[18] Duas gotas diárias é suficiente.

Aqui o sujeito é plural, mas o verbo está no singular. Isso pode ser explicado com a hipótese de que *duas gotas* é figurado (*imaged*) como uma unidade, e portanto singular, apesar da forma plural. Esses casos, chamados "silepse", têm sido um problema tradicional em gramática; mas uma vez que admitimos que a concordância verbal é um fenômeno basicamente cognitivo, as coisas ficam mais claras.

Podemos também chegar a uma análise mais conveniente de casos como

[19] Você e eu trabalhamos demais.

onde, primeiro, dois singulares formam um plural, e depois, *você* e *eu* dão a soma de NÓS. Trata-se de um fenômeno claramente cognitivo, e não precisa de descrição especial; mas se analisarmos a concordância como um processo sintático, será necessário propor regras especiais para dar conta dessas correspondências.

19.4 ALGUNS FENÔMENOS PURAMENTE SINTÁTICOS

Alguns aspectos das orações são pura sintaxe, e não envolvem a ação de fatores cognitivos. Um exemplo é o mecanismo que determina a lista das sequências oracionais aceitáveis: em português a sequência **SN V SN**, onde o primeiro SN acaba sendo interpretado como o sujeito pela regra vista na seção 19.3.2, é muito frequente:

[20] Nós ajudamos as crianças.

A sequência **SN SN V**, onde o segundo SN é rotulado como sujeito, é também sintaticamente bem-formada[9]:

[12] As crianças, nós ajudamos.

Mas **SN SN V**, onde o *primeiro* SN é sujeito, não é aceitável:

[13] *Nós as crianças ajudamos.

As crianças não pode ser o sujeito porque não há compatibilidade com o sufixo do verbo; teríamos então sujeito + objeto + verbo, e isso não é permissível na língua[10]: a inaceitabilidade de [13] é devida portanto a fatores sintáticos.

Outra regra sintática é a que estipula que modificadores preposicionados precisam sempre ocorrer em posição após o núcleo do SN. Assim,

---

9. É uma estrutura comum em português falado; não há pontuação padrão, mas se usa às vezes uma vírgula para separar o tópico.
10. Exceto quando o segundo SN é um clítico, conforme prevê a regra: *nós te ajudamos*.

podemos dizer *lindo dia* e *dia lindo*, e assim com muitos outros itens; mas *dia de chuva* não admite a anteposição do modificador *de chuva* – mais uma regra puramente sintática, que não se refere a nenhum elemento de significado.

A sintaxe também é responsável por determinar a posição de alguns dos constituintes do SN, como o predeterminante (*todas aquelas casas*), assim como o determinante (*as casas*). Aqui a restrição é marcada na função (predeterminante, determinante) ou diretamente no item lexical (*todas, as*); de qualquer maneira, é independente de fatores de significado.

Outra restrição puramente sintática é a que marca certos itens como modificadores que só ocorrem antes do núcleo: *mero, baita* e alguns outros, que nunca podem aparecer depois do núcleo (*um baita salário*); não se conhece nenhuma razão semântica para esse comportamento. A posição dos constituintes do SN é determinada, em alguns casos por regras sintáticas, em outros por restrições cognitivas, e em outros por marcas formais ligadas a itens lexicais. Vários exemplos são dados no capítulo 24.

Esses exemplos mostram que existem mecanismos sintáticos em ação que definem que sequências são bem-formadas, e que portanto faz sentido falar de regras sintáticas na descrição da língua.

19.5 INTERAÇÃO DOS ESPAÇOS

As regras sintáticas são necessárias, embora não deem conta de todos os fenômenos tradicionalmente assim rotulados. Mas a maneira como as regras e outros processos sintáticos atuam difere do que se entende tradicionalmente; em particular, não há evidência em favor de um conjunto compacto de regras sintáticas, que se apliquem em ordem em determinado ponto da derivação das unidades linguísticas. O que parece funcionar a maior parte do tempo é uma interação dos espaços, de modo que, embora regras individuais possam ser classificadas como formais, cognitivas (semânticas) e simbólicas, o produto final, seja uma representação cognitiva ou simplesmente a rejeição de uma estrutura como malformada, é o mais das vezes resultado de trabalho coletivo. Mas continua sendo importante manter a distinção estrita entre os espaços; afinal de contas, nossa tarefa principal é descrever a relação entre fenômenos formais e cognitivos, e seria desastroso se definíssemos estes em termos daqueles, ou vice-versa.

Os mecanismos mostram um entremeamento complexo de fatores formais e cognitivos. Por exemplo, vimos que há uma regra sintática que licencia a ocorrência de sentenças da forma **SN V SN**; mas exatamente o que é um SN? Pode ser definido em termos puramente formais? Aparentemente não: pelo menos em alguns casos a delimitação dos SNs depende de fechamento cognitivo (*closure*), como em

[21] A comida para o gato caiu no chão.

Dependendo da maneira como é analisada, essa sentença pode ser marcada como malformada; digamos que se entenda *o gato caiu no chão* como uma sequência de sujeito, verbo e complemento; isso funciona para essa sequência. Mas nesse caso ficamos com *a comida para* como um fragmento que não acha lugar na representação cognitiva, de modo que essa interpretação para [21] acaba sendo malformada, e portanto inaceitável. Mas há outra maneira de segmentar a sequência, tomando *a comida para o gato* como um SN. Aí se torna possível encaixar [21] em uma estrutura composta de sujeito (*a comida para o gato*), mais verbo e complemento, sem deixar resíduo: o resultado é bem-formado, e dá fechamento como uma representação cognitiva. Vemos aqui a aplicação da condição sintática que licencia **SN V *em* SN** ao resultado de uma operação cognitiva de fechamento.

Essa explicação depende de se conceber a segmentação como um processo cognitivo, não sintático. Essa é com efeito minha convicção: a segmentação começa com a necessidade de boa formação cognitiva; as árvores sintáticas não são parte dos dados, e não constituem evidência por si mesmas, mas apenas representam o resultado da segmentação feita em bases cognitivas. Certamente, seria possível estabelecer uma regra que proibisse a ocorrência de *a comida para* antes do sujeito de uma oração; isso funcionaria, mas ao custo de complicar o mecanismo sintático, sendo que fatores cognitivos dão o mesmo resultado e não precisam ser postulados expressamente para resolver esse problema, sendo independentemente motivados. As árvores, caso venham a ser utilizadas, são hipóteses, não dados, ao passo que é um fato que *a comida para* não pode ser acrescentado à **oração** *o gato caiu no chão* (com *o gato* como sujeito) e montar uma representação cognitiva bem-formada.

Se precisarmos considerar uma eventual formalização desse processo, concluiremos que é compatível com o acesso simultâneo a todos os dispositivos formais e cognitivos, mais a grande habilidade que temos de acessar e pôr em funcionamento o mecanismo certo na hora certa.

19.6 UM CATÁLOGO DE FORMAS SINTÁTICAS

É possível fazer uma lista das estruturas sintáticas permitidas na língua; a lista inclui o que se pode observar, embora, como se viu em 19.5, em alguns casos a estrutura possa ser resultado de condições cognitivas. Essa lista é, portanto, um instrumento para facilitar a análise, mas ainda depende de discussão para estabelecer que fatores estão em jogo em cada caso. A lista (depois da identificação do sujeito) inclui [1] e [22], mas não [23]:

[1] SujV V SN

[22] SN SujV V

[23] *SujV SN V

Por exemplo, respectivamente,

[24] Ele bebe vinho tinto.

[25] Vinho tinto, ele bebe.

[26] *Ele vinho tinto bebe.

A lista pode ser reduzida a um conjunto de regras, de modo que não haverá necessidade de notar individualmente cada sequência; essa questão notacional não precisa ser discutida agora. Por outro lado, a lista sintática é necessariamente associada a relações temáticas, de dois tipos: papéis semânticos, acrescentados por regras ou marcadas na diátese; e RTEs acrescentadas por ausência, como se viu em 8.1. Na oração [25], isso dá

[27] Vinho tinto,   ele   bebe.
     "coisa.bebida"   Agente

O papel semântico Agente é eventualmente elaborado como a "pessoa que bebe", para gerar uma representação cognitiva completa da oração[11].

Quanto a [26], só poderá fornecer uma representação cognitiva bem-formada se tomarmos *ele* como sujeito, e portanto Agente; mas essa análise contraria a definição de sujeito dada em 19.3.2 acima: somente clíticos podem ocorrer entre o sujeito e o verbo, e *vinho tinto* não é um clítico. Essa é a explicação que temos para a má formação de [26], que portanto resulta da violação de uma regra da sintaxe[12]. Se as restrições sintáticas não se aplicassem, frases como essa seriam aceitáveis, já que contêm a informação necessária para a construção de uma representação cognitiva bem-formada: um Agente (*ele*), um Paciente (*vinho tinto*) e uma ação (*bebe*) compatível

---

11. O verbo tem o papel semântico Ação, elaborado como "ação de beber". A representação cognitiva é completa no que nos interessa neste momento, claro; ela inclui muitos outros elementos como o tempo e aspecto do verbo etc.

12. Essa regra era um pouco diferente no português escrito até os princípios do século XX. Nessa variedade outras ordenações na oração eram aceitáveis; por exemplo, em Varnhagen (1854) encontramos a frase "Essa exposição ou relatório publicou Cândido Mendes de Almeida", onde *Cândido M. de A.* é o sujeito.

com essas relações temáticas. Mas não é assim que a língua funciona; há restrições formais, de modo que a construção da representação cognitiva não é livre: podemos dizer *Beth é bonita*, mas não *é Beth bonita, embora o material cognitivo seja o mesmo nas duas sequências.

19.7 LIMITES DA LÍNGUA

Se admitirmos que a semântica é um aspecto da cognição, perguntar até que ponto a sintaxe é simples corresponde à pergunta mais geral "qual é o limite entre a estrutura da língua e a cognição?" A sintaxe – ou, para ser mais específico, a morfossintaxe – é o conjunto de regras, unidades e condições que sobram depois que se exclui o que pode ser reduzido a traços do conhecimento do mundo. Isso não é dado de início: precisa ser o resultado de um longo trabalho de análise de casos particulares, cada um dos quais fornecerá uma pequena parte da fronteira entre a língua e a cognição[1]. Este livro mostra diversos exemplos de como isso pode ser feito, mas resta muita coisa a ser devidamente investigada; essa é provavelmente uma das tarefas principais que os linguistas terão que enfrentar nos próximos anos.

---

1. "Cognição" neste contexto é conhecimento extralinguístico; é claro que o conhecimento da linguagem também é um aspecto da cognição.

A segmentação como processo cognitivo

Acabamos de ver um caso em que a divisão de uma sequência em constituintes, algo que muitas vezes se atribui à ação exclusiva de regras sintáticas, se dá na verdade para atender a exigências da construção da representação cognitiva, e pode ser interpretada mais convenientemente como derivada de traços dos esquemas evocados pelo verbo principal. Vamos explorar um pouco mais esse fenômeno.

20.1 SOBRE O PROCESSO DE SEGMENTAÇÃO

Seja a sequência fonética

[1] [ɐˈmejɛɾɐˈlafigɐ]

Isso é o que chega aos ouvidos do receptor: não há separação de palavras, e menos ainda identificação de itens lexicais ou lexemas. Mas sabemos que os usuários da língua conseguem identificar os segmentos e entender *a meia era larga*. Mas que conhecimentos e operações põem eles em jogo para obter esse resultado? Note-se que a sequência [ɐˈmej] pode corresponder a *amei*; [ɛɾɐ] pode ser forma do verbo *ser* ou um nominal (*a era cristã*); e [ˈlafigɐ] pode ser forma do verbo *largar*. No entanto, nenhuma dessas interpretações está presente no resultado final; e mesmo a segmentação é diferente, no caso de *amei*, rejeitado em favor de *a mei(a)*, onde se entende que a vogal final de *meia*, [ə], é suprimida diante do [ɛ] de *era*. A segmentação e a identificação dos itens lexicais representados é essencial para a compreensão da frase; mas nada disso é imediatamente evidente, e depende de processamento por parte do receptor. Veremos como para realizar essa tarefa se torna necessário pôr em jogo o conhecimento da língua em interação constante com o conhecimento do mundo.

Se a sequência inicial for segmentada como *amei*, teremos um verbo, com o correspondente esquema e a correspondente valência. Mas o que se segue não corresponde nem às variáveis do esquema AMAR, nem à valência do verbo *amar*: *eralarga* não é uma palavra, nem uma sequência de palavras, que possam, gramaticalmente ou cognitivamente, completar a oração. É verdade que pode ser segmentado como *era larga*, mas isso exclui a possibilidade de entender *amei* como o primeiro constituinte: *amei era larga não é uma oração gramatical, nem resulta em uma representação cognitiva bem-formada.

Mas temos acesso simultâneo e global a toda a informação disponível, e parte dela nos informa que [ɐˈmej] pode ser uma forma apocopada de *a meia*, em vista da regra fonológica que suprime um *a* átono final diante de outra vogal em outra palavra: é o que possibilita a pronúncia [ˈkazɐmɐˈɾɛlə] para *casa amarela*, em que apenas um [ɐ] aparece depois do [z][2]. Pode-se então entender que há um *a* final depois de *amei*, que não se pronuncia em virtude dessa regra; desse modo, podemos ter aqui *ameia* (um detalhe arquitetônico encontrado em construções medievais) ou então *a meia*, de pronúncia idêntica mas muito mais plausível no contexto atual. Certamente a segunda segmentação é preferida, de modo que a oração deve começar com *a meia*...

A continuação é [ɛɾɐˈlafigɐ], que admite a segmentação *era larga*; a primeira palavra, *era*, pode significar um período de tempo (*a era cristã*), mas não vai fazer sentido aqui, nem contribuir para compor uma construção

---

2. Essas regras foram formuladas em parte por Liberato (1978).

bem-formada; mas se *era* for forma do verbo *ser* vai funcionar, junto com *larga*, de modo que desse modo temos a oração

[2] A meia era larga.

que é léxica e gramaticalmente correta, além de oferecer uma representação cognitiva bem-formada.

Como se vê, um sistema como esse, com acesso à informação e objetivos bem-definidos em termos gramaticais e cognitivos, pode ser responsabilizado pela segmentação e análise da sequência dada em [1] sem necessidade (neste caso particular) de postulação de dispositivos específicos: bastam princípios gerais como o da boa formação, o que inclui a exigência de que todos os eventuais segmentos encontrem seu lugar na estrutura lexicogramatical e na representação cognitiva.

Devo enfatizar que a única evidência que tenho no momento em favor desse sistema é que ele funciona de maneira econômica, fazendo uso de dispositivos já previamente instalados. Não há, por ora, evidência empírica direta, mas creio que vale a pena procurá-la, a fim de confirmar melhor a operação tal como é descrita nesta seção. Por outro lado, não é preciso entender que esse tipo de procedimento seja responsável pela segmentação em todas as estruturas; mas me parece que ele é um dos recursos mais importantes à disposição do usuário da língua para segmentar, categorizar e finalmente entender as sequências que ouve.

20.2 CAMINHOS DA SEGMENTAÇÃO EM CONSTITUINTES

Gross (1979) examina as frases seguintes[3]:

[3] O Rei João lançou um ataque contra a cidade.

---

3. Dou a tradução portuguesa dos exemplos de Gross, já que o argumento se mantém.

[4] O Rei João observou um ataque contra a cidade.

e comenta que

> com *lançar* [*to launch*], mas não com *observar* [*to watch*], o sintagma *contra a cidade* é também um complemento do verbo principal.
>
> [Gross, 1979, p. 862]

A intuição de Gross é correta, embora eu prefira falar do esquema evocado por cada um dos verbos, em vez de falar dos verbos enquanto itens lexicais. Tem havido tentativas de explicar essa diferença em termos gramaticais, em particular usando diferenças de segmentação de cada oração em constituintes, representados em geral nas bem conhecidas árvores; mas acredito que há uma explicação melhor, que se apoia em um elemento cognitivo necessariamente presente, a saber o esquema evocado pelo verbo em cada caso.

Há alguma evidência de que o esquema LANÇAR[4] tem três variáveis centrais, a saber o "lançador", a "coisa.lançada" e a "meta"; nesse caso, a sentença [3] pode ser analisada com as três variáveis devidamente atribuídas aos respectivos complementos:

[5] [o Rei João]   lançou   [um ataque]   [contra a cidade]
    "lançador"   "coisa.lançada"   "meta"

Essa não é a única análise possível, em princípio: a sequência *um ataque contra a cidade* poderia ser tomada como a "coisa.lançada", sem menção da "meta"; nesse caso, *contra a cidade* seria um complemento do SN objeto. Mas [5] é possível, e talvez preferível: o esquema LANÇAR tem essas três variáveis centrais, e a análise proposta em [5] captura a intuição de Gross de que o sintagma preposicionado depende do verbo. Note-se que se esse constituinte não estivesse presente, como em

---

4. Framenet (*launch*): **shoot_projectiles**. O Framenet consigna a "meta" como não central.

[6] O Rei João lançou um ataque.

seria necessário entender uma "meta" não especificada, mas nunca uma ausência total de tal elemento, já que todo ataque precisa ter uma "meta" (a coisa atacada).

A análise [5] explica a possibilidade de uma sentença como[5]

[7] Foi contra a cidade que o Rei João lançou um ataque.

onde o constituinte *contra a cidade* é topicalizado. Em inglês, o argumento é mais forte, porque a língua não é tão liberal quanto o português ao permitir topicalizações, e em geral não é possível topicalizar constituintes sub-oracionais, como seria *contra a cidade* na análise alternativa que se rejeita aqui.

Agora vejamos [4]; o esquema é OBSERVAR, que tem apenas duas variáveis centrais, o "observador" e a "coisa.observada". Se a oração for analisada como tendo dois complementos não sujeito, a saber *um ataque* e *contra a cidade*, o último não poderá receber uma RTE adequada, já que o esquema só fornece duas variáveis centrais; ele vai ficar sem RTE, o que é proibido pelo princípio da Atribuição Obrigatória (que vimos em 7.1). Consequentemente, a única análise correta de [4] é

[8] [o Rei João]   observou   [um ataque contra a cidade]
    "observador"   *"coisa.observada"*

A análise [8] explica a inaceitabilidade de

[9] *Foi contra a cidade que o Rei João observou um ataque.

---

5. Os exemplos [7] e [9] são também do artigo de Gross, aqui traduzidos.

[10] ?? Foi violento o ataque que o Rei João observou contra a cidade.

em contraste com

[11] Foi violento o ataque que o Rei João lançou contra a cidade.

Foi dito acima que a "meta" é uma variável central no esquema LANÇAR, o que está de acordo com os resultados de Lima *et al.*, e contradiz o que está consignado no Framenet, verbete **shoot_projectiles**. Mas esse ponto não é crucial; o que é importante é que o constituinte *contra a cidade*, que pode ter o papel de Meta, derivado da semântica de sua preposição, se conecta a uma das variáveis de LANÇAR. Isso é possível porque esse é um esquema que denota movimento, e é portanto compatível com a Meta. Mas OBSERVAR não denota movimento, não tem Móvel, e não é compatível com uma Meta. Esse esquema tem apenas uma "coisa.observada", ou seja, um Estímulo; é por isso que o constituinte *contra a cidade* não encontra lugar como complemento oracional quando as condições temáticas são outras, e esse constituinte depende do nominal *ataque*. Essa análise permite explicar a aceitabilidade de [7], em contraste com a inaceitabilidade de [9], sem a necessidade de se postular dispositivos gramaticais especiais. Assim podemos simplificar a sintaxe neste particular.

Reconheço que essa análise contraria os princípios de algumas teorias correntes, mas ela parece inevitável em vista do exame dos dados. Um corolário importante é que a estrutura de constituintes ("árvores") não é parte dos dados, mas o resultado da aplicação de regras sintáticas e condições cognitivas. Isso, aliás, ajuda a explicar o alto grau de coincidência entre os constituintes sintáticos e as unidades de significado.

20.3 CONSTITUINTES E A RECUPERAÇÃO DE ANÁFORAS

A análise aqui proposta para as sentenças

[3] O Rei João lançou um ataque contra a cidade.

[4] O Rei João observou um ataque contra a cidade.

também sugere uma resposta para o fato de que em [3] *um ataque* pode ser retomado por um elemento anafórico, como em

[12] No dia seguinte o Rei João lançou-o contra o acampamento.

[13] No dia seguinte o Rei João lançou outro contra o acampamento.

o que não funciona no caso de [4],

[14] *No dia seguinte o Rei João observou-o contra o acampamento.

[15] *No dia seguinte o Rei João observou outro contra o acampamento.

Ou seja, apenas em [3] a sequência *um ataque contra a cidade* funciona como dois constituintes ao nível oracional; em [4] *contra a cidade* é restritor da referência de *um ataque*, e não tem *status* ao nível da oração. Isso se harmoniza com a maneira como cada um desses esquemas é formado, com LANÇAR tendo a "meta" como uma variável central, ao passo que OBSERVAR tem apenas o "observador" (o Perceptor) e a "coisa.observada" (o Estímulo), que inclui a "meta" como uma variável do esquema subordinado ATAQUE. Uma análise desses fatos com base na sintaxe nos obriga a repetir a informação já contida nos esquemas na estrutura sintática, o que é pelo menos desnecessário.

Em geral se pressupõe que os elementos anafóricos sempre recuperam constituintes sintáticos. Mas as coisas não são tão simples; por exemplo, na sentença

[16] Vânia trouxe alguns biscoitos.

a análise tradicional é que *Vânia* e *trouxe alguns biscoitos* são os constituintes principais. É verdade que podem ser recuperados por elementos anafóricos, como em

[17] Vânia trouxe alguns biscoitos e pôs a mesa.

[18] Vânia trouxe alguns biscoitos e Samira também.

Em [17] a parte recuperada é *Vânia*, na segunda oração, em [18] é *trouxe alguns biscoitos* (recuperada por *também*). Esses são constituintes tradicionalmente reconhecidos, mas não são as únicas partes que podem ser recuperadas anaforicamente; podemos também dizer

[19] Vânia trouxe alguns biscoitos e os refrigerantes.

e aqui a parte recuperada é *Vânia trouxe*, que não costuma ser analisada como um constituinte. Por outro lado, *trouxe alguns* não pode ser recuperado. Isso poderia ser atribuído à estrutura sintática, mas há dificuldades: se *Vânia trouxe* é um constituinte, *trouxe alguns biscoitos* não pode ser, a menos que se use constituintes parcialmente coincidentes, o que em geral não se aceita, ou seja

[20] Vânia trouxe   alguns biscoitos   e os refrigerantes.
    [----------------] ← constituinte 1
          [--------------------------------] ← constituinte 2

Estou certo de que é possível modificar as exigências da sintaxe de modo a acomodar algo como [20]. Mas uma alternativa que me parece bem melhor é estipular que o que é anaforicamente recuperável são sequências que correspondem a unidades cognitivas bem-formadas. É claro que isso ainda tem que ser argumentado, mas suspeito que a maioria dos falantes concordaria que *Vânia trouxe* faz mais sentido, quando tomado isoladamente, do que *trouxe alguns*. Se for assim, temos aqui mais um exemplo em que as considerações cognitivas determinam as possibilidades de retomada anafórica.

A conclusão é que, ao que tudo indica, o antecedente dos elementos anafóricos (lacunas, ou itens como *também*, pronomes pessoais etc.) não retomam nódulos de uma árvore, mas operam com a restrição de que a porção recuperada deve fazer sentido como unidade cognitiva. Em outras palavras, o que temos aqui não é um processo puramente sintático, mas um que é parcialmente governado por condições de boa formação cognitiva. Isso é apenas uma hipótese por ora, mas merece pesquisa que leve em conta uma variedade mais ampla de estruturas.

20.4 LACUNAS E A BOA FORMAÇÃO DA RC

Na sentença

[21] Vânia trouxe alguns biscoitos e César a cerveja.

o esquema TRAZER é recuperado no segundo membro da coordenação, de modo que se entende que César *trouxe* a cerveja. Esse não é um processo sintático, mas um meio de preencher a representação cognitiva da segunda oração, que se tomada ao pé da letra seria defectiva. Ou seja, enquanto VÂNIA + TRAZER + BISCOITO corresponde (com outros detalhes) a uma representação cognitiva bem-formada, CÉSAR + CERVEJA não corresponde, já que a informação crucial de qual é a relação entre esses dois esquemas está faltando. Aqui aplica-se uma regra segundo a qual um esquema precisa ser encontrado na oração precedente a fim de completar a representação da segunda, de modo a obter CÉSAR + TRAZER + CERVEJA, que é cognitivamente bem-formada. O papel da gramática aqui é especificar onde procurar o esquema que falta – em português, em casos de coordenação, é normalmente na oração precedente. O processo de recuperação propriamente é cognitivo, e é disparado pelo reconhecimento de uma estrutura cognitiva defectiva.

Isso poderia ser analisado em termos sintáticos, começando do reconhecimento de que *César a cerveja* não se conforma com nenhuma das estruturas sintáticas possíveis na língua: não há oração independente da forma SN SN. Uma regra sintática colocaria aí um verbo, *trouxe*, de modo a completar a oração e permitir uma interpretação adequada. Mas isso não nos dispensa de ter que reconstruir a representação cognitiva, acrescentando o esquema TRAZER que está faltando. Um problema é que essa análise duplica recursos; outro é que se a frase for

[22] Vânia trouxe alguns biscoitos e nós a cerveja.

não basta repor o verbo da primeira oração na segunda, mas ainda vai ser preciso ajustar a concordância, porque terá que ser *trouxemos* em vez de *trouxe*, uma operação que complica mais a análise. A análise cognitiva apresentada antes é, portanto, mais simples e direta, e deve ser preferida[6].

---

6. A análise de base sintática, aqui rejeitada, é a adotada na gramática gerativa padrão, onde períodos como [21] e [22] contêm duas ocorrências do **verbo** *trazer*.

21

Objeto

É possível mostrar que algumas funções sintáticas, como o sujeito, são necessárias na análise; por outro lado, o número de funções é menor do que as que aparecem na análise tradicional. Vamos considerar o termo que chamo de **objeto**, que considero apenas um caso particular de SN não sujeito, posicionado em determinados lugares na oração, sem que seja propriamente representante de uma "função" abstrata. Em outras palavras, a função sintática "objeto (direto)" é supérflua, e pode ser deixada de lado na análise das orações.

21.1 REVISITANDO O SUJEITO

Podemos começar examinando as razões que existem para postular funções sintáticas, ou seja, relações formais que ligam certos complementos entre eles – na oração, tipicamente relações entre complementos e o verbo. Essas funções, diferentemente de funções semânticas como as relações temáticas, se definem em termos estritamente morfossintáticos; são reconhecíveis a partir dos dados formais, e são instrumentos da atribuição de relações temáticas; portanto, não dependem das relações temáticas, nem de qualquer relação semântica, para sua definição.

Sabemos que o sujeito é relevante para a atribuição de relações temáticas; mas ele precisa ser identificado previamente[1] para que a atribuição

---

1. Digo "previamente", mas isso não acarreta uma sequência temporal no processamento; trata-se, antes, de condições para a atribuição.

seja realizada com sucesso (cf. exemplos nos capítulos 7 e 8). O receptor tem, para começar, apenas os fatos formais; na frase *os rapazes ajudaram a velhinha* ele precisa identificar *os rapazes* como sujeito, para o que se aplica a regra dada em 19.3.2, a fim de, a partir daí, apurar quem ajudou quem. Neste caso não basta definir uma classe (SN) ou sua posição na sequência; aqui necessitamos de uma função que diferencie esse SN de outros SNs, como *a velhinha* – tudo isso no interesse da construção de uma representação cognitiva adequada.

Definições formais como a que vimos para o sujeito nem sempre são utilizadas na literatura. Alguns autores parecem acreditar que seria bastante caracterizar as funções, como o sujeito, informalmente; é o que sugere a definição do sujeito e objeto em termos de graus de proeminência proposta por Langacker:

> [...] o sujeito e o objeto são manifestações gramaticais do alinhamento trajetor / paisagem [*trajector / landmark*]: o sujeito é um nominal que codifica o trajetor de uma relação realçada; o objeto é um que codifica a paisagem.
>
> [Langacker, 2006, p. 365]

Isso é possivelmente verdadeiro, mas não é operacional, já que não estabelece uma relação entre elementos formais (perceptíveis sensorialmente) e o conteúdo (acessível por introspecção). É preciso considerar que há um momento em que o receptor só tem a sequência formal fornecida pelo emissor: como é que ele vai decidir onde está o trajetor e a paisagem em *o repórter elogiou o jogador*? A definição de Langacker pressupõe que essa decisão já foi tomada.

Minha resposta é exemplificada na regra de identificação do sujeito, onde um dos SNs é caracterizado em termos de ordem na sequência e correlação com um sufixo do verbo, todos traços que podem ser encontrados na sequência formal independentemente da atribuição de conteúdo temático e de construal a qualquer dos complementos[2].

---

2. Vamos admitir que, como é provável, os SNs podem ser identificados sem muita dificuldade.

21.2 SUJEITO E OBJETO

Vamos agora considerar o *status* sintático de *a diretora* em

[1] Maria ajudou a diretora.

Maria é o sujeito, assim identificado pela regra. *A diretora* é tradicionalmente analisado como objeto (direto), e nisso se diferenciaria do mesmo SN em

[2] Maria é a diretora.

Essa análise vai ser questionada aqui: em particular, vou argumentar que SNs na função tradicional de predicativo são **sintaticamente** idênticos a *a diretora* em [1]. A diferença, que existe, está em sua função semântica na oração, e não há necessidade de distinguir duas funções sintáticas para esses SNs.

Em [2] o segundo SN, *a diretora*, se analisa tradicionalmente como predicativo (do sujeito), não como objeto; teria portanto uma função sintática diferente da que tem em [1]. Mas a diferença é semântica (mais especificamente, temática). Digamos que se analise [1] e [2] como representando a mesma estrutura sintática, a saber **SujV V SN**. Agora precisamos fazer as atribuições temáticas; e como sabemos isso depende em parte do esquema evocado pelo verbo. Em [1] o esquema é AJUDAR, que tem como variáveis um "ajudador" (ou seja, um Agente) e uma "entidade.ajudada". O primeiro papel semântico é atribuído ao sujeito pela regra de protótipo Agente<>SujV, e o segundo vai para o objeto por ausência. O resultado é

[3] SujV>*Agente*   AJUDAR   SN>*"entidade.ajudada"*

o que é correto. Note-se que não é preciso marcar o SN pós-verbal como "objeto", ou outra função abstrata qualquer; basta saber que não é sujeito.

Em [2] começamos com a mesma estrutura sintática, mas o esquema evocado é diferente, a saber SER.CORREFERENTE[3], com duas variáveis das quais se assere que são a mesma entidade. O resultado vai ser

[4] SujV>*"entidade"*   SER.CORREFERENTE   SN>*"entidade"*

ou seja, Maria e a diretora são a mesma pessoa.

Há ainda outros casos tradicionalmente analisados como predicativos. Na sentença

[5] Honório virou um lobisomem.

temos novamente a mesma sintaxe de [1] e [2], mas os complementos têm relações temáticas diferentes. O esquema, que podemos chamar TORNAR--SE, tem duas variáveis centrais, "estado.inicial" e "estado.final"; e não se conhece nenhuma regra geral que estipule que o "estado inicial" tenha que ser o sujeito; portanto, aqui precisamos de uma diátese devidamente marcada. Vamos admitir que o papel semântico do sujeito seja **Estado.inicial**, e nesse caso a diátese pode ser

[6] SujV>*Estado.inicial*   V   SN

O "estado.final" é codificado como o objeto, mas não há necessidade de registrar isso na diátese, porque pode ser preenchido por ausência diretamente do esquema, como foi mostrado no capítulo 8. Como se vê, aqui tampouco é necessário dar ao SN final uma função sintática especial (tal como o "predicativo" tradicional); para efeitos de atribuição de relação temática basta caracterizá-lo como não sujeito, o que decorre da regra de identificação do sujeito.

---

3. Este é apenas um dos vários esquemas que podem ser evocados por *ser*.

Em [6] o Estado.inicial é expresso pelo sujeito, o que sugere uma regra de protótipo; mas há casos em que esse papel semântico não é o sujeito (por exemplo, *transformar a água em vinho*), onde o Estado inicial é o objeto *a água*. Vamos portanto ficar com a diátese [6], presente na valência do verbo *virar*.

Em conclusão, não há necessidade de distinguir a função sintática do SN não sujeito nessas orações, porque fatores cognitivos dão conta de todos os fatos relevantes. A sintaxe interfere apenas para caracterizar esse SN como não sujeito – a regra marca o primeiro SN como sujeito, e por exclusão o outro é não sujeito, e será chamado simplesmente de **objeto**.

21.3 APOSTO

Em algumas frases o SN não sujeito é analisado como "aposto". Um exemplo com "aposto" pertencente ao nível oracional[4] é

[7] Jair caluniou Manuel, o cafajeste.

Aqui há ambiguidade, porque *o cafajeste* pode ser entendido como referente a *Manuel*, e nesse caso temos um caso normal de aposto interno ao SN; mas pode também se referir ao sujeito *Jair*, e nesse caso a referência depende de algum outro fator. Tendo a ver aí a ação de fatores cognitivos, nas linhas seguintes: em [7] o esquema evocado, CALUNIAR, tem duas variáveis centrais, o "caluniador" e a "entidade.caluniada" (normalmente uma pessoa). Se acrescentarmos um terceiro SN, este terá que encontrar lugar na representação cognitiva, embora não haja, por assim dizer, nenhuma vaga para ele; nesse caso esse SN será interpretado como suplemento de um dos outros SNs. É possível que um SN contíguo seja preferível, formando um SN maior; mas isso é sujeito a outras considerações. Em [7] fica estranho

---

4. Excluindo os suboracionais, como em *meu filho, o melhor aluno da classe*, onde o aposto é constituinte do SN.

chamar Manuel, a vítima da calúnia, um cafajeste; então o aposto se entende preferivelmente como se referindo a Jair, o perpetrador do delito.

O *cafajeste*, o presumido aposto, pode ser simplesmente analisado como um SN não sujeito (mais um objeto). Nenhuma informação além dessa é necessária para efeitos da atribuição dos papéis semânticos – no caso, esse SN qualifica o sujeito. Se a sentença fosse

[8] Jair caluniou Manuel, o pobre coitado.

o SN final, *o pobre coitado*, se referiria de preferência a *Manuel* porque isso não resultaria em uma atribuição implausível.

É interessante observar que a vinculação do aposto ao sujeito em [7] depende da presença de conteúdo avaliativo, porque em

[9] Jair caluniou Manuel, o vizinho do 601.

meu julgamento é que o SN final se refere ao objeto, apesar de que se se referisse ao sujeito não resultaria em formação ou implausibilidade; talvez atue aqui uma tendência à integração de elementos contíguos em um mesmo SN.

Se isso for correto, teremos que reconhecer que considerações de ordem cognitiva, levando à construção de uma representação cognitiva mais plausível, podem sobrepujar marcas e conveniências sintáticas. A análise dos apostos vista nesta seção deve ser tomada como provisória, mesmo porque em certos casos os julgamentos são meio sutis e não foram devidamente verificados com outros falantes. Pode não parecer, mas temos aqui um fator bastante inusitado, e mesmo revolucionário em certa medida, pois normalmente se admite, tacitamente, que os fatores sintáticos são decisivos como base da interpretação semântica. Seria desejável portanto que o efeito de fatores cognitivos como o que vimos acima seja pesquisado muito mais amplamente, para confirmar (ou não) a análise que acabo de propor. Fica aqui a sugestão de pesquisa.

21.4 OBJETO INDIRETO

21.4.1 Construção ditransitiva

Já que estamos falando de objetos, vamos dar uma olhada no chamado "objeto indireto", que tradicionalmente se propõe para os termos sublinhados em

[10] Ronaldo deu um sorvete à menina.

[11] Ronaldo me deu um sorvete.

Deixando [11] de lado por ora, a estrutura sintática de [10] é

[12] SujV V SN *a* SN

O verbo evoca o esquema DAR, com três variáveis centrais, o "doador" (elaboração do Agente), a "coisa.dada" (possivelmente elaboração do Móvel) e o "recebedor" (elaboração da Meta). Já que há um Agente, a regra de protótipo Agente<>SujV se aplica, atribuindo esse papel ao sujeito. Ficamos com dois constituintes ainda não contemplados, SN e o sintagma preposicionado com *a*. Acontece que a preposição *a* é um dos marcadores prototípicos da Meta, o que nos permite atribuir esse papel ao sintagma preposicionado. O SN remanescente receberá sua RTE, "coisa.dada", por ausência. O resultado, após as elaborações, será

[13] SujV> *"doador"* V SN> *"coisa.dada"* *a* SN> *"recebedor"*

e isso está de acordo com nossas intuições sobre o significado dessa sentença. Como se vê, não há necessidade de dispositivos ou funções novas a fim de atribuir as relações temáticas corretas a cada complemento. Em particular, não precisamos de uma função sintática de "objeto indireto".

21.4.2 Outros casos

A gramática tradicional analisa outros casos como objeto indireto, que tende a se tornar um rótulo geral para sintagmas preposicionados. Assim, haveria objeto indireto em

[13] Eu gosto de amendoim.

[14] Ela só pensa em você.

Aqui temos uma preposição exigida pelo verbo, e portanto presente em sua valência. Isso pode ser registrado na diátese sem outras indicações: chamar o sintagma preposicionado em [13] e [14] "objeto indireto" não traz nenhuma informação útil, e além disso deixa de observar que a preposição não é a mesma, e ainda precisa ser especificada na diátese. A escolha da preposição é um traço idiossincrático do verbo, e uma vez sendo anotada nada mais precisa ser dito quanto à função desse sintagma.

É bom notar que não há diferença relevante entre "objeto direto" e "adjunto adverbial" tal como aparece em

[15] Roberto morava em Roma.

exceto pelo fato de que em [15] a preposição, *em*, marca o papel semântico Lugar, ao passo que em [14] se trata de uma partícula semanticamente vazia, simples exigência do verbo. Isso pode ser relevante, e certamente tem que aparecer na valência de *pensar*, mas não é uma diferença de função sintática.

Uso portanto a designação "objeto" apenas como abreviatura de "SN não sujeito". Até onde se pode ver no momento, a função de "objeto", direto ou indireto, é supérflua, e apenas repete outros fatores para efeitos de atribuição de relação temática. O objetivo da análise, que é explicitar a relação entre a forma morfossintática e as relações temáticas, não requer a postulação dessas funções; por outro lado, como sabemos, não se dá o mesmo com o sujeito, que mostra comportamento diferenciado no que diz respeito à atribuição temática, e precisa ser mantido como função sintática.

21.5 A SEMÂNTICA DOS CLÍTICOS E O OBJETO DIRETO DE SER

21.5.1 O SN não sujeito

Vimos na seção 21.2 que a análise tradicional postula uma diferença de função sintática do SN não sujeito em frases como

[16] Daniel machucou o diretor da escola.

[17] Daniel é o diretor da escola.

Em [16] *o diretor da escola* seria "objeto (direto)" e em [17] "predicativo (do sujeito)". Argumentei que se trata na verdade da mesma função sintática, que chamamos simplesmente **objeto**, e que as diferenças apontadas são de natureza semântica, consistindo em diferenças da relação temática expressa por cada complemento. A diferença tradicional entre objeto e predicativo se baseia na verdade em uma diferença de relações temáticas, que decorrem da semântica dos verbos envolvidos – mais, precisamente, do esquema evocado por cada verbo. O verbo *ser* pode evocar (entre outros) o esquema IDENTIDADE.DE.REFERÊNCIA, com duas variáveis a serem vinculadas; em [17], essas variáveis correspondem ao sujeito e ao outro SN da oração, a saber, o objeto. Já o verbo *machucar* evoca um esquema em que uma variável corresponde ao causador (Agente), e a outra à entidade que muda de estado (Paciente). O Agente é codificado como o sujeito, e o Paciente como o objeto, por efeito de regras que já estudamos em capítulos anteriores: uma regra de protótipo para o Agente, e atribuição por ausência para o Paciente (ou mais exatamente a "entidade.machucada"). Os fatos são assim adequadamente descritos, sem a necessidade de distinguir funções sintáticas além de sujeito e objeto; a função sintática de predicativo do sujeito não é necessária.

Agora vou examinar um possível argumento em favor da análise tradicional, que tem a ver com a ocorrência de pronomes clíticos ("oblíquos"), argumento esse que me parece infundado.

21.5.2 Modos de manifestação da correferência

Para mostrar como se pode explicar tais fatos em termos semânticos, teremos que fazer uma pequena digressão e tratar das condições em que um clítico pode exprimir identidade de referência (o traço αRef, que vimos em 10.3 acima). A identidade de referência se manifesta de duas maneiras bem diferentes. Em

[17] Daniel é o diretor da escola.

se entende que o diretor da escola e Daniel são correferentes. E em

[18] Clarinha se maquiou.

se entende que a maquiadora e a maquiada são correferentes. Apesar desse ponto de identidade, há uma diferença importante entre os dois casos: em [17] a correferência de Daniel e o diretor é parte da *asserção* expressa pela sentença, e isso pode ser inclusive testado negando a frase:

[19] Daniel não é o diretor da escola.

Aqui a correferência entre as duas entidades desaparece. Mas em [18] a correferência de maquiadora e maquiada é *pressuposta*, não faz parte da asserção expressa, e se mantém quando a sentença é negada:

[20] Clarinha não se maquiou.

Ao entender [20], continuamos entendendo que se trata de Clarinha como Agente e Paciente do verbo; isso continua sendo pressuposto, e apenas a asserção é que é negada. Em outras palavras, a correferência é parte do significado do verbo *ser*, mas não do verbo *maquiar*.

21.5.3 Potencial temático dos clíticos

Voltando à suposta diferença de função entre objeto e predicativo, um possível argumento em favor da análise tradicional seria que o complemento de verbos como *ser* não pode ser um clítico:

[18] Clarinha se maquiou.

[21] Clarinha maquiou ela.

[22] Clarinha é ela.

[23] *Clarinha se é.

e, considerando também o português escrito,

[24] Clarinha a maquiou.

[25] *Clarinha a é.

Essa diferença é tradicionalmente explicada em termos de funções sintáticas: com o verbo *ser* temos não objeto, mas predicativo, e o clítico só pode ter a função de objeto. Esse é um argumento dado para distinguir essas funções e seria, na verdade, o único traço sintático diferenciando objeto de predicativo quando ambos são realizados por SN.

Uma maneira de descrever a aceitabilidade de [18] frente à inaceitabilidade de [23] seria estabelecer que o clítico *se* pode exprimir a associação de αRef com outra relação temática: em [18] temos αRef + Paciente. Mas quando se trata de expressar apenas αRef, *se* não funciona; isso pode estar na raiz da má formação de [23], já que o verbo, *ser*, evoca o esquema IDENTIDADE.DE.REFERÊNCIA, sem nenhuma outra relação temática associada. Em uma frase como essa os dois termos da identidade precisam ser expressos por SNs plenos, porque clíticos nunca exprimem o traço αRef sozinho – apenas em conjunção com outra relação temática. Mas essa hipótese se choca com o caso de

[26] Daniel virou o diretor da escola.

onde o SN não sujeito denota não apenas correferência com o sujeito, mas também o papel semântico Estado.final; assim, teríamos que estipular a lista dos papéis semânticos que podem coocorrer com αRef em casos de clíticos, o que começa a parecer um pouco complicado.

Por isso pode valer a pena explorar outra análise: os clíticos só têm a propriedade de exprimir correferência pressuposta, não asserida. Com efeito, o complemento de verbos como *ser*, *parecer* e *virar*[5], que é sempre correferente do sujeito, nunca pode ser expresso por clítico; e não há outros casos de correferência asserida expressa pelo complemento não sujeito de nenhum verbo. Assim, a possibilidade de asserir correferência acaba sendo coextensiva com a de exprimir o traço αRef sozinho; e como a asserção parece uma propriedade mais básica, podemos adotar o princípio de que

Os clíticos podem exprimir pressuposição de correferência, mas não asserção de correferência.

Em [26] a correferência é asserida, o que se coaduna com a impossibilidade do clítico:

[27] *Daniel o virou.

---

5. No sentido de 'tornar-se'; quando significa 'girar' a situação é outra.

Assim podemos caracterizar a semântica dos clíticos em oposição à dos SNs plenos, mesmo quando estes são pronomes não clíticos, em termos do princípio dado acima. Com isso, substituímos uma condição sintática, que diria que um clítico não pode ser predicativo, pela condição semântica dada acima, que tem a vantagem de dispensar a postulação de relações especiais para esse caso: por exemplo, em [17] a correferência dos dois SNs é asserida, e em [16] é pressuposta. A condição determina que em [16] o objeto pode ser clítico, mas em [17] não pode. E nada nos impede, agora, de analisar o SN não sujeito de verbos como *ser* como objeto, assim como o de verbos como *beliscar*: a sintaxe fica mais simples, e podemos descrever os fatos de maneira independentemente fundamentada.

Isso, no momento, é apenas uma hipótese, mas é sustentada pelos dados disponíveis, que confesso que são escassos; mas vale a pena testá-la com um levantamento mais amplo. A base da análise é reconhecer que os clíticos têm um potencial semântico específico, e que esse potencial se formula em termos da asserção ou pressuposição da correferência com outro SN.

21.6 INTERFACES

Os aspectos do comportamento dos clíticos vistos acima suscitam algumas reflexões teóricas de interesse, que têm a ver com as interfaces entre os componentes tradicionais da gramática, assim como com o modo de acesso dos usuários às estruturas e regras da língua.

O clítico se define em geral como uma categoria fonológica: agrega-se a uma palavra contígua em uma única unidade acentual, e não pode receber qualquer tipo de acento contrastivo[6]; além disso, tem também a propriedade sintática de ocorrer em certas posições, como entre o sujeito e o verbo

---

6. Fernández Soriano (1999, p. 1.253) assim define o pronome átono: "são formas pronominais de objeto não acentuadas que aparecem unidas ao verbo [...] em uma relação de estrita adjacência". Como se vê, mesmo aqui já se inclui um traço sintático: os clíticos (pronomes átonos) têm a função de objeto.

em frases como *ela se maquiou*, onde *se* é objeto e Agente. No entanto, os resultados relatados neste capítulo sugerem que os clíticos se caracterizam também por um comportamento semântico peculiar. Se for realmente isso, trata-se de um caso interessante de fenômeno localizado na interface fonologia-sintaxe-semântica, já que os clíticos têm traços próprios em cada um desses espaços.

Essa situação sugere a necessidade de acesso global e simultâneo dos falantes às diversas seções da estrutura da língua, como exposto no capítulo 14: itens fonológica e sintaticamente caracterizáveis têm um traço semântico comum. Não vejo como representar esse fenômeno dentro dos moldes tradicionais.

22

Valência sintática

22.1 SINTAXE "PURA"

Antes do trabalho realizado recentemente na área de relações temáticas, os dicionários de valências tendiam a incluir apenas o aspecto morfossintático das diáteses. Allerton (1982) procura classificar os verbos com base em suas características sintáticas, e define a valência como

> os potenciais diferentes que os verbos individuais têm de ocorrer em uma variedade de estruturas sentenciais.

[Allerton, 1982, p. 2]

e embora ele mencione também diferenças semânticas, estas não são incluídas de modo sistemático nas descrições estruturais usadas, que se limitam a funções sintáticas, mais classes[1]. Por exemplo, a sentença[2]

[1] Fido saw me.
    'Fido me viu.'

tem a estrutura valencial, isto é, em nossa nomenclatura, a diátese

[2] SUBJECT + V + OBJECT

---

1. Essa é a intenção; na verdade, parece-me que Allerton acaba lançando mão de critérios semânticos.
2. Dou os exemplos de Allerton segundo o original inglês, com numeração minha.

Quando face à necessidade de estabelecer outra relação, como em

[3] Fido had a long tail.
    'Fido tinha uma cauda longa.'

Allerton introduz uma função sintática diferente, que ele denomina "objoid":

[4] SUBJECT + V + OBJOID

que seria a diátese relativa a [3]; assim define ele a valência de *see* 'ver' como diferente da de *have* 'ter'.

Obviamente, Allerton está certo em reconhecer a diferença; a questão é se se trata de uma diferença *sintática*, e não semântica. Um "objoid" parece ser definido em termos de não poder aparecer como sujeito em uma oração passiva. Para outros casos Allerton usa outras funções, como a tradicional de "predicative" e o "match objoid".

Apesar do esforço de Allerton em definir essas funções sintaticamente, a semântica se infiltra o tempo todo, como na definição do "match objoid" que ocorreria em

[5] Oliver resembled Richard.
    'Oliver se parecia com Richard.'

O verbo *resemble* 'se parecer' nessa sentença

> claramente descreve uma relação (antes que um processo), e essa relação é simétrica, como se vê em [sentenças onde] o sujeito e o objoid foram permutados [...]
>
> [Allerton, 1982, p. 83],

ou seja,

[6] Richard resembled Oliver.
    'Richard se parecia com Oliver.'

que é tematicamente sinônima de [5].

O sistema de Allerton, então, embora sintático em intenção, é na verdade simbólico, porque algumas funções são definidas em termos claramente semânticos. Mas como resultado da insistência nas funções sintáticas, fica sem modo de distinguir *Fido barked* 'Fido latiu' de *Fido fainted* 'Fido desmaiou', ambos analisados como sujeito e verbo, apenas.

Uma tentativa radical de basear o sistema de valências na forma pura se encontra no dicionário de valências do tcheco[3], onde mesmo os papéis semânticos são definidos sintaticamente: "são usados critérios sintáticos para a identificação do Ator [Agente / MAP] e Paciente" (Straňáková-Lopatková *et al*. Internet, p. 2-3). Não pude examinar diretamente o léxico tcheco, mas suspeito que é passível do mesmo tipo de objeção levantada contra a proposta de Allerton.

22.2 A FACE SINTÁTICA DAS DIÁTESES

Por outro lado, é evidente que a sintaxe é relevante para a descrição das valências. Assim, o Paciente pode ser codificado como objeto, como em

[7] O menino quebrou o prato.

ou como sujeito, como em

[8] O prato quebrou.

A construção exemplificada em [8] ocorre com *quebrar*, mas não com *pintar*, embora ambos esses verbos ocorram na construção [7]. Considerando apenas a estrutura sintática, não apenas *quebrar* pode ocorrer em

[9] SujV V

---

3. Já brevemente comentado em 9.1.

mas também *pintar*, como em

[10] Leonardo pintava.

Mas não se trata da mesma construção, por causa da informação diferente que [8] e [10] trazem sobre o papel do sujeito: Paciente em [8], Agente em [10].

Antes da elaboração da teoria das relações temáticas, talvez os linguistas não tivessem muita escolha além de se limitarem à sintaxe. Mas agora estamos em situação melhor; e, embora nossa teoria temática seja ainda um tanto incipiente, já se pode dizer muito mais sobre a classificação dos verbos do que há meio século. Por isso as descrições atuais da valência em geral incluem as relações temáticas ao lado da sintaxe – que continua necessária, evidentemente.

O exame dos dados mostra que a sintaxe necessária para a descrição das valências é bastante simples. As diáteses incluídas no *VDBPV* se limitam à informação sintática seguinte:

(a) uma função sintática, o **sujeito**;
(b) outros termos, referidos apenas pela classe a que pertencem: **V, SN** etc.;
(c) a ordem em que essas unidades ocorrem.

É bem provável que a continuidade da pesquisa leve a completar as diáteses com mais informação; mas por ora (a), (b) e (c) parecem suficientes para todos os casos. Como resultado, temos diáteses da forma

[11] SujV V SN

[12] SujV V

e assim por diante, mas não[4]

[13] *SujV SN V

---

4. [13] Ocorre na poesia tradicional, mas não na língua moderna, escrita ou falada. A única exceção é quando o segundo SN é representado por clítico: *ela me ajudou*.

O sujeito, claro, é também um SN; mas difere dos outros SNs da oração pelas características listadas na definição dada na seção 19.3.2. Ali vimos que o sujeito é definido em termos estritamente formais, embora a *motivação* para distinguir esse termo particular possa ser considerada simbólica: a possibilidade de elaborar a mesma relação temática expressa pelo afixo de pessoa-número do verbo.

Quanto aos SNs restantes, pode haver necessidade de diferenciá-los funcionalmente em certos casos; tenho em mente orações como

[14] Todos consideram Luís um homem honesto.

O problema é que a inversão não é totalmente aceitável:

[15] ?? Todos consideram um homem honesto Luís.

e isso pode ser tomado como evidência de que esses dois SNs têm funções sintáticas diferentes. Por outro lado, a diferença pode ser resultado de traços semânticos dos SNs, pois *um homem honesto* pode exprimir uma Qualidade, o que *Luís* não pode. De qualquer modo, vale a pena manter em mente a necessidade eventual de postular outras funções sintáticas além das mencionadas acima na formulação das diáteses.

22.3 SUMÁRIO

Nossas diáteses são portanto representadas por uma estrutura sintática bastante simples, com relações temáticas associadas a cada um dos termos elegíveis. A atribuição dessas relações foi discutida em detalhe nos capítulos 6 a 10. É possível fazer uma lista das estruturas sintáticas da língua, mas essa lista só vai fornecer informação parcial sobre as construções possíveis. Uma aproximação a tal lista, para o inglês, se encontra em Allerton (1982, p. 145ss.), com 30 construções (diáteses).

Nossa lista, que considera informação temática, é necessariamente muito mais longa: o *VDBPV* compreende no momento mais de 300 diáteses (contadas por suas formulações completas, sem levar em conta protótipos e outras regras gerais, assim como atribuição por ausência). A lista de Allerton é breve porque deixa de incluir muitas diferenças por só incluir sua face sintática. Assim, a estrutura 12 de Allerton é

[16] SUBJECT + V + OBJECT

que corresponde à estrutura sintática de nada menos que 41 diáteses no *VDBPV*. E mesmo se considerarmos construções que incluem o *objoid* e o *predicative* postulados por Allerton, a proporção ainda vai ser 3 para 41. Hoje podemos ver que uma análise sintática da valência não é precisamente incorreta, mas deixa muita coisa importante sem expressão; a notação usada no *VDBPV* é mais refinada e mais informativa, e portanto mais interessante descritivamente falando.

O SINTAGMA NOMINAL

23

O núcleo do sintagma nominal

23.1 NÚCLEO DO SN

23.1.1 Por que precisamos de um núcleo do SN

O SN se entende como incluindo um constituinte com a função de **núcleo (do SN)**, que é a base para a determinação de certas propriedades semânticas e sintáticas da construção. É com referência ao núcleo que se define a posição de alguns outros constituintes, por exemplo a posição dos modificadores, que podem ser antepostos (antes do núcleo) ou pospostos (depois do núcleo). O núcleo tem também outras propriedades, que o tornam uma espécie de centro de gravidade do SN.

Para alguns, o núcleo seria uma função sintática, a ser definida em termos formais; assim, o dicionário de Trask define o núcleo (de qualquer construção) como

> Aquele elemento de um constituinte que é sintaticamente central por ser primariamente responsável pelo caráter sintático do constituinte.
>
> [Trask, 1992, p. 125]

A sintaxe X-barra define o núcleo como "projeção" de um item lexical presente na estrutura, e baseia parte da análise nessa noção, mas muitas vezes sem se preocupar em estabelecer critérios empíricos para a identificação do núcleo de uma construção. Segundo essa visão, o componente sintático da gramática marca um dos termos como núcleo, e certos processos gramaticais são sensíveis a essa marca – como por exemplo a concordância nominal (*aquele carro vermelho / aquela bicicleta vermelha*), onde os núcleos são respectivamente *carro* e *bicicleta*.

Em uma espécie de frontispício a seu livro, Corbett *et al.* (1993) mencionam diversas questões relevantes que são retomadas nos diversos capítulos:

> [os autores dos capítulos] consideram se há uma definição não teórica de núcleo, se os núcleos têm realidade cognitiva, como identificar o núcleo de um sintagma, quantos núcleos um sintagma pode ter, como se comportam os núcleos funcionais em línguas que marcam o núcleo e línguas que marcam o dependente e se há correlações universais entre ser núcleo e admitir supressão.

[Corbett *et al.*, 1993]

Na discussão que se segue procuro responder algumas dessas questões, deixando de lado as que têm a ver com relações universais, que não são objeto deste livro. Vou argumentar que o núcleo de uma construção – especificamente, de um SN – tem realidade cognitiva, e pode ser identificado com base em traços de significado. O núcleo do SN é em geral caracterizado por algumas de suas propriedades; mas isso não basta para explicar como um usuário da língua o identifica como parte necessária da construção da representação cognitiva que o SN veicula. Por exemplo, o núcleo é o *locus* morfossintático, e rege a concordância e a posição dos modificadores; mas essa propriedade não é diretamente acessível ao usuário da língua, e não pode explicar os fatos da compreensão. Se o processo de compreensão é parte do desempenho (*performance*), que seja – mas precisa ser explicado do mesmo jeito. Zwicky inclui em sua definição pelo menos uma propriedade que pode ser reduzida a um traço acessível:

> Semanticamente, o Núcleo é o participante caracterizador de uma construção; intuitivamente, o significado de um construto é um subtipo do significado do Núcleo (*maçã vermelha* denota um subtipo de maçã [...]

[Zwicky, 1993, p. 296]

Aqui pretendo mostrar que essa propriedade, que podemos chamar de hiponímia, é sistematicamente relacionada com os traços semânticos de certos itens lexicais, e é consequentemente operacional na identificação do núcleo de um SN. Alguns autores, como Cann (1993) no mesmo volume, explicitamente excluem traços semânticos da definição do núcleo; vou argumentar contra essa posição.

Vamos começar com um SN relativamente longo como

[1] Todas aquelas pequenas garrafas de vinho.

Como podem os falantes saber que o núcleo é *garrafas*, e que consequentemente o SN designa garrafas, e não, digamos, o vinho? ou mesmo *pequenas*, do que quando núcleo é sinônimo de 'garotas'? Que conseguem fazer isso é evidente, já que [1] não é ambíguo quanto a sua referência. Pode-se tentar identificar o núcleo por suas propriedades morfossintáticas; não funciona, mas como já foi tentado, dou abaixo os argumentos contra tal tipo de definição.

Em primeiro lugar, o núcleo não pode ser identificado por sua posição linear no sintagma. Para fazer isso teríamos que definir o núcleo como o constituinte que ocorre em certa posição a contar do início ou do final do SN. Mas um SN pode começar, ou terminar, com um número variável de constituintes não nucleares[1], o que impossibilita definir o núcleo pela ordem de seu encaixe na sequência. Por exemplo,

[2] [Vinho]$_{SN}$ é muito caro.
    Núcleo

[3] [Esse vinho]$_{SN}$ é muito caro.
    Núcleo

---

1. O leitor notará que estou pressupondo o núcleo como já identificado; refiro-me aqui à identificação tradicional, que é correta, embora as definições que a justificam sejam em geral equivocadas.

[4] [Esse excelente vinho]$_{SN}$ é muito caro.
       Núcleo

além de

[5] [Vinho branco]$_{SN}$ é muito caro.
    Núcleo

[6] [Vinho branco espanhol]$_{SN}$ é muito caro.
    Núcleo

O caráter opcional dos elementos pré e pós-nucleares torna impossível a definição do núcleo como o enésimo constituinte a contar do princípio ou do final da construção. Sabemos que o núcleo em todos esses SNs é *vinho*, mas esse conhecimento não pode derivar de sua posição na sequência.

Por outro lado, há algumas marcas formais que ajudam, ainda que negativamente, na identificação do núcleo do SN. A mais importante é que sintagmas preposicionais não podem conter o núcleo; em

[7] O palácio da rainha.

o núcleo precisa ser *palácio*, não *rainha*. As poucas exceções são sintagmas preposicionados lexificados, como expressões idiomáticas, que podem ser núcleo: *um sem-vergonha*, *os sem-teto* etc. São poucos, e aprendidos individualmente[2].

É importante considerar que os usuários da língua são capazes de identificar o núcleo de um SN sem dificuldade, como já foi observado:

---

2. Fulgêncio (2008) sustenta que as expressões idiomáticas são itens lexicais, normalmente armazenados como unidades, tal como as palavras individuais. *Sem-vergonha* é um dos itens listados em seu dicionário de expressões fixas do português (em elab.).

> Linguistas de persuasões teóricas divergentes estão em acordo quase completo quanto a o que é o núcleo e o que não é em uma construção dada.
>
> [Nichols, 1986, p. 57]

Isso não se aplica apenas a linguistas; qualquer usuário da língua, diante de um SN, pode dizer "do que se está falando": em *o sapato preto de lona do meu irmão* nos referimos a um sapato, não a meu irmão, nem a lona, nem à cor preta. Essa habilidade de identificar o núcleo é essencial para a compreensão, e é facilmente posta em uso pelo falante, o que sugere que deve haver um critério confiável na base do fenômeno.

Zwicky (1993) dá uma útil lista de propriedades do núcleo de uma construção; algumas são questionáveis, mas a proposta é um bom ponto de partida na procura de melhores definições. Vou considerar seu texto apenas no que diz respeito ao núcleo do SN, sem incluir eventuais núcleos de outras construções. A posição de Zwicky é explicada assim:

> A aplicação dos critérios de Zwicky a uma gama de construções sintáticas comuns sugere que ser núcleo é algo distribuído entre os constituintes de um sintagma.
>
> [Fraser *et al.*, 1993, p. 2]

De acordo com essa posição, não teria muito sentido procurar *o* núcleo de uma construção, e isso pode ser verdadeiro para outras construções. No que se refere ao SN, entretanto, eu diria que as propriedades realmente importantes para a descrição gramatical se concentram em um constituinte em especial.

O primeiro critério formal de Zwicky é que

> Com respeito a sua sintaxe interna, o Núcleo é o elemento *obrigatório* de uma construção [...] 'obrigatório' no sentido especial de que sem esse elemento a construção é elíptica.
>
> [Zwicky, 1993, p. 297]

Em outras palavras, todos os SNs não elípticos têm núcleo. Tenho dúvidas sobre isso, e uma razão é que as condições de obrigatoriedade de ocorrência nem sempre são de natureza claramente sintática – relembro o leitor dos exemplos de Bosque (1989) citados na seção 6.4.2, que mostram que a ocorrência pode ser obrigatória obedecendo a fatores pragmáticos. Por outro lado, isso não precisa se aplicar a todos os casos, e é concebível que o núcleo de um SN seja de ocorrência obrigatória. Vamos examinar alguns casos concretos, como os exemplos seguintes:

[8] Um homem pobre bateu na porta.

[9] Um pobre bateu na porta.

Homem é o núcleo do SN sujeito em [8]; mas quando é omitido temos um SN cujo núcleo é *pobre*, uma palavra que pode ser tomada referencialmente; nisso *pobre* se comporta como *amigo*, que vimos em 1.4. Aqui temos pelo menos um exemplo de um núcleo de SN que pode ser omitido sem causar inaceitabilidade, nem sequer elipse – mas o resultado não é um SN sem núcleo; o núcleo de [9] é *pobre*. Em outros casos o núcleo é com efeito de ocorrência obrigatória, o que depende de fatores lexicais. Tomemos a palavra *gástrico* que, ao contrário de *pobre*, não tem potencial referencial, de modo que embora [10] seja aceitável, [11] não é:

[10] Um problema gástrico incomodava vovô.

[11] *Um gástrico incomodava vovô.

Aparentemente, aqui se aplica a exigência de que o núcleo esteja presente: a condição de Zwicky se aplica, impedindo a ocorrência de um SN sem núcleo. O fato de *gástrico* não ter potencial referencial é um traço desse item lexical.

Outra propriedade apontada por Zwicky para o núcleo de uma construção é a seguinte:

> Com respeito a sua sintaxe interna e externa, o Núcleo é o *determinante da categoria* sintática. Ele determina a categoria sintática do construto como um todo [...] ao passo que a categoria do Dependente não tem reflexo direto na categoria do construto.
>
> [Zwicky, 1993, p. 297]

Um exemplo dado por Zwicky é que

> Para efeitos externos [...] *tomates muito vermelhos* tem uma distribuição previsível a partir das propriedades de *tomates* [...]
>
> [Zwicky, 1993, p. 297]

Tenho dúvidas quanto à aplicabilidade desse critério na situação do receptor, que precisa identificar o núcleo entre os diversos constituintes do sintagma. No SN

[12] Um político ignorante.

o problema é que *político* e *ignorante* têm traços sintáticos semelhantes, e podem ambos ser núcleo. Então, como vamos saber qual deles é que determina a categoria do SN? Sabemos que o núcleo é *político*, mas esse procedimento não mostra isso claramente.

Mas minha objeção principal é que *palácio* não tem as mesmas propriedades sintáticas do SN inteiro. Esse critério parece ser derivado da noção de **construção endocêntrica**, proposta inicialmente por Bloomfield (1933, p. 194). A ideia é que um sintagma endocêntrico (por exemplo, um SN) teria distribuição sintática idêntica à de um de seus constituintes, que seria o núcleo. Outra derivação dessa propriedade me parece a ideia gerativa do SN (ou N-barra dupla) como a "projeção" de um N núcleo. Para ser justo, tenho que reconhecer que Zwicky não insiste na *identidade* de distribuição, e simplesmente afirma que "a distribuição do construto como um todo é previsível a partir de propriedades do Núcleo", o que pode ser verdadeiro, mas ainda precisa ser verificado, dependendo de uma explicação conveniente do que vem a ser "previsível", com a formulação das regras de correspondência que derivariam a distribuição de um SN do potencial distribucional de seu núcleo. Não vejo no momento como isso poderá ser feito; e por enquanto a objeção acima precisa se manter.

Essa maneira de definir o núcleo do SN é amplamente aceita, explícita ou implicitamente, por linguistas que trabalham nesse tópico, e nem sempre com as restrições acrescentadas por Zwicky. Um exemplo entre vários é Company (1991), que define o SN por sua propriedade de

> entra[r] na maioria dos contextos que o constituinte imediato considerado núcleo; isto é, o substantivo-núcleo e o sintagma nominal são equivalentes (S=SN) porque têm possibilidades semelhantes de figurar em sintagmas mais extensos.
>
> [Company, 1991, p. 13]

Company é consciente de que a equivalência não é perfeita, e a aceita como uma aproximação. Mas a equivalência distribucional de palavras como *João, amigo, livro* etc. com os SNs dos quais são núcleos é em grande medida uma ficção. De acordo com as definições acima, um sintagma como *o amigo da Nadine* teria distribuição semelhante à do núcleo, *amigo*. Mas as diferenças são notáveis: por exemplo, *amigo* pode ser núcleo de um SN, e o SN inteiro obviamente não pode. Um nominal, mas não um SN, pode ocorrer como vocativo; e muitos itens que ocorrem como núcleo do SN, como *amigo*, também ocorrem como modificadores, como em *um gesto amigo*; mas *o amigo da Nadine* não pode ser modificador, nem nenhum SN pode.

Mesmo a asserção de que tanto o nominal quanto o SN podem ser sujeito de uma oração é incorreta, primeiro porque em muitos casos o nominal sozinho não aparece nessa função:

[13] *Colar caiu no chão.

e mesmo quando aparentemente pode, como em

[14] Nadine me chamou.

é preciso perguntar se o sujeito é a palavra *Nadine* ou o SN [*Nadine*]$_{SN}$, que tem o mesmo som mas se constrói de maneira paralela à de unidades maiores como *minha prima Nadine* etc. Se insistirmos em que a **palavra** *Nadine* é o sujeito em [14], estaremos negando que *Nadine* seja um SN naquela oração, o que nos obriga a abandonar a generalização de que a função de sujeito é sempre ocupada por um SN: haverá exceções, como *Nadine* em [14]. Além disso, a exceção deverá ser estendida às outras funções do SN, de modo que de acordo com essa análise as funções de sujeito, objeto e complemento de uma preposição seriam ocupadas às vezes por SNs, às vezes por nominais. Não vejo o que se pode ganhar com essa análise, que apenas complica uma regra em si bem simples; concluo que o critério da distribuição do SN como idêntica à do núcleo não funciona.

Diz-se também que o núcleo é o determinante de certas categorias morfológicas como o número e o gênero; no sintagma

[15] Esse bom vinho italiano.

o SN como um todo é singular e masculino, o que se atribui ao número e gênero inerentes de *vinho*. Isso é verdadeiro, mas quando tentamos formular as regras que geram esse resultado, encontramos algumas dificuldades: como sabemos que não é *vinho* que concorda com *esse* ou com *italiano*? Há boas razões para acreditar que é com efeito *vinho* que determina a concordância, mas isso tem a ver com traços de significado; em termos puramente morfológicos as coisas não são tão claras. Pode-se argumentar que *vinho* não tem forma feminina, e portanto não pode estar concordando. Mas aqui novamente há problemas: *simples* também não tem variação de número e gênero, e no sintagma

[16] Uma solução simples.

não há evidência formal sobre que termo concorda. Poderíamos esperar que em [16] identificar o núcleo deveria ser mais difícil do que em [15], o que vai contra nossa intuição. Assim, embora seja verdadeiro que o núcleo "serve [...] como o gatilho para a regência e a concordância"[3], isso não ajuda o usuário da língua que tenta fazer sentido de um SN.

23.1.2 Para uma definição do núcleo do SN[4]

O núcleo é também, como vimos acima,

> [...] o participante caracterizador de uma construção; intuitivamente, o significado de um construto é um subtipo do significado do Núcleo (*maçã vermelha* denota um subtipo de maçã [...]
>
> [Zwicky, 1993, p. 296]

Essa é a única base para uma definição operacional do núcleo do SN que escapa às objeções formuladas acima contra as definições formais. Nossa definição do núcleo do SN vai precisar levar em conta as propriedades semânticas, ou seja, cognitivas dos itens lexicais envolvidos. Vamos ver então como funciona essa definição.

Os itens lexicais são marcados com o traço [R], que significa "potencialmente referencial"; algumas palavras são [+R], ou seja, podem ser usadas referencialmente, e outras são [-R], e não têm essa propriedade. Por exemplo, *livro, eu* e *Brasil* são [+R] e *sempre, em, gástrico* e *rapidamente* são [-R]. Esse parece ser o fator básico do processo usado pelos falantes para processar SNs e descobrir o que significam.

Primeiro, fique entendido que um SN tem a propriedade de se referir a coisas[5], e é sempre marcado [+R]; essa é sua função essencial. Há apenas um constituinte referencial por SN (e por significado, quando está disponível mais de um); esse é o que Zwicky (1993) chama o "participante caracterizador", e eu prefiro chamar de **centro de referência** do SN. A presença de um centro de referência é necessária por causa da função essencial do SN,

---

3. Zwicky (1993, p. 297).

4. A análise do núcleo do SN aqui apresentada foi proposta inicialmente em Perini *et al.* (1996).

5. "Coisa" é um termo técnico, e inclui pessoas, animais, objetos, estados e eventos. Langacker (1987, cap. 5) dá uma definição mais elaborada.

a saber, identificar um referente. O núcleo fornece o centro de referência, sobre o qual o resto do SN elabora a referência final: de "cachorro" chegamos a "o cachorro amarelo pequeno do vizinho". A relação semântica entre o núcleo e o SN é de hiponímia: o SN expressa um hipônimo da referência do núcleo. Isso significa que os SNs são um dos recursos que um usuário da língua emprega a fim de elaborar a informação contida em um item; temos aqui mais um aspecto do processo de elaboração, que já vimos em ação em outros contextos.

Essa relação hiponímica entre o SN e o núcleo é em geral reconhecida; além da citação de Zwicky dada acima, onde ele se refere aos "subtipos", ou seja, hipônimos, lemos que

> O sintagma é um "tipo do" núcleo, já que este fornece tanto o tipo semântico quanto o sintático do sintagma.
>
> [McGlashan, 1993, p. 204]

e

> [...] a composição do SN é condicionada por [sua] *função referencial*. E [...] os elementos do SN vão sendo acrescentados à medida que se tornam necessários como *pistas adequadas para a identificação do referente pretendido*. [...] Cada elemento acrescentado restringe a classe delimitada anteriormente.
>
> [Liberato, 1997, p. 6-7; itálico do original]

Por exemplo, *um cachorro amarelo pequeno* tem uma referência mais elaborada do que *um cachorro*. A afirmação de McGlashan é correta, exceto pela menção da relação de tipo *sintático* entre o núcleo e o SN, que, como vimos, não funciona muito bem. Mas a ideia de que o núcleo é semanticamente uma versão mais esquemática do SN é correta, e pode dar as bases para um critério de identificação que funcione.

No SN

[17] Esse excelente vinho branco.

uma das palavras precisa ser o núcleo; e o núcleo, como sabemos, é o centro de referência da construção. Essa palavra terá então o traço [R], ou seja, é referencial neste contexto, o que por sua vez requer que tenha, no léxico, o traço [+R], ou seja, tenha potencial referencial.

Duas das palavras presentes em [17] ficam excluídas, porque são [−R]: *esse* e *excelente*; nenhuma delas pode ser entendida como se referindo a uma coisa, e portanto não são elegíveis como núcleo do SN. Sua função semântica no SN é fornecer "pistas adequadas para a identificação do referente pretendido" – ou seja, restringir a extensão do núcleo, o que se exprime dizendo que têm o traço [+REx], "restritor de referência"[6]. Mas como são [−R], não podem ser o núcleo. Sobram duas palavras, *vinho* e *branco*, e o núcleo precisa ser uma delas. *Vinho* é [+R, −REx] e *branco* é [+R, +REx], porque pode ocorrer em sintagmas como

[18] Vinho branco. (*branco* é [REx])

[19] O branco. (*branco* é [R])
(isto é, a cor branca, como em *o branco está na moda*)

Isso significa que, em princípio, qualquer dessas palavras poderia ser o núcleo. Mas há outro fator a considerar: se o núcleo for *branco*, o SN vai ter dois núcleos, porque *vinho* é [−REx]; e há boas razões para acreditar que um SN não pode conter duas referências separadas. Portanto, o núcleo tem que ser *vinho*, e *branco* será um [REx] aqui, acrescentando uma qualidade que restringe a extensão de *vinho*. Resumindo, temos as seguintes possibilidades, em princípio:

	vinho	*branco*
(a)	R	R
(b)	REx	REx
(c)	R	REx
(d)	REx	R

---

6. Como se viu no capítulo 11.

mas apenas (c) é aceitável, porque (a) tem dois núcleos, (b) não tem núcleo nenhum[7], e (d) tem REx para *vinho*, que sabemos que não pode ter essa função: semanticamente, não pode ser usado para restringir a extensão de outra palavra, e sintaticamente não pode ocorrer como modificador.

Isso pode parecer um tanto complicado no início, mas deriva das propriedades semânticas das palavras envolvidas de maneira bem direta. Traduzindo o argumento em linguagem menos técnica, (a) significa que o SN se refere tanto ao vinho quanto à cor branca; (b) não se refere a nada; e (d) exige que *vinho* expresse uma qualidade, o que não está nas suas possibilidades semânticas; o resultado é que essas três possibilidades são malformadas. Somente (c) é bem-formada, se refere ao vinho, e acrescenta que é branco. Tudo isso depende do fato de que *vinho* é o nome de uma coisa, mas não é uma qualidade[8]; e *branco* é nome de uma coisa e de uma qualidade. É assim que o núcleo é identificado dentre os diversos constituintes de um SN; como se vê, o critério não é formal, mas semântico.

Quanto a referência dupla dentro de um SN, é possível, mas só se for marcada como coordenação: *o vinho e a cerveja*. Sintaticamente, esse SN é formado de dois SNs coordenados: $[[o\ vinho]_{SN}\ e\ [a\ cerveja]_{SN}]_{SN}$. Esse é o único caso em que um SN pode ter mais de um referente, mas é apenas uma exceção aparente: cada um dos SNs coordenados obedece às restrições usuais.

23.2 SOBRE A INTERAÇÃO DE SINTAXE E SEMÂNTICA

A análise proposta na seção precedente levanta uma questão: núcleo do SN é uma função sintática ou semântica? Vimos que sua identificação dentro do SN depende de critérios semânticos; mas o núcleo tem funções

---

7. E portanto nenhuma referência. Mas a referência não depende sempre da presença de um núcleo – em particular no caso de SNs oracionais, como *que vai chover*, onde não se encontra um núcleo no sentido aqui definido. Esses casos têm a ver com períodos compostos, não estudados no momento (agradeço a Ana Paula Rabelo por essa observação).

8. *Vinho* é uma qualidade em *uma blusa vinho*; mas essa interpretação não faria sentido no contexto em questão, e é excluída pelos filtros de boa formação cognitiva.

morfossintáticas, pois é o constituinte que rege a concordância de número e gênero, e é ponto de referência para as regras que definem o posicionamento de outros constituintes. Esses fatos argumentam em favor da interação entre sintaxe e semântica (ou seja, entre os espaços formal e cognitivo) de que se vem falando neste livro; e, consequentemente, fornece também evidência em favor da necessidade de acesso simultâneo e global a toda a informação relevante no uso da língua.

O núcleo do SN é na verdade uma função semântica, mas tem efeitos em fenômenos sintáticos. Isso se choca com modelos que requerem componentes sintático e semântico definidos como blocos de regras separados e compactos, como por exemplo o modelo gerativo padrão. Mas admitir a interação dos espaços se encaixa bastante bem com vários outros detalhes importantes da descrição. Entre esses está o fato de que o posicionamento de itens restritores de extensão (REx) em relação ao núcleo é, pelo menos em parte, regido pelo papel semântico que veiculam: um qualificativo pode ocorrer antes do núcleo, como em *um excelente relógio* ou *uma prudente decisão*; mas um modificador que tenha valor temático proventivo[9], agentivo ou pacientivo só pode ocorrer depois do núcleo:

[20] Um relógio japonês / *um japonês relógio. (proventivo)

[21] A sanção presidencial / *a presidencial sanção. (agentivo)

[22] Preservação ambiental / *ambiental preservação. (pacientivo)

Não há exceções a essa regra, que ilustra o efeito de traços semânticos na sintaxe. Outro exemplo curioso é a palavra *simples*, que significa "mero" ou então "sem complicações": na acepção de "mero" ocorre obrigatoriamente antes do núcleo (*uma simples secretária*), e nisso segue outros itens que só

---

9. Ou seja, referente a proveniência nacional, regional etc.

podem ocorrer antes do núcleo, como *mero, mísero, pretenso*. Temos aqui mais um exemplo de traços semânticos regendo as condições sintáticas de ocorrência de uma palavra.

Outro possível exemplo desse fenômeno, já aqui fora da área da estrutura do SN, é a ordenação dos qualificativos em orações como

[23] Daniela considera Ronaldo o maior jogador do mundo.

Temos aqui dois SNs não sujeitos, *Ronaldo* e *o maior jogador do mundo*; há entre eles uma exigência de ordem, de modo que a oração seguinte é pelo menos estranha:

[24] ?? Daniela considera o maior jogador do mundo Ronaldo.

É possível salvar [24] pronunciando *o maior jogador do mundo* rápido e acentuando *Ronaldo*. Mas mesmo assim, para mim pelo menos, o resultado é marginal; e [23] não requer tais contorções entonacionais. Agora, esse fenômeno pode ser descrito em termos de traços semânticos: um desses SNs (*Ronaldo*) é exclusivamente referencial, e o outro (*o maior jogador do mundo*) pode ser qualificativo. A ordem deve ser referencial primeiro, qualificativo depois; isso pode ser representado em uma diátese da seguinte forma[10]:

[25] SujV   V   SN   X
             Coisa.qualificada   Qualidade

Esse exemplo mostra um caso em que a ordem dos constituintes (sintaxe) precisa ser descrita lançando mão de informação semântica (relações temáticas).

---

10. O 'X' indica que só a relação temática é que é exigida ali; qualquer constituinte que tenha essa potencialidade pode ocorrer naquela posição, por exemplo *Daniela considera Ronaldo inteligente*.

São muitos os exemplos de interação entre fatos semânticos e sintáticos: para mencionar mais um, um SN não sujeito (um objeto) não pode receber o papel semântico de Agente – novamente, não há exceções. Todas essas asserções são simbólicas, e contribuem para o traçado da fronteira entre fatos de forma (morfossintáticos) e fatos de significado (cognitivos); em última análise, estamos lidando com a distinção entre o conhecimento gramatical e o conhecimento do mundo[11].

23.3 AMBIGUIDADE

A análise vista acima tem alguns corolários testáveis. Por exemplo, se dois termos do SN têm os traços [+R] e [+REx], prevê-se que surja ambiguidade. Isso acontece com o sintagma *velho amigo*: ele tem duas interpretações possíveis, uma na qual o núcleo é *amigo*, outra na qual é *velho*; respectivamente, "amigo há muito tempo" e "idoso amistoso". Isso deriva de computar as possibilidades em

	velho	amigo
(a)	R	R
(b)	REx	REx
(c)	R	REx
(d)	REx	R

Duas combinações são aceitáveis: (c) e (d); (a) e (b) são inaceitáveis pelas mesmas razões vistas para *vinho branco*. Aqui também isso deriva dos traços semânticos das duas palavras: *velho* pode significar "pessoa idosa" (R) ou "não recente" (REx); *amigo* pode ser "pessoa amiga" (R) ou "amistoso" (REx).

---

[11]. Há quem negue que essa distinção exista; mas a meu ver o exame dos fatos tende a confirmá-la.

Há complicações, entretanto. Em alguns casos a ambiguidade não aparece, porque um dos itens é marcado [–ModPN][12]; isso acontece com *palhaço*, que pode ser núcleo do SN, significando "artista de circo", ou modificador pós-nuclear, significando algo como "ridículo", mas que não pode ocorrer antes do núcleo:

[26] Um velho palhaço. ("artista de circo idoso" ou "idoso ridículo")

[27] Um palhaço velho. (apenas "artista de circo idoso")

Sintagmas como esses mostram que *velho* e *palhaço*, embora sejam ambos [+R, +REx], não são idênticos, já que apenas *velho* é [+ModPN]; portanto, essas palavras não pertencem exatamente à mesma classe – uma situação muito frequente, e que mostra como a noção tradicional de classe é precária.

A análise que vimos acima dá conta de maneira bastante natural da habilidade que os falantes têm de identificar o núcleo do SN com tanta facilidade – aliás, uma habilidade essencial, porque capacita as pessoas a saber a que se refere o SN: um passo importante na interpretação da oração e na construção da representação cognitiva.

23.4 SOBRE A NOÇÃO DE NÚCLEO

O exame dos dados lança dúvidas sobre a noção de "núcleo de uma construção" tal como é frequentemente entendido na literatura. Vimos que Zwicky (1993) dá uma série de propriedades que o núcleo deve exibir; mas é preciso considerar que essas propriedades, mesmo quando presentes, podem não coincidir no mesmo constituinte, de modo que a própria noção de núcleo precisa ser pelo menos qualificada.

---

12. Ou seja, não pode ser modificador pré-nuclear (cf. definição em 24.2).

Um bom exemplo da situação encontramos na interpretação dos sintagmas preposicionados que vimos no capítulo 7 quando examinamos as frases

[28] Fui ao Rio <u>com minha irmã</u>. (Companhia)

[29] Fui ao Rio <u>com meu carro novo</u>. (Instrumento)

[30] Fui ao Rio <u>com muita alegria</u>. (Modo)

A sintaxe do complemento preposicionado é determinada pela presença da preposição: *com minha irmã* se comporta, sintaticamente, de maneira diferente do SN *minha irmã*. Mas isso nos autoriza a rotular a preposição como núcleo do sintagma? Talvez, mas só em relação a essa propriedade específica, porque a relação temática expressa depende de *ambos* os membros de cada SPrep, a saber, a preposição e o SN que se segue. O fato de que *com minha irmã* expressa Companhia depende, primeiro da preposição (se fosse *para minha irmã* não haveria Companhia); mas também depende, como vimos, do significado de *minha irmã*, que denota uma entidade adequada a ser Companhia, ao contrário de *meu carro novo* e *muita alegria*. Nenhum dos dois constituintes, por si, pode explicar a ocorrência de uma relação temática particular em cada exemplo.

Como fica então a noção de "núcleo" do sintagma preposicionado em cada caso? Depende, como acontece com frequência, do que estamos querendo descrever: se é o comportamento sintático do sintagma, faz sentido dizer que ele é determinado pela presença da preposição, que seria o núcleo; mas se tratamos da relação temática que o sintagma veicula, não há propriamente núcleo, já que essa relação depende de interação da preposição com o SN. As diferentes propriedades levantadas por Zwicky (1993) são relevantes, e por vezes não coincidem no mesmo elemento, o que nos obriga a relativizar a noção de núcleo, condicionando-a ao objetivo descritivo do momento.

24
Outros termos do SN

24.1 PREDETERMINANTE, DETERMINANTE, QUANTIFICADOR E MODIFICADOR

O SN contém outros termos além do núcleo. Ao contrário do núcleo, essas funções podem ser definidas posicionalmente: uma vez identificado o núcleo, os termos restantes se definem por sua posição na sequência, em relação ao início do sintagma ou em relação ao núcleo. Aqui vou expor alguns fatos básicos relativos a esses outros termos, mas ainda há muito a pesquisar nessa área.

No SN

[1] Todos esses livros novos.

algumas restrições posicionais são claras: *todos* tem o privilégio de ocorrer em primeiro lugar; *esse* aparece em primeiro lugar se não houver *todos*; e *livros*, que é o núcleo, vem depois desses outros. Quanto a *novos*, que vamos chamar de **modificador (Mod)**, é definido, por ora, como qualquer termo que ocorra depois do núcleo. Temos então quatro funções, baseadas na ordem (exceto o núcleo, cuja definição vimos no capítulo anterior):

[2] **Predeterminante – Determinante – Núcleo – Modificador**
    todos   *esses*   *livros*   *novos*

Apenas um item na língua pode ser predeterminante, a saber *todo*, com suas formas de plural e feminino[1]. Mas essa mesma forma pode ocorrer em posição pós-nuclear, como em

[3] Esses livros novos todos.

Portanto, *todos* deve ser marcado com os traços [+PDet, +Mod][2].

Esses (e suas formas de singular e feminino) ocorre na posição de determinante (**Det**), que é depois do PDet quando há um, ou no início do sintagma quando não há PDet: *esse* deve ser marcado [+Det]. Esse não é o único item que pode aparecer nessa função: temos ainda *o, aquele, algum, nenhum, cada* e talvez as palavras interrogativas *que* e *qual*[3]. Não entro em detalhes da análise desses itens; isso pode ser encontrado em meus trabalhos de gramática portuguesa (Perini, 2002; 2016).

Alguns desses itens, como *o, aquele, algum*, assim como *que* e *qual*, quando em função interrogativa, só ocorrem no SN em função de determinante, sendo então marcados [–PDet, +Det, –Mod] e também [–NSN] (NSN = "núcleo do SN"); este último traço é uma consequência do fato de que esses itens são semanticamente [–R]. O uso de *algum* em posição de modificador, como em *ele não ofereceu ajuda alguma*, pode ser ignorado aqui porque é característico da língua escrita formal.

Nenhum ocorre como determinante e também como modificador:

[4] Nenhuma enfermeira adoeceu.

[5] Enfermeira nenhuma adoeceu.

---

1. Na língua escrita, há outra palavra que ocorre como predeterminante, *ambos*, raramente usada na fala comum.

2. As possibilidades posicionais de *todo* são mais complexas: pode também aparecer fora do SN, mantendo sua conexão semântica com o núcleo, como em *os jacarés fugiram todos*. Vamos deixar isso de lado, já que aqui estamos tratando da estrutura interna do SN.

3. Este não se usa na língua falada, onde é substituído por *esse*. *Que* e *qual* têm uma gama bem ampla de funções; aqui me refiro apenas a sua função interrogativa, como em *que cachorro te mordeu?*

Nenhum normalmente ocorre no singular, com um núcleo singular. Sua ocorrência com o plural é rara, própria da linguagem escrita, e para os brasileiros tem um sabor arcaico, como em

[6] Não admitia negociações nenhumas [...][4].

Cada só pode ser determinante; ocorre só com núcleo singular, e não concorda em gênero.

[7] Cada aluna / cada aluno vai receber um certificado.

Finalmente, podemos acrescentar a função de quantificador, que se define como ocorrendo depois do determinante; palavras como *muitos* têm essa função.

Admitindo que nossa seleção de traços é relevante, podemos ver como é diverso esse pequeno grupo de itens[5]. A classificação deles segundo cinco funções fica como está no quadro 24.1[6]:

	PDet	Det	Qf	NSN	Mod
todo	+	−	−	−	+
esse	−	+	−	−	−
cada	−	+	−	−	−
muitos	−	−	+	(−)	−

Quadro 24.1: Sintaxe de alguns constituintes do SN

Podemos acrescentar que *o* e *aquele* têm os mesmos traços que *esse*; e os numerais (*dois, quatro* etc.) têm os mesmos traços que *muitos*. O quadro só

---

4. Exemplo de Neves (1999, p. 538).
5. Vamos deixar os interrogativos, *que* e *qual*, para outro dia..
6. NSN = núcleo do SN.

tem traços sintáticos, que definem três classes para esses itens[7]. Mas essas não são classes no sentido tradicional: *esse* e *cada* estão iguais no quadro, mas apenas no que diz respeito aos traços escolhidos. É preciso acrescentar mais características essenciais para o uso correto desses itens. Assim, *cada* não varia em gênero e número, ao passo que *esse* tem plural e feminino, de modo que essas palavras, a rigor, não estão na mesma "classe". Igualmente, *algum*, pelo menos na língua falada (onde **não recebeu remuneração alguma* é inaceitável), tem uma matriz de traços semelhante à de *esse*, e ocuparia a mesma linha no quadro; mas semanticamente há diferenças importantes, porque *esse* é dêitico e *algum* não é; e *algum* expressa uma quantidade aproximada, ao contrário de *esse*. Isso significa que, à medida que acrescentamos novos traços, o quadro vai se dividindo e algumas classificações interferem com as anteriores, até o ponto em que para dar a classificação rigorosa de uma palavra é necessário dar sua matriz de traços completa. Esse é um aspecto do fato, mencionado no capítulo 4, de que aprender e usar a língua acarreta a manipulação dos traços classificatórios, não das classes propriamente ditas.

24.2 MODIFICADOR PRÉ E PÓS-NUCLEAR

Já vimos que os modificadores podem ocorrer antes ou depois do núcleo; mas como há diferenças importantes, é melhor distinguir aqui duas funções sintáticas, o modificador pré-nuclear, **ModPN**, e o modificador simplesmente, **Mod**, que se entende como pós-nuclear. Sintaticamente, sua diferença é de posição, por exemplo

[8] Um excelente pudim.
     ModPN   NSN

[9] Um pudim excelente.
     NSN   Mod

---

[7]. Tenho dúvidas sobre a possibilidade de *muitos* ser realmente [–NSN]; pode ser núcleo em *muitos votam sem pensar*. Essa construção terá que esperar uma análise mais atenta.

Nesse exemplo não há diferença de significado perceptível, mas em outros casos há. Uma diferença bem conhecida tem a ver com a expressão da restrição de referência. Vimos que vários constituintes do SN têm a função de restringir a extensão referencial do núcleo; assim, *aquele gato* não é qualquer gato, mas o que está sendo mostrado. O Mod tem a mesma função em

[10] Os comerciantes honestos.

[10] se refere aos comerciantes honestos em contraste com os que não são honestos. Mas em

[11] Os honestos comerciantes.

entende-se que todos os comerciantes referidos são honestos – ou seja, a extensão aqui não é restringida. Em casos de não restrição, como [11], a função do modificador é realçar uma propriedade, ou seja,

> avaliar ou singularizar uma propriedade em relação com o conjunto de características que definem o nome em questão.
>
> [Demonte, 1999, p. 147]

Em português, pelo menos em muitos casos, os modificadores não restritivos aparecem na função de ModPN. O alcance completo dessa regra não foi ainda devidamente pesquisado, mas se sabe que há exceções. Por exemplo, os modificadores com referência dêitica são restritivos em qualquer das posições:

[12] O atual governo.

[13] O governo atual.

Ambos os SNs se referem ao governo atual em oposição aos outros.

Já foi mencionada outra diferença entre essas duas funções: alguns papéis semânticos, entre eles o Agente, o Paciente e a "proveniência", não são disponíveis na função de ModPN:

[14] A decisão presidencial / *a presidencial decisão. (Agente)

[15] Preservação ambiental / *ambiental preservação. (Paciente)

[16] Cozinha britânica / *britânica cozinha. ("proveniência")

Além disso, há alguns itens que ocorrem em ambas as funções, mas com uma clara mudança de significado:

[17] Uma simples secretária.

[18] Uma secretária simples.

Apenas [17] incorpora a insinuação de que ser uma secretária é alguma coisa sem muita importância.

Finalmente, há itens que só podem ocorrer em uma dessas funções, por motivos obscuros: *mero, baita, puta, super* só podem ocorrer como ModPN; e *rosa, laranja* (cores) só ocorrem como Mod:

[19] Um baita / puta / super salário.

[20] O branco vestido da noiva / *o rosa vestido da noiva.

O caso do Agente, Paciente e "proveniência" pode ser reduzido a regras, e isso de maneira bastante econômica: um item como *britânico* precisa de qualquer maneira ser marcado semanticamente como "proventivo", e isso implica que não pode ser ModPN. Que a restrição é com efeito semântica se vê pelo fato de que a mesma palavra pode aparecer na função de ModPN, desde que em outro significado que não proventivo:

[21] A britânica pontualidade do Professor Dantas.

Aqui *britânico* é um qualificativo, e como se vê pode ocorrer anteposto ao núcleo; isso nos impede de marcar o item *britânico* simplesmente como [–ModPN].

No caso de *baita* e *simples*, entretanto, o item pode ser marcado lexicalmente, e a marca será sintática no caso de *baita* [–ModPN]; no caso de *simples*, tudo o que se pode fazer no momento é marcá-lo como [–Mod] *quando significa "mero"*, o que soa bem estranho, mas descreve os fatos como são observados. Não tenho uma análise geral para esses casos; o mais provável é que o efeito se deva a uma soma de função sintática e traços dos itens lexicais envolvidos.

Finalmente, uma outra razão para distinguir as funções de ModPN e Mod é que elas definem classes diferentes de itens lexicais: o conjunto das palavras que podem ser ModPN não é o mesmo conjunto das que podem ser Mod: por exemplo, *reles, mero, pretenso* só podem ser ModPN, mas *japonês, rosa* (cor) só podem ser Mod; e sintagmas preposicionados só podem ser Mod, nunca ModPN. Muitas unidades, naturalmente, cabem em ambas as funções.

Essas duas funções, modificador pré-nuclear e modificador, têm a propriedade de ocorrer mais de uma vez no mesmo SN. Vemos repetição do ModPN em

[22] Os honestos, responsáveis comerciantes.

Já o Mod tem um espaço mais amplo de repetições, e também de estruturas: além de palavras simples ("adjetivos"), pode também ser desempenhado por sintagmas preposicionados:

[23] Os comerciantes [de vinho] [honestos] [de Lisboa].

Pode haver diferenças funcionais entre esses complementos, mas não vão ser estudadas aqui. Sabe-se que há restrições de ordem sobre modificadores repetidos; para o inglês, há um estudo pioneiro de Vendler (1968). Esses trabalhos sugerem que a maioria das restrições é de ordem semântica, e têm a ver com agrupamentos e também com o significado individual das palavras. Assim, para pegar um dos exemplos ingleses de Vendler, *broken human bones* é adequado quando se fala de ossos humanos, mas *human broken bones* sugere que estamos falando de ossos quebrados[8]. Se todas essas restrições forem semânticas, poderemos manter o modificador como uma função sintática única; caso contrário, teremos aqui mais de uma função ocorrendo após o núcleo. Por ora, vou manter apenas uma função e supor que todas as restrições observadas resultam de fatores de significado[9].

24.3 DEFINIÇÃO POSICIONAL

Podemos agora classificar esses itens levando em conta apenas suas posições relativas dentro do SN (exceto o núcleo). Cada um precisa ser marcado com relação a seis funções: predeterminante (PDet), determinante (Det), quantificador (Qf), modificador pré-nuclear (ModPN), núcleo (NSN) e modificador (Mod), como está no quadro 24.2. Sabemos que o núcleo se define em termos semânticos, e os outros termos se definem posicionalmente tomando o início do SN ou o núcleo como ponto de referência. Aqui (como quase sempre) há complicações: marco *todo* como [–NSN], mas esse lexema pode aparecer sozinho no SN, embora só no masculino plural, como em *todos desconfiam desse ministro*. Esse fato, como tantos outros, fica à espera de uma tabulação completa.

---

8. Creio que um efeito semelhante se consegue em português com *ossos quebrados humanos* e *ossos humanos quebrados*.

9. O comportamento gramatical dos chamados "adjetivos" é bastante variado; há muitas categorias de significado dentro desse grupo de itens. Cf. estudos preliminares em Vendler (1968) e Borges Neto (1991).

	PDet	Det	Qf	ModPN	NSN	Mod
todo	+	–	–	–	–	+
muitos	–	–	+	–	(–)	–
o	–	+	–	–	–	–
cada	–	+	–	–	–	–
excelente	–	–	–	+	–	+
baita	–	–	–	+	–	–
velho	–	–	–	+	+	+
mesa	–	–	–	–	+	–
palhaço	–	–	–	–	+	+
presidencial	–	–	–	–	–	+

Quadro 24.2: Alguns constituintes do SN classificados pela posição

Para esses dez itens precisamos de nove classes; apenas *o* e *cada* são idênticos (por esses traços). Quando se toma um número maior de itens, a proporção de itens com composição idêntica de traços deve ser mais favorável; mas o quadro basta para mostrar a variedade de comportamento gramatical entre os termos do SN[10].

Há itens que não se encaixam facilmente nas categorias mostradas no quadro. A palavra *outro* à primeira vista parece problemática por causa de sua ocorrência livre antes ou depois de um quantificador:

[24] Duas outras garrafas.

[25] Outras duas garrafas.

[26] Uma outra garrafa.

---

10. A NGB, sistema semioficial utilizado nas escolas brasileiras, só representa duas funções no SN, sendo todos os constituintes além do núcleo chamados "adjuntos adnominais".

Considerando as funções do quadro, podemos analisar *outro* como [+Qf], mas então será preciso admitir que mais de um quantificador pode ocorrer em um SN: uma análise precária porque essa ocorrência dupla terá que ser condicionada à presença de *outro*, já que os outros quantificadores não têm essa propriedade. Isso equivale a dizer que *outro* tem um comportamento gramatical diferente do dos outros quantificadores, o mesmo que dizer que *outro* cabe em outro conjunto de funções. Outras coocorrências não são aceitáveis, o que pode ser resultado de má formação cognitiva: obviamente não podemos dizer **três cinco garrafas*, ou **muitas duas garrafas*. No entanto, isso não concorda com a impossibilidade de

[27] *Outra uma garrafa.

Aqui há necessidade de mais pesquisa, incluindo as condições de coocorrência dos quantificadores; por ora, *outro* parece ter uma função própria, a ser acrescentada à lista atual[11].

24.4 GÊNERO INERENTE E GÊNERO REGIDO

É preciso distinguir dois tipos de fenômenos de gênero: o **gênero inerente**, que é o fato de que certas palavras pertencem a uma classe particular de gênero (por exemplo, *casa* é feminino, *carro* é masculino); e o **gênero regido**, que é o fato de que certas palavras assumem uma marca morfológica especial para concordar com outra palavra, que tem gênero inerente. Pertencer a um gênero significa ter a propriedade de reger a forma de gênero dos itens que concordam; trata-se portanto de uma propriedade morfossintática. Assim, em *a casa amarela* as palavras *a* e *amarela* são femininas (ou melhor, estão em sua forma feminina) porque concordam em gênero com *casa*, que é inerentemente feminina. Os lexemas que concordam em geral vêm em duas formas, e por isso temos *o* e *a*; e *amarelo, amarela*.

---

11. Bessa (1996) chama esse item de "camaleônico".

Embora o gênero em português seja em si mesmo uma categoria formal, não motivada semanticamente, o fato de uma palavra *ter gênero* pode ser reduzido a termos semânticos: uma palavra tem gênero inerente se e somente se tiver significado referencial, ou seja, quando é [R]. Em outras palavras, não é possível se referir a uma coisa (objeto, pessoa, ideia etc.) sem atribuir à palavra correspondente um gênero, masculino ou feminino; ou: **toda palavra em função referencial tem gênero inerente**. Essa regra não tem exceção na língua. Temos aqui um argumento adicional contra qualquer modelo de gramática no qual as regras morfossintáticas se aplicam estritamente antes da interpretação semântica. Assim, *cinzento* vem em duas formas, *cinzento* e *cinzenta* (mais os plurais), e qual delas deve ocorrer é definido pela regra de concordância: *vestido cinzento, blusa cinzenta*. Mas *cinzento*, quando se refere à cor, ou seja, quando é referencial, é masculino: *o cinzento escuro está na moda*.

A atribuição a um dos gêneros é parcialmente previsível para um conjunto de itens definível semanticamente: palavras que se referem a seres humanos e alguns animais, que são femininos quando se referem a fêmeas, masculinos quando se referem a machos. Mas há tantas exceções que isso não é mais do que uma tendência geral; para a imensa maioria dos itens lexicais, o gênero é arbitrário. Casos de gênero com correlato semântico são tipicamente os que se referem a seres humanos:

[28] Uma negra alta.

[29] As brancas são mais sensíveis ao sol.

[30] Aquela brasileira.

Tradicionalmente se diz que temos "substantivos" nessas frases. Para nós, são os mesmos lexemas que ocorrem em

[31] Uma blusa negra.

etc., só que aqui estão em sua função referencial. Um item como *brasileiro* é marcado no léxico como [+R, +REx]; ele aparece como [R] em [30] e como [REx] em

[32] A indústria brasileira.

24.5 PRONOMES

Os chamados "pronomes" são um grupo heterogêneo de itens, agrupados pelas gramáticas tradicionais em uma classe do tipo lata de despejo. Há pouca consistência na maneira como a tradição gramatical trata esses itens.

Temos, primeiro, os "pronomes pessoais", tradicionalmente definidos como os que se referem às pessoas do discurso, dêitica ou anaforicamente. Assim, *eu* se refere (deiticamente) ao falante, *nós* ao falante mais pelo menos uma outra pessoa; *você* se refere, também deiticamente, ao receptor. Quanto à chamada "terceira pessoa", que inclui os itens *ele, ela, eles* e *elas*, definem-se por exclusão: referem-se, dêitica ou anaforicamente, a entidades distintas do falante e do receptor.

O termo tradicional *pessoa* é usado para duas coisas muito diferentes: primeiro, os participantes de um ato de fala (o falante, o receptor e as outras entidades envolvidas); e, depois, parte da morfologia do verbo, de modo que *vou* é primeira pessoa, e *vai* é terceira, mesmo quando se refere ao receptor (*você vai*) ou ao próprio falante (*agora a mamãe vai descansar*, dito pela própria mamãe). Para evitar essa confusão, distinguirei **pessoa do discurso** de **pessoa gramatical**, para me referir a essas duas noções. A concordância verbal, por exemplo, só leva em conta as pessoas gramaticais; e a classificação dos pronomes também, de modo que *você* deve ser analisado como de terceira pessoa, embora se refira sistematicamente ao receptor.

Esses são traços presentes nessas palavras, e são parte de seu potencial funcional. Mas há alguns outros traços que distinguem os pronomes pessoais bem nitidamente do resto do léxico; o mais saliente desses traços é a flexão de caso[12], que em português permite distinguir pronomes sujeito, objeto e possessivo: assim, o pronome de primeira pessoa do singular é *eu* quando sujeito, *me* quando objeto e *meu* quando possessivo. Na verdade, o quadro funcional dos pronomes é bem complexo no português brasileiro falado, especialmente no que diz respeito à expressão da posse. No que se segue vamos adotar **possessivo** como uma função sintática interna do SN, ao lado do determinante, quantificador etc., e **Possuidor** como o papel semântico normalmente expresso pelo possessivo (mas também pelo modificador, como se verá).

Para referência ao receptor, temos *você* como sujeito ou objeto; mas o objeto também pode ser representado por *te*, e o possessivo é *seu*; e no plural temos *vocês* como sujeito ou objeto, e o Possuidor é expresso por *de vocês*, que ocupa a função de modificador, ou seja, se posiciona depois do núcleo, não sendo portanto sintaticamente um possessivo. Para expressão da terceira pessoa do discurso temos *ele* como sujeito ou objeto e *dele*, novamente um modificador, como expressão do Possuidor. Como se vê, o papel semântico Possuidor é expresso às vezes por um possessivo (que, relembro, é uma função sintática definida posicionalmente), às vezes por um modificador com a preposição *de* (incluindo aqui *dele* como *de + ele*). A nomenclatura que somos obrigados a usar contribui para a confusão, porque o papel semântico Possuidor é às vezes expresso sintaticamente por um possessivo (*meu carro*) e às vezes por um modificador (*carro de vocês*); e o objeto de *você* tem duas formas, *te* em alternância livre com *você*: *eu vou te ajudar ~ eu vou ajudar você*. O quadro seguinte é uma tentativa de resumir os fatos em apenas duas dimensões:

---

12. Uso o termo "caso" porque é tradicional; para um fenômeno tão restrito quanto o do português, seria melhor algo como "variantes sintáticas".

sujeito	objeto	Possuidor
Eu	me	meu (*poss*)
Você	você, te	seu (*poss*)
Ele	ele	dele (*mod*)
Nós	nos	nosso (*poss*)
Vocês	vocês	de vocês (*mod*)
Eles	eles	deles (*mod*)

Quadro 24.3: Formas de caso dos pronomes pessoais
Funções sintáticas em *itálico*; *poss* é a função *possessivo*; *mod* é modificador.
Possuidor é um papel semântico, expresso pelas funções *possessivo* ou *modificador*

Como resultado, temos as seguintes possibilidades de expressão do Possuidor: *meu carro*; *seu carro* (isto é, o carro que pertence a você); *carro dele*; *nosso carro*; *carro de vocês*; *carro deles*. O uso de *seu* como Possuidor na terceira pessoa do discurso (*seu carro* como sinônimo de *carro dele*) é marginal na língua falada[13]. Pode-se acrescentar alguns detalhes: a forma *lhe* é mais frequentemente uma forma alternativa de *te*; e no dialeto mineiro usa-se às vezes *seus* como o possessivo de *vocês*: *esse livro é seus?* – assim mesmo, referindo-se a um livro apenas. Como se vê, *ele, você, eles* e *vocês* podem ocorrer como sujeito ou objeto. Já o uso de *eu* e *nós* em função de objeto (*ajuda eu aqui*) também existe, e é traço da linguagem mais inculta.

O sistema tem um pequeno inconveniente: como os modificadores que exprimem Possuidor se estruturam como os não pronomes, isto é, *de*+SN,

---

13. Esse quadro, bastante assimétrico, vale para o português brasileiro; neste ponto o sistema europeu é bastante diferente.

surgem alguns casos de ambiguidade, como em *o medo dele*, onde *dele* é Experienciador.emocional ou Estímulo, tal como em *o medo dos políticos*; já em *nosso medo* não há ambiguidade, entendendo-se apenas Exp.em e não Estímulo.

O Quadro 24.3 descreve apenas os "pronomes pessoais" e "possessivos" da gramática tradicional; esta atribui o mesmo rótulo, "pronome", a itens de comportamento gramatical muito diferente. Na verdade, não consigo ver traços comuns válidos para "pronomes" pessoais, possessivos, relativos, indefinidos e demonstrativos. Os relativos não têm nada a ver com as pessoas do discurso, e os indefinidos (*algum, nenhum*) são semântica e sintaticamente semelhantes aos quantificadores. Os chamados pronomes demonstrativos (*esse, aquele*) podem ser colocados em uma relação aproximada com as pessoas do discurso (*esse livro* está mais perto de mim do que *aquele livro*), mas sintaticamente funcionam como determinantes, e não podem ser núcleos do SN. Até onde posso ver, não há motivação aceitável para a classe dos "pronomes", entendida em sua extensão tradicional. O que realmente temos é um conjunto de traços que se distribuem entre os vários itens sem colocá-los na mesma classe. Esses traços incluem os oito dados na lista abaixo; certamente há mais, mas aqui só podemos dar uma ideia de como os chamados "pronomes" se classificam. Os traços a considerar são os seguintes:

- **Traços que descrevem o potencial referencial ou restritivo de referência:**

[R] (**referencial**) – semântico, mas com uma correlação sintática: os itens marcados [+R] podem ser usados referencialmente e podem ocorrer como núcleo do SN.

[REx] (**restritor de referência**) – também semântico e com correlação sintática: os itens marcados [+REx] podem ocorrer na função de modificador.

• **Traços que descrevem o potencial dêitico ou anafórico:**
[Dêitico]
[Anafórico]
Por exemplo, *eu* é sempre dêitico, referindo-se a uma pessoa vista como presente ao ato de fala; já *ela* pode ser dêitico (*ela vai sair mais tarde*, apontando para a pessoa) ou anafórico (*a Rosa disse que você ralhou com ela*, onde *ela* se refere a Rosa).

Os traços restantes são morfossintáticos:

• **Traços relativos a pessoas gramaticais:**
[1ª p]
[3ª p]
Estes são traços formais, e se relacionam com formas verbais específicas. Na variedade do português que estamos considerando, não há pronomes, nem formas verbais, pertencentes à segunda pessoa tradicional: ou seja, não ocorrem pronomes como *tu* e *vós*, nem as formas verbais correspondentes. Esses pronomes[14], embora nem sempre as formas verbais, ocorrem em variedades do Nordeste e Sul do Brasil, e também em Portugal.

Podemos adotar a convenção de marcar *eu, nós* como [+1ª p, − 3ª p] e todos os demais núcleos de SN, pronomes ou não, como [−1ª p, + 3ª p]. Isso tem consequências na concordância verbal, de modo que dizemos *ela chamou* e também *você chamou* – em ambos os casos temos pronome e verbo na terceira pessoa.

• **Traço relativo à função sintática:**
Vamos considerar apenas um, a saber
[Det] a propriedade de poder ocorrer como determinante.

---

14. Ou mais precisamente o pronome *tu*; *vós* parece ser definitivamente arcaico no Brasil. Usa-se, de maneira sempre incorreta, em alguns estilos de linguagem religiosa.

- **Traço relativo à possibilidade de variar em caso:**

[Obj] – ou seja, um item que tem uma forma especial de objeto, diferente da que ocorre em outras funções.

Esses oito traços descrevem propriedades importantes dos itens envolvidos. Os traços se distribuem entre os pronomes da maneira que mostra o Quadro 24.4, onde coloquei alguns itens tradicionalmente classificados como pronomes, mais outros que servem de comparação:

	R	Rex	Dêit	Anaf	1ªp	3ªp	Det	Obj
eu	+	–	+	–	+	–	–	+
ela	+	–	+	+	–	+	–	–
você	+	–	+	–	–	+	–	+
outro	–	+	–	–	–	+	–	–
esse	–	+	+	+	–	+	+	–
amigo	+	+	–	–	–	+	–	–
Paulo	+	–	–	–	–	+	–	–

Quadro 24.4: Traços "pronominais" de alguns itens

Ela é marcado [–Obj] porque dizemos *encontrei ela no teatro*; em Portugal, naturalmente, esse item é [+Obj][15]. *Você* é usado como sujeito ou objeto, e sua forma possessiva é *seu*[16]; e *você* quando objeto tem uma forma alternativa, muito comum, *te* – portanto, é preciso marcar esse item como [+Obj].

O quadro mostra que esses sete itens são todos diferentes quanto aos traços incluídos; mas os primeiros cinco são analisados em bloco como

---

15. Aliás, o uso de *ele, ela* como objeto não é novidade em português, e não é especificamente brasileiro: Vasconcelos (1922, p. 37, 139) dá exemplos tirados de textos legais do século XIII.

16. *Seu* é dado como possessivo de *ele* e *eles* nas gramáticas; mas esse uso quase não existe na língua falada, onde *seu* é o possessivo de *você*.

"pronomes" na gramática tradicional, que ignora essas diferenças. O quadro precisa ser eventualmente completado com a inclusão de outros "pronomes", e certamente outros traços.

24.6 SUMÁRIO: CLASSES DE PALAVRAS NO SN

A rápida visão do SN dada nas seções precedentes deve ser suficiente para dar uma ideia do número e variedade de traços que contribuem para categorizar os itens que aparecem como seus constituintes.

Vimos primeiro várias funções sintáticas, a saber o predeterminante, determinante, quantificador, núcleo do SN e modificadores (pré e pós-nucleares). O Quadro 24.2 mostra dez palavras e como se classificam de acordo com esses critérios; e vimos que precisam ser colocados em não menos de nove classes, o que ainda está longe de exaurir as possibilidades encontradas na língua. Além das funções sintáticas mostradas no Quadro 24.2 (que, fora o núcleo, são todas posicionais), temos outras que se aplicam diretamente aos itens, descrevendo seu potencial funcional, tal como o gênero inerente (compulsório para todos os itens marcados [+R]) e gênero regido, que admite exceções como *cada, excelente, simples* e também *baita* e *laranja* (isto é, 'alaranjado'), que não variam em gênero.

Chegamos então aos pronomes pessoais, que têm traços próprios. Os itens assim classificados na gramática tradicional podem ser definidos como aqueles que têm os traços [+R, −REx, +Dêitico]; e os pronomes pessoais diferem entre eles quanto ao valor de traços como [Anafórico], [Obj], [1ª pessoa] e [3ª pessoa].

Finalmente, há algumas generalizações (ou seja, redundâncias), das quais a mais importante é a que estipula que todos e somente os itens marcados [+R] podem ser núcleo do SN; eles também são sempre dotados de gênero inerente. Os pronomes *eu, você* e *nós* têm gênero inerente, que não é marcado lexicalmente mas por dêixis: *eu* é masculino ou feminino conforme o gênero do falante: *eu estou cansada / cansado*, e o mesmo para *você* e *nós*. Outros pronomes pessoais têm gênero lexicalmente marcado: *ela* é feminino, *ele* masculino.

Algumas dessas propriedades são novidade, mas a maioria já é reconhecida, de uma maneira ou outra, na análise tradicional. A análise em traços oferece um quadro mais sistemático da complexa maneira como os chamados "pronomes" funcionam na língua.

24.7 CONDIÇÕES SEMÂNTICAS DA ORDEM DOS MODIFICADORES

A ordem dos termos do SN é sujeita a outras condições, que são de natureza cognitiva; essas condições são chamadas em Perini *et al.* (1996) **condições semântico-pragmáticas**, e regem em parte a ordenação dos modificadores. Aqui vou expor algumas condições de ordenação que foram pouco estudadas e poderiam ser objeto de pesquisas futuras.

24.7.1 Classificadores e qualificadores

Os modificadores podem restringir a extensão do núcleo de pelo menos duas maneiras, como se mostra em

[33] Um linguista simpático.

[34] Um linguista indo-europeu.

A conexão semântica entre o modificador e o núcleo é diferente em cada caso: nos dois casos o modificador restringe a extensão do núcleo, e portanto merece o traço [REx]; mas em [33] isso se processa atribuindo ao referente do núcleo uma qualidade, ao passo que em [34] a modificação se aplica a outra coisa – neste caso, às atividades profissionais do linguista, não a ele próprio. O modificador de [33] tem a função semântica de

qualificador, e o de [34] a de **classificador**[17]. Há classificadores nos sintagmas *prisioneiro político, engenheiro mecânico, cirurgião geral* etc.[18]

Essa distinção semântica corresponde a várias distinções sintáticas: primeiro, os classificadores nunca ocorrem antes do núcleo, ou seja, não podem ter a função de ModPN; nisso seguem o exemplo dos proventivos, agentivos e pacientivos que vimos na seção 23.2. Depois, quando ocorrem os dois tipos de modificadores no mesmo SN, o classificador aparece em primeiro lugar, junto ao núcleo:

[35] Um linguista indo-europeu simpático.

[36] *Um linguista simpático indo-europeu.

Bolinger (1967) também nota que os classificadores são apenas marginalmente aceitáveis quando complementos de verbos como *be* 'ser': ?? *that linguist is Indo-European* '?? aquele linguista é indo-europeu'.

Temos aqui mais um exemplo de traços sintáticos que se correlacionam com fatores cognitivos. Em [35] – [36], por exemplo, é necessário ter conhecimento da relação semântica entre o núcleo e o modificador a fim de determinar a ordenação possível desses dois constituintes. E o mesmo se aplica à possibilidade de ocorrência pré-nuclear:

[37] Um simpático linguista.

[38] *Um indo-europeu linguista.

---

17. Bolinger (1967, *apud* Bhat, 1994, p. 107) se refere a essas relações semânticas, respectivamente, como "modificação de referente" e "modificação de referência". Segundo sua explicação, diríamos que [34] se refere a um linguista que é indo-europeu enquanto linguista, não pessoalmente.

18. Essa distinção é passível de testagem: peça-se a alguém que diga que tipos de engenheiro existem, e ele responderá provavelmente "civil, mecânico, computacional" etc. Não terá a ideia de dizer "gordo, simpático, brasileiro", embora esses sejam também tipos de engenheiros.

24.7.2 Restritividade crescente

Sentenças como as seguintes ilustram outra condição semântico--pragmática:

[39] Escola pública municipal.

[40] *Escola municipal pública.

A inaceitabilidade de [40] deriva de uma condição segundo a qual os modificadores se posicionam de acordo com a ordem de sua restritividade: uma escola municipal é necessariamente pública, e portanto *municipal*, o modificador mais restritivo, precisa ocorrer depois de *pública*. Se dois modificadores não têm entre eles relação de restritividade, a ordem pode ser livre (se outros fatores não interferirem):

[41] Vestido novo importado / vestido importado novo.

Aqui, como em tantos outros pontos, considerações cognitivas determinam a estrutura sintática. Vendler (1968, p. 121ss.) dá alguns outros casos possíveis (em inglês) dessa interação de espaços. Os exemplos são sugestivos e certamente merecem estudo mais aprofundado.

24.8 O NÚCLEO DE UM SINTAGMA PREPOSICIONADO

Vimos que no SN o núcleo tem alguns traços importantes, sendo (a) o centro de referência; (b) o regente da forma de outros constituintes[19]; e também (c) o constituinte em relação ao qual a posição de vários outros constituintes é definida.

---

19. Respectivamente, o "characterizing participant" e o "morphosyntactic locus" de Zwicky (1993).

Quando analisamos outros tipos de sintagmas, descobrimos que não é um constituinte único que enfeixa todos esses traços; em particular, o traço (a) parece ser irrelevante em certos casos. Vamos considerar um sintagma preposicionado como o de

[42] Eu almocei com meus filhos.

O significado veiculado por esse sintagma não é hipônimo de nenhuma outra parte da construção. Já a propriedade (b) existe nos sintagmas preposicionados, porque a preposição determina a forma de alguns dos seus complementos, em particular pronomes: temos que dizer *comigo* e *para mim*, ao passo que *entre* requer a forma *eu* como em

[43] Isso fica entre eu e você[20].

É claro então que a preposição age como núcleo desse ponto de vista; ou, mais precisamente, tem um dos traços normalmente associados com o núcleo.

Quanto ao traço (c), determinação da ordem dos constituintes, a preposição a determina simplesmente pela exigência de figurar como o primeiro termo do sintagma, mas na verdade não tem efeito sobre os termos internos dele. Como vemos, então, os três traços mencionados estão todos presentes no SN, e apenas dois deles no sintagma preposicionado, o que sugere que a preposição pode ser considerada núcleo, mas "menos" do que o núcleo do SN. Zwicky (1993) já observa esse fenômeno, e afirma que a "nuclearidade está distribuída entre os constituintes de um sintagma", ao que podemos acrescentar que algum traço pode simplesmente não ser relevante em certos casos.

---

20. Como se diz em brasileiro falado. A gramática tradicional propõe *entre mim e você*, que para mim soa arcaico.

Se um sintagma preposicionado não tem centro de referência, como pode um usuário descobrir o que ele significa? Isso é provavelmente feito amalgamando o significado da preposição com o do SN seguinte – um procedimento que podemos considerar típico das construções semanticamente exocêntricas[21] em geral.

24.9 *NENHUM, NADA* E *NINGUÉM* E A NEGAÇÃO VERBAL

Um traço de aplicação muito restrita é o que requer que o verbo tenha forma negativa (com a partícula *não*) sempre que um sintagma que contenha um dos itens *nenhum, nada* ou *ninguém* ocorra depois do verbo; se o sintagma em questão ocorrer antes do verbo este não precisa ser negado. Por exemplo,

[44] Ninguém apareceu na cerimônia.

[45] Na cerimônia não apareceu ninguém.

Trata-se de uma questão de ordenação, não propriamente de função sintática, já que *ninguém* é sujeito nas duas frases. E o condicionamento é ao item individual, porque embora *nada* e *ninguém* sejam sempre núcleos, o mesmo fenômeno se dá com *nenhum* em função de determinante, como em

[46] [Nenhum professor]$_{SN}$ apareceu na cerimônia.

[47] Na cerimônia não apareceu [nenhum professor]$_{SN}$.

ou ainda quando ocorre em um sintagma preposicionado:

---

21. Isto é, que não manifestam relação de hiponímia em relação a algum dos termos.

[48] Ela <u>não</u> guardava rancor de ninguém.

[49] De ninguém ela guardava rancor.

A definição desse traço é portanto bastante complexa; e ele só se aplica a esses poucos itens[22].

24.10 NENHUMA DESSAS

Resta mencionar mais um termo, esse aparentemente externo ao SN, mas que ocorre em conjunção com ele formando um novo SN. Trata-se de casos como

[50] Nenhuma dessas soluções me agrada.

O SN sujeito aqui é composto, e se analisa como

[51] [nenhuma d [essas soluções]$_{SN}$]$_{SN}$

ou seja, o SN *essas soluções* é subordinado a um SN maior introduzido por *nenhuma de*. Esse termo se acrescenta a SNs definidos, com *o, esse, meu* etc., mas não com *um* ou *algum*:

[52] *Nenhuma de umas soluções me agrada.

Essa deve ser uma condição semântica, porque se acrescentarmos ao SN subordinado um elemento que o torne definido a construção se torna aceitável:

---

22. Em algumas variedades mais coloquiais a regra é mais simples, eliminando-se a condição posicional; nessas variedades se diz *nenhum professor não apareceu na festa*.

[53] Nenhuma de umas soluções que o comitê apresentou me agrada.

Não há, que eu saiba, estudos dessa construção; aqui vou me limitar a mencioná-la brevemente. Ela ocorre com itens como *nenhum, alguns, diversos, muitos, poucos, qualquer*, assim como numerais, mas não com *certos*:

[54] Algumas / diversas / muitas [...] dessas soluções me agradam.

[55] Uma / três dessas construções.

[56] *Certas dessas construções.

Uma construção que lembra essa em suas propriedades é a exemplificada em *a maioria dos clientes*; também aqui a sintaxe indica *maioria* como núcleo, e no entanto nossa intuição parece preferir *clientes* – donde as incertezas que se observa na concordância. Esse é um dos muitos problemas que pedem atenção mais cuidadosa, até se chegar a uma análise conveniente.

Taxonomia das unidades

25

Funções e classes

25.1 DISTINÇÃO

Vimos no capítulo 4 que se faz necessário manter uma distinção estrita entre funções e classes; e que as classes são definidas em termos do potencial funcional de cada unidade – ou seja, o conjunto de funções que a unidade pode desempenhar. Essa é a conexão básica entre função (uma relação sintagmática) e classe (uma relação paradigmática). A distinção é um princípio fundamental da análise linguística; vou desenvolver essas noções a seguir, com exemplos e discussão.

Recapitulando, vamos fazer um sumário dos pontos principais a serem levados em conta quando definimos classes de unidades:

(a) As funções se definem com referência a contextos particulares, classes se definem sem referência ao contexto.

(b) A classe a que uma unidade pertence se define por seu potencial funcional[1], ou seja, por aquilo que a unidade *pode* ser: o conjunto de funções que ela pode ocupar. Isso acarreta que cada unidade pertence a uma e só uma classe. Não se pode falar de uma palavra que pertence a uma classe em um contexto e a outra em outro contexto: isso reduziria a classe a uma relação sintagmática, o que é incorreto (cf. argumentação em 4.1).

---

1. Esse termo, claro e útil, foi introduzido por Huddleston (1984).

(c) A classificação das unidades linguísticas depende da definição de objetivos descritivos. Esse princípio, também básico, é frequentemente ignorado no trabalho taxonômico em linguística[2]. Isso significa, claro, que uma e a mesma unidade pode ser classificada de várias maneiras conforme o objetivo: dizemos que *gato* é um nominal, que tem potencial referencial, que tem duas sílabas ou que é paroxítono – todas classificações válidas, mas diferentes porque o objetivo, ou seja, a pergunta que formulamos, varia. A classificação "completa" de uma unidade é muito pouco útil em gramática, pois as regras funcionam selecionando traços: para verificar se *gato* pode ser núcleo de um SN, temos que apurar se é potencialmente referencial (ou seja, [+R]); o fato de que é paroxítono é irrelevante para esse objetivo.

Refiro-me acima à classificação das "unidades", de modo a incluir não apenas classes de palavras mas também outras unidades linguísticas: palavras, sintagmas e também morfemas. Considerando as classes de palavras tradicionais[3], vale perguntar se ao defini-las consideramos palavras, lexemas ou ambas as categorias. Já vimos essa distinção na seção 4.2 acima; agora vamos ver como ela funciona para definir as classes.

O que chamamos um verbo é um lexema, não uma palavra: assim, tanto em *cheguei* quanto em *chegam* o "verbo *chegar*" está presente; esse agrupamento é base de muitas afirmações gramaticais importantes: para dar um exemplo, a valência de *chegar* vale para *cheguei*, *chegamos* e todas as outras formas do verbo *chegar*. Assim, em um primeiro momento vamos considerar as tradicionais classes de palavras entendendo-as como **classes de lexemas**. As palavras, que se agrupam em lexemas, também se classificam, mas vamos deixá-las de lado por ora[4].

---

2. Mas não em outras ciências, conforme mostra a citação de Darwin em 4.1.
3. Também chamadas "partes do discurso" e "categorias gramaticais".
4. Só não vou deixar de usar o termo "classe de palavras", para não sair demais da tradição.

25.2 VERBOS

Para começar com boas notícias, o verbo (o lexema verbal) é uma classe bem delimitada na doutrina tradicional; bem delimitada, mas não bem definida, porque as definições encontradas na literatura são bem deficientes. Ou seja, as formas que tradicionalmente se chamam "verbais" têm com efeito traços relevantes em comum, e merecem ser colocadas na mesma classe; a única exceção é o particípio, que será examinado no capítulo 26.

Vejamos então quais são os traços que distinguem o verbo das outras classes de unidades. Primeiro, trata-se de lexemas que incluem formas relacionadas de maneira regular: todo verbo tem presente, pretérito e futuro; subjuntivo, imperativo e indicativo; e varia em pessoa e número[5]. Essas categorias são marcadas morfologicamente de maneira regular para a maioria dos verbos; e mesmo para os irregulares é sempre possível identificar tempo, modo, pessoa e número sem dificuldades, pelas propriedades sintáticas e semânticas de cada categoria. Assim, o verbo *correr* faz o pretérito imperfeito *corria*; e o verbo *ser* faz *era*. Morfologicamente, a diferença é grande, e nenhum outro verbo segue o exemplo de *ser* desse ponto de vista. No entanto, é possível mostrar que *corria* e *era* são realizações dos mesmos traços semânticos ("passado imperfeito") e sintático: ambas as formas podem ter o sujeito *eu* ou *ela*; e podem ocorrer como núcleo de uma oração principal[6], como em

[1] Aninha corria todo dia na praça.

[2] Aninha era minha amiga.

---

5. Há exceções, os chamados "verbos defectivos", mas são casos realmente marginais e podem ser ignorados em um primeiro momento.
6. Analiso *era* como núcleo da oração (ou do predicado) em [2], contrariando a análise tradicional.

E, talvez mais importante ainda, as formas de um verbo têm todas exatamente a mesma valência; assim, se o verbo *contar* no sentido de 'confiar' requer *com* no complemento, como em

[3] Eu conto com vocês.

isso vale para todas as formas do lexema: *contei, contará, contassem, contarmos...* Nenhum verbo faz exigências valenciais diferentes conforme o tempo, a pessoa, o número ou o modo: a valência se define para o lexema, não para as palavras que o compõem.

Um verbo é portanto bem diferente dos outros lexemas que ocorrem na língua, e sua identificação é muito fácil. A definição, por outro lado, não é tão imediata: nem sempre uma definição proposta explica convenientemente essa facilidade que temos em identificar o verbo. Por exemplo, Bechara (2009) dá uma definição bastante obscura:

> Entende-se por verbo a unidade de significado categorial que se caracteriza por ser um molde pelo qual organiza o falar seu significado lexical.
>
> [Bechara, 2009, p. 209]

Não sei se entendo realmente essa definição; mas uma coisa é aparente, ela se baseia no significado do verbo, sem incluir suas propriedades morfológicas e sintáticas. E um tipo de significado não basta para caracterizar um verbo, que é uma classe de lexemas, não uma classe de esquemas. Podemos até ter verbos que basicamente expressam a mesma coisa que uma palavra de outra classe; vimos na seção 7.2.7 pares de orações como

[4] Meu avô ainda vive.

[5] Meu avô ainda está vivo.

que são sinônimas e expressam um estado; mas esse estado é expresso pelo verbo em [4] e por um nominal (*vivo*) em [5]. A definição de Bechara não deixa claro por que não chamamos *vivo* em [5] de verbo.

Cunha (1976) define assim o verbo:

> **Verbo** é uma palavra de forma variável que exprime o que se passa, isto é, um acontecimento representado no tempo. [...]
> O verbo apresenta as variações de **número**, de **pessoa**, de **modo** e de **voz**.
>
> [Cunha, 1976, p. 367]

Acho essa definição melhor do que a de Bechara; entretanto, ainda aqui é possível encontrar pontos de obscuridade. Primeiro, a definição se dirige ao lexema, não à palavra propriamente dita – é o lexema que apresenta variações. "Representado no tempo" pode ser entendido como o fato de que o verbo dá indicações temporais em sua morfologia – embora outras palavras, como *ontem*, também o façam, mas de maneira menos sistemática. E o que Cunha chama "voz", entendido de maneira mais ampla, é a nossa conhecida valência. Finalmente, nem sempre o verbo exprime um acontecimento: pode também exprimir uma qualidade, como em *essa menina brilha no piano*; ou uma relação entre o sujeito e um termo de estado, como em *as crianças estão cansadas*; ou um termo de qualidade, como em *esse violinista é extraordinário*; ou uma identidade de referência, como em *aquele menino é o meu sobrinho Vitinho*. Sem esquecer que muitas dessas noções podem ser expressas por palavras que não são verbos, como se vê em [5], em comparação com [4]. Mas de qualquer modo Cunha diz alguma coisa de concreto, e com isso contribui para se chegar eventualmente a uma definição operacional de "verbo"; note-se que ele concentra a definição em propriedades formais, que são o que realmente funciona para caracterizar esse tipo de palavra.

Mas o que, então, é um verbo? Já vimos que a noção de "classe" precisa ser reconceitualizada em termos de um conjunto de traços distintivos; mas, dito isso, pode-se dizer que o verbo é, dentre as classes tradicionais, provavelmente o grupo mais bem delimitado – ou seja, uma gramática mais adequada dará uma definição diferente da tradicional, mas juntará em uma classe essencialmente os mesmos itens lexicais. Na noção de verbo não encontramos a variedade dos itens chamados "substantivos" e "adjetivos", muito menos o caso dos chamados "pronomes" e "advérbios". Um verbo é um tipo bem peculiar de lexema, associado a traços comuns importantes.

Um traço bastante óbvio é o grau de regularidade da morfologia: os verbos são colocados na primeira, segunda e terceira conjugações (*amar, vender, abrir*). E, concomitantemente, podem ser regulares, quando sua morfologia é partilhada com muitos outros verbos da mesma conjugação, ou irregulares, quando partilham formas com poucos outros verbos. Aqui temos vários graus de irregularidade, mas que podem ser descritos com precisão; assim, podemos dizer que *perder* é pouco irregular, porque só tem cinco formas irregulares (das 39 correntes na língua falada)[7], em comparação com *dar*, que tem 24 formas irregulares, e *ir*, que tem 29.

Um traço muito evidente da unidade do lexema verbal é a valência: as formas de um verbo têm sempre exatamente a mesma valência. Vimos isso acima para o verbo *contar*. Para dar outro exemplo, se verificamos que *apanhou* tem objeto quando significa 'recolheu', como em

[6] O menino apanhou a bala do chão.

e tem sujeito Paciente com Agente expresso por *de* SN, como em

[7] Esse cachorro apanhou daquele canalha.

o mesmo se aplica a todas as formas do lexema: *apanhei, apanharão, apanhando* etc. Não há exceções, de modo que a valência se define não para cada uma das formas verbais, mas para o lexema inteiro de uma vez[8].

Finalmente, nota-se que todo verbo compreende formas que se relacionam formal e semanticamente de maneira altamente sistemática: todos os verbos têm presente do indicativo (*pegam*), pretérito perfeito (*pegaram*),

---

7. A lista completa das formas verbais no português brasileiro falado está em Pontes (1965).
8. O particípio nominal é uma exceção aparente; mas essa forma não é parte do lexema (cf. o capítulo 26).

gerúndio (*pegando*); tem primeira e terceira pessoas (*peguei, pegou*); tem imperativo (*pega isso aí*) etc. O lexema verbal é rigorosamente organizado segundo essas linhas, e cada forma se caracteriza semanticamente de modo regular: não há nenhum verbo em que a forma do futuro (a que termina em *-rei, -rá* etc.) se refira a fatos do passado.

Esses fatos mostram que o que chamamos um "verbo" é na verdade um lexema muito bem-definido em oposição aos outros tipos de lexema, e pode ser mantido em sua extensão tradicional, embora com uma definição mais exata, a saber:

Verbo é um lexema que apresenta uma valência única, e cujos membros se relacionam morfológica e semanticamente segundo as categorias de tempo, modo e pessoa.

Essa definição exprime, a meu ver, a noção intuitiva que temos de verbo[9]. Note-se que ela não inclui a formação comum de que o verbo "exprime um evento", ou coisa parecida: eventos podem ser expressos por outras classes, como em

[8] Vamos dar um passeio pelo parque.

onde o evento não é *dar*, mas *passeio*. A "representação no tempo", mencionada na definição de Cunha, deve ser completada dizendo que essa representação é morfológica, pois só os verbos exprimem tempo através de morfemas presos; mas há formas verbais que não incluem essa representação, como o próprio infinitivo *correr*. Vamos ficar, portanto, com a definição formal e simbólica vista acima. O ingrediente simbólico está presente na menção à semântica do tempo, modo e pessoa. Mas mesmo se

---

9. Perguntei uma vez a uma criança de seus 9 anos como se sabe que *correr* é um verbo; ela respondeu, muito sensatamente, que é porque podemos dizer *eu corro, ele corre, eles correm* etc.

esta for suprimida a definição continuará funcionando, pois se trata de ingredientes cognitivos vinculados, simbolicamente, a morfemas específicos: um caso simples é o "futuro", vinculado aos morfemas *pegar-ei, pegar-á, pegar-ão* etc.

O verbo é portanto facilmente distinguível das outras classes; e isso importa porque é ele o responsável por boa parte da informação semântica que permite a construção da representação cognitiva de uma oração – ou, mais precisamente, o esquema que o verbo evoca fornece essa informação. Assim, uma maneira eficiente de interpretar a oração é justamente começar identificando o verbo e o esquema que ele evoca. A definição acima identifica alguns traços (formais ou simbólicos) que caracterizam um conjunto de itens lexicais do português; e, nesse caso, a identificação é muito consistente, de modo que há um grande grupo de itens que apresentam esses traços, sendo que os outros itens lexicais não os apresentam. Por isso faz sentido continuar falando de "verbo" como uma classe; veremos que para outros tipos de lexemas nem sempre se verifica essa situação favorável.

25.3 NOMINAIS

As categorias tradicionais "substantivo" e "adjetivo" precisam ser redefinidas; a palavra *jovem* não cabe em nenhuma dessas classes porque pode ser núcleo do SN, tal como o "substantivo" *caminhão*:

[9] Um jovem passou pela praça.

[10] Um caminhão passou pela praça.

e pode também ser modificador, tal como o "adjetivo" *eminente*:

[11] Um escritor jovem.

[12] Um escritor eminente.

Não podemos tampouco afirmar que *jovem* pertence a uma classe em [9] e a outra em [11] pelas razões explicadas na seção 4.1.

Como então descrever com precisão a classificação dessas palavras? Sabemos que isso tem que ser feito através da lista de propriedades (traços distintivos): para nos limitarmos aos traços sintáticos, *caminhão* tem os traços [+NSN, −Mod]; *eminente* tem [−NSN, +Mod]; e *jovem* é marcado [+NSN, +Mod]. O caso de *jovem* está longe de ser excepcional: é fácil fazer listas com centenas de palavras associadas a essa mesma matriz de traços: *amigo, brasileiro, pobre, próximo, velho, vizinho* etc. O português tem tendência a estender a valência de palavras desse grupo, em particular com a extensão de itens [−NSN, +Mod] para [+NSN, +Mod]; um exemplo recente é *celular*, que até cinquenta anos atrás era [−NSN, +Mod], usado em sequências como *membrana celular, prisão celular*. Depois da introdução do *telefone celular*[10], a designação evoluiu rapidamente para apenas *celular*, que é hoje [+NSN, +Mod]. Uma evolução semelhante se deu com *maternal*, antes apenas um modificador, hoje também o nome de um tipo de escola infantil; note-se que *paternal* não sofreu essa mudança, e continua sendo [−NSN, +Mod]. Outro exemplo é *cardíaco*, que é atualmente [+NSN, +Mod], de modo que se diz *uma doença cardíaca* e também *um cardíaco* para se referir a uma pessoa; já *gástrico* só tem o primeiro uso. Esses exemplos mostram como as propriedades dos itens podem ser efeito de acidentes históricos, linguisticamente imprevisíveis.

Uma conclusão necessária é que as classes tradicionais "substantivo" e "adjetivo" não podem ser mantidas em uma descrição coerente: levando apenas em conta esses dois traços, temos três, não apenas dois, tipos de itens: *jovem, caminhão* e *gástrico*. É interessante observar, aliás, que os traços [NSN] e [Mod], ou melhor seus correlatos semânticos [R] e [REx], estão presentes na doutrina tradicional, respectivamente:

> **Substantivo** é a palavra com que designamos ou nomeamos os seres em geral.
>
> [Cunha, 1976, p. 187]

---

10. No Brasil, em 1990.

> O **adjetivo** é a espécie de palavra que serve para caracterizar os seres ou os objetos nomeados pelo substantivo [...]
>
> [Cunha, 1976, p. 251]

Mas os traços não são empregados de maneira teoricamente rigorosa, resultando na confusão entre classe e função criticada no capítulo 4 acima. Note-se que uma palavra como *jovem* não cabe em nenhuma dessas definições; ou, melhor, cabe nas duas, deixando sem definição a qual "classe" pertence. Aqui, como em tantos outros setores da gramática, torna-se necessário traduzir a classificação em um feixe de traços distintivos.

Para facilitar a redação, neste livro dou aos itens examinados acima a designação informal de **nominais**; rigorosamente, nominais seriam itens [+NSN], o que não corresponde aos "substantivos" tradicionais, pois inclui lexemas como *eu, ele*, assim como alguns chamados de "adjetivos" como *bom*, por causa de frases como

[13] Os bons são frequentemente explorados.

Palavras como *gástrico* não seriam nominais, a seguir essa definição; mas têm afinidades morfológicas com os nominais, como fazer o plural em *-s* e variar em gênero; e também podem ocorrer em certas funções, como a de complemento de *ser* em frases como

[14] O seu problema é gástrico.

compare-se com

[15] O seu problema é essa acidez estomacal.

Assim, os nominais estão na mesma "classe" de acordo com esses traços. Adoto essa terminologia também para acomodar a tendência do português a enriquecer o potencial funcional de muitos itens de modo a fazê-los

[+NSN, +Mod]. Por ora, ficamos à espera de uma maneira mais adequada de incorporar essas informações na gramática; enquanto isso, a classe dos nominais não corresponde a nenhuma classe tradicional, e não deve ser tomada excessivamente a sério.

25.4 "ADJETIVOS" E "ADVÉRBIOS"

No caso dos "adjetivos" e "advérbios" encontramos novamente as imprecisões da análise tradicional: esses termos poderiam (*mutatis mutandis*) ser aplicados a funções, mas são tomados como classes, gerando a confusão habitual. Vimos no capítulo 11 as funções de modificador (Mod) e de modificador verbal (ModV), que podem em muitos casos ser desempenhadas pelo mesmo item ou construção, como *rápido* e *de chapéu branco*, que podem ser as duas coisas, em oposição a *rapidamente*, que só pode ser ModV e *rigoroso*, que só pode ser Mod.

É uma situação análoga à que já vimos para os substantivos e adjetivos: a palavra *rápido* não pode ser classificada junto com *veloz*, nem junto com *velozmente*, pois seu potencial funcional é a soma do potencial dos outros dois itens. Essa não é uma situação excepcional, e encontramos o mesmo tipo de potencial em muitos outros itens: *bom* e *caro* são semelhantes a *veloz*; *bem*, *rapidamente* e *agora* são como *velozmente*; e *alto* (*um som muito alto* x *ela fala muito alto*) é semelhante a *rápido*. O Mod e o ModV são sem dúvida duas funções distintas, que funcionam como tais para definir o potencial funcional dos itens envolvidos.

Os detalhes foram vistos no capítulo 11; aqui basta observar que formas como *rapidamente* e *com muita rapidez* ocorrem em construção com verbos, restringindo a extensão dos mesmos; *rigoroso* e *que chegou tarde* restringem a extensão de núcleos de SNs; e *rápido* e *de chapéu branco* têm ambas essas funções, tanto na sintaxe quanto na semântica. A maneira como cada unidade restringe a extensão de seu núcleo varia, e isso é uma derivação de seu significado. Por exemplo, o significado do sintagma *que chegou tarde* (entendido como contendo o relativo *que*) o faz inadequado a restringir a extensão de *falou*, mas pode restringir *senhora*: *a senhora que chegou tarde* é um SN semântica e sintaticamente bem-formado. Já *se chover* não pode restringir um nominal, mas pode restringir a extensão de um evento como em *vamos lanchar dentro de casa se chover*; é consequência de seu significado, de modo que *um lanche se chover* é malformado enquanto SN.

Se essa hipótese for correta, não haverá necessidade de especificar os traços sintáticos de cada uma dessas unidades, já que as condições de boa formação semântica darão conta de filtrar as sequências malformadas, e será possível descartar a distinção entre sintagmas adjetivos e adverbiais, o que vai simplificar a sintaxe. E isso acarreta que a distinção tradicional entre "adjetivos" como *veloz* e "advérbios" como *velozmente* também precisará ser revista[11]. Se, ao contrário, a hipótese não for correta, teremos que manter essas marcas sintáticas; por ora deixo a questão em aberto, por falta de pesquisa suficiente sobre o assunto.

25.5 CONJUNÇÕES E PREPOSIÇÕES

Podemos definir **preposição** como a palavra (e certas sequências de palavras, como *por causa de*) que, colocada diante de um SN, forma um sintagma com propriedades sintáticas e semânticas diferentes das do SN. Em particular, um sintagma assim formado pode ocorrer como modificador ou como modificador verbal, conforme o caso. Assim, em

[23] O apartamento de meu irmão.

a sequência *de meu irmão* é modificador (Mod), e semanticamente é restritor de referência (REx), o que significa que tem traços diferentes dos do SN *meu irmão*, que pode ser sujeito ou objeto, mas não modificador. E em

---

11. Isso não se aplica a todos os "advérbios" tradicionais, pois essa é uma falsa classe, feita de itens de comportamento gramatical muito heterogêneo.

[24] Vou viajar com *meu irmão*.

com meu irmão tem a função de modificador verbal (ModV) e denota Companhia. Essa é a função da preposição: juntando-se a um SN, forma um sintagma com outras propriedades sintáticas e semânticas.

E vamos definir **conjunção** como a palavra que, colocada antes de uma oração finita, forma um SN ou um sintagma marcado [+ModV][12]:

[25] Mamãe disse que vai chover.

[26] Mamãe riu quando eu caí.

Que vai chover é um SN, o objeto de *disse*; e *quando eu caí* é um sintagma marcado como [+ModV], tradicionalmente "adverbial". *Que* e *quando* são conjunções, de acordo com a definição dada[13].

Agora vamos pegar a palavra *como*. Em certas orações ela corresponde à definição de conjunção:

[27] Como a denúncia não foi confirmada, o prisioneiro foi libertado.

Como, mais a oração *a denúncia não foi confirmada*, forma um sintagma ModV, aqui com o papel semântico de Causa. Mas em

[28] Minha filha toca como Argerich.

como aparece antes de um SN (*Argerich*), e a sequência é um Mod, o que corresponde à definição de preposição.

---

12. A discussão aqui não vale para todas as conjunções tradicionais; em particular, conjunções chamadas "coordenativas" têm um comportamento gramatical muito diferente das "subordinativas".
13. A palavra *que* tem uma multidão de outras funções; para manter a exposição simples, vamos nos limitar aqui à sua função de conjunção.

Uma análise tradicional insiste que *como* é sempre conjunção, e analisa [28] como contendo uma oração elíptica, ...*como Argerich toca*. Esse tipo de argumento é passível de objeções muito sérias: define uma oração onde não há verbo, embora uma oração seja, em todas as análises, uma unidade linguística, não cognitiva. Em [28] temos duas referências ao *esquema* TOCAR, mas todas as tentativas de basear a análise gramatical diretamente nos esquemas falharam, porque violam a separação metodológica entre unidades formais e cognitivas e levam a situações confusas. Se *como Argerich* em [28] é uma oração, o que é uma oração? Será que *com mamãe* em

[29] Alice viajou com mamãe.

é uma oração, já que essa frase contém a informação de que mamãe também viajou? Esse tipo de recurso de análise é impossível de controlar, e leva eventualmente à confusão entre conceitos (esquemas) e expressões linguísticas. Acredito que essa solução tradicional foi criada apenas para salvar a classificação tradicional de *como* como conjunção.

Outra solução também às vezes sugerida é afirmar que *como* é conjunção em [27] e preposição em [28]. A inadequação de tais casos de "derivação imprópria" já foi explicada no capítulo 4.

A maneira de evitar todos esses problemas é analisar *como* com os traços que se associam a preposições como *de*, mais os traços associados a conjunções como *quando*: ou seja, *como* pode preceder um SN e também uma oração finita. Essas observações estão organizadas no Quadro 25.1, com as convenções seguintes: 'SN→(~SN)' designa a propriedade de ocorrer antes de um SN, formando um não SN; 'O→(~O)' a de ocorrer antes de uma oração, formando uma não oração:

	SN→(~SN)	O→(~O)
com	+	−
quando	−	+
como	+	+

Quadro 25.1: Potencial funcional de alguns conectivos

O primeiro dos traços do quadro caracteriza as "preposições" tradicionais, o segundo descreve as "conjunções". O efeito desses traços pode ser visto em *com mamãe*, onde com ocorre antes do SN *mamãe*, mas o resultado não é um SN; e paralelamente para *quando* antes de *você chegou*, formando um constituinte que não é uma oração. Mas a palavra *como* não cabe em nenhuma dessas categorias, porque tem ambos os traços, como vimos nos exemplos [27] e [28] acima. Portanto, esses exemplos mostram que a dicotomia preposição / conjunção precisa ser abandonada; é necessário fazer referência a traços como os dois incluídos no quadro.

Não é possível organizar essas categorias hierarquicamente, digamos com as preposições sendo um subconjunto das conjunções, ou vice-versa. Curiosamente, alguns autores percebem o problema, mas propõem justamente esse tipo de organização; por exemplo,

> [...] propomos o termo "superclasse" [*superpartie du discours*] para designar um conjunto de classes distintas que têm as mesmas funções [...] As classes de uma língua compõem um conjunto que se estrutura e se organiza hierarquicamente em superclasses, classes, e também [...] "subclasses" [...]
>
> [Lemaréchal, 1989, p. 27]

Lemaréchal percebe que há um problema, mas a solução proposta não funciona: a classificação é cruzada, as classes se sobrepõem, e a única maneira de expressar o potencial de um item é citando a íntegra de seus traços funcionais.

26

Os dois particípios e a construção passiva[1]

Um problema particular relativo à classificação e às funções das formas da língua é o do chamado "particípio". Essa parece uma forma muito peculiar do verbo, porque tem algumas propriedades morfossintáticas e semânticas radicalmente distintas das dos outros membros do lexema verbal, além de outras propriedades que são comuns ao resto do lexema. Aqui vou argumentar que essa aparente incoerência se deve ao fato de que o que a tradição denomina "particípio" são na verdade duas formas, claramente distintas: o **particípio verbal**, uma forma verbal sem maiores idiossincrasias; e o **particípio nominal**, que não é uma forma verbal e não pertence ao lexema do verbo. Essas duas formas são homônimas na maioria dos verbos, mas há exceções. O particípio verbal tem propriedades semelhantes (embora não idênticas) às de um nominal, e se relaciona com o verbo por derivação, não por flexão.

26.1 O LEXEMA VERBAL

Vimos na seção 4.2 o que é um lexema, e que o que chamamos "o verbo *comer*", por exemplo, é na verdade um lexema, ou seja, um grupo de palavras relacionadas por flexão e com várias características em comum. Para

---

[1]. Uma versão anterior deste capítulo foi publicada em Cunha (2015).

recapitular, um lexema verbal tem em comum para todos os seus membros: (a) **Oposição de pessoa e número, mas não de gênero**, sendo o número marcado por morfemas especiais como *-m* em *comem*. (b) **Regularidade das relações semânticas**: cada membro de um lexema tem uma relação semântica sistemática com todos os outros membros; assim, *matei* difere de *matamos* em pessoa e número, de *matava* em aspecto, e de *mato* em tempo. Essas relações são absolutamente regulares: não há nenhum verbo que oponha uma forma em *-va-* (*matávamos*)[2] a uma forma sem *-va-* (*matamos*) exceto em tempo e aspecto; e as oposições semânticas entre os membros de um lexema verbal valem para todos os verbos da língua. (c) **Acarretamento de existência**: as formas de um lexema são fixas e constantes para todos os verbos. Se existe a forma *matei*, pode-se prever que também existem as formas *mato, mata, matando* etc. Isso vale para todos os verbos, com umas poucas exceções (os chamados *defectivos*). (d) **Valência única**: finalmente, a valência de um verbo vale para todas as suas formas. Assim, se verificamos que *mato* pode ter sujeito Agente e objeto Paciente, isso é verdadeiro para todas as formas do mesmo lexema: *matei, matando, matar, matássemos* etc. Essa regra não tem exceções, e é por isso que podemos falar da valência de *matar*, e não da valência de *matamos* (distinta da de *matar, mato, matando* etc.).

As quatro propriedades listadas acima nos autorizam a usar a expressão "o verbo *matar*" como designação de uma unidade gramaticalmente coerente.

26.2 PARTICÍPIO VERBAL

Vamos agora considerar o caso particular do particípio; e vamos partir da análise tradicional, que admite o particípio como membro do lexema verbal. Essa forma é empregada nos chamados tempos compostos, formados com o auxiliar *ter*: *tenho trabalhado, tinham dormido* etc. A sequência

---

2. Ou suas formas alomórficas, como o *-í-* de *corríamos*.

de *ter* + particípio[3], como outros tempos compostos (*estava comendo, vamos sair* etc.) funciona como as formas simples do verbo segundo os critérios vistos na seção precedente. Assim, ela se relaciona semanticamente de forma regular com as outras formas do lexema; existe para todos os verbos; o particípio (nessa construção) não tem plural em -*s* nem varia em gênero. Essa sequência tem também a mesma valência do resto do lexema, como se vê nos exemplos

[1] O menino chutou o gato. / O menino tinha chutado o gato.

[2] O menino bateu no gato. / O menino tem batido no gato.

[3] O menino apanhou do colega. / O menino tinha apanhado do colega.

Esses três verbos, *chutar, bater* e *apanhar*, diferem na expressão do Paciente: com *chutar* é o objeto; com *bater* é um sintagma preposicionado com *em*; e com *apanhar* é o sujeito. Como se vê por esses exemplos, as mesmas funções expressam o Paciente com a forma simples e com a forma composta de *ter* + particípio. Como essa seleção de funções não pode ser devida ao verbo *ter*, precisa ser atribuída à presença do particípio, ou seja, do verbo respectivo.

Vou chamar a forma que ocorre nessas sequências **particípio verbal**. O particípio verbal é um membro do lexema verbal, e é correto dizer que *chutado* em [1] é o particípio (verbal) do verbo *chutar*. Em outras palavras, essas formas figuram no mesmo paradigma.

26.3 PARTICÍPIO NOMINAL

Mas existe outra forma, também tradicionalmente chamada de "particípio", que tem um comportamento gramatical muito diferente. Nós a encontramos em

---

3. Na língua escrita também *haver*, que não ocorre na fala.

[4] Um carro amassado.

Não podemos analisar *amassado* nesse sintagma como particípio verbal – nem, aliás, como membro do lexema verbal *amassar*. Há razões muito fortes para isso.

(a) Primeiro, *amassar* em [4] tem plural em *-s* e varia em gênero:

[5] Dois carros amassados.

[6] Uma lata amassada.

Esse traço diferencia *amassado* em [4] – [6] de todas as formas do lexema verbal *amassar*, e de todas as formas de todos os verbos da língua. O que temos em [4] – [6] é o **particípio nominal**.

O particípio nominal (em sua forma de masculino singular) é idêntico ao particípio verbal na maioria dos casos, mas há exceções, que veremos mais adiante. Ele sempre pode ser identificado por sua propriedade de variar em gênero e por seu plural em *-s*: essas marcas morfológicas distinguem claramente o particípio nominal do verbal.

(b) Outra marca morfológica do particípio nominal é a possibilidade de tomar o sufixo superlativo, que nunca ocorre com formas verbais: *amassadíssimo, comentadíssimo*.

(c) O particípio nominal também aceita intensificadores antepostos: *muito comentado*, ao passo que as formas verbais só admitem intensificador posposto: *trabalhei muito, tinha trabalhado muito*. Sequências como ??*muito trabalhei* são um tanto estranhas, e certamente não usuais; e **um carro amassado muito* é totalmente inaceitável.

(d) Ao contrário das formas do lexema verbal, o particípio nominal não existe para todos os verbos. Assim, não encontramos as formas **sida* (de *ser*)[4], **tida* (de *ter*), **estada* (de *estar*), **brilhada* (de *brilhar*), **ficada* (de *ficar*), **ida* (de *ir*), **gostada* (de *gostar*). E há também particípios nominais sem verbo correspondente: *irrealizado*, mas não **irrealizar*; *incompreendido*, mas não **incompreender*. Existem *realizar* e *compreender*, mas nunca se pode acrescentar um prefixo a uma forma específica do verbo – o prefixo vale sempre para todo o lexema: a existência de *desfazer* na língua acarreta a existência de *desfaz, desfazendo, desfizesse* etc. A presença do prefixo *in-* em *incompreendido*, mas não em **incompreender*, **incompreendemos* etc. mostra que *incompreendido* não é membro legítimo do lexema de *compreender*. Por isso mesmo, essa forma não ocorre com o auxiliar *ter*:

[7] *Ela tinha incompreendido as minhas instruções.

(e) Quando explicitamos as relações semânticas entre um particípio nominal e as formas do lexema verbal ao qual supostamente pertenceria, descobrimos que não são regulares; na verdade, variam idiossincraticamente em muitos casos. Assim, temos:

[8] Um carro <u>amassado.</u> [*amassado*: resultado de um processo; *carro*: Paciente]

[9] Foi uma aula <u>aborrecida.</u> [*aborrecida*: qualidade, não resultado de um processo; *aula*: Coisa.qualificada]

[10] Eu já estou <u>almoçado.</u> [*almoçado*: resultado de um processo; *eu*: Agente]

---

4. Dou a forma feminina para evitar confusão com o particípio verbal, que é frequentemente homônimo do masculino singular.

Podemos acrescentar exemplos como *uma pessoa sofrida, estudada, desconfiada, exibida; o vovô anda muito esquecido; não estou lembrado de você...* que ilustram bem a variedade de relações semânticas que o particípio nominal pode exprimir. Essa variedade não se observa com o particípio verbal.

(f) Finalmente, a valência de um particípio nominal é diferente da do verbo a que tradicionalmente se associa. Por exemplo, temos

[1] A vizinha chutou o gato. / A vizinha tinha chutado o gato.

mas não

[11] *A vizinha chutada o gato se arrependeu.

Temos

[2] A vizinha bateu no gato. / A vizinha tinha batido no gato.

mas não

[12] *A vizinha batida no gato...

Temos

[3] A vizinha apanhou do colega. / A vizinha tinha apanhado do colega.

mas não

[13] *A vizinha apanhada do colega...

e assim por diante, para todos os casos.

Esses exemplos mostram claramente a diferença valencial entre o particípio nominal e as formas verbais: o particípio nominal ocorre no SN como modificador e na oração como predicativo, ao passo que nenhuma forma do lexema verbal pode ter essas funções. Todos esses argumentos mostram com clareza que o "particípio" tradicional deve ser analisado como duas formas, somente uma das quais é membro de um lexema verbal.

Os dois particípios são morfologicamente idênticos na maioria dos casos, e há uma tendência a identificá-los formalmente mesmo quando são tradicionalmente distintos. Mas os casos seguintes mantêm a diferença na língua falada padrão:

Verbo	**part. verbal**	**part. nominal**[5]
aceitar	*aceitado*	*aceito*
acender	*acendido*	*aceso*
eleger	*elegido*	*eleito*
expressar	*expressado*	*expresso*
expulsar	*expulsado*	*expulso*
extinguir	*extinguido*	*extinto*
limpar	*limpado*	*limpo*
matar	*matado*	*morto*
morrer	*morrido*	*morto*
prender	*prendido*	*preso*
segurar	*segurado*	*seguro*
suspender	*suspendido*	*suspenso*

e mais alguns.

Esses itens são úteis para ajudar a distinguir os dois particípios. O particípio verbal ocorre apenas com o auxiliar *ter*, como em

[14] O gato tinha morrido.

---

5. A associação sugerida nesta tabela entre o verbo e o particípio nominal é, evidentemente, falsa; estou apenas expressando a visão tradicional. *Aceso* não é o particípio nominal "do" verbo *acender*.

E o que encontramos como modificador dentro de um SN, ou como complemento de um verbo de ligação, é o particípio nominal:

[15] *O gato matado... / O gato morto.

[16] *Esse gato está matado. / Esse gato está morto.

As distinções mostradas na lista acima tendem a desaparecer na língua coloquial, em geral em favor da forma irregular, que acaba assumindo todas as funções; assim, *tinha aceito a propina* é comum, e mesmo *tinha limpo a sala* se ouve às vezes. Isso não afeta o fato de que temos uma forma pertencente ao lexema verbal (particípio verbal) e outra que não pertence a ele (particípio nominal); apenas aumenta o número de homônimos.

26.4 A CONSTRUÇÃO PASSIVA

26.4.1 Na passiva ocorre o particípio nominal

Na construção passiva ocorre o particípio nominal. Isso fica evidente pelas indicações seguintes: primeiro, o particípio que aparece na passiva varia em gênero e tem plural em *-s*:

[17] O gato foi fotografado. / A gata foi fotografada. / Os gatos foram fotografados.

Depois, nos casos em que há diferença formal entre os dois particípios, é a forma nominal que ocorre na passiva:

[18] O assaltante foi preso. / *O assaltante foi prendido.

[19] O deputado foi expulso do partido. / *O deputado foi expulsado do partido.

Decorre daí que as orações passivas não fazem parte da valência do verbo supostamente associado com o particípio. Na frase [19] não há ocorrência do verbo *expulsar*, e essa oração não realiza uma das diáteses desse verbo. Essa conclusão tem consequências importantes, como veremos.

26.4.2 A passiva e os verbos polissêmicos

O comportamento do particípio nominal com certos verbos polissêmicos reforça a ideia de que não se trata de uma forma verbal[6]. Por exemplo, o verbo *matar* inclui, em sua polissemia, tanto a acepção de 'tirar a vida' quanto de 'solucionar':

[20] O Zé matou meu gato.

[21] O Zé matou a questão.

Como é de se esperar, *matar* tem essas duas acepções em qualquer das suas formas; basta substituir *matou* nas frases acima por *mataria, mata, está matando* etc., e as frases continuam sendo aceitáveis. Assim, podemos atribuir a polissemia observada ao lexema *matar*, e não a alguma forma especial do verbo.

No entanto, se usamos a passiva a situação muda radicalmente:

[22] Meu gato foi morto pelo Zé.

[23] *A questão foi morta pelo Zé.

Observamos aqui que *morta* não tem a mesma polissemia de *matar*; parece ter uma semântica própria, o que será normal se analisarmos *matar*

---

6. Agradeço a Igor Guimarães por este argumento.

e *morto* como lexemas distintos – o que é precisamente a tese defendida aqui. *Morto* significa algo como 'que sofreu o processo de perder a vida', mas não 'que sofreu o processo de ser solucionado. Isso mostra com bastante clareza que *morto* e *matar* não podem pertencer ao mesmo lexema; consequentemente, que a passiva não é uma forma do verbo *matar*, e em [23] o verbo *matar* não está presente.

A mesma situação se verifica em outros casos, como

[24]a. O Zé dobrou a camisa. / A camisa foi dobrada pelo Zé.

b. O Zé dobrou a esquina. / ?? A esquina foi dobrada pelo Zé.

[25]a. Ludwig compôs essa sonata. / Essa sonata foi composta por Ludwig.

b. A menina compôs o vestido. / ?? O vestido foi composto pela menina.

[26]a. A neta agradava o avô[7]. / O avô era agradado pela neta.

b. O filme agradou o público jovem. / ?? O público jovem foi agradado pelo filme.

Mas sabemos que não há caso de verbo cuja polissemia se limite a apenas alguns membros do lexema; em outras palavras, se *dobro* significa duas coisas, *dobramos*, *dobrando* e *tinha dobrado* também necessariamente significam essas mesmas duas coisas. Os exemplos acima mostram que o particípio nominal não pertence ao lexema do verbo ao qual é tradicionalmente associado.

Outro fato possivelmente relacionado é que muitos verbos que são usados coloquialmente com objeto Paciente (e que na língua padrão em geral só ocorrem sem objeto) não admitem passiva:

---

7. No sentido de que a neta fazia agrados ao avô.

[27] Esse tratamento cresce o cabelo da gente. / *O cabelo da gente é crescido por esse tratamento.

[28] Esse sapato dói o meu pé. / *O meu pé é doído por esse sapato.

Se analisássemos o particípio nominal em geral como parte do lexema verbal, teríamos que admitir que em casos como os de [27] e [28] o verbo "perde" essa forma ao assumir uma nova diátese, o que seria uma situação única. Naturalmente, se o particípio nominal é uma forma relacionada apenas por derivação com o verbo, o problema não aparece, já que o particípio tem sua gramática independente.

É bom observar que as observações acima não se aplicam ao particípio verbal, isto é, aquele que ocorre com o auxiliar *ter*, e que é parte do lexema verbal; todas as frases abaixo são aceitáveis:

[29] O Zé tinha dobrado a camisa.

[30] A menina tinha composto o vestido.

[31] A neta tem agradado o avô.

[32] O tratamento tinha crescido o meu cabelo.

[33] Esse sapato tem doído o meu pé.

Isso naturalmente é de se esperar, já que o particípio verbal é mesmo forma integrante do lexema verbal.

Esses fatos sustentam a hipótese de que a construção passiva não é parte da valência do verbo derivacionalmente relacionado com o particípio, mas uma construção independente, possivelmente semelhante (mas não idêntica, ao que parece) à de *ser* + sintagma adjetivo.

26.4.3 Ordem do intensificador

A diferença de ordem do intensificador que vimos acima como um dos fatores que distinguem o particípio nominal das formas do verbo se aplica também à construção passiva: o intensificador (por exemplo, *muito*) ocorre depois do verbo:

[34] Ele trabalha muito / ele está trabalhando muito[8].

mas ocorre *antes* do particípio na construção passiva:

[35] Ele foi muito machucado.

A regra é simples: o intensificador aparece depois do verbo principal em todos esses casos – em [35] o verbo principal é *foi*. Temos aqui mais uma evidência de que o particípio não tem o comportamento de uma forma verbal, e que o verbo principal da construção passiva é *ser*.

26.4.4 Analisando a construção passiva

A passiva apresenta semelhanças com a construção predicativa exemplificada em

[36] A Marta é linda.

Sustento que tanto [36] quanto

[37] O gato foi morto.

[38] O deputado foi expulso do partido.

realizam diáteses do verbo *ser*.

---

8. Frases como *ele muito trabalhou* não são normais no português falado atual.

Não quero dizer que [36] e as passivas sejam exemplos da mesma construção, exatamente. Há diferenças semânticas importantes, derivadas de traços próprios ao particípio nominal. Mas elas têm uma semelhança de família, e são ambas parte da valência do verbo *ser*.

Um argumento em favor dessa interpretação é que particípios nominais que não correspondem a nenhum verbo, como *incompreendido*, e que já vimos acima, ocorrem na passiva. Uma rápida busca na internet produziu diversas sentenças com *incompreendido*, como

[39] (Debussy) por isso foi incompreendido [...].

[40] (Anita Malfatti) foi incompreendida pelo público [...].

[41] Teilhard de Chardin, outro que foi incompreendido por todos de sua época [...].

[42] (Renato Russo) não foi incompreendido pelos contemporâneos.

Um exemplo com outro item é

[43] Um desperdício [...] irresolvido por quatro governos.

Como se vê, algumas dessas frases incluem até mesmo o Agente com *por*, que é às vezes tomado como um elemento diagnóstico da construção passiva[9]. E é evidente que [39] – [42] não podem ser formas passivas de frases com o verbo **incompreender*, nem [43] com **irresolver*, que não existem no léxico português.

---

9. Embora não seja exclusivo da passiva: construções como *a destruição da cidade pelo inimigo* mostram que *por* SN pode ser Agente independentemente de ocorrer na construção passiva.

Temos que concluir que a construção passiva, exemplificada em

[44] O deputado foi denunciado pelos eleitores.

não é uma "alternância" da ativa em geral tomada como correspondente, a saber,

[45] Os eleitores denunciaram o deputado.

mas é uma construção independente, que nem sequer contém uma forma do verbo morfologicamente aparentado (*denunciar* no exemplo). Trata-se, na verdade, de uma diátese do verbo *ser*.

26.4.5 O complemento da passiva

O constituinte participial presente na passiva (particípio nominal) é tradicionalmente analisado como **predicativo**. Mas ele pode ser representado apenas por seu símbolo de classe (SAdj, na análise tradicional). Ele se distingue do predicativo tradicional não por sua função sintática, mas pelo papel semântico que veicula; e esse papel semântico deriva do potencial funcional do particípio nominal. É portanto importante investigar a semântica do particípio nominal.

Isso ainda não foi feito, mas já se pode vislumbrar algumas indicações que sugerem uma análise. Primeiro, o complemento representado por particípio nominal tem função semântica qualificativa, no sentido de que acrescenta informação referente ao sujeito. Isto é, assim como em

[36] A Marta é linda.

linda acrescenta informação sobre Marta, em

[44] O deputado foi denunciado pelos eleitores.

denunciado diz alguma coisa sobre o deputado. Até aqui, então, esse complemento funciona exatamente como os adjetivos em geral.

Cada qualificativo acrescenta informação de um tipo: *linda* fornece uma qualidade, mas *presidencial* em

[46] A ordem foi presidencial. / Uma ordem presidencial.

nos dá o Agente da ordem. Note-se que aqui temos o Agente de uma ação representada por um nominal, não por um verbo; na construção passiva acontece o mesmo.

É provável que o particípio nominal inclua algo como "resultado de um evento": em [44] entende-se que houve um evento de denúncia, e que o deputado foi afetado por esse evento. O evento propriamente dito é expresso em [45], mas isso não significa que [44] e [45] ambas contenham o verbo *denunciar*; a situação é, antes, paralela à do par

[47] Essas crianças são chatas.

[48] Essas crianças chateiam.

onde não se imagina que *chatas* seja uma forma do verbo *chatear*. Com seu significado "resultado de um evento", o particípio nominal é apenas um adjetivo semanticamente peculiar, mas não radicalmente diverso.

Se a análise semântica for essa, será de esperar que não haja particípios nominais derivacionalmente relacionados com verbos que não exprimem evento. Isso é ainda algo a investigar, mas pelo menos os exemplos disponíveis parecem confirmar a hipótese: *ser* / **sida*; *ter* / **tida*; *estar* / **estada* etc. Por outro lado, há indicações de que não se trata propriamente de "evento", por causa de *amada* em

[49] A diretora era amada por todos.

mas por ora temos que nos contentar com um papel semântico **Resultado. de.evento**, atribuído pela diátese ao particípio nominal. Nessa construção o sujeito é Estímulo, sendo a sintaxe idêntica à das outras passivas. Talvez tenhamos aqui uma pequena "família" de construções, no sentido de Goldberg e Jackendoff (2004).

Uma passiva típica inclui um Agente e um Paciente (ou coisa equivalente, cf. [49]); e se trata do Agente e Paciente não do verbo (que é *ser*), mas do particípio nominal. Essa situação ocorre em construções semelhantes, como se vê em

[46] A ordem foi presidencial. / Uma ordem presidencial.

onde *presidencial* denota o Agente de *ordem*, não do verbo *foi*. Com efeito, a relação regularmente pula por cima do verbo *ser* (e de verbos de ligação em geral): por exemplo, em

[36] A Marta é linda.

linda atribui um papel semântico (Qualidade) ao sujeito *Marta*. Assim, não é grande novidade dizer que em

[44] O deputado foi denunciado pelos eleitores.

o particípio nominal *denunciado* se refere ao sujeito *o deputado*.

Essas observações mostram que a passiva se comporta, de muitas maneiras, como se fosse uma construção normal com o verbo *ser*. O particípio nominal, portanto, constitui uma classe semelhante em muitos aspectos à dos adjetivos e substantivos definidos pela gramática tradicional.

Quando o particípio nominal tem alguma relação morfológica com um verbo (como acontece com frequência), a relação é derivacional: assim como temos *legível*, que é relacionado por derivação com *ler*, temos *eleito*, relacionado por derivação com *eleger*. Já o particípio verbal é, como vimos, um membro do lexema verbal, e se relaciona com as outras formas do verbo por flexão. Uma consequência é que cada verbo tem apenas um particípio (verbal), e não há em português verbos "abundantes"[10].

26.5 O PARTICÍPIO NOMINAL EM CONSTRUÇÕES NÃO ADJETIVAS

O particípio nominal, apesar de suas características que o aproximam dos adjetivos, também ocorre em construções nas quais o adjetivo regular não entra. Um exemplo é o chamado "particípio absoluto":

[50] Terminada a festa, nós tivemos que varrer o salão.

Essa construção não é comum no uso coloquial brasileiro, mas ocorre na linguagem escrita com certa frequência. Ela é território privativo do particípio nominal: aí não podem ocorrer adjetivos, nem nenhuma forma verbal[11]. Sequências como *terminada a festa* em [50] são tradicionalmente analisadas como "orações de particípio"; mas essa análise não pode ser mantida, pois elas não contêm forma verbal e portanto não são orações. Ou seja, não existem "orações de particípio" em português.

Uma possível alternativa seria que *terminada a festa* em [50] fosse uma realização da construção ergativa exemplificada em

[51] Terminou a festa.

---

10. Observação antecipada por Ferrarezi e Teles (2008). A menos que se chamem assim os verbos que têm formas alternativas do particípio verbal, como *ela tinha limpado a mesa / ela tinha limpo a mesa* (a segunda forma ocorre na fala coloquial de Minas Gerais).

11. Isso foi observado primeiramente por Pimenta-Bueno (1986).

A se confirmar essa hipótese, poderíamos dizer que aí o particípio nominal alterna com uma forma verbal (*terminou*), o que restringiria o alcance da afirmação de que o particípio nominal tem distribuição radicalmente diferente da das formas verbais. No entanto, é possível mostrar que [50] não é um exemplo da construção ergativa, porque aceita certos particípios que corresponderiam a verbos que não admitem a ergativa:

[52] Bebido todo o vinho, passamos à cerveja.

Beber não pode ocorrer na ergativa, como se vê em

[53] *O vinho bebeu. (= foi bebido)

Nisso *beber* difere de *terminar*, que pode ocorrer na ergativa. Assim, temos que manter a afirmação de que *terminada a festa* em [50] é uma construção não verbal; e, além disso, que é restrita ao particípio nominal.

A outra construção de particípio nominal que não admite adjetivos regulares é, claro, a passiva – possivelmente porque o ingrediente semântico "resultado de um processo", frequente em particípios nominais, não ocorre com adjetivos. Por exemplo,

[54] O gerente foi morto pelos assaltantes.

Nenhum adjetivo caberia no lugar de *morto*. Esses exemplos mostram que o particípio nominal tem traços próprios, nem todos os quais em comum com adjetivos ou substantivos.

É interessante observar que o particípio nominal não tem *nenhuma* função em comum com o verbo – ou seja, não há construções nas quais o particípio nominal e quaisquer formas verbais se substituam mutuamente; e nisso ele se opõe claramente ao gerúndio e ao infinitivo, que ocorrem em muitos ambientes em que aparecem as formas pessoais do verbo. Esse fato ilustra bem eloquentemente que o particípio nominal não é parte do lexema verbal. Igualmente, não se trata de um adjetivo puro e simples. O que é o particípio verbal, então?

Essa pergunta coloca o problema de forma inadequada. Dou a seguir uma maneira a meu ver mais correta de ver a questão; sigo aqui meu livro de 2008, ao qual remeto para maiores detalhes.

As palavras nem sempre se deixam classificar facilmente. A distinção tradicional entre "adjetivos" e "substantivos" é muito precária em português, e a maioria dos itens assim classificados mostra comportamento duplo, como *amigo* em *um amigo* (núcleo do SN) e *um gesto amigo* (modificador). Os verbos também têm comportamento gramatical muito variado, a ponto de tornar irrelevante a categorização tradicional de "transitivos", "intransitivos" etc. Essa situação não é excepcional; é na verdade típica dos itens lexicais em geral, e a melhor maneira de descrevê-la é associar cada item com um conjunto de traços que descrevem seu comportamento gramatical – esse é um dos tópicos principais do presente livro. Formalmente, esse recurso é análogo ao uso de traços distintivos em fonologia, e em particular inclui a possibilidade de classificação cruzada. Por exemplo, os fonemas se classificam de diferentes modos segundo o ponto de vista do momento: /d/ é semelhante a /g/ porque são ambos sonoros, mas /d/ é semelhante a /t/ porque são ambos coronais. Ou seja, a pergunta "como se classificam os fonemas?" não tem resposta simples.

O mesmo vale para a pergunta "como se classificam as palavras?" Não podemos, em definitivo, descrever as maneiras como elas funcionam na oração distribuindo-as em nove ou dez (ou cem ou duzentas) classes, se entendermos as classes como conjuntos estanques de itens. Cada item se associa a certo número de traços, que variam conforme o objetivo descritivo. Assim, a palavra *amigo* pode ser núcleo de um SN (como *mesa*), pode ser modificador (como *cerebral*); exige artigo definido em certos casos (ao contrário de *Portugal*), e quando é modificador não pode ocorrer antes do núcleo (ao contrário de *forte*). Assim, *amigo, mesa, cerebral, Portugal* e *forte* são todos relacionados, mas de maneira complexa.

Essa proliferação de traços é controlada até certo ponto por tendências gerais. Assim, itens que podem ser núcleo do SN e também modificadores (como *amigo*) são aparentemente mais numerosos do que itens que só podem ser modificadores (*gástrico*). Essas generalizações, que são parte da nossa competência linguística e precisam portanto aparecer em uma descrição completa da língua, não são bem conhecidas no momento, e só virão a ser conhecidas quando se realizar muito mais trabalho na classificação de itens individuais. Por enquanto, qualquer esforço de generalização deve ser feito com cautela.

Voltando ao particípio nominal, não sabemos com precisão como ele deve ser classificado. Mas uma coisa sabemos: em linhas gerais, ele é muito diferente dos verbos, e não parece ser idêntico aos adjetivos tradicionais.

26.6 ANÁLISE DOS PARTICÍPIOS NA LITERATURA

Não tenho conhecimento de um tratamento realmente adequado e completo dos particípios do português; no entanto, alguns autores chegaram bastante perto, mesmo sem integrar seus *insights* em uma análise bem-estruturada.

Mattoso Camara observou que

> [...] o particípio foge até certo ponto, do ponto de vista mórfico, da natureza verbal. É no fundo um adjetivo, com as marcas nominais de feminino e de número plural em /S/. Ou em outros termos: é um nome adjetivo, que semanticamente expressa, em vez da qualidade de um ser, um processo que nele se passa. O estudo morfológico do sistema verbal português pode deixá-lo de lado, porque morfologicamente ele pertence aos adjetivos, embora tenha valor verbal no âmbito semântico e sintático.
>
> [Camara, 1970, p. 103]

Mattoso percebeu dois pontos essenciais: o caráter nominal do particípio e o fato de que não pertence ao lexema verbal. Mas não chegou a distinguir os dois particípios, nem levou em conta os contextos em que o particípio nominal ocorre e que não aceitam adjetivos.

Casteleiro (1981), em sua extensa discussão da sintaxe dos adjetivos, notou os traços adjetivais do particípio, ao lado de alguns de seus traços verbais. Mas agarrou-se à ideia de que o particípio precisa ser ou um verbo ou um adjetivo, sem considerar a possibilidade de uma classificação mais complexa. E concluiu que "os particípios passados são fundamentalmente formas verbais, que eventualmente podem funcionar como adjetivos" (Casteleiro, 1981, p. 85).

Poderíamos perguntar o que significa "fundamentalmente" nesse contexto. E "funcionar como adjetivo" é teoricamente problemático, porque viola a distinção entre classes e funções (cf. o capítulo 4 acima). Por outro lado, Casteleiro percebeu o ponto básico, a saber, o comportamento complexo que caracteriza o particípio; mas não integrou essa observação em uma análise, possivelmente por causa do modelo adotado[12]. A solução que ele apresenta é transformacional: derivou as construções de particípio a partir de passivas (*o livro aberto* ← *o livro que foi aberto*), ou de estruturas com o auxiliar *ter* (*as folhas caídas* ← *as folhas que tinham caído*). Esta última análise se aplica a verbos que não podem ter objeto direto e não ocorrem na passiva. Mas aqui surge um problema sério, porque a construção original tem em certos casos particípio verbal (invariável), e em outros casos particípio nominal (variável), ao passo que a construção derivada tem sempre particípio nominal. Isso resulta em duas fontes independentes para a mesma construção superficial. Além do mais, a análise de Casteleiro requer, em alguns casos, a transformação de um particípio verbal regular em um particípio nominal irregular, como em *as plantas <u>mortas</u>*, derivado de *as plantas que tinham <u>morrido</u>*.

O trabalho mais importante sobre os particípios que chegou a meu conhecimento é o de Pimenta-Bueno (1986). A autora conseguiu identificar

---

12. O modelo gerativo dos anos de 1980 admite a possibilidade de classificação cruzada, mas no contexto de um sistema muito simples, com apenas os traços [N] e [V], às vezes complementados por [Adj]. Definitivamente, não basta.

as características mais relevantes dos particípios, embora ainda sem atingir, a meu ver, uma síntese satisfatória. Ela começa com a observação de que

> as formas não verbais [V+do] [...] agem em certos contextos como verbos, enquanto em outros se comportam como adjetivos e, ainda em outros, exibem um comportamento híbrido de adjetivo e verbo [...]
>
> [Pimenta-Bueno, 1986, p. 208]

Não concordo que os particípios *nominais* (que são os que Pimenta-Bueno chama "formas [V-do] não verbais") apresentem comportamento verbal em nenhum caso. Por outro lado, eles certamente têm certos traços não adjetivais próprios. Esses casos são mencionados por Pimenta-Bueno, que sugere que

> tais formas não sejam categorizadas nem como [verbos] nem como [adjetivos], mas sim como uma terceira classe – a dos particípios passivos [...] a qual compartilharia o traço sintático [+Adj] com a classe dos [adjetivos] e o traço sintático [+V] com a classe dos [verbos] [...]
>
> [Pimenta-Bueno, 1986, p. 219]

A concepção geral da análise me parece correta, mas o modelo adotado pela autora não permite uma expressão suficientemente clara. O particípio nominal não pode ter o traço [+V] porque não ocorre nos mesmos contextos que os verbos, o que se reflete em sua valência radicalmente distinta. E mesmo que ele ocorresse em *alguns* desses contextos (o que aparentemente não é o caso), ele certamente não ocorre em todos eles. A solução é encarar o que se chama "comportamento do verbo" como um feixe de traços, que não é comum a verbos e particípios nominais.

Pimenta-Bueno não discute a distribuição das formas regulares (verbais) frente às irregulares (nominais), nem utiliza o critério da comparação das valências. No entanto, seu artigo é a contribuição mais importante que encontrei sobre os particípios em português, e suas observações foram muito úteis para uma eventual compreensão do problema.

Mais recentemente, Ferrarezi e Teles (2008, p. 169-175) apresentaram uma análise do particípio que coincide em certos pontos com as conclusões a que chego aqui. Discordo deles em diversos pontos, notadamente sua concepção das classes de palavras – eles seguem a tradição de definir classes em contexto, o que considero basicamente inadequado (cf. o capítulo 4 acima; e Perini, 2008, p. 93-98). Mas me parece que Ferrarezi e Teles caminharam na direção de uma solução adequada, com observações agudas sobre certos aspectos do comportamento do particípio; apenas não integraram essas observações em uma análise geral, deixando de observar um critério importante que distingue particípios nominais de verbos, que é o da valência.

Deixo para o final a citação mais notável; Bosque (1989) observa que

> [...] Nebrija fez ver em sua gramática que a forma *amado* que aparece em *he amado* [tenho amado] não é a mesma que temos em *soy amado* [sou amado], fundamentalmente por razões de flexão ("no dirá la muger *io [h]e amada*, sino *io [h]e amado*"), e portanto é preciso atribuir-lhes, em sua opinião, duas categorias distintas.
>
> [Bosque, 1989, p. 26-27]

O livro de Nebrija é de 1492; trata-se da primeira gramática de uma língua moderna europeia a ser publicada.

26.7 SUMÁRIO E CONCLUSÕES

Para concluir, proponho a seguinte análise das formas tradicionalmente denominadas "particípio":

1. O lexema verbal inclui uma forma denominada *particípio verbal*, tipicamente formado com o sufixo *-do* (e incluindo algumas irregularidades: *visto, feito* etc.). Essa forma não varia em número; e, como qualquer forma verbal, não varia em gênero.

2. O particípio verbal ocorre apenas em construções com o auxiliar *ter* (na língua escrita, também com *haver*), formando tempos compostos como *eu tenho trabalhado, ela tinha saído, a gente teria te ajudado* etc.

3. Existe uma classe de nominais que, na maioria dos casos, são morfologicamente idênticos ao particípio verbal, mas que se relacionam com verbos (quando se relacionam) por derivação; esses nominais são chamados aqui *particípios nominais*. A relação derivacional, como é típico desse tipo de relação, não é semanticamente regular, nem inclui acarretamento de existência – ou seja, dado um verbo, não há garantia de que haja um particípio nominal relacionado.

4. A valência do particípio nominal é muito próxima da de um nominal (adjetivo ou substantivo), e é radicalmente diferente da do verbo com o qual se parece.

5. É o particípio nominal que ocorre na construção passiva. Por conseguinte, as passivas são diáteses do verbo *ser*; não há outro verbo em uma oração passiva, apenas um particípio nominal, que não é uma forma verbal.

6. A construção exemplificada em *terminada a festa* não é uma oração, já que não inclui um verbo; não existem orações de particípio em português.

Acredito que apresentei evidência em favor de todas essas afirmações.

26.8 OLHANDO PARA A FRENTE

Algumas perguntas relevantes foram deixadas aqui sem resposta. Talvez a mais óbvia seja quais são as eventuais consequências da presente proposta para a análise do particípio em outras línguas românicas. A resposta depende, claro, de pesquisa específica, mas ainda assim vou arriscar alguns palpites.

Acredito que as conclusões deste trabalho são válidas para o português europeu, e possivelmente também para o espanhol. Quanto ao francês e ao italiano, prefiro não fazer conjecturas. Nessas línguas a concordância nominal se processa de maneira diferente, e se aplica a casos que, traduzidos, têm particípio verbal: *les chaussettes que j'avais prises* 'as meias que eu tinha pegado' [literalmente: 'tinha pegadas'], com o particípio, *prises*, concordando em gênero e número com o antecedente *chaussettes*. A estrutura difere muito da do português, e pode em princípio levar a uma análise substancialmente diferente.

Também pode ser mencionado o interessante ponto teórico de como as línguas românicas, apesar de sua proximidade estrutural e sua descendência comum, vieram a reorganizar seus lexemas verbais de maneiras distintas. Temos aqui certamente algumas direções promissoras para a pesquisa futura.

27

Protótipos

27.1 CLASSES CONTÍNUAS E DISCRETAS

Como costuma acontecer com noções muito populares, os protótipos são entendidos de mais de uma maneira. Uma definição comum menciona contínuos, limitados por zonas preenchidas por "uma penumbra de exemplos não-muito-típicos" (Taylor, 2002, p. 177). Seria então uma questão de grau: um objeto pertence a uma categoria em certo grau, e o protótipo seria um que pertence àquela categoria em grau especialmente alto.

Isso se aplica a muitos aspectos da cognição, e já foi mostrado em experimentos, principalmente porque nosso sistema cognitivo precisa incluir alguma flexibilidade para dar conta da tarefa de categorizar e interpretar um mundo cheio de objetos novos que percebemos a cada momento. O contínuo então reflete a realidade em muitos casos, mas também faz surgir um problema metodológico, o de como identificar e distinguir esses graus de prototipicidade: como distinguir um item que é 40% membro de uma categoria de outro que é 50% membro da mesma categoria? Aqui o que temos são julgamentos intuitivos, e o resultado é que às vezes o uso dos protótipos não vai além da observação anedótica, difícil de incorporar em uma análise rigorosa. Não obstante, alguns autores defendem esse tipo de protótipo para as categorias gramaticais, e aqui preciso discordar.

Há uma diferença importante entre os protótipos gramaticais e os que foram pesquisados por Berlin e Kay (1969), Labov (1973), Rosch (1973;

1975; 1978), e Kempton (1981). Nesses estudos o conhecimento testado tem a ver com a classificação e nomeação de objetos concretos (animais, recipientes, cores, peças de mobiliário), o que pode ser feito por qualquer pessoa em termos de conhecimento do mundo. É algo que se pode apurar simplesmente perguntando às pessoas, e é isso que geralmente se faz. Mas quando tentamos aplicar os protótipos a categorias gramaticais, lidamos com entidades abstratas, hipotéticas, das quais apenas os linguistas têm conhecimento adequado. É o caso das classes de formas. Talmy (2007) parece acreditar que os falantes têm *algum* acesso às classes lexicogramaticais:

> [...] a categoria lexical de uma palavra – substantivo, verbo, adjetivo etc. – também parece ser moderadamente acessível à introspecção. Nossa cognição parece estruturada de modo a permitir algum sentido de categoria lexical, embora os indivíduos certamente variem sobre isso, e mesmo o indivíduo com maiores dons nativos necessita treinamento ou prática para ser capaz de articular esse sentido.
>
> [Talmy, 2007, p. XV]

Mas isso só se aplica a pessoas com algum treinamento gramatical. Os falantes sabem como usar *eu*, *vejo*, *um* e *passarinho* em uma sentença, e podem inseri-los corretamente em suas posições respectivas; mas isso não quer dizer que possam responder uma pergunta como "A que classe pertence a palavra *passarinho*?", exceto com referência a seu treinamento gramatical, que reflete não a percepção real da língua, mas uma teoria linguística particular aprendida na escola. A situação é radicalmente diferente daquela em que se pergunta "Isso é um caneco ou uma xícara?", uma pergunta fácil de responder para qualquer um. Em cada caso estamos testando habilidades e conhecimentos bem diferentes; as duas situações não são idênticas, e se podemos dizer que existe uma noção "intuitiva" de passarinho, não se pode dizer o mesmo sobre as noções de substantivo ou de objeto direto.

Quanto ao caráter das noções cognitivas, mesmo se algumas são contínuas, isso não se aplica necessariamente a todas. Por exemplo, há um contínuo entre pessoas altas e baixas; mas há uma distinção discreta entre nacionais e estrangeiros, vivos e mortos, pássaros e peixes, sem estágios intermediários[1]. Ou seja, o conhecimento do mundo envolve noções contínuas e também discretas. Os exemplos usados nos estudos mencionados têm a ver com a conexão entre palavras e seus referentes no mundo real, e essa é uma área onde os contínuos são inevitáveis; mas mesmo aqui, como vimos, há casos de distinções discretas. Em todo caso, essas diferenças entre os itens lexicais são irrelevantes para efeitos de descrição gramatical: na gramática o que conta não é a diferença entre um caneco e uma xícara, ou o uso desses objetos, mas a oposição entre as palavras *caneco* e *xícara*[2]. Quando consideramos fenômenos gramaticais as distinções podem ser discretas, e em algumas áreas da gramática são sem dúvida discretas; assim, um som intermediário entre [s] e [ʃ] pode ocorrer quando alguém está falando, mas isso não significa que não haja uma fronteira discreta entre os *fonemas* /s/ e /ʃ/. Uma forma fonética como [ṣa] (com o *s* apical castelhano) pode ser percebida por um falante do português como *Sá* ou *chá*, não como uma forma intermediária, que não é possível na língua.

Analogamente, não se encontra uma gradação contínua entre as diversas classes de palavras. Os casos aparentes de gradação, tais como os "graus de substantividade", são na verdade um artefato da simplicidade excessiva do sistema adotado. Na medida em que temos apenas duas categorias (por exemplo, "substantivo" e "adjetivo") para descrever um conjunto de itens, vamos encontrar um grande número de casos intermediários, que podem dar a impressão de um contínuo. Mas um sistema de análise mais complexo permite preencher o intervalo com itens que podem ser descritos com precisão, sem que se precise postular uma área de nebulosidade entre as classes.

Essa posição vai contra a adotada por alguns linguistas que, talvez influenciados pelos resultados de Rosch, Berlin e Kay e outros, estendem a noção de protótipos como contínuos não apenas à gama referencial dos

---

1. Refiro-me ao uso cotidiano dessas noções; tecnicamente a situação pode ser outra.
2. Os argumentos de Langacker (1987, p. 14ss.) contra o uso de definições discretas não são convincentes – em parte precisamente porque não distinguem o que é linguisticamente relevante do que está simplesmente presente no sinal.

itens lexicais, onde é muitas vezes adequada, mas também à definição de unidades e relações formais e semânticas que formam a gramática. Essa ideia, que acho questionável, foi expressa assim:

> os falantes das línguas naturais formam categorizações de objetos linguísticos da mesma maneira que formam categorizações de objetos naturais e culturais.
>
> [Bybee; Moder, 1983, p. 267]

A *priori*, isso pode ou não ser verdadeiro; não há como decidir previamente. Mas há ampla evidência de que, contrariamente à afirmação de Bybee e Moder, os objetos linguísticos – em particular itens lexicais, classes e regras gramaticais – são categorizáveis de modo discreto. Pode-se ficar incerto sobre se um objeto é um *caneco* ou uma *xícara*, e as respostas vão correspondentemente variar de sujeito para sujeito; mas não há dúvida sobre a categoria gramatical dessas palavras: são nominais, ou mais precisamente têm certos traços funcionais que os diferenciam de *aquele*, *com*, *escrever* e *juntamente*. As diferenças, mesmo quando categóricas, não são simples, o que contribui para dar a impressão de um contínuo. Vimos em 1.4 que as classes tradicionais como "substantivo" e "adjetivo" não bastam para descrever as propriedades gramaticais das palavras em questão. O reconhecimento da complexidade é o que permite uma análise precisa dos casos que parecem intermediários.

Uma hipótese de trabalho é a de que as categorias gramaticais (classes, regras, traços morfossintáticos e semânticos) são discretas. Até onde foi testada, essa hipótese vem sendo confirmada, e tais distinções são pelo menos frequentes na língua: nas áreas investigadas em alguma extensão, incluindo a morfologia e a fonologia, não parece haver espaço para contínuos. Isso não exclui complexidade, como os feixes de traços associados a itens lexicais. A nebulosidade, que também ocorre, se refere à *elaboração* dos elementos linguísticos, não a estes últimos. Assim, RTEs como "comedor", "leitor", "chutador" e assim por diante são todos tratados pela gramática como um papel semântico único, Agente. Suas distinções não são linguísticas, mas se vinculam ao conhecimento do mundo; e para ver os extremos a que a elaboração pode chegar, considere-se *vejo o edifício, vejo os problemas do país* e *vejo para onde estamos indo*, que se referem a eventos bem diferentes na realidade, mas com o mesmo verbo e os mesmos papéis semânticos. As diferenças derivam da elaboração desses elementos nos vários contextos oferecidos. Essa posição pode ser resumida dizendo que os contínuos podem existir, mas mesmo assim é necessário reduzi-los a categorias discretas no interesse da análise linguística; nisso estamos seguindo aquilo que a própria língua parece fazer com o material cognitivo. É, no fundo, um aspecto do fato bem conhecido de que a língua subespecifica as representações cognitivas que precisa expressar. Isso é o que os linguistas em geral, inclusive aqueles que creem em categorias contínuas, acabam fazendo, ainda que nem sempre explicitamente. Não conheço casos onde uma análise por contínuos seja necessária na gramática.

Vamos examinar brevemente um exemplo bem conhecido, encontrado em Ross (1972). Ross começa por exprimir sua crença em categorias não discretas:

> Postularei, em vez de um inventário fixo, discreto, de categorias sintáticas, um quase-contínuo [...]
>
> [Ross, 1972, p. 316]

Ross tem razão em rejeitar as categorias tradicionais como "substantivo", "adjetivo" etc. No entanto, tenho objeções à análise alternativa que ele propõe – em particular, a sua noção de "quase-contínuos" como uma maneira de representar os fenômenos observados. A análise de Ross tem menos a ver com contínuos reais do que com propriedades, ou traços, não muito diferentes das que venho usando aqui. Parece-me que, independentemente de compromissos teóricos prévios, assim que se inicia uma análise de dados concretos, percebe-se que os contínuos não estão sendo usados: a análise acaba significando, não "esta palavra é mais substantivo do que aquela", mas "esta palavra tem mais traços de substantivo do que aquela", o que leva a questão para um campo bem diferente. O que se descobre, no final das contas, não é a existência de contínuos, mas a complexidade muito grande dos fatos.

Em seu artigo, Ross analisa a possibilidade de anteposição por atração (chamada "*pied piping*" em sua nomenclatura) com alguns adjetivos e preposições do inglês (*proud, opposite, near, like, in*), e conclui que "parece que, quanto mais adjetival for uma palavra, mais facilmente ela pode ser anteposta" (Ross, 1972, p. 318). Uma pergunta relevante é o que, exatamente, significa "mais adjetival"? E como se pode medir a "adjetivalidade" de uma palavra? Ross lida com graus de aceitabilidade, que certamente ocorrem. Quando a aceitabilidade varia, precisa ser abordada com testagens com muitos falantes e/ou levantamento em córpus. Nesses casos não estamos lidando apenas com a estrutura da língua, mas com o efeito de uma gama de fatores, nem todos eles linguísticos. O fato de que a aceitabilidade tal como se observa na prática admite graus não acarreta que as categorias linguísticas também precisem ser uma questão de graus, isto é, contínuos. Podemos dizer, em vez disso, que uma oposição (discreta) é percebida de maneira variável pelos falantes, alguns dos quais têm menos certeza de seus julgamentos. Mas o material desses julgamentos são oposições discretas.

É possível trabalhar com oposições discretas como base para uma descrição conveniente, e tais oposições podem ser quantificadas usando a extensão de cada fenômeno no léxico. O problema é que isso requer levantamentos amplos, que nem sempre os linguistas estão dispostos a fazer. Maurice Gross comentou isso, referindo-se aos estudos gerativos até os anos de 1970:

> [...] os linguistas parecem ter desistido de construir inventários. Acreditamos, entretanto, que estes são fundamentais.
> Os estudos transformacionais somente consideram um pequeno número de exemplos. Eles revelaram um grande número de novos fenômenos, mas não permitem avaliar a extensão desses fenômenos em uma língua dada.
>
> [Gross, 1975, p. 20]

> Em geral os gramáticos, depois de evidenciar a existência de [algumas propriedades], limitam-se a dar alguns exemplos da classe correspondente. Um levantamento da literatura mostra que as classes sintáticas são sempre definidas em intenção; não há exemplo de definição extensional, ou seja, que tenha a forma:

> Os elementos da classe definida pelas propriedades P são $m_1, m_2 ... m_k$ (isto é, a lista dos elementos), e não há outros.
>
> Nossos quadros [...] mostram que é possível construir classes sintáticas extensionais.
>
> [Gross, 1975, p. 214]

Isso se aplica à importância relativa, ou prototipicidade, das diáteses verbais em que cada verbo ocorre. Algumas ocorrem na valência de muitos verbos, outras ocorrem na valência de poucos, ou mesmo na de um verbo apenas. Aqui podemos falar de protótipos como uma noção nítida, bem-definida e quantificável.

27.2 PROTÓTIPOS

27.2.1 Os protótipos definem classes

Os protótipos são necessários a fim de descrever os fenômenos gramaticais em sua completude. O principal fato em seu favor é que há tendências estatísticas claras na língua; por exemplo, os protótipos estão na base de um traço tão importante das gramáticas como a oposição entre casos regulares e exceções.

Um protótipo pode ser definido em relação com um item lexical e também em relação com uma regra. Os exemplos são muitos, e muito variados; por exemplo: **um verbo é prototipicamente regular**. Falando estatisticamente, a maioria dos verbos é regular, e os falantes têm certo acesso a esse fato. Uma criança aprendendo a falar pode usar o verbo *trazer* como regular (*mamãe trazeu o sorvete*). E há uma tendência diacrônica a regularizar os verbos: em português o futuro do subjuntivo é idêntico ao infinitivo nos verbos regulares, mas certos verbos têm formas diferentes para esses tempos. Há uma tendência a torná-los iguais, regularizando o verbo: na língua falada ouve-se frequentemente formas como *se você pôr sal demais*[3]. É

---

3. Isso é especialmente frequente com verbos derivados: *compuser* é quase arcaico, de modo que mesmo pessoas escolarizadas dizem *se eu compor uma canção*, em vez de *se eu compuser*.

possível descrever completamente esses fatos sem recorrer a noções vagas como "contínuo" ou "uma penumbra de exemplos não-tão-típicos" (Taylor, 2002, p. 177); eles podem receber uma descrição precisa, e quantificados se necessário. O que temos aqui é o efeito de formas prototípicas, criando uma pressão no sentido de eliminar irregularidades.

Outro exemplo bem claro, agora com relação a uma regra prototípica, é a tendência de codificar o Agente como sujeito. Isso ocorre em português na imensa maioria das construções; podemos falar de uma **regra de protótipo**[4]. Aqui também as crianças tendem a codificar o Agente como sujeito mesmo nos poucos casos em que a regra não se aplica[5]. Pode-se também dizer que os Pacientes tendem a ser codificados como objeto (direto); mas essa é uma tendência muito mais fraca. A força relativa das tendências não precisa ser avaliada por intuição: podemos simplesmente ir ao dicionário de valências e contar todos os exemplos de Paciente e o modo como se codificam sintaticamente. Não tenho números à mão, mas posso dizer que algumas construções, que envolvem muitos verbos, codificam o Paciente como sujeito, como em *o vidro quebrou*.

Não é difícil, portanto, estabelecer o "grau" relativo de prototipicidade de duas regras de maneira precisa. Também é possível evitar o problema metodológico de investigar contínuos. Um contínuo, para ser estudado em seus detalhes, precisa ser quantificado; assim, podemos estudar a altura das pessoas ou dos edifícios porque temos um sistema métrico que permite colocar cada exemplo com precisão na escala. Mas como vamos mensurar o grau de adjetividade das palavras? Como evitar julgamentos subjetivos? Se usarmos traços distintivos que descrevem os detalhes do comportamento gramatical dessas palavras, poderemos reduzir o contínuo (se existir) a dimensões observáveis e descritíveis.

---

4. "Linking rule" em Perini (2015); atualmente prefiro **regra de protótipo**, que é mais transparente.
5. Dou um exemplo real em Perini (2015, seção 4.3.2).

A noção de "extensão de um fenômeno gramatical", que brilha pela ausência em boa parte da linguística, é importante para explicar o conhecimento e uso da língua[6]. E essa mesma noção da extensão de fenômenos gramaticais fornece uma definição mais útil de protótipo – no caso, uma definição confessadamente inspirada na classificação dos verbos por suas valências. Com essa restrição, e como uma abordagem preliminar, vamos entender um protótipo como **uma regra ou um conjunto de traços associados a uma alta proporção dos verbos ou construções da língua**. Essa definição deve ser eventualmente generalizada, é claro, para cobrir outros fenômenos; por ora vamos ficar com ela, porque é aquela que temos dados para fundamentar.

Podemos agora tentar determinar alguns protótipos do português, começando por nossa velha amiga a regra **Agente<>sujeito**, ou seja, a regra que estabelece que a maneira prototípica de codificar um Agente é o sujeito. Essa regra se aplica, como vimos, a uma maioria muito grande de construções da língua: cerca de 97% de todas as construções, conforme um levantamento de 133 construções que ocorrem na valência de cerca de 500 verbos. A percentagem se refere apenas a construções que têm o Agente como um de seus papéis semânticos.

Outro tipo de relação que pode ser prototípico é o acarretamento de existência; quando aplicado a diáteses, toma uma forma como

se um verbo tem C4 em sua valência, também tem C1

onde C4 é a construção ergativa,

C4   SujV>*Paciente*   V

e C1 é a transitiva,

C1   SujV>*Agente*   V   SN>*Paciente*

---

6. Um grande mérito do trabalho de Maurice Gross é ter chamado atenção para esse aspecto da análise linguística.

Por exemplo, *esquentar* ocorre em ambas:

[1] O leite esquentou. (C4)

[2] Eu esquentei o leite. (C1)

Essa regra de acarretamento, por causa da maneira como se formula, precisa ser avaliada por sua incidência no conjunto dos itens lexicais, não no conjunto das construções; um levantamento parcial no *Valency Dictionary of Brazilian Portuguese verbs*, incluindo 66 verbos que têm C4 em suas valências, mostrou que 56 (84,8%) deles também têm C1[7]. É interessante notar que existe uma tendência na língua falada atual a aumentar o número de verbos incluídos nesse protótipo; exemplos recentes incluem *desabar*, *crescer* e *repercutir*, que tradicionalmente ocorrem apenas em C4, mas foram vistos em C1 em textos da imprensa nos últimos anos[8]. Outros verbos existem em pares supletivos, como *morrer* e *cair*, que só aparecem em C4, e semanticamente correspondem a *matar* e *derrubar*, que ocorrem em C1; membros desses pares não mostram tendência a adquirir C4 ou C1, conforme seria o caso.

27.2.2 Outros exemplos

Vejamos agora uma pequena lista das possíveis regras de protótipo que podem merecer pesquisa:

(a) Na presença de um sujeito Agente, o Paciente, se houver, é prototipicamente o objeto (ou seja, um SN não sujeito).

---

7. Levantamento das letras A-D da versão atual do *Dictionary* (agosto de 2023).
8. Exemplos: *Temporal desaba casa* (manchete, *Estado de Minas*, 2014); *cresça seu negócio com YouTube* (internet, 31-03-2017). Quanto a *repercutir* em C1, já é normal no rádio e na TV (*vamos repercutir essa notícia*). Ouvi há uns dias também *essa sonata vai tocar no domingo* (= vai ser tocada), que ilustra a tendência contrária, de transitiva para ergativa.

(b) Um verbo de ação (mais precisamente, um verbo que evoca um esquema de ação) tem prototipicamente C1 e C2 em sua valência – onde

C2 é uma construção com sujeito Agente e nenhum objeto.

Há várias regras que tratam do papel semântico prototípico das preposições. Por exemplo,

(c) A preposição *com* prototipicamente marca Companhia, Instrumento ou Modo[9].

Os constituintes introduzidos por *com* com relações temáticas diferentes das três listadas acima precisam aparecer em diáteses, como em

[3] Eu conto com você.

Neste caso **com** SN tem o papel de Estímulo (causador de um evento ou estado mental); isso precisa ser marcado na valência do verbo *contar*, e as marcas valenciais cancelam interpretações prototípicas[10]. Em casos como o de [3] é difícil atribuir o papel semântico à preposição, já que não há outros exemplos de *com* codificando o Estímulo; parece-me mais adequado atribuir o papel à valência do verbo *contar*, e a preposição será um sinal de identificação da diátese, possibilitando distinguir *eu contava os alunos* de *eu contava com os alunos*.

Os protótipos proporcionam uma maneira bastante sofisticada de classificar palavras; com eles podemos expressar mais precisamente a vaga noção de "grau de pertencimento", como quando se diz que uma palavra é "mais substantivo" do que outra. Esse dispositivo não se aplica às classes

---

9. Cf. exemplos em 7.2.3.
10. Se isso não acontecesse, claro, as valências seriam totalmente esvaziadas. Dei alguns exemplos em Perini (2015, seção 5.2.1).

tais como tradicionalmente concebidas, que, como sabemos, formam um sistema simples demais para dar conta dos fatos. Em vez disso, utilizamos propriedades como "ocorrer em C1", o que define uma classe de verbos, e "ocorrer em C4 e C1" define uma subclasse daquela classe, formada por 84,8% dos verbos que ocorrem em C1. Pode-se também dizer que *mesa* é um "substantivo" (ou seja, uma palavra com potencial referencial) mais prototípico do que *amigo*, porque a primeira só pode ocorrer como núcleo de um SN, ao passo que a segunda, além dessa, tem também a função de modificador, como em *gesto amigo*.

Um nominal ainda menos prototípico seria *baixinho*, que pode ser referencial em *aquele baixinho é meu tio*; restritor de referência nominal em *uma mesa baixinha*; e restritor de referência verbal em *falar baixinho*. Isso é classificação, expressa de maneira mais complexa, que tem a vantagem de ser claramente definida e quantificável, além de chegar mais perto de retratar os fatos observados em sua riqueza de detalhes.

A prototipicidade, como todos os aspectos da taxonomia, é dependente de objetivos descritivos; quando dizemos que *cheirar* é um verbo regular, temos que especificar o ponto de vista descritivo que estamos assumindo. Assim, *cheirar* é prototípico no que diz respeito à estrutura morfológica de seu lexema, pois segue o modelo de conjugação válido para a maioria dos verbos com infinitivo em *-ar*, de *amar* a *zurrar*. Mas se considerarmos sua valência, *cheirar* fica longe de ser prototípico, porque pode aparecer em uma diátese onde só dois verbos da língua ocorrem:

[8] O armário cheirava a mofo.

Apenas *cheirar* e *feder* podem ocorrer nessa construção[11]. Isso apenas nos mostra que a prototipicidade é um aspecto da classificação, que por sua vez depende do objetivo descritivo.

---

11. No português europeu, também *saber* no sentido de "ter gosto": *isso sabe a xarope*.

27.3 PROTÓTIPOS E A VALÊNCIA VERBAL

A valência é uma das maneiras de classificar os verbos: um verbo como *escrever* tem valência diferente da de *ser* ou *morrer*, porque cada um deles ocorre em um conjunto diferente de diáteses. Isso é reconhecido pela gramática tradicional com subclasses como "intransitivo", "transitivo", "de ligação" etc. Aqui, como em tantos outros pontos, a noção tradicional de classe é excessivamente simples; para expressar convenientemente o fenômeno, temos que lançar mão dos traços distintivos. Vamos considerar os três verbos mencionados, *escrever, ser* e *morrer*. O primeiro ocorre com sujeito Agente e objeto Paciente[12]:

[9] Minha tia escreve livros policiais. (C1)

Nem *ser* nem *morrer* podem ocorrer nessa diátese. *Ser* ocorre com sujeito e objeto[13], mas o sujeito não é Agente, nem o objeto é Paciente:

[10] Minha tia é a chefe do departamento. (C6)

Aqui as relações temáticas são diferentes: uma aproximação é que tanto o sujeito quanto o objeto são membros de uma equação, de modo que [10] significa "minha tia = a chefe do departamento".

Quanto a *morrer*, não pode ter objeto, e seu sujeito é Paciente, ou seja, a entidade que sofre uma mudança de estado.

Quebrar, como *escrever*, pode aparecer na diátese exemplificada em [9], com sujeito Agente e objeto Paciente:

[11] As crianças quebraram a vidraça.

---

12. Para cada exemplo dou o código da diátese tal como está no *VDBPV*; a numeração é arbitrária, servindo apenas para referência.
13. "Objeto" se define aqui como um SN não sujeito (cf. 21.5 acima).

Mas *quebrar* e *escrever* não são idênticos, porque *quebrar* pode aparecer com sujeito Paciente e sem objeto, como em

[12] A vidraça quebrou. (C4)

e *escrever* não pode aparecer nessa diátese. Se omitirmos o objeto de [9] o sujeito vai continuar sendo Agente, ao contrário do sujeito Paciente de [12]:

[13] Minha tia escreve. (C2)

Temos aqui uma situação familiar, que vai se tornando mais complexa à medida que aumentamos o número de verbos analisados, assim como de diáteses consideradas. Como as diáteses são em grande número (mais de 300 na versão atual do *VDBPV*)[14], e como elas se distribuem irregularmente entre os verbos, não há esperança de definir um número pequeno de subclasses.

Por outro lado, há tendências que podem ser analisadas como prototípicas. Suponhamos que se descubra que um grande número de verbos tem um conjunto específico de diáteses em suas valências – por exemplo, C4 e C1, como vimos nos exemplos [1] e [2] com o verbo *esquentar* e também com *quebrar* em [11] e [12]. Poderemos dizer que a valência que inclui C4 e C1 é prototípica, em um grau verificável e quantificável. Ainda não temos levantamentos suficientes para validar hipóteses desse tipo; mas as indicações são favoráveis, e vale a pena investigar.

Em resumo, vemos que os protótipos são um aspecto importante da taxonomia. Assim que classificamos por traços, em vez de insistir nas classes tradicionais separadas e estanques, nos encontramos face a um quadro complexo mas muito mais realístico, passível de simplificação através de

---

14. É provável que esse número diminua quando levarmos em conta a ação das regras de protótipo e da atribuição por ausência; mas ainda assim vai ser grande, com certeza.

tendências prototípicas. A evidência disponível aponta para essa solução como a abordagem mais adequada da classificação de palavras. E, como um bônus adicional, ela nos libera da necessidade de lidar com contínuos. Como disse acima, o uso dos contínuos na literatura é mais intenção do que fato quando se chega à análise de dados reais. Um exemplo recente é Næss (2007), que fala da transitividade (ou seja, valência) nos termos seguintes:

> O inglês *hit* [...] tem um objeto 'direto', feito de apenas um SN, *look* tem objeto preposicional, e *sleep* não tem objeto. [...] Esses dados sugerem que a "transitividade" pode ser uma questão de grau; exemplos [como *he thinks of the boy*] parecem ser "mais transitivos" do que orações sem nenhum SN O[bjeto], mas "menos transitivos" do que os que tratam esse SN O[bjeto] como um argumento sintático privilegiado. Em outras palavras, ser membro da categoria de "verbo transitivo" ou "oração transitiva" é graduável dependendo do grau de semelhança de um item com um exemplar central – uma estrutura de protótipo.
>
> [Næss, 2007, p. 14; inserção minha/MAP]

Como vemos, Næss se refere a "graus de semelhança", mas expressa essa gradação usando elementos discretos, ou seja, a presença de objeto, assim como a presença de um SN sem preposição. Essa análise está, no fundo, baseada em elementos discretos, não contínuos.

27.4 PROTÓTIPOS NO LÉXICO E NA GRAMÁTICA

A natureza prototípica de regras e relações pode ser avaliada de acordo com dois critérios principais. Primeiro, podemos defini-la em relação ao número total de construções da língua; ou, alternativamente, podemos defini-la em relação à porcentagem de itens lexicais (por exemplo, verbos) que sofrem uma regra prototípica particular. Os resultados podem ser significativamente diferentes, ou não. Assim, a regra **Agente<>sujeito** funciona, como vimos, para cerca de 97% das construções. Mas isso inclui construções lexicalmente menores, de modo que, quando contada no léxico, a importância dessa regra pode ser reduzida; ou, ao contrário, uma regra pode ser encontrada em poucas construções, mas que cobrem uma larga porcentagem dos verbos da língua. Os dois tipos de contagem, portanto, têm importância, e devem ser mantidos separados.

Procurei exprimir essa dupla-face da noção de protótipo na definição dada acima, a saber, um protótipo é "uma regra ou um conjunto de traços associados a uma alta proporção dos *verbos ou construções* da língua". Devemos estar preparados para encontrar ambos os tipos de protótipos; pessoalmente, tendo a acreditar que a extensão lexical é a dimensão mais importante, mas no momento não há dados suficientes para decidir a questão. Vou deixar o problema simplesmente formulado, sugerindo mais pesquisa.

27.5 PARA UMA MELHOR DEFINIÇÃO DE PROTÓTIPO

27.5.1 Uso de traços na definição

Os protótipos podem então ser definidos de maneira mais objetiva do que a que se encontra em geral na literatura, o que faz deles um instrumento útil na descrição. Por exemplo, torna-se possível formular uma boa definição de exceção – que vai ser simplesmente uma forma ou regra não prototípica. As exceções podem também ser descritas com precisão, pois é uma coisa um caso realmente único na língua (como a morfologia de *ir*), e outra um que pertence a uma classe pequena de itens excepcionais (como a morfologia de *manter, conter, obter, ter* e *reter*).

Os protótipos também ajudam a resolver algumas situações embaraçosas, como quando queremos definir uma regularidade mas um pequeno conjunto de exceções se põe no caminho. Por exemplo, um SN é prototipicamente referencial, e não pode denotar um Lugar: *a Amazônia* é uma coisa, não um lugar (*na Amazônia* é um lugar). Mas *a Amazônia* pode se referir a um Lugar, mesmo sem preposição, em

[14] Os caxinauás habitam a Amazônia.

Como isso ocorre apenas com uns poucos verbos (*habitar, ocupar*), podemos continuar afirmando que o SN é incapaz de exprimir um Lugar, com a restrição de que essa é uma regra prototípica, não categórica.

A procura de protótipos deve ser complementada por um esforço no sentido de quantificá-los a fim de avaliar exatamente sua importância na estrutura. Ficamos então liberados de qualificações vagas como "central" e "marginal", ou mesmo "mais central" e "mais marginal", que podem ser substituídas pela expressão dos traços distintivos em jogo, possibilitando a colocação de um item em uma classe em termos rigorosos. O resultado é uma concepção de como a língua funciona, em termos de taxonomia.

Essa concepção de protótipo depende da classificação em traços: voltando aos verbos irregulares, podem ser classificados de acordo com o número de formas irregulares que incluem: *perder* é irregular somente no presente do indicativo, primeira pessoa do singular e no presente do subjuntivo, ao passo que *dar* é irregular em todas as suas formas, exceto o gerúndio, particípio, futuro e condicional[15]. Passando às valências, *colher* é altamente regular porque suas diáteses são comuns a muitos outros verbos, ao passo que a valência de *cheirar*, *apanhar* e *aproximar* contém idiossincrasias que não se verificam com nenhum outro verbo. *Colher* é, portanto, valencialmente mais prototípico do que esses verbos, o que pode ser formulado com exatidão. Por outro lado, todos esses quatro verbos são morfologicamente prototípicos porque se flexionam regularmente. É a análise por traços que nos permite formular a prototipicidade com precisão.

27.5.2 Estratégia de pesquisa

A estratégia de pesquisa a ser seguida ao investigar os protótipos deve ser, em um primeiro momento, indutiva (*bottom-up*): começamos com o pressuposto (a ser corrigido depois onde necessário) de que cada item é diferente de todos os outros, e os analisamos cada um em seus termos. Quando dispusermos de um número sificiente de elementos analisados

---

15. O condicional é pitorescamente chamado "futuro do pretérito" na NGB. *Dar* tem 24 formas irregulares de um total de 39, *perder* tem apenas cinco (contando apenas formas correntes na língua falada).

podemos começar a procura de generalizações. Voltando de novo à área das valências verbais (onde já temos algum material para trabalhar), encontramos situações como a representada na lista abaixo. A lista inclui dez verbos, cada um com as diáteses em que pode ocorrer:

abaixar	ocorre em	C1, C4, C34
aumentar		C1, C4, C34
babar		C1, C2
beliscar		C1, C2
cair		C4, C26, C34, C97
cantar		C1, C2
chamar		C1, C2, C71, C78
chegar		C23, C54, C100
falir		C1, C4
ter		C8, C32, C33, C44, C113, C152, C170, Aux[16]

Nesse conjunto tão restrito de dados já se pode vislumbrar algumas tendências: a valência composta apenas de C1 e C2 se aplica a três dos dez verbos; essas mesmas duas diáteses ocorrem com *chamar*, que tem também, adicionalmente, C71 e C78. O conjunto C1, C4 se aplica a três verbos, e dois deles também têm C34. Por outro lado, o verbo *cair* tem C4 e C34, mas não C1, e além disso ocorre em duas outras diáteses, C26 e C97, que não aparecem na valência de nenhum dos outros da lista. *Chegar* e *ter* parecem ser fortemente idiossincráticos, e não têm diátese comum a nenhum dos outros verbos da lista.

Estamos evidentemente tratando de categorias sobrepostas, de várias maneiras e em vários graus – algo que pode ser descrito usando os traços,

---

16. 'Aux' marca verbos que podem ocorrer como auxiliares. A definição das diáteses não é importante para nós aqui; basta observar a variedade de tipos de valência. Os códigos (C1 etc.) são os usados no *VDBPV*, e são arbitrários.

mas não determinando grupos discretos de itens, como as classes tradicionais. Se insistirmos em procurar classes, podemos defini-las assim:

Classe A (C1, C2)   *babar beliscar cantar*
Classe B (C1, C2, C71, C78)   *chamar*
Classe C (C1, C4, C34):   *abaixar aumentar*
Classe D (C1, C4)   *falir*
Classe E (C4, C26, C34, C97)   *cair*
Classe F (C23, C54, C100)   *chegar*
Classe G (C8, C32, C33, C44, C113, C152, C170, Aux)   *ter*

O quadro é bastante complexo: sete classes para dez verbos, que ocorrem em um total de 19 diáteses (contando Aux). Pode-se argumentar que listas como essa são de pouca utilidade, mas só se persistirmos na procura de classes separadas; uma opção muito mais conveniente é colocar a ênfase nos próprios traços. Embora seja certamente cedo para conclusões, suspeito que a maioria dos traços ocorre com certa frequência, e as classes se repetem muito menos.

Os traços usados aqui têm conteúdo concreto, e se referem à ocorrência em diáteses específicas: algo que pode ser diretamente verificado sem dificuldade. Por exemplo, o fato de que *beliscar* ocorre em C1,

C1   SujV>*Agente*   V   SN>*Paciente*

[15] O Carlos beliscou o bebê.

é um fato observacional, ao passo que a colocação desse verbo em uma classe particular é resultado de teorização.

Quanto à definição das classes, algumas associações de traços são prototípicas, com ou sem o acréscimo de outros traços; e alguns conjuntos são altamente idiossincráticos e se aplicam, no limite, a apenas um verbo da língua. Já temos exemplos de ambas essas situações, a saber:

(a) a associação de C1 mais C4 é frequente entre os verbos; além disso, como vimos, mostra uma tendência a aumentar com o uso transitivo de antigos ergativos, e vice-versa. Um exemplo pode ser

[16] A enfermeira esquentou o leite.   (C1)

[17] O leite esquentou.   (C4)

(b) O largo conjunto de diáteses associadas a *ter* não ocorre com nenhum outro verbo, o que faz de *ter* um verbo único. Isso, é claro, não é novidade; mas podemos agora descrever seu caráter único em termos precisos: *ter* é o único verbo da língua que ocorre nessa lista de diáteses.

Voltando à nossa estratégia de pesquisa, podemos começar examinando cada item ou regra, para depois compará-los com outros elementos semelhantes à procura das generalizações que queremos incluir na descrição. O uso de traços distintivos nos permite fazer essa descrição em termos muito precisos e detalhados, sem multiplicar classes nem lançar mão de recursos ilícitos tais como a derivação "imprópria" e mecanismos semelhantes, cuja função é apenas preservar ideias que devem antes ser criticamente examinadas.

Concluindo

Sumário, conclusões e perspectivas

Sustentei neste livro algumas posições relativas à análise que diferem em parte do que se encontra em geral na literatura. Não se trata de um modelo de análise, nem de uma teoria da linguagem, mas de uma série de guias para a obtenção de dados, sua sistematização e análise preliminar, com vistas à futura integração em uma teoria geral desses fenômenos. A ênfase é na descrição, não na tentativa de explicação dos fatos estudados; mas, naturalmente, à medida que as diferentes questões foram examinadas, não foi possível escapar da formulação de hipóteses, ou seja, teorias – mas estas devem ser entendidas como de aplicação local, e sozinhas não autorizam generalizações mais ambiciosas. Desse modo, a análise proposta para as valências verbais vale, em um primeiro momento, para essa área da estrutura; qualquer integração com as outras áreas é apenas potencial – embora, evidentemente, desejável. Mas fica para o futuro, quando atingirmos uma compreensão mais completa e adequada dos muitos tipos de fenômenos que formam uma língua.

28.1 INTERAÇÃO DOS ESPAÇOS

Se há um princípio de alcance mais geral entre os que são adotados aqui é o da interação dos espaços formal e cognitivo. O exame dos fenômenos gramaticais considerados mostra que as regras precisam lançar mão de informação formal (morfossintática) e semântica (cognitiva), sendo que, com frequência, os espaços se sucedem, uma regra formal dependendo de informação semântica para sua aplicação, ou vice-versa. Para acomodar essa interação é preciso adotar um modelo no qual toda a informação é disponível de maneira simultânea, sem a ordenação de componentes e regras que é proposta, por exemplo, nos modelos gerativos tradicionais.

Por outro lado, cada asserção gramatical deve continuar sendo estritamente classificável como formal, semântica ou simbólica, de modo que os espaços não se confundem, embora sua aplicação se faça de maneira às vezes intercalada. Um exemplo é a determinação do núcleo do SN, que se faz com base em propriedades semânticas dos itens envolvidos, mas tem consequências formais como o controle da concordância nominal e a ordem de certos elementos do sintagma.

Procuro representar na análise um fato importante do funcionamento da linguagem; a saber, o recurso constante não apenas à estrutura e vocabulário de uma língua, mas também ao conhecimento de mundo que é pressuposto como sendo comum ao emissor e ao receptor. O que o sinal linguístico faz é basicamente fornecer indicações a serem elaboradas em termos de conhecimento do mundo, de modo a levar à construção de uma representação cognitiva que é o verdadeiro objetivo da produção dos atos de fala. Em todos os estágios da análise, portanto, é preciso ter em mente essa interação, que se integra através de sua finalidade de possibilitar a recriação, na mente do receptor, da mensagem originada na mente do emissor.

28.2 VALÊNCIA VERBAL

No que diz respeito à análise das valências, e contra uma série de crenças comuns na literatura, apresentei aqui argumentação e evidência de que:

O verbo não é o único responsável pela atribuição de relações temáticas. Muito ao contrário, vimos que existe um conjunto bastante amplo de recursos para a atribuição, dos quais a valência do verbo é apenas uma parte. Vimos a ação de mecanismos como a atribuição por ausência, regras de protótipo, relações de emparelhamento de RTEs, a ocorrência de itens lexicais tematicamente transparentes, de papel semântico como parte do significado do verbo, além da ocorrência de construções complexas e leves. O resultado é sempre a associação de RTEs a outros elementos da cognição, conectando os esquemas entre eles e construindo uma representação cognitiva que constitui aquilo que se entende a partir das formas linguísticas transmitidas.

As relações temáticas não são todas do mesmo nível (os chamados papéis semânticos). Em vez disso, vimos que é necessário distinguir relações temáticas em dois níveis de análise: papéis semânticos, que são parte da estrutura da língua, e RTEs (relações temáticas elaboradas), que são parte dos esquemas, e se originam da elaboração dos papéis semânticos, ou então são diretamente atribuídas aos complementos da oração. Aqui evidencia-se a função do processo de elaboração, que é o que estabelece a conexão entre unidades e relações gramaticais e os elementos cognitivos que formam a compreensão. A representação cognitiva inclui RTEs, mas não papéis semânticos, que só aparecem através de suas elaborações em termos de RTEs.

As diáteses incluem apenas os complementos cuja forma, obrigatoriedade e/ou relação temática é governada pelo verbo. Isso exclui sintagmas tematicamente transparentes, como *amanhã*, que podem veicular apenas uma relação temática, assim como termos cuja relação temática é governada por regras de algum tipo, como as regras de protótipo. É necessário consignar na diátese também os casos de ocorrência obrigatória, como em *essa torta é uma delícia*, porque se trata de exigência do verbo *ser*, que nunca ocorre sem complemento. Essas condições obedecem ao princípio de que a valência de um verbo é parte de sua classificação.

Pode-se acrescentar que a ocorrência ou não na diátese não é o mesmo que a dicotomia tradicional adjunto-complemento, que não parece ser necessária na análise.

A **classificação valencial dos verbos segundo o *número* de seus complementos (verbos avalentes, monovalentes, divalentes, trivalentes) é dispensável**. Primeiro, porque a própria lista de diáteses de cada verbo nos fornece o número de complementos; e, segundo, porque muitos verbos, talvez a maioria, ocorrem em várias diáteses, com número variável de complementos, o que inviabiliza esse tipo de classificação. Por isso mesmo, não existem verbos "transitivos" etc.; no máximo, pode-se dizer que um verbo *pode* ocorrer na construção transitiva (com sujeito Agente e objeto Paciente), mas normalmente cada verbo ocorre em várias construções.

Não se usa o recurso da homonímia de verbos, como *passar$_1$*, *passar$_2$* etc. Em vez disso, parte-se da representação fonológica de cada verbo, incluindo eventuais distinções gramaticais ou semânticas em seus respectivos níveis. Isso é motivado pela observação de que, qualquer que seja a sintaxe ou a semântica de um verbo, seu processamento tem início na percepção de uma sequência fonológica (na verdade, fonética); e a distinção, como em *passei a camisa*, *passei mal* e *passei pela praça*, é feita com base no contexto sintático e/ou semântico. Assim, *passar* é um verbo apenas, embora se associe a traços valenciais e cognitivos variados segundo o contexto.

28.3 TAXONOMIA DAS UNIDADES

Tratei neste livro de outro tema fundamental, a taxonomia das unidades; procurei estabelecer alguns princípios básicos, relacionados aos objetivos da descrição gramatical. Mas vale observar que a taxonomia vai bem além disso – as unidades se distinguem também quanto a propriedades semânticas intrínsecas que, mesmo quando não têm decorrência no campo da lexicogramática, são relevantes para a compreensão geral do discurso.

Na área que estudamos, gostaria de ressaltar mais uma vez a necessidade de basear a descrição em traços distintivos, um recurso muito mais adequado do que as classes tradicionais para descrever o comportamento das unidades, sejam elas palavras, lexemas, sintagmas ou fonemas. Esse é um princípio já bem-estabelecido na área fonológica, pelo menos desde os anos 1930, mas sua aplicação à área gramatical tem sido pouco mais que ocasionais manifestações de intenção; aqui procurei mostrar como se pode trabalhar com traços distintivos, insistindo que apenas assim se torna possível abordar os fenômenos gramaticais de maneira detalhada e teoricamente correta. E acrescento que os resultados revelam uma estrutura de grande complexidade, envolvendo não apenas a interação constante dos espaços, mas ainda uma variedade de traços relativos à ordenação dos constituintes, à valência dos verbos e de outros lexemas, e em geral à estrutura gramatical e sua relação com a representação cognitiva resultante.

28.4 DEFINIÇÃO DAS RELAÇÕES TEMÁTICAS

Finalmente, gostaria de mencionar a ênfase na necessidade de definir com clareza as relações temáticas utilizadas na análise. Elas devem ser definidas de maneira intuitivamente acessível, como quando se diz que o Paciente é uma entidade que muda de estado por efeito do evento denotado pelo verbo. Embora essa necessidade possa parecer óbvia, nem sempre é levada em conta, levando a extremos como, por um lado, o uso das relações sem nenhum esforço de defini-las e, por outro lado, a definição em termos não semânticos, como se verifica no dicionário de valências do tcheco (Straňáková-Lopatková *et al.*, internet), que define o Agente como sendo sempre idêntico ao sujeito, independentemente de seu significado. Aqui procurei definir as relações temáticas em termos de significado, seguindo a importante recomendação de Jackendoff, que repito aqui:

> Dada a importância [das relações temáticas], é crucial descobrir o que elas realmente são, de modo que possam ter uma vida independente por elas mesmas.

> Precisamos garantir que não as estamos invocando como uma carta na manga disfarçada, para atender às exigências da sintaxe.
>
> [Jackendoff, 1987, p. 371]

A atenção prestada a esses importantes pontos resulta, não em uma teoria da linguagem, que, como disse ainda, estamos longe de atingir, mas em um conjunto de guias a serem seguidas no trabalho de análise da estrutura da língua, ainda incipiente mas fundamental, que nos espera no futuro próximo.

Epílogo
Língua e conhecimento do mundo

Uma concepção do funcionamento da língua vai se desenhando gradualmente à medida que progride nosso conhecimento de muitos fenômenos que um dia foram considerados puramente gramaticais. Essa concepção inclui a ideia de que o sinal linguístico, representado pela estrutura lexicogramatical, não faz mais do que fornecer indicações do que se quer comunicar; a representação cognitiva construída pelo receptor nunca se limita a essas indicações. A comunicação entre pessoas enfrenta um grande e sério problema, relacionado com a riqueza e complexidade do que se quer comunicar, frente aos escassos recursos disponíveis na língua. A solução encontrada ao desenvolver o sistema de comunicação que utilizamos foi a de partir de um código meio precário quanto àquilo que consegue transmitir, e confiar em que o receptor use as indicações veiculadas com uso do código, relacionando-as com seu conhecimento do mundo, a fim de construir uma representação aceitável da mensagem que se procura transmitir. Podemos parafrasear uma passagem citada anteriormente[1], e dizer que compreender um enunciado é tanto uma questão de extrair significado da sentença quanto de colocar significado nela para construir a representação cognitiva.

---

1. Smith (1978), citado na seção 1.2.

Quando alguém diz

[1] Meu gato fugiu de casa.

Alguns aspectos do significado literal podem depender de conhecimento do mundo, como a atribuição de "lugar de onde" ao sintagma *de casa*, que depende do que sabemos sobre casas; de fosse *de tênis amarelo*, a relação temática teria que ser outra, e a diferença decorre do conteúdo dos esquemas CASA e TÊNIS.

Além disso, o receptor fica sabendo não apenas aquilo que foi efetivamente dito, mas ainda muitas informações não presentes da frase, como

(a) o gato praticou a ação de fugir;

(b) o gato estava em casa;

(c) o gato deixou de estar em casa;

(d) o gato se deslocou de um lugar para outro;

(e) isso se deu por iniciativa do próprio gato, e não por instigação do dono;

(f) havia algum tipo de proibição de que o gato se ausentasse;

(g) fugir "de casa" não significa apenas distanciar-se de um edifício, mas afastar-se de um lugar onde o gato morava, ou onde tinha a obrigação de ficar;

sem mencionar deduções menos formais, como a de que "esse gato devia estar sendo maltratado na casa", "alguém deixou uma porta aberta" etc.

Todas essas informações, longe de serem parte do significado da sentença, são *acrescentadas* pelo receptor, baseando-se em seu conhecimento do que vem a ser FUGIR (um esquema). O resultado é a representação cognitiva ou **RC**, que é um complexo de vários esquemas, que se articulam seguindo as indicações fornecidas pela sentença, e também seguindo princípios de fechamento que garantem que o resultado faça sentido em termos do que conhecemos do mundo. A RC é um complexo de informações, algumas de origem linguística, outras provenientes de conhecimento do mundo, e mais algumas geradas através de operações lógicas, que se integram em um sistema cognitivo coerente.

Outro exemplo foi visto no capítulo 12, em conexão com a frase

[2] A velhinha vivia de sopa.

Ali comentei que se a velhinha vive de sopa precisa consumi-la; mas isso não é parte da asserção da sentença, e só vem por inferência. Ou seja, não se marca *a velhinha* como Agente, mesmo porque o verbo, *viver*, não exprime ação. No entanto, o receptor precisa acrescentar à RC a informação de que a velhinha praticava a ação de tomar a sopa, porque de outro modo a RC seria deficiente de sentido.

É claro que se quiséssemos incluir *toda* a informação percebida na estrutura sentencial, esta se tornaria proibitivamente longa e complexa, a ponto de tornar a comunicação inviável, pois poderia exceder a capacidade de processamento (para não falar da paciência) da mente dos receptores. A solução encontrada pela espécie humana permite comunicar mensagens de maneira eficaz e econômica.

Referências

ADESSE. *Alternancias de diátesis y esquemas sintáctico-semánticos del español*. Disponível em: http://adesse.uvigo.es>

ALLERTON, D.J. *Valency and the English verb*. Londres: Academic Press, 1982.

ANDOR, J. The master and his performance: An interview with Noam Chomsky. *Intercultural Pragmatics*, 1(1), p. 93-111, 2004.

BAYLEY, C.J.; SHUY, R. (orgs.). *New ways of analyzing variation in English*. Washington: Georgetown University Press, 1973.

BECHARA, E. *Moderna gramática portuguesa*. Rio de Janeiro: Nova Fronteira, 2009.

BELLO, A. *Gramática de la lengua castellana* [1847]. Buenos Aires: Sopena, 1970.

BENNETT, D.C. *Spatial and Temporal Uses of English Prepositions*. Londres: Longman, 1975.

BERLIN, B.; KAY, P. *Basic color terms: Their universality and evolution*. Berkeley: University of California Press, 1969.

BESSA, R. Próprio, certo e qualquer. *In*: PERINI, M.A. et al. O sintagma nominal em português: estrutura, significado e função. *Revista de Estudos da Linguagem*, n. esp., ano 5, 1996.

BHAT, D.N.S. *The adjectival category: Criteria for differentiation and identification*. Amsterdã: John Benjamins, 1994.

BLANCHE-BENVENISTE, C.; DEULOFEU, J.; STÉFANINI, J.; EYNDE, K. *Pronom et syntaxe – L'approche pronominale et son application au français*. Paris: Selaf, 1984.

BLOOMFIELD, L. *Language*. Londres: George Allen & Unwin, 1933.

BOLINGER, D. Adjectives in English: attribution and predication. *Lingua*, 18, p. 1-34, 1967.

BORBA, F.S. (org.). *Dicionário Gramatical de Verbos do Português Contemporâneo do Brasil*. São Paulo: Unesp, 1990.

BORGES NETO, J. *Adjetivos: predicados extensionais e predicados intensionais*. Campinas: Unicamp, 1991.

BOSQUE, I. *Las categorías gramaticales: relaciones y diferencias*. Madri: Síntesis, 1989.

BOSQUE, I.; DEMONTE, V. (orgs.). *Gramática descriptiva de la lengua española*. Madri: Espasa, 1999.

BROCKMAN, J. (org.). *The third culture*. Nova York: Touchstone, 1995.

BUGARSKI, R. On the interrelatedness of grammar and lexis in the structure of English. *Lingua*, 19, p. 233-263, 1968.

BUSSE, W. (org.). *Dicionário Sintáctico de Verbos Portugueses*. Coimbra: Almedina, 1994.

BYBEE, J.; MODER, C.L. Morphological classes as natural categories. *Language*, 59, p. 251-270, 1983.

CAMARA JR., J.M. *Estrutura da língua portuguesa*. Petrópolis: Vozes, 1970.

CAMARA JR., J.M. *Dicionário de Linguística e Gramática*. Petrópolis: Vozes, 1977.

CANÇADO, M. *Manual de semântica*. Belo Horizonte: UFMG, 2005.

CANN, R. Patterns of headedness. *In*: CORBETT, G.G.; FRASER, N.M.; MCGLASHAN, S. (orgs.). *Heads in grammatical theory*. Cambridge: Cambridge University Press, 1993.

CARVALHO, A. *Dicionário de Regência Nominal Portuguesa*. Belo Horizonte: Garnier, 2007.

CARVALHO, J.M.R. *Valência dos verbos de conhecimento do português brasileiro*. Dissertação de mestrado. Belo Horizonte: UFMG, 2012.

CASTELEIRO, J.M. *Sintaxe transformacional do adjectivo*. Lisboa: Inic, 1981.

CASTELFRANCHI, C.; PARISI, D. *Linguaggio, conoscenze e scopi*. Bolonha: Il Mulino, 1980.

CHAFE, W.L. *Meaning and the structure of language*. University of Chicago Press, 1970.

CHOMSKY, N. *Aspects of the Theory of Syntax*. Cambridge: MIT Press, 1965.

CHOMSKY, N. *The Minimalist Program*. Cambridge: MIT Press, 1995.

CHOMSKY, N.; HALLE, M. *The sound pattern of English*. Nova York: Harper & Row, 1968.

CLARK, H.H.; LUCY, P. Understanding what is meant from what is said: a study in conversationally conveyed requests. *Journal of Verbal Learning and Verbal Behavior* 14, p. 56-72, 1975.

COFER, C.N. (org.). *The Structure of Human Memory*. São Francisco: W.H. Freeman and Company, 1975.

COLE, P. (org.). *Syntax and Semantics 8: Grammatical Relations*. Nova York: Academic Press, 1977.

COLE, P.; MORGAN, J. (orgs.). *Syntax and semantics – Vol. 3: Speech acts*. Nova York: Academic Press, 1975.

CORBETT, G.G.; FRASER, N.M.; MCGLASHAN, S. (orgs.). *Heads in grammatical theory*. Cambridge: Cambridge University Press, 1993.

COUTO, M.M.L. *O estudo das valências verbais aplicado às construções de comunicação do português brasileiro*. Dissertação de mestrado. UFMG, 2017.

CROFT, W. *Syntactic categories and grammatical relations*. University of Chicago Press, 1991.

CULICOVER, P.W.; JACKENDOFF, R.S. *Simpler Syntax*. Oxford: Oxford University Press, 2005.

CUNHA, C.F. *Gramática da língua portuguesa*. Rio de Janeiro: Fename, 1976.

CUNHA, M.A.F. (org.). *A gramática da oração: diferentes olhares*. Natal: EDUFRN, 2015.

DARWIN, C.R. *Darwin correspondence project*. Disponível em: darwinproject.ac.uk

DASCAL, M. Defending literal meaning. *Cognitive Science*, 11, p. 259-281, 1987.

DAVIES, M.; PRETO-BAY, A.M.R. *Frequency Dictionary of Portuguese*. Nova York: Routledge, 2008.

DEMONTE, V. El adjetivo: clases y usos – La posición del adjetivo en el sintagma nominal. *In*: BOSQUE, I.; DEMONTE, V. (orgs.). *Gramática descriptiva de la lengua española*. Madri: Espasa, 1999.

DE SANTIS, C. *Che cos'è la grammatica valenziale*. Roma: Carocci, 2016.

DEUTSCHER, G. *Through the language glass: Why the world looks different in other languages*. Nova York: Metropolitan Books, 2010.

DIK, S.C. *Studies in Functional Grammar*. Londres: Academic Press, 1980.

DIK, S.C. *The Theory of Functional Grammar*. Dordrecht: Foris, 1989.

DOWTY, D. Thematic proto-roles and argument selection. *Language*, 67 (3), 1991.

EYNDE, K.; MARTENS, P. La valence: l'approche pronominale et son application au lexique verbal. *French Language Studies*, Cambridge, 13, p. 63-104, 2003.

EYNDE, K.; MARTENS, P. *Le Dictionnaire de Valence – Dicovalence: manuel d'utilisation*, 2010. Disponível em: bach.arts.kuleuven.be/dicovalence/manuel_061117.pdf>

FAULHABER, S. *Verb Valency Patterns – A Challenge for Semantic-based Accounts*. Berlim: De Gruyter Mouton, 2011.

FERNANDES, F. *Dicionário de Verbos e Regimes*. Rio de Janeiro: Globo, 1942.

FERNANDES, F. *Dicionário de Regimes de Substantivos e Adjetivos*. Rio de Janeiro: Globo, 1950.

FERNÁNDEZ SORIANO, O. 1999. El pronombre personal: formas y distribuciones – Pronombres átonos y tónicos. *In*: BOSQUE, I.; DEMONTE, V. (orgs.). *Gramática descriptiva de la lengua española*. Madri: Espasa, 1999.

FERRAREZI, C.; TELES, I.M. *Gramática do brasileiro*. São Paulo: Globo, 2008.

FILLMORE, C.J. The grammar of *hitting* and *breaking*. *In*: JACOBS, R.; ROSENBAUM, P. (orgs.). *Readings in English transformational grammar*. Ginn & Company, 1970 [Reproduzido em FILLMORE, C.J. *Form and meaning in language*. Stanford: CSLI, 2003].

FILLMORE, C.J. The case for case reopened. *In*: COLE, P. (org.). *Syntax and Semantics 8: Grammatical Relations*. Nova York: Academic Press, 1977.

FILLMORE, C.J. Innocence: a second idealization for linguistics. *Berkeley Linguistic Society*, 5, p. 63-76, 1979.

FILLMORE, C.J. *Form and meaning in language*. Stanford: CSLI, 2003.

FONAGY, I. 1982. He is only joking. *In*: KIEFER, F. (org.). *Hungarian general linguistics*. Amsterdã: John Benjamins, 1982.

Framenet. Disponível em: http://framenet.icsi.berkeley.edu

FRANCHI, C. Teoria da adjunção: predicação e relações "temáticas". *Revista de Estudos da Linguagem*, Belo Horizonte, v. 11, n 2, 2003.

FRASER, N.M.; CORBETT, G.G.; MCGLASHAN, S. Introduction. *In*: CORBETT, G.G.; FRASER, N.M.; MCGLASHAN, S. (orgs.). *Heads in grammatical theory.* Cambridge: Cambridge University Press, 1993.

FRAWLEY, W. *Linguistic semantics.* Hillsdale: Lawrence Erlbaum, 1992.

FULGÊNCIO, L. *O problema da interpretação dos elementos anafóricos.* Dissertação de mestrado. Belo Horizonte: UFMG, 1983.

FULGÊNCIO, L. Il lessico della regenza preposizionale verbale in italiano – Casi di collocazione. *Perusia,* n. 7, p. 83-94, 2006.

FULGÊNCIO, L. *Expressões fixas e idiomatismos do português brasileiro.* Tese de doutorado. Belo Horizonte: PUCMinas, 2008.

FULGÊNCIO, L. *Dicionário de Expressões Fixas e Idiomatismos do Português* [inédito].

GEERAERTS, D. A rough guide to cognitive linguistics. *In*: GEERAERTS, D. (org.). *Cognitive linguistics: Basic readings.* Berlim: Mouton De Gruyter, 2006.

GEERAERTS, D. (org.). *Cognitive linguistics: Basic readings.* Berlim: Mouton De Gruyter, 2006.

GLEASON JR., H.A. *Workbook in descriptive linguistics.* Nova York: Holt, Rinehart and Winston, 1955.

GOLDBERG, A.E. *Constructions – A construction grammar approach to argument structure.* The University of Chicago Press, 1995.

GOLDBERG, A.E. *Constructions at work – The nature of generalization in language.* Oxford University Press, 2006.

GOLDBERG, A.E.; JACKENDOFF, R.S. The English resultative as a family of constructions. *Language,* 80 (3), 2004.

GONZÁLEZ-MÁRQUEZ, M.; MITTELBERG, I.; COULSON, S.; SPIVEY, M.J. (orgs.). *Methods in cognitive linguistics.* Amsterdã: John Benjamins, 2007.

GOUGENHEIM, G. Y a-t-il des prépositions incolores en français? *Le Français Moderne,* 27 (1), 1959.

GREGORY, R.L. *Eye and brain: the psychology of seeing.* Nova York: McGraw-Hill, 1966.

GRICE, P. Logic and conversation. *In*: COLE, P.; MORGAN, J. (orgs.). *Syntax and semantics – Vol. 3: Speech acts.* Nova York: Academic Press, 1975.

GROSS, M. *Méthodes en syntaxe.* Paris: Hermann, 1975.

HAEGEMAN, L. *Introduction to government & binding theory*. Oxford: Blackwell, 1991.

HALLIDAY, M.A.K. Categories in a theory of grammar. *Word*, 17 (3), 1961.

HARRIS, Z.S. *Structural linguistics*. University of Chicago Press, 1951.

HARTSHORNE, J.K.; SNEDEKER, J. Verb argument structure predicts implicit causality: the advantages of finer-grained semantics. *Language and Cognitive Processes*, 28, 2013.

HERBST, T.; GÖTZ-VOTTELER, K. (orgs.). *Valency: Theoretical, Descriptive and Cognitive Issues*. Berlim: Mouton De Gruyter, 2007.

HIRSCH JR., E.D. *Cultural Literacy: What every American Needs to Know*. Nova York: Vintage Books, 1987.

HOGAN, J.P. *Inherit the stars*. Nova York: Ballantine Books, 1977.

JACKENDOFF, R.S. *Semantic Interpretation in Generative Grammar*. Cambridge: MIT Press, 1972.

JACKENDOFF, R.S. The status of thematic relations in linguistic theory. *Linguistic Inquiry*, 18 (3), 1987.

JACKENDOFF, R.S. *Semantic Structures*. Cambridge: MIT Press, 1990.

JACKENDOFF, R.S. *Foundations of language*. Oxford University Press, 2002.

JACKENDOFF, R.S. *Meaning and the lexicon: The parallel architecture*. Oxford University Press, 2010.

JACOBS, R.; ROSENBAUM, P. (orgs.). *Readings in English transformational grammar*. Ginn & Company, 1970.

JESPERSEN, O. *The philosophy of grammar*. Londres: Allen & Unwin, 1924.

KEMP, J.A. *John Wallis's Grammar of the English language*. Londres: Longman, 1972.

KEMPTON, W. *The folk classification of ceramics: A study of cognitive prototypes*. Nova York: Academic Press, 1981.

KIEFER, F. (org.). *Hungarian general linguistics*. Amsterdã: John Benjamins, 1982.

KLOTZ, M. Valency rules? – The case for verbs with propositional complements. *In*: HERBST, T.; GÖTZ-VOTTELER, K. (orgs.). *Valency: Theoretical, Descriptive and Cognitive Issues*. Berlim: Mouton De Gruyter, 2007.

KOUTSOUDAS, A. *Writing transformational grammars: an introduction*. Nova York: McGraw-Hill, 1965.

LABOV, W. The boundaries of words and their meanings. *In*: BAYLEY, C.J.; SHUY, R. (orgs.). *New ways of analyzing variation in English*. Washington: Georgetown University Press, 1973.

LANGACKER, R.W. *Foundations of Cognitive Grammar – Vol. I: Theoretical Prerequisites*. Stanford: Stanford University Press, 1987.

LANGACKER, R.W. *Foundations of Cognitive Grammar – Vol. II: Descriptive Application*. Stanford: Stanford University Press, 1991a.

LANGACKER, R.W. *Concept, image, and symbol: The cognitive basis of grammar*. Berlim: Mouton De Gruyter, 1991b.

LANGACKER, R.W. *Cognitive Grammar – A Basic Introduction*. Oxford University Press, 2008.

LAPOINTE, S.G. *A theory of grammatical agreement*. Tese de doutorado. Amherst: University of Massachusetts, 1980.

LAUNEY, M. *Introducción a la lengua y a la literatura náhuatl*. México: Unam, 1992.

LEVIN, B. *English verb classes and alternations*. University of Chicago Press, 1993.

LEVIN, B. Verb classes within and across languages. *In*: MALCHUKOV, A.; COMRIE, B. (orgs.). *Valency classes in the world's languages*. Berlim: Mouton De Gruyter, 2015.

LEVIN, B.; HOVAV, M.R. *Argument realization*. Cambridge University Press, 2005.

LEVY, P. *Las completivas objeto en español*. El Colegio de México, 1983.

LI, C.N. (org.). *Subject and topic*. Nova York: Academic Press, 1976.

LI, C.N.; THOMPSON, S.A. Subject and topic: a new typology of language. *In*: LI, C.N. (org.). *Subject and topic*. Nova York: Academic Press, 1976.

LIBERATO, Y.G. Alterações vocálicas em final de palavra e a regra de palatalização. *In*: LIBERATO, Y.G.; PERINI, M.A. (orgs.). *Ensaios de linguística*. Belo Horizonte: UFMG, 1978.

LIBERATO, Y.G. *A estrutura do SN em português: uma abordagem cognitiva*. Tese de doutorado. UFMG, 1997.

LIBERATO, Y.G.; PERINI, M.A. (orgs.). *Ensaios de linguística*. Belo Horizonte: UFMG, 1978.

LIMA, B.A.F. *Verbos de vitória e derrota em português*. Dissertação de mestrado. PUC-Minas, 2007.

LIMA, M.L.C.; PINHA, V.; PERINI, M.A. *Relações temáticas nucleares e periféricas: um estudo experimental* [inédito].

LOREDO NETA, M. *Objeto direto: condições de omissão no português do Brasil.* Tese de doutorado. Belo Horizonte: UFMG, 2014.

MALCHUKOV, A.; COMRIE, B. (orgs.). *Valency classes in the world's languages.* Berlim: Mouton De Gruyter, 2015.

MAZUR, L. *Verbos incoativos em português: um estudo de suas valências.* Dissertação de mestrado. PUC-Minas, 2006.

MERRIFIELD, W.R.; NAIS, C.M.; RENSCH, C.R.; STORY, G. *Laboratory manual for morphology and syntax.* Santa Ana: Sil, 1967.

MINSKY, M. Smart machines. *In*: BROCKMAN, J. (org.) *The Third Culture.* Nova York: Touchstone, 1995.

MOURA, H. Frames e alternâncias sintáticas – Como o metafórico depende do literal. *In*: MOURA, H. *et al.* (orgs.). *Cognição, léxico e gramática.* Florianópolis: Insular, 2012.

MÜLLER, A.L.; NEGRÃO, E.; FOLTRAN, M.J. (orgs.). *Semântica formal.* São Paulo: Contexto, 2003.

NÆSS, Å. *Prototypical transitivity.* Amsterdã: John Benjamins, 2007.

NEBRIJA, A. *Gramática de la lengua castellana* (1492). Madri: A. Quilis, 1980.

NEVES, M.H.M. *Gramática de usos do português.* São Paulo: Unesp, 1999.

NORMAN, D.A.; BOBROW, D.G. On the role of active memory processes in perception and cognition. *In*: COFER, C.N. (org.). *The Structure of Human Memory.* São Francisco: W.H. Freeman and Company, 1975.

NORMAN, D.A. *Perspectives on cognitive science.* Norwood: Ablex, 1981.

Novo Dicionário Aurélio da Língua Portuguesa. Rio de Janeiro: Nova Fronteira, 1986.

OLIVEIRA, A.A. *Relações semântico-cognitivas no uso da preposição "em" no português do Brasil.* Tese de doutorado. Belo Horizonte: UFMG, 2009.

ORTONY, A. (org.). *Metaphor and thought.* Cambridge: Cambridge University Press, 1979.

PAWLEY, A.; SYDER, F.H. Two puzzles for linguistic theory: nativelike selection and nativelike fluency. *In*: RICHARDS, J.C.; SCHMIDT, R.W. (orgs.). *Language and Communication.* New York: Longman, 1983.

PERINI, M.A. *A gramática gerativa: introdução ao estudo da sintaxe portuguesa*. Belo Horizonte: Vigília, 1976.

PERINI, M.A. Expressões linguísticas e a noção de "esquema". *Cadernos de Estudos Linguísticos*, Campinas, v. 14, p. 13-26, 1988.

PERINI, M.A. *Modern Portuguese: a reference grammar*. New Haven: Yale University Press, 2002.

PERINI, M.A. *Estudos de gramática descritiva: as valências verbais*. São Paulo: Parábola, 2008.

PERINI, M.A. *Describing Verb Valencies: Practical and Theoretical Issues*. Cham: Springer, 2015.

PERINI, M.A. *Gramática descritiva do português brasileiro*. Petrópolis: Vozes, 2016.

PERINI, M.A. *Thematic relations: a study in the grammar-cognition interface*. Cham: Springer, 2019.

PERINI, M.A. *Function and class in linguistic description: The taxonomic foundations of grammar*. Londres: Palgrave Macmillan, 2021.

PERINI, M.A. *Thematische Rollen und Relationen: Eine Studie über die Schnittstelle zwischen Grammatik und Kognition*. Berlim: Springer, 2023.

PERINI, M.A. *Dictionary of Verb Valencies of Brazilian Portuguese (VDBPV)* [em elab.].

PERINI, M.A.; OTHERO, G.A. Córpus, introspecção e o objeto da descrição gramatical. *Signo*, Santa Cruz do Sul, v. 35, n. 59, 2011.

PERINI, M.A. et al. O sintagma nominal em português: estrutura, significado e função. *Revista de Estudos da Linguagem*, n. esp., ano 5, 1996.

PEZZATI, E. (org.). *Pesquisas em gramática funcional*. São Paulo: Unesp, 2009.

PIMENTA-BUENO, M.N.S. As formas [V+do] em português: um estudo de classes de palavras. *Delta*, 2 (2), p. 207-230, 1986.

PINKER, S. Language is a human instinct. *In*: BROCKMAN, J. (org.). *The third culture*. Nova York: Touchstone, 1995.

PLAIS, P.P.O. *A valência do verbo colocar e as diáteses de colocação*. Dissertação de mestrado. UFMG, 2017.

PONTES, E. 1965. *Estrutura do verbo no português coloquial*. Dissertação de mestrado. UnB, 1965.

PONTES, E. *Sujeito: da sintaxe ao discurso*. São Paulo: Ática, 1986.

PONTES, E. *O tópico no português do Brasil*. Campinas: Pontes, 1987.

PONTES, E. *Espaço e tempo na língua portuguesa*. Campinas: Pontes, 1992.

PUSTEJOVSKY, J. *The Generative Lexicon*. Cambridge: MIT Press, 1995.

REID, W. *Verb & noun number in English*. Londres: Longman, 1991.

RICHARDS, J.C.; SCHMIDT, R.W. (orgs.). *Language and Communication*. New York: Longman, 1983.

ROSCH, E. Natural categories. *Cognitive Psychology*, 4, p. 328-350, 1973.

ROSCH, E. Cognitive representations of semantic categories. *Journal of Experimental Psychology: General*, 104, p. 192-233, 1975.

ROSCH, E. Principles of categorization. *In*: ROSCH, E.; LLOYD, B.B. (orgs.). *Cognition and Categorization*. Hillsdale: Lawrence Erlbaum, 1978.

ROSCH, E.; LLOYD, B.B. (orgs.). *Cognition and Categorization*. Hillsdale: Lawrence Erlbaum, 1978.

ROSENBAUM, P.S. *The grammar of English predicate complement constructions*. Cambridge: MIT Press, 1967.

ROSS, J.R. The category squish: Endstation Hauptwort. *Papers from the Eighth Regional Meeting*. Chicago: Chicago Linguistic Society, 1972.

RUMELHART, D.E. Schemata: the building blocks of cognition. *In*: SPIRO, R.J. et al. (orgs.). *Theoretical issues in reading comprehension*. Hilldale: Lawrence Erlbaum, 1980.

RUMELHART, D.E.; ORTONY, A. The representation of knowledge in memory. *In*: SPIRO, R.J.; MONTAGUE, W.E. (orgs.). *Schooling and the acquisition of knowledge*. Hillsdale: Lawrence Erlbaum, 1976.

RUPPENHOFER, J. et al. *Framenet II: Extended Theory and Practice*, 2006. Disponível em Framenet.icsi.berkeley.edu

SADOCK, J.M. Figurative speech and linguistics. *In*: ORTONY, A. (org.). *Metaphor and thought*. Cambridge: Cambridge University Press, 1979.

SALVI, G.; VANELLI, L. *Grammatica essenziale di riferimento della lingua italiana*. Istituto Geografico De Agostini, 1992.

SANTANA, L. Nominalizações como construções valenciais. *In*: PEZZATI, E. (org.). *Pesquisas em gramática funcional*. São Paulo: Unesp, 2009.

SAUSSURE, F. *Cours de linguistique générale*. Paris: Payot, 1916.

SCHANK, R.C. 1981. Language and memory. *In*: NORMAN, D.A. *Perspectives on cognitive science*. Norwood: Ablex, 1981.

SCHER, A.P. (2003) Quais são as propriedades lexicais de uma construção com verbo leve?" *In*: MÜLLER, A.L.; NEGRÃO, E.; FOLTRAN, M.J. (orgs.). *Semântica formal*. São Paulo: Contexto, 2003.

SCHLESINGER, I.M. The Experiencer as an Agent. *Journal of Memory and Language*, 31, p. 315-332, 1992.

SCHLESINGER, I.M. *Cognitive space and linguistic case: semantic and syntactic categories in English*. Cambridge University Press, 1995.

SEKI, L. *Gramática do kamaiurá: língua tupi-guarani do Alto Xingu*. Campinas: Unicamp, 2000.

SELLS, P. *Lectures on Contemporary Syntactic Theories*. Stanford: CSLI, 1985.

SHIBATANI, M.; THOMPSON, S.A. (orgs.). *Grammatical Constructions: Their Form and Meaning*. Oxford, Clarendon Press, 1996.

SMITH, F. *Understanding reading*. Nova York: Holt, Rinehart and Winston, 1978.

SPIRO, R.J. et al. (orgs.). *Theoretical issues in reading comprehension*. Hilldale: Lawrence Erlbaum, 1980.

SPIRO, R.J.; MONTAGUE, W.E. (orgs.). *Schooling and the acquisition of knowledge*. Hillsdale: Lawrence Erlbaum, 1976.

STRAŇÁKOVÁ-LOPATKOVÁ, M.; REZNCKOVA, V.; ZABOKRTSKÝ, Z. *Valency Lexicon for Czech: from Verbs to Nouns*. Praga: Center for Computational Linguistics/Charles University. Disponível em: http://ufal.mff.cuni.cz

TAGNIN, S.O. *Expressões idiomáticas e convencionais*. São Paulo: Ática, 1989.

TAGNIN, S.O. *O jeito que a gente diz*. Barueri: Disal, 2013.

TALMY, L. The windowing of attention in language. *In*: SHIBATANI, M.; THOMPSON, S.A. (orgs.). *Grammatical Constructions: Their Form and Meaning*. Oxford, Clarendon Press, 1996.

TALMY, L. *Toward a cognitive semantics – Vol I: Concept structuring systems*. Cambridge: MIT, 2000.

TALMY, L. Foreword. *In*: GONZÁLEZ-MÁRQUEZ, M.; MITTELBERG, I.; COULSON, S.; SPIVEY, M.J. (orgs.). *Methods in cognitive linguistics*. Amsterdã: John Benjamins, 2007.

TAYLOR, J.R. *Linguistic categorization*. Oxford University Press, 1989.

TAYLOR, J.R. *Cognitive grammar*. Oxford University Press, 2002.

TESNIÈRE, L. *Eléments de syntaxe structurale*. Paris: Klincksieck, 1959.

TRASK, R.L. *A Dictionary of Grammatical Terms in Linguistics*. Londres: Routledge, 1992.

TYLER, A.; EVANS, V. *The semantics of English prepositions*. Cambridge University Press, 2003.

VANDELOISE, C. Présentation. *In*: VANDELOISE, C. (org.). La couleur des prépositions. *Langages*, 110, 1993.

VANDELOISE, C. (org.). La couleur des prépositions. *Langages*, 110, 1993.

VARNHAGEN, F.A. *História geral do Brasil* (1854). São Paulo: Melhoramentos, 1956.

VASCONCELOS, J.L. *Textos arcaicos*. Lisboa: Clássica, 1922.

VENDLER, Z. *Adjectives and nominalizations*. The Hague: Mouton, 1968.

WATKINS, C. *The American Heritage Dictionary of Indo-European roots*. Boston: Houghton Mifflin Harcourt, 2011.

WODEHOUSE, P.G. *Life at Blandings*. Londres: Penguin, 1981.

ZWICKY, A.M. Heads, bases and functors. *In*: CORBETT, G.G.; FRASER, N.M.; MCGLASHAN, S. (orgs.). *Heads in grammatical theory*. Cambridge: Cambridge University Press, 1993.

Índice

Acarretamento
    de existência 6.3
    e papéis semânticos 2.9
Adjetivo 11.2, 25.4
Adjunto 6.4.2
Advérbio 11.2, 25.4
Agente 9.2
Alternância 6.3
Anáfora
    recuperação 20.3, 20.4
Anomalia 1.5, *cap. 18*
Antecedente 11.4
Asserções formais e cognitivas 4.3
Atribuição de relações temáticas
    acesso simultâneo aos mecanismos de atribuição 14.2.2
    em construções relativas 15.3
    fatores lexicogramaticais *cap. 7*
    mecanismos 7.2, *cap. 14*
    por ausência 8.1
    regras categóricas 7.2.2
Atribuição Obrigatória (princípio) 7.1

Caso (dos pronomes pessoais) 24.5

Circunstância 11.2
Classe 4.1, *cap. 25*
    como se distingue de função 25.1
Classificação
    com uso de traços 1.4, 16.6
    dos verbos 6.8, *cap. 16*
    por objetivos 4.1.2
Clichê (*stem*) 18.3
Clítico 21.6
    potencial semântico 21.6.3
Colocação 18.3
Competência e desempenho 8.6
Complemento 6.4.2
Complexo esquemático 6.6
Concordância verbal 19.3.1, 19.3.2, 19.3.3
Conjunção 25.5
Constrúal 13.2.1
Construção 6.2
    complexa 7.2.4, 13.2.2
    de alçamento (*raising*) 20.5
    ergativa 6.6
    leve 7.2.5
    passiva 26.4
    transitiva 6.6

Correferência 10.3, 21.6.2
Critério 7.1, 8.5

Diátese 6.2
   critérios de inclusão de
   complementos 6.4
   simplificação 17.3
Distinções discretas e distinções
   contínuas 9.5

Elaboração 2.5, 2.7
Emparelhamento 8.2
Ensino de linguística 1.7
Espaços
   formal, semântico e simbólico
   1.2, 1.3, 4.3
   interação dos 1.2, 4.3, 19.5, 23.2
Esquema 2.2
Exceção 27.2.1
Expressão idiomática 18.2, 18.3

Falácia da exclusão 8.6
Fechamento (*closure*) 8.1, 19.5
Filtro cognitivo 8.4
Frame; cf. Esquema
Função 4.1, *cap. 25*
   como se distingue de classe 25.1
Função sintática *cap. 22*

Gênero (inerente e regido) 24.4
Gestalt 8.1

Herança 11.3
Hierarquia temática 7.2.2
Hiponímia 2.5, 2.7, 23.1.2

Interface forma-significado *cap. 14*, 21.7
Introspecção
   seu uso na pesquisa 2.8, 5.5

Lexema 4.2.2
   verbal 26.1
Lexicogramática 1.2, 1.6
Limites da língua 19.7

Modificador (Mod) 11.2
   classificador e qualificador 24.7.1
Modificador verbal (ModV) 11.2
Movimento direcionado *cap. 16*

Não restritivo 11.5
Nominal 25.3
Núcleo 23.4
   do SN *cap. 23*

Objeto
   direto *cap. 21*, 21.6
   Objeto indireto 21.4
Ordenação 24.7

Paciente
   privilegiado 8.3, 17.3
Palavra
   e lexema 4.2
Papel semântico 2.4
   Agente 9.2
   Agente não volitivo 10.4.2
   Causa 10.4
   Conhecedor 12.7
   critérios de definição 9.4

e RTE 9.2
e significado literal 5.4
Espaço e Tempo 10.2
Experienciador.emocional
   (ExpEm) 10.1, 12.3
Fonte 12.2
Instrumento 12.2
inerente 7.2.6
interno ao verbo 7.2.7
Limite.ultrapassado (LU) 12.12
Paciente 9.3
Perceptor 10.1
pressupostos sobre *cap. 10*
Referente.restringido 11.4
Restrição de extensão (REx) *cap. 11*
Particípio *cap. 26*
   nominal 26.3
   verbal 26.2
Partitivo 17.4
Pessoa
   do discurso 24.5
   gramatical 24.5
Potencial funcional 4.1.1
Predicadora 7.2.3, 7.3
Pré e pós-nuclear 24.2
Preposição
   e conjunção 25.5
   funcional 7.2.3, 7.3
Pronome 24.5
Protótipo *cap. 27*
   e classes 27.2.1
   e valência verbal 27.3
   no léxico e na gramática 27.4
   regras de protótipo 7.2.2

Qualidade 11.1

Realce *cap. 13*, 13.2.6
   e a semântica das preposições
   13.2
   e verbos de apropriação indébita
   13.3
   parte do significado do verbo
   13.2.5
Regularidade e exceção 27.2.1
Relação temática elaborada (RTE) 2.4
   e papel semântico 9.2
   e significado literal 5.4
   estatuto empírico das RTEs 2.8
Relações de posse (e o verbo *ter*) 13.1
Relações sintagmáticas e
   paradigmáticas 4.1.1
Representação cognitiva 1.6, 2.2, 2.3,
   4.3, *cap. 5*, 7.1

Segmentação (*parsing*) *cap. 20*
Sema 2.2
Significado 7.3
   literal *cap. 5*
Signo 2.1, 6.1
Sintagma adjetivo 11.2
Sintagma adverbial 11.2
Sintagma nominal (SN) *cap. 23*
   ambíguo 23.3
   classes de palavras no SN 24.3,
   24.6
   núcleo 23.1
   termos nãonucleares *cap. 24*
Sintagma preposicionado
   núcleo 24.9

Sintaxe *cap. 19*
   catálogo das formas sintáticas 19.6
   conflito com a segmentação
   semântica 20.5
   e semântica 23.2
   sintaxe "pura" 22.1
Sintaxe simples (*simpler syntax*) 19.2
Sujeito
   definição 19.3.2
Sujeito valencial (SujV) 6.2

Teoria
   e descrição 1.6, 8.6
Tópico discursivo 15.1
   atribuição temática em sentenças de tópico 15.2

Traço distintivo 1.4, *cap. 16*, *cap. 25*
Trilha hiponímica 2.7

Valência *cap. 6-17*
   concepção antiga 6.7
   estudos de casos *cap. 12*
   guias para a pesquisa *cap. 17*
   no período composto 6.9
   no SN 24.8
   sintática *cap. 22*
   valência nominal 6.5
Variáveis (do esquema) 2.2
   centrais e periféricas *cap. 3*
Verbo
   definição 25.2

Coleção de Linguística

- *História concisa da língua portuguesa*
  Renato Miguel Basso e Rodrigo Tadeu Gonçalves
- *Introdução ao estudo do léxico*
  Alina Villalva e João Paulo Silvestre
- *Estruturas sintáticas – Edição comentada*
  Noam Chomsky
- *Gramáticas na escola*
  Roberta Pires de Oliveira e Sandra Quarezemin
- *Introdução à Semântica Lexical*
  Márcia Cançado e Luana Amaral
- *Gramática descritiva do português brasileiro*
  Mário A. Perini
- *Os fundamentos da teoria linguística de Chomsky*
  Maximiliano Guimarães
- *Uma breve história da linguística*
  Heronides Moura e Morgana Cambrussi
- *Estrutura da língua portuguesa – Edição crítica*
  Joaquim Mattoso Camara Jr.
- *Manual de linguística – Semântica, pragmática e enunciação*
  Márcia Romero, Marcos Goldnadel, Pablo Nunes Ribeiro e Valdir do Nascimento Flores
- *Problemas gerais de linguística*
  Valdir do Nascimento Flores
- *Relativismo linguístico ou como a língua influencia o pensamento*
  Rodrigo Tadeu Gonçalves
- *Mudança linguística*
  Joan Bybee
- *Construcionalização e mudanças construcionais*
  Elizabeth Closs Traugott e Graeme Trousdale
- *Introdução a uma ciência da linguagem*
  Jean-Claude Milner
- *História da Linguística – Edição revista e comentada*
  Joaquim Mattoso Camara Jr.
- *Problemas de Linguística Descritiva – Edição revista e comentada*
  Joaquim Mattoso Camara Jr.
- *Alfabetização em contextos monolíngue e bilíngue*
  Ubiratã Kickhöfel Alves e Ingrid Finger
- *Estudos do discurso – Conceitos fundamentais*
  Tânia Maris de Azevedo e Valdir do Nascimento Flores (orgs.)
- *Linguagem e cognição – Esquemas, gramática e limites da língua*
  Mário A. Perini

Conecte-se conosco:

facebook.com/editoravozes

@editoravozes

@editora_vozes

youtube.com/editoravozes

+55 24 2233-9033

www.vozes.com.br

Conheça nossas lojas:

www.livrariavozes.com.br

Belo Horizonte – Brasília – Campinas – Cuiabá – Curitiba
Fortaleza – Juiz de Fora – Petrópolis – Recife – São Paulo

EDITORA VOZES LTDA.
Rua Frei Luís, 100 – Centro – Cep 25689-900 – Petrópolis, RJ
Tel.: (24) 2233-9000 – E-mail: vendas@vozes.com.br